ワールドカップ2023＆パリ2024

バスケットボール 戦術を極める! 世界基準のセットプレー88

著 BT・テーブス（富士通レッドウェーブHC）　小谷 究（流通経済大学准教授）

エクシア出版

はじめに

コーチに求められる知識やスキルとして対人知識、自己理解知識、専門知識の3つが挙げられます。対人知識にはプレーヤーやチームスタッフ、保護者などといったチームに関わる人達とのコミュニケーションスキル、プレゼンテーションスキル、コンフリクトマネジメントなどが含まれます。自己理解知識には、自身の現在地を把握する自己認識や、自身のコーチングについて自ら意図的に振り返る自己省察などが含まれます。近年では、対人知識や自己理解知識に注目が集まり、各団体でこれらの知識やスキルの習得に向けて積極的に取り組まれています。一方、対人知識や自己理解知識のみならず専門知識もコーチに不可欠な知識とスキルになります。専門知識にはトレーニング科学やスポーツ医科学などといった全ての競技に共通する知識やスキルに加え、各競技特有のテクニックやスキル、戦術に関する知識やスキルも含まれます。

本書では、コーチに求められる専門知識に含まれるバスケットボールの戦術について扱います。バスケットボールのコーチとして、バスケットボールの戦術の理解は不可欠です。また、プレーヤーであっても戦術の理解が求められます。トッププレーヤーはバスケーQが高いと言われますが、バスケーQが高められるものであるとするならば、戦術の理解がそれを助けることでしょう。もし、読者の皆さんが少しでもコーチング力やバスケーQを高めたいと考えているのであれば、是非、戦術の理解に取り組んでみてください。本書は、その取り組みを助けることでしょう。

それでは、バスケットボール特有の専門知識に好奇心のフォーカスを合わせていきましょう。

BT・テーブス

小谷 究

Worldcup 2023 & Paris 2024
バスケットボール 勝つための世界の最新セットプレー88

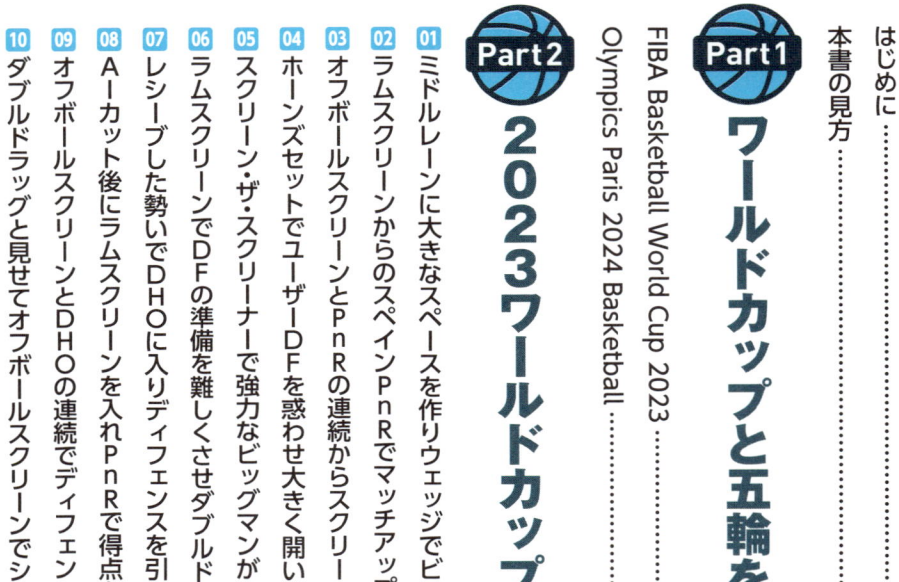

CONTENTS

Part 3 パリ五輪のセットプレー 25

Part 4 ワールドカップ&五輪のBOB 16

Part5 ワールドカップ&五輪のSOB 14

本書の見方

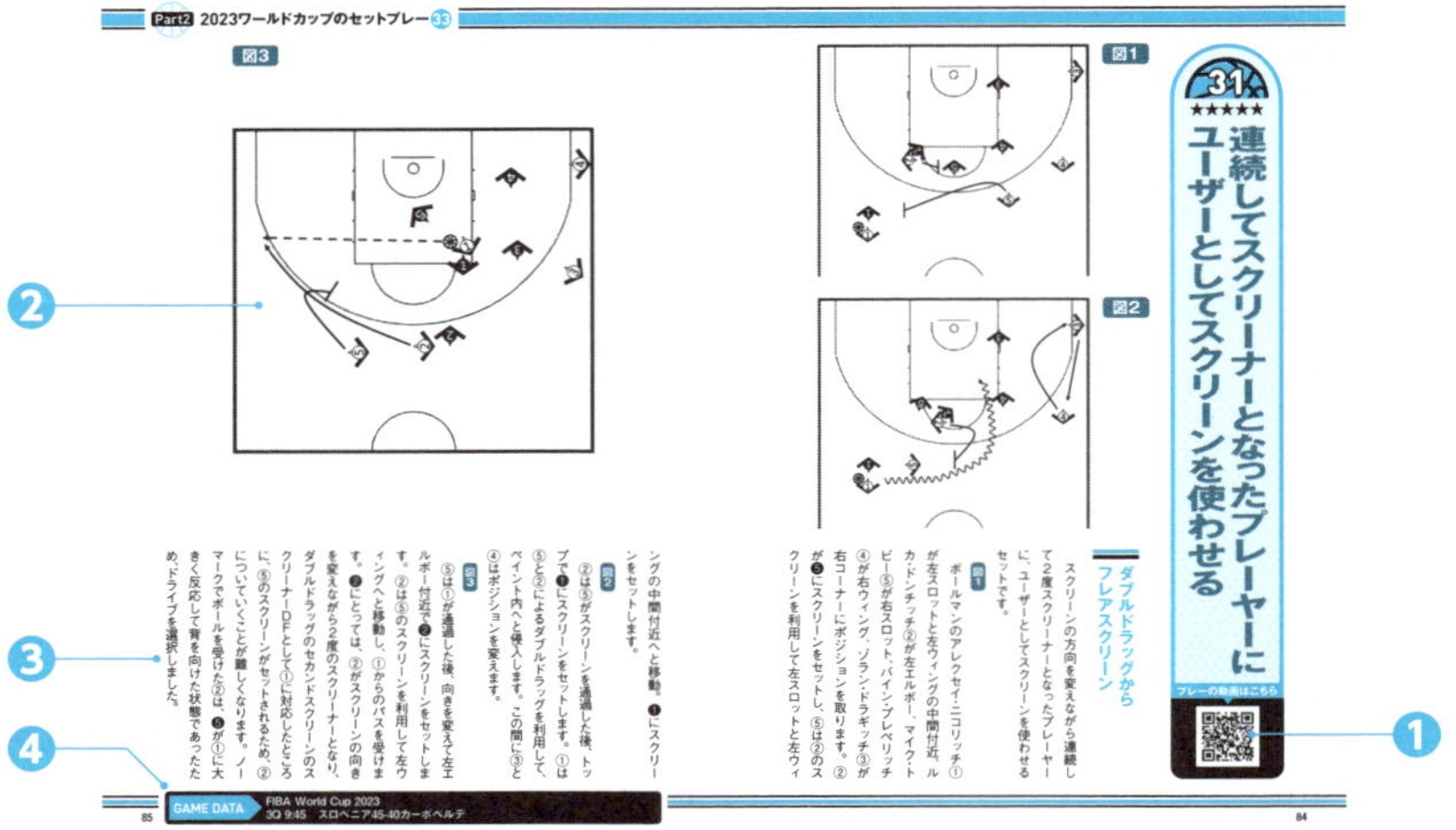

① QR

このページのプレーのアニメーションが見られます。

② 図

プレーの図です。各線の意味は凡例のとおりです。

凡例
- → プレーヤーの動き
- --→ パス
- ―┤ スクリーン
- 〜→ ドリブル

③ 本文

プレーを説明しています。

④ GAME DATA

このセットプレーが行われたゲームの状況です。

動画の見方

ページにあるQRコードを、スマートフォンやタブレットのカメラのバーコードリーダー機能で読み取って動画を再生してください。

① カメラを起動　② QRコードを読み取る　③ 表示されたURLをタップ

※端末によっては再生方法が違う場合があります。

注意点

① 動画を観るときは別途通信料がかかります。Wi-Fi環境下で動画を観ることをおすすめします。
② 機種ごとの操作方法や設定に関してのご質問には対応しかねます。ご了承ください。
③ 動画の著作権は株式会社エクシア出版に属します。個人ではご利用いただけますが、再配布や販売、営利目的の利用はお断りします。

Part1

★★★★★

ワールドカップと五輪を振り返る

★★★★★

FIBA Basketball World Cup 2023

2023.08.25-09.10

多様なパターンオフェンスが展開されたワールドカップ

２０２３年の夏は、日本のバスケットボール界にとって例年以上に熱い夏となりました。男子日本代表はワールドカップにおいてアジア勢の最上位となり、１９７６年のモントリオールオリンピック以来、48年ぶりに自力でオリンピックへの切符を勝ちとりました。多くの方が男子日本代表のゲームを、現地やテレビにて観戦したことでしょう。

ワールドカップで日本代表が用いたパターンオフェンスを改めて分析してみると、比較的シンプルなことがわかります。スタートのアライメントや、得点までの一連の流れがはっきりとしたパターンになります。特にスペシャルなシューターである富永啓生選手に３ポイントショットを放たせるためのパターンオフェンスは、明確に確認することができます。そのため、パターンオフェンスを知りたいと考えている読者の方は、ワールドカップのゲームを視聴することをお勧めします。

さて、ワールドカップの出場国は32チームと、オリンピックと比較して多くの国が出場しました。そのため、ワールドカップでは各国の状況による多様なパターンオフェンスが展開されました。筆者らがすべてのゲームをカバーできているわけではありませんが、いくつかのフルゲームとハイライトを確認する限り、特徴的な戦術が展開されていたことが確認できました。例えば、日本と対戦したカーボベルデは２２１㎝の大型センターであるエディ・タバレスを有しています。タバレスはその体格のみならず、NBAのアトランタ・ホークスやクリーブランド・キャバリアーズのロスターに名を連ねた経験豊富なプレーヤーでもあり、カーボベルデの中心選手です。カーボベルデはセンターのタバレスが比較的突出したプレーヤーになるため、インサイドでイニシアチブを取って得点を狙うパターンオフェンスが多く見ら

ワールドカップ2023で日本代表は、史上最多の３勝を挙げると同時に48年ぶりの自力での五輪出場権を獲得した

れました。もちろん、タバレスがアウトサイドでスクリーナーになるケースも多くありますが、カーボベルデは他国と比較してインサイドでビッグマンにボールを持たせるパターンが多いと言えます。近年では、ペリメーターを起点としたオフェンスを採用するチームが多いため、カーボベルデは特徴的なチームと言えるでしょう。もし読者の皆さんのチームに突出したビッグマンがいるのであれば、トレンドの戦術を追うのではなく、カーボベルデのようなチームの戦術を参考にするほうがチームにフィットするかもしれません。

また、スロベニアにはルカ・ドンチッチというペリメーターに突出したプレーヤーがいます。そのため、スロベニアのパターンオフェンスでは、ルカを起点としたものが多く見られます。はじめからルカにボールを運ばせて展開されるパターンもあれば、いかにルカによい状態でボールを持たせるかにフォーカスしたパターンもあります。特に、ルカによい状態でボールを

ワールドカップでの勝利の原動力となったのは当時NBAで活躍していた渡邊雄太選手。「五輪出場権を逃せば代表を引退する」と宣言して臨んだ大会であった

持たせるかにフォーカスしたオフェンスでは、得点までの道筋がはっきりと読み取れないものもあります。一定の状態でルカにボールを持たせて、スペースを整えれば、あとはルカが得点までの道筋を作り出すことができるとの考えがあるのでしょう。読者の皆さんのチームに突出したペリメーターがいるのであれば、スロベニアのパターンオフェンスが参考になるかもしれません。

強烈な個の力を最大限に活かしパターンをキャンセルして得点

さて、カーボベルデやスロベニアには突出したプレーヤーがいました。一方でアメリカには突出したプレーヤーがいませんでした。言い換えると、すべてのプレーヤーがスペシャルであったことから、突出したプレーヤーが存在しなかったと表現することができるでしょう。アメリカはパターンオフェンスが把握しにくいチームでした。ゲーム中は一定数のパターンオフ

各チームはこの大会に向けて独自のパターンオフェンスを用いて試合を展開。そこには皆さんのチームのヒントになるセットも多く存在する

ェンスを展開していたと思われますが、得点のきっかけを少しだけ作ることができれば、その後に続くパターンオフェンスの動きをキャンセルし、個の力での解決ができてしまうからです。他の国でも、パターンオフェンス中に得点のきっかけを作ることができれば、その後に続く動きをキャンセルして得点を狙っていました。パターンオフェンスの目的は他のオフェンスと同様に、決められた動きをなぞることではなく、あくまでも得点を獲得することになります。こうした得点のきっかけの大きさが極めて小さくても、その後に続く動きをキャンセルして得点を狙うのがアメリカの特徴と言えるでしょう。そのため、アメリカのオフェンスでは、小さなきっかけを活かすことができず、スペースを整えてアイソレーションへ移行するケースが多く見られます。アメリカのオフェンスでは小さなきっかけにより、その後に続く動きをキャンセルしてアタックするケースが多いため、オフボールマンの対応力

が求められます。もし、ボールマンがその後に続く動きをキャンセルしてアタックを開始しているのに、オフボールマンがパターンオフェンスの動きを継続すれば、オフボールマンがボールマンのスペースを潰し、得点の機会を失ってしまう恐れがあります。ボールマンのアタックが見えたら、もしくは察知したら、オフボールマンもボールマンと同様に後に続く動きをキャンセルし、スペースを整えなければなりません。こうしたスペースの整え方を我々はアメリカのオフェンスから学ぶことができます。

このように、ワールドカップで用いられたパターンオフェンスでは、スタートのアライメントや得点までの一連の流れを比較的容易に把握できます。さらに、出場国が多いことから、多様なパターンオフェンスを確認することができました。ワールドカップでは多様なパターンオフェンスが用いられたことから、読者の皆さんのチームの状況にフィットするパターンオフェンスが見つかるかもしれません。ご自身のチームに近い国を見つけ出し、パターンオフェンスをチョイスしてみてください。もちろん、ワールドカップに出場したチームと皆さんのチームの状況がまったく同じということはないため、ワールドカップで用いられたパターンオフェンスを皆さんのチームの状況に合わせて修正することも求められます。

ホーキンソンのリバウンドは、日本代表の勝利に大きな影響をもたらした

★★★★★

Olympics Paris 2024 Basketball

2024.07.27–08.11

ワールドカップのパターンをそのまま持ち込むチームが存在

パリオリンピックのバスケットボールは、レブロン・ジェームズやステフィン・カリー、ケビン・デュラントといったアメリカのトップ・オブ・トップのプレーヤーたちが参戦したことから、大会前から大きな注目を集めました。実際のゲームでも彼らは卓越したスキルを遺憾なく発揮し、我々を魅了してくれました。我らが日本代表チームは残念ながら勝利を得ることはできませんでしたが、これまでは見ることができなかった接戦をオリンピックの舞台で繰り広げてくれました。特に銀メダルを獲得したフランスとのゲームは、オーバータイムにまでもつれ込み、最後まで手に汗握る展開を繰り広げました。

パリオリンピックでのパターンオフェンスに目を向けると、ワールドカップと比較してアライメントや動きが読み取りにくいものでした。また、ワールドカップで用いられたパターンオフェンスと同様のものも採用されていました。ワールドカップからパリオリンピックまでは1年しかなく、さらに代表チームは選抜チームであるため、所属チームのように長い期間をかけて戦術を落とし込むことができません。そのため、コーチ陣には短期間で効率的な戦術をチームにインストールすることが求められます。そうした理由から、ワールドカップで用いられたパターンオフェンスと同様のものが、パリオリンピックでも用いられたのでしょう。ワールドカップと同様のパターンオフェンスをパリオリンピックで用いることにはメリットがあります。それは、選考されるプレーヤーに数名の変更があったとしても、多くのプレーヤーが動きを理解しているため、効率よくチームにパターンオフェンスをインストールできるということです。

一方で、ワールドカップと同様のパターンオフェンスをパリオリンピックで用いることは、他の国にスカウティングされたも

日本中が待ち望んだパリでの勝利とはならなかったが、この大会での活躍を機に渡米し、日々活躍が報じられている河村勇輝選手

のを採用することを意味します。例えば、日本チームでは冨山晋司氏をリーダーとし、宮田知己氏などといったテクニカルハウスのスタッフが徹底的に各国をスカウティングしています。オフェンス戦術やディフェンス戦術をはじめ、各プレーヤーの特徴など幅広い情報を暴き出します。

こうしたスカウティングは日本に限ったことではありません。パリオリンピックに参加した全てのチームがスカウティングチームを抱えており、対戦国や出場国をスカウティングしていたことでしょう。そして、比較的分析しやすく、得点に影響を与えやすいパターンオフェンスは、間違いなくスカウティングの対象になります。こうしたスカウティングで得たパターンオフェンスの情報をもとに、各国は対戦国のパターンオフェンスを阻止するためのディフェンスを採用します。そのため、パリオリンピックではパターンオフェンスの動きが途中で阻止されてしまい、把握しに

八村塁選手の活躍と存在感は日本チームに大きな影響をもたらした

くいものとなりました。しかしながら、こうした戦術の潰し合いは、お互いの思考のやり合いが見られるため、バスケットボールの面白い一面といえます。

高い位置からプレッシャーをかけるディフェンスが多く見られた

正確な数値は把握できていませんが、パリオリンピックでは高い位置からプレッシャーをかけるディフェンスが多く見られました。高い位置からプレッシャーをかけることにより、相手チームが「オフェンスをはじめたい位置からスタートさせない」といった狙いがあります。こうした高い位置からのプレッシャーにパターンオフェンスも影響を受け、本来のアライメントからはじめられず、より把握が難しくなりました。

パリオリンピックでは高い位置からのプレッシャーのほかに、スポットに入るようなアライメントを意図的に取らずに、トランジションの流れのまま入るパターン

五輪で優勝したアメリカチームはNBAのスーパースターが揃ったまさにアベンジャーズであった

オフェンスも多く見られました。トランジションの流れのままパターンオフェンスの動きに入るため、ディフェンス側からするとパターンオフェンスを予想することが難しくなります。このトランジションの流れのまま入るパターンオフェンスもまた、アライメントの把握が難しいものでした。

さて、パリオリンピックの参加国は12チームのみであるため、ワールドカップほど多様なパターンオフェンスを確認することはできませんでした。しかし、パリオリンピックにはワールドカップに出場した国と同様のチームが参加したため、その変化を確認することができました。例えば、日本でいうとワールドカップには出場しなかった八村塁選手が、パリオリンピックに出場しました。八村選手はNBAロサンゼルス・レイカーズのスタティングメンバーとして活躍する日本のエースプレーヤーになります。したがって、八村選手の出場によって採用されるパターンオフェ

トム・ホーバスHCの続投が決まった日本代表チーム。4年後に向けた戦いがはじまる

ンスにも変化が見られました。こうしたエースプレーヤーの出場によるパターンオフェンスの変化は、3度のNBAシーズンMVPに輝いたニコラ・ヨキッチが出場したセルビアや、NBAドラフト1位のビクター・ウェンバンヤマが出場したフランスにも同様にみられました。

さらに、アメリカはアンソニー・エドワーズ以外のロスターがすべて変更となりました。HCはスティーブ・カーから変更はありませんでしたが、パターンオフェンスはロスターの変更に大きく影響を受けることになります。パリオリンピックで用いられたパターンオフェンスは、ワールドカップと比較して把握しにくいものでしたが、アメリカに関しては把握しやすい傾向にありました。強力なプレーヤーはその特徴もまた強力に現れることから、パターンオフェンスにおいてその特徴が強調され、パターンオフェンスが把握しやすくなったものと考えます。

読者の皆さんのチームにおいても、卒業や入学、怪我の影響などによりメンバーの変更は頻繁に起こることでしょう。こうした各国の出場選手の違いによるパターンオフェンスの変更が、皆さんのチームのパターンオフェンスを変更する際の参考になるかもしれません。

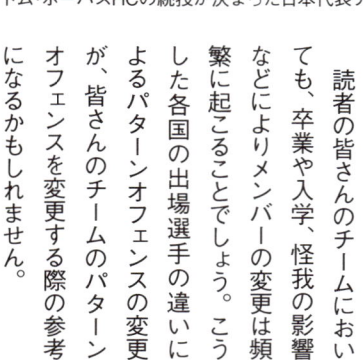

Part2

★★★★★

2023 ワールドカップのセットプレー 33

図1

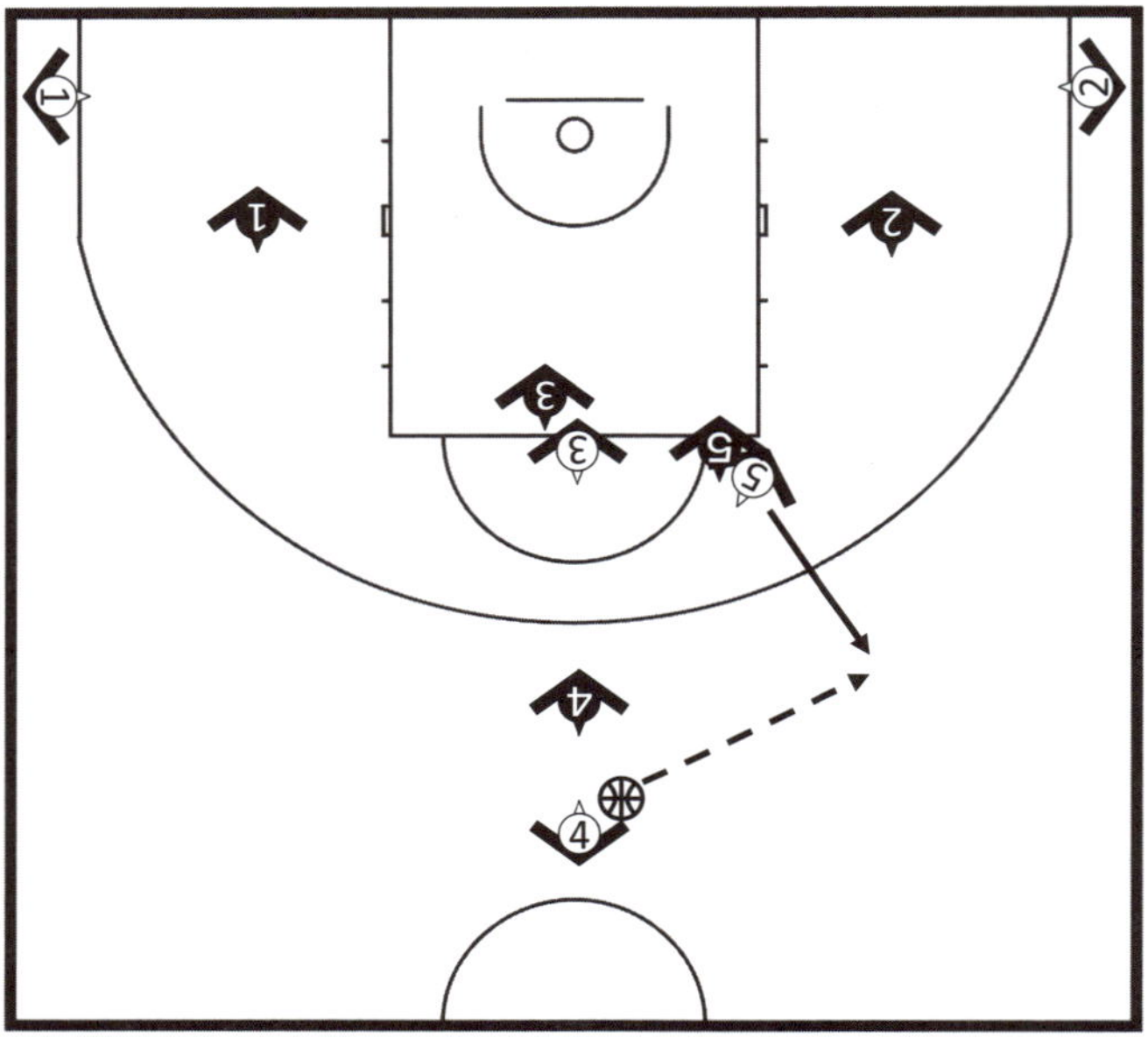

01
★★★★★

ミドルレーンに大きなスペースを作りウェッジでビッグマンがゴール下に飛び込む

プレーの動画はこちら

シンプルかつ効果的なセット

シンプルですが非常に効果的なセットです。ミドルレーンに大きなスペースを作ってウェッジでビッグマンがゴール付近に飛び込みます。ボールを持ったらイージーショットを狙います。

図1

ボールマンのラウリ・マルカネン④がトップ、エドン・マクシュニ①が左コーナー、ミカエル・ヤントゥネン②が右コーナー、サス・サリン③がネイル、オリビエ・カムワ⑤が右エルボーにポジションを取ります。ショット力のある①と②を両コーナーに配置することで、マッチアップする❶と❷

図2

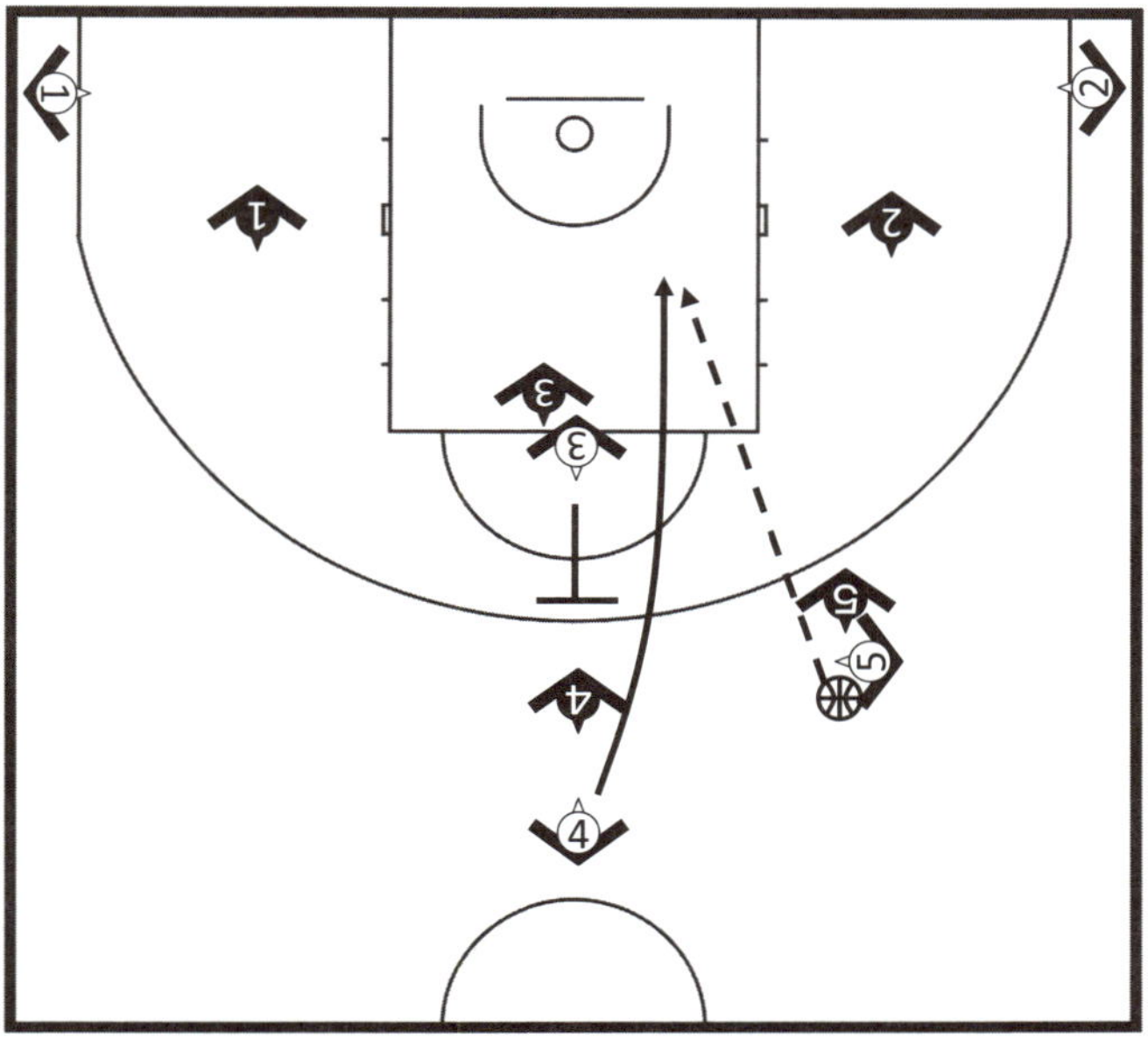

をコーナーへと引きつけ、ミドルレーンのスペースを作り出します。⑤は右スロットへと飛び出して❺をアウトサイドに引き出し、④からのパスを受けます。

図2

④が⑤へとパスを出すタイミングで③は④とマッチアップする❹にバックスクリーンをセットします。④は③のバックスクリーンを利用してペイント内へ走り込み、⑤からパスを受けます。④は213cmと長身であり、かつ非常に得点力の高いプレーヤーです。ゴール下でボールを持たせてしまうと高確率でショットを決められてしまいます。しかし、❶と❷からするとゴール下に走り込む④に近づくと①と②がノーマークになるため、④に近づくことができません。ゴール下でボールを受けた④にマッチアップする渡邊雄太❹もなんとか追いついて対応しようとしましたが、④はゴール下のショットをリングに沈めました。

GAME DATA
FIBA World Cup 2023
1Q 8:10　日本4-3フィンランド

図1

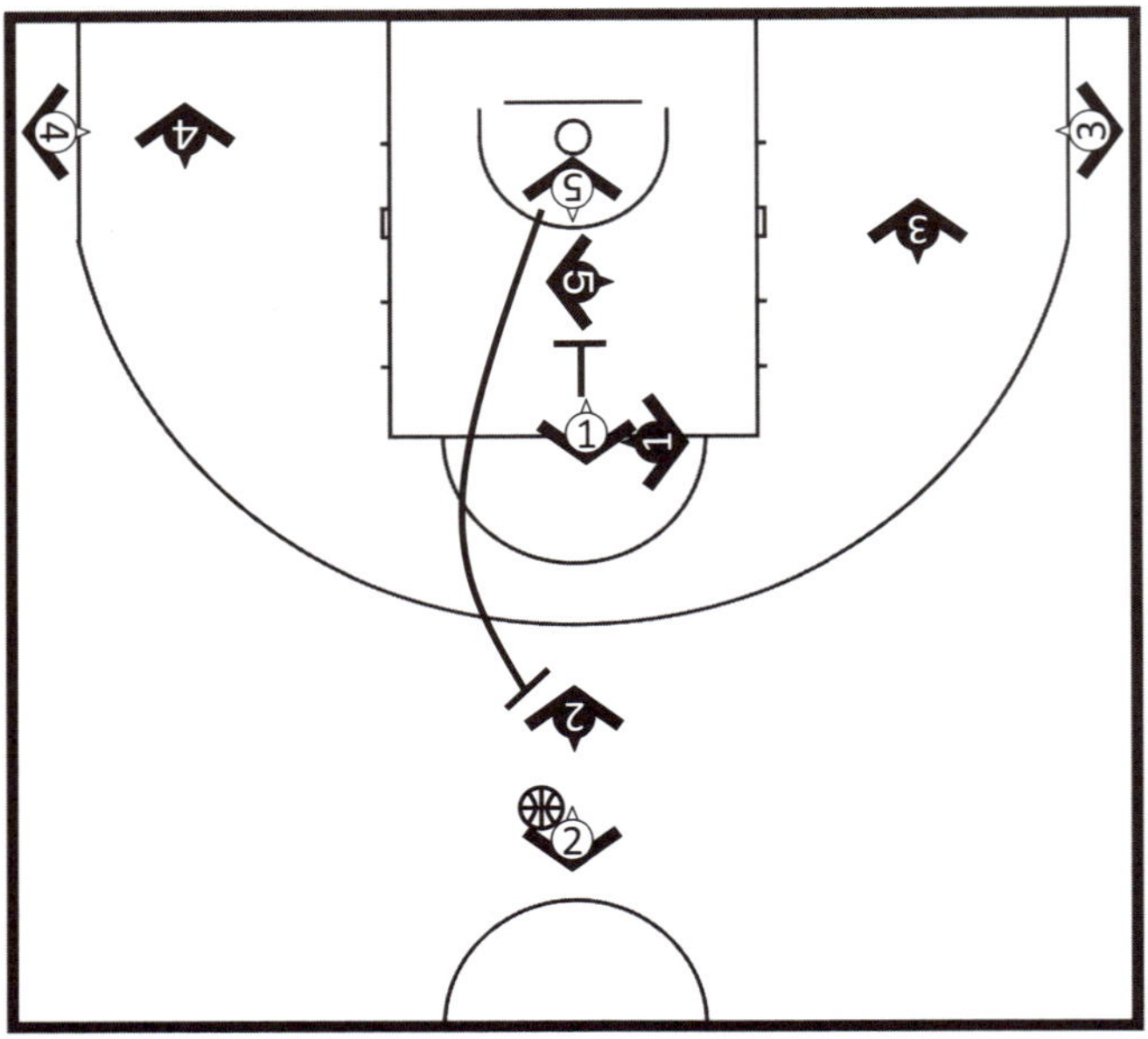

02 ★★★★★ ラムスクリーンからのスペインPnRでマッチアップを困難にする

プレーの動画はこちら

PnRのスクリーナーDFにスクリーンをセットして得点

ラムスクリーンからPnRを行い、さらにPnRのスクリーナーDFにスクリーンをセットして得点を狙います。

図1

ボールマンのルカ・ドンチッチ②がトップ、クレメン・プレペリッチ①がネイル、ジガ・ディメッツ⑤がゴール下、バイン・プレペリッチ④が左コーナー、グレゴール・ホルヴァート③が右コーナーにポジションを取ります。①は❺にスクリーンをセットします。⑤は①のスクリーンを利用してトップへと移動し、②とマッチアップする❷にスクリーンをセットします。①は⑤

図2

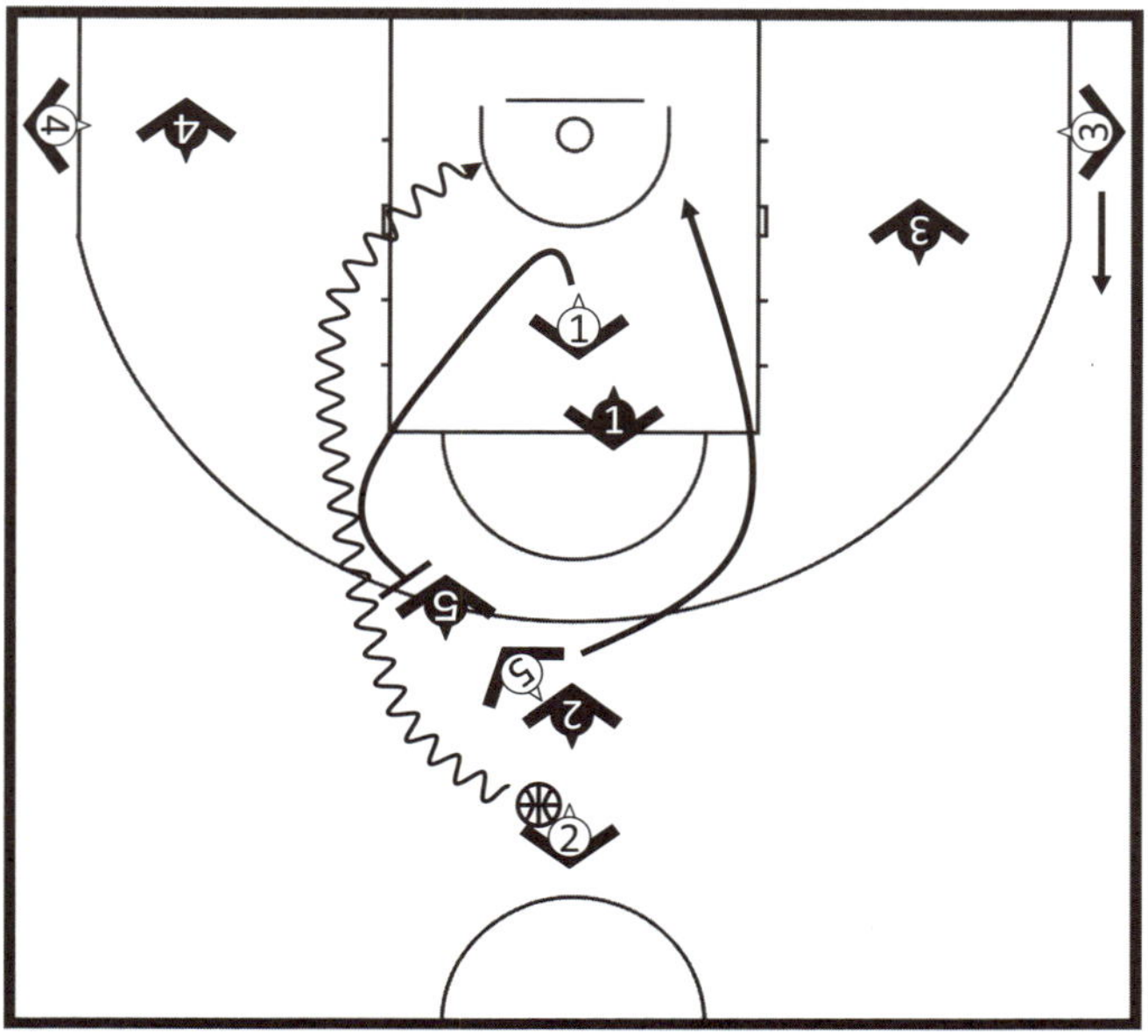

がスクリーンを通過した後トップ方向へと移動し、PnRのスクリーナーDFである❺にスクリーンをセットします。

図2

②は⑤のスクリーンを利用してリングにアタックします。⑤も②がスクリーンを通過した後、リングに向かってダイブします。まず、①と⑤のラムスクリーンにより、❺を遅らせ、ドロップで対応させるように促し、スペインPnRのバックスクリーンをセットしやすい状況を作り出します。❺が②に対応しようとしても、①のスクリーンに阻まれて②についていくことができません。❶が②の対応をしたいところですが、②とダイブする⑤を❶が1人で守る2on1の状況であるため、②のドライブラインに立つとゴール下で⑤にパスが渡ってしまいます。最後の局面では❶が②に飛び出しましたが、②が押し切ってゴール下のショットを決めました。

GAME DATA
FIBA World Cup 2023
3Q 1:41　スロベニア66-54カーボベルデ

03
★★★★★

オフボールスクリーンとPnRの連続から スクリーナーが大きなスペースにアタック

プレーの動画はこちら

図1

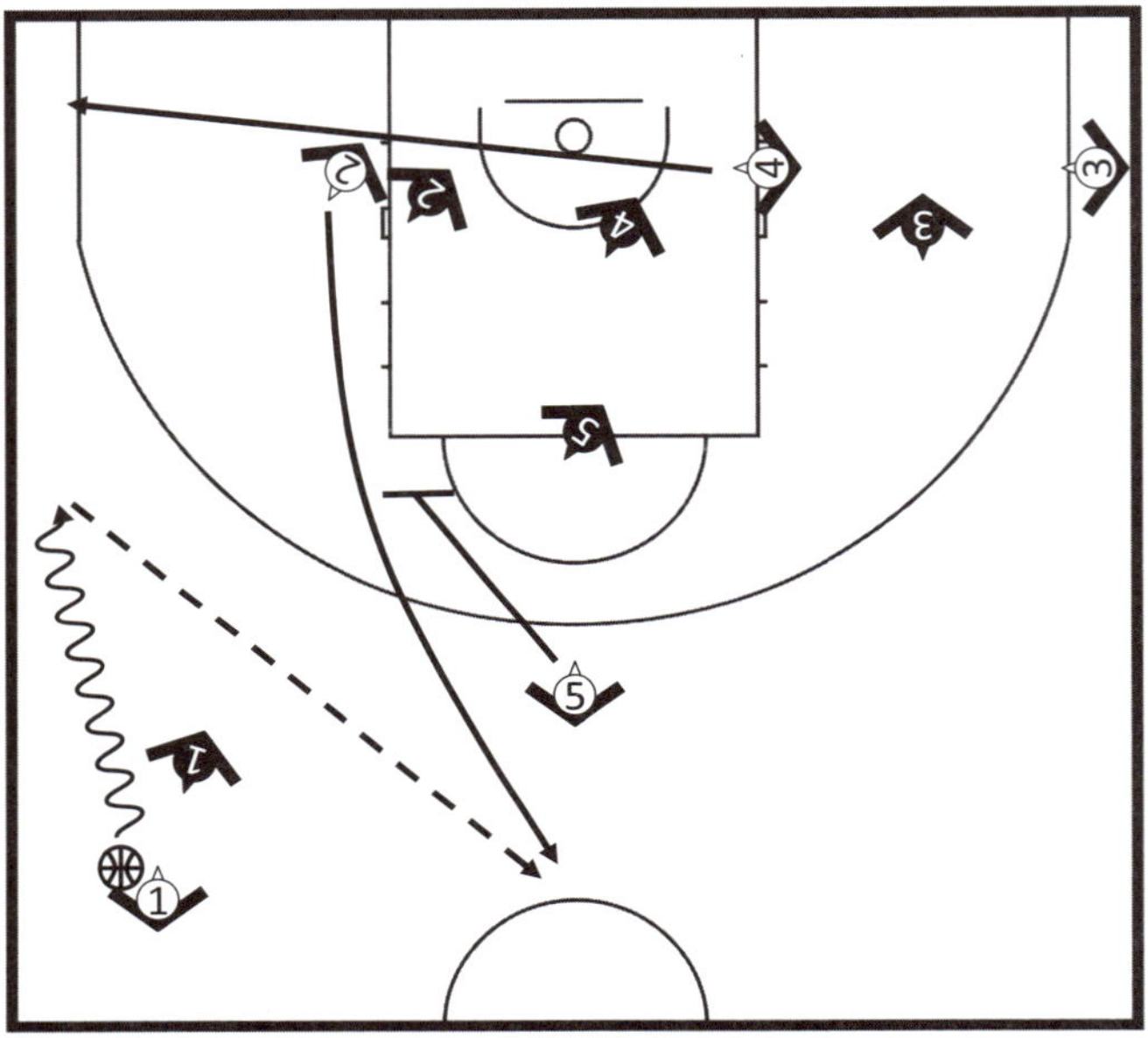

DFをかく乱させて 広いスペースでの得点を狙う

片サイドに大きなスペースを作り、スクリーナーにそのスペースでボールを持たせてアタックさせるセットです。対戦相手がPnRにスイッチで対応することが事前に把握できていれば、有効なセットになります。

図1

ボールマンのマルコ・スピス①が左ウィング付近へとドリブルエントリーし、ニコロ・メッリ⑤がトップ、ステファノ・トヌト②が左ローポスト、アレキ・ポロナラ④が右ローポスト、シモーネ・フォンテッキオ③が右コーナーにポジションを取ります。

図2

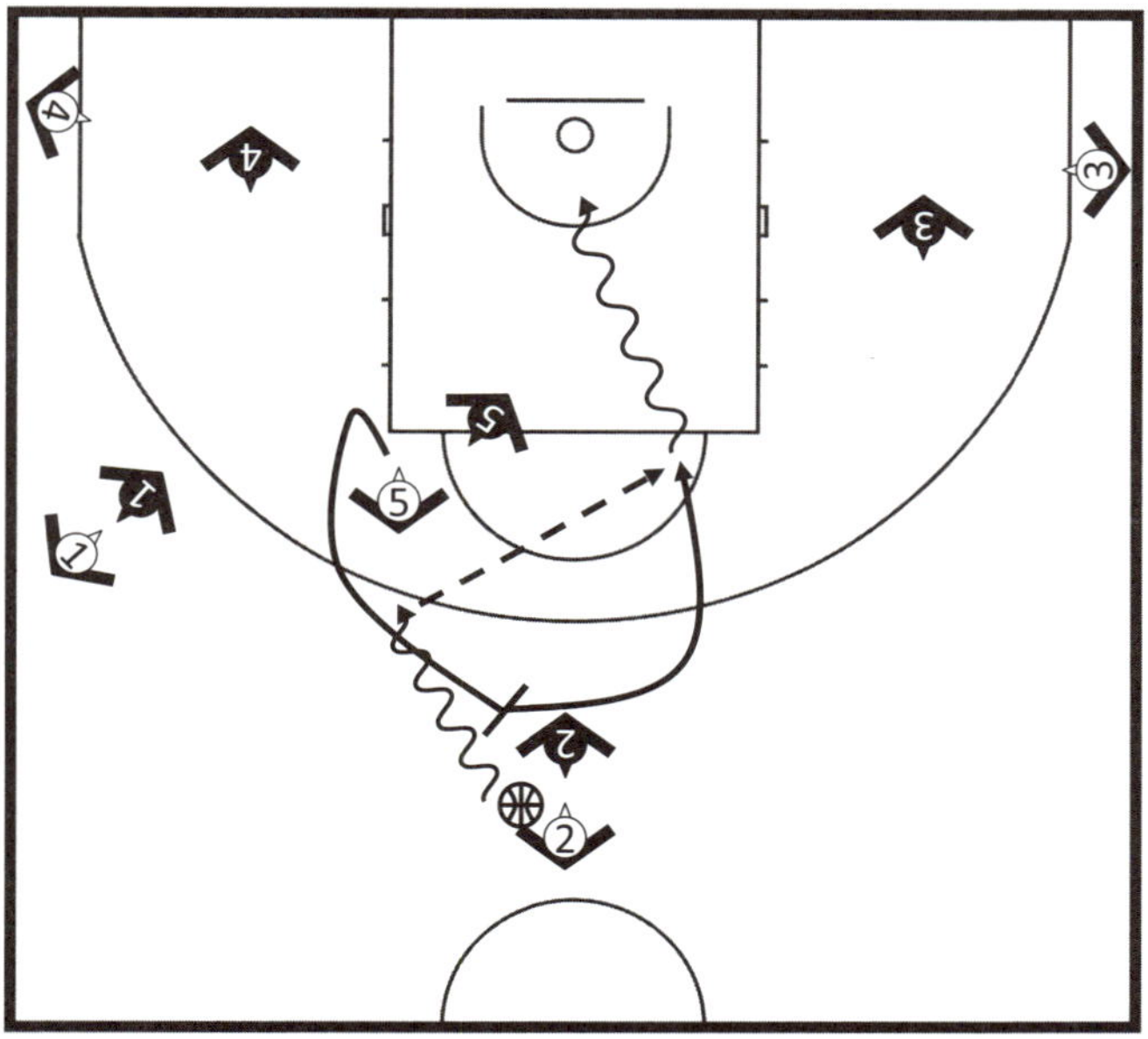

①がドリブルで進み、左ウィング付近に到達するタイミングで、⑤は左エルボー付近まで移動し、❷にスクリーンをセットします。②は⑤のスクリーンを利用してトップへ移動し、①からのパスを受けます。この間に④は左コーナーへと移動し、右サイドにスペースをつくります。

図2

⑤は②がスクリーンを通過した後、身体の向きを変えてトップへと移動し、再び❷にスクリーンをセットします。②は⑤のスクリーンを利用してドリブル。アメリカはPnRにスイッチで対応するため、②に対して❺が反応します。その瞬間に⑤はダイブして②からのパスを受け、広く開いた右サイドをアタック。ディフェンスからすると、オフボールスクリーンとPnRが連続するため、適切なDFポジションを維持することが難しくなります。❷は⑤のダイブに対応することができず、⑤はボールをリングに叩き込みました。

GAME DATA
FIBA World Cup 2023
1Q 8:12 イタリア1-4アメリカ

04
★★★★★

ホーンズセットでユーザーDFを惑わせ大きく開いたゴール下にアタックする

プレーの動画はこちら

図1

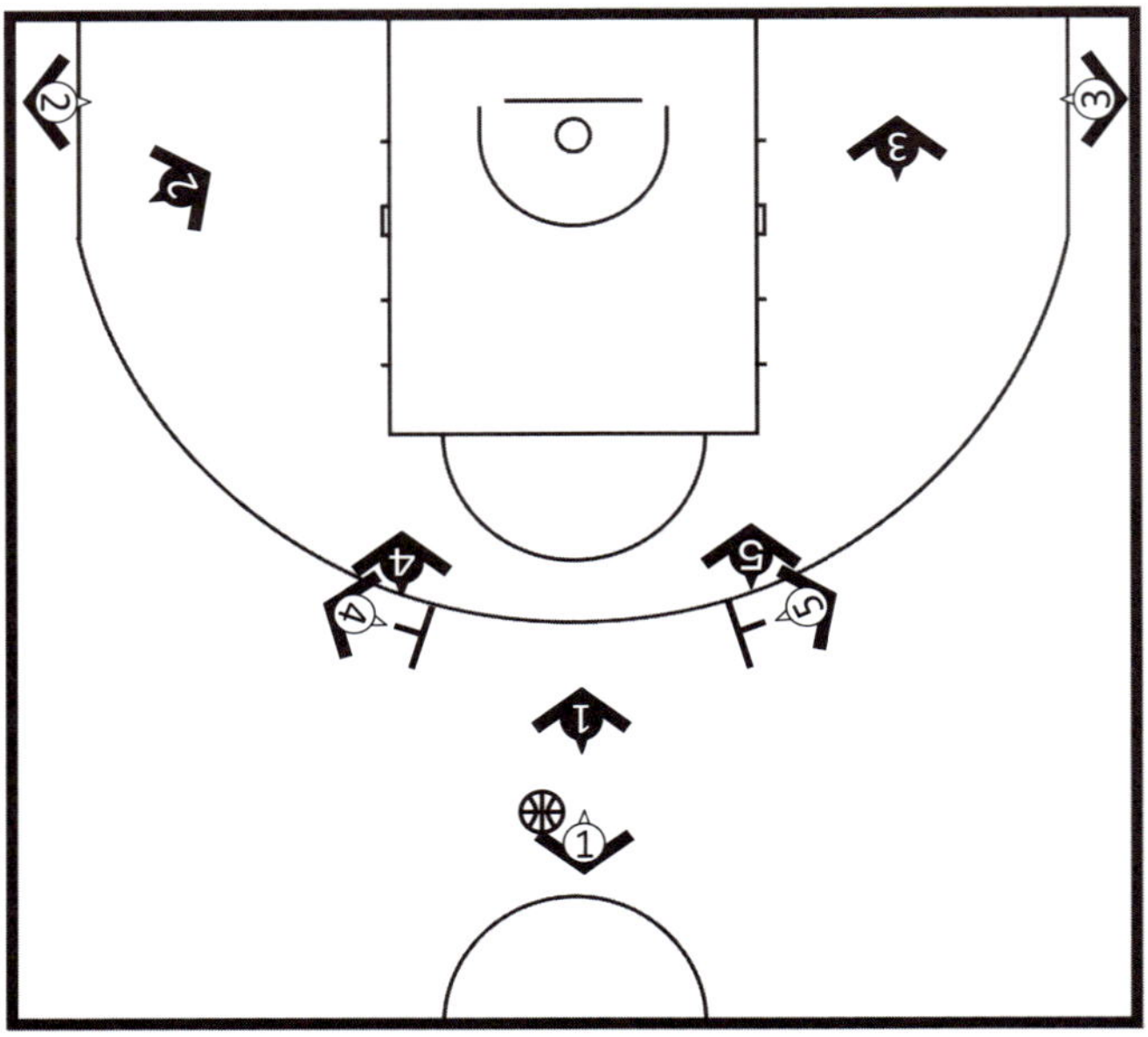

2on1の状況をクリエイトする

ユーザーDFの両側からスクリーンをセットし、どちらのスクリーンを利用するかを予測させないようにしてPnRを行うセットです。

図1

ボールマンのステファン・ヨヴィッチ①がトップ、ボグダン・ボグダノビッチ②が左コーナー、デヤン・ダビドバツ④が左スロット、ニコラ・ミルチノフ⑤が右スロット、オンジェン・ドブリック③が右コーナーにポジションを取ります。④と⑤は❶にスクリーンをセットします。①は④と⑤のいずれかのスクリーンを利用してP

図2

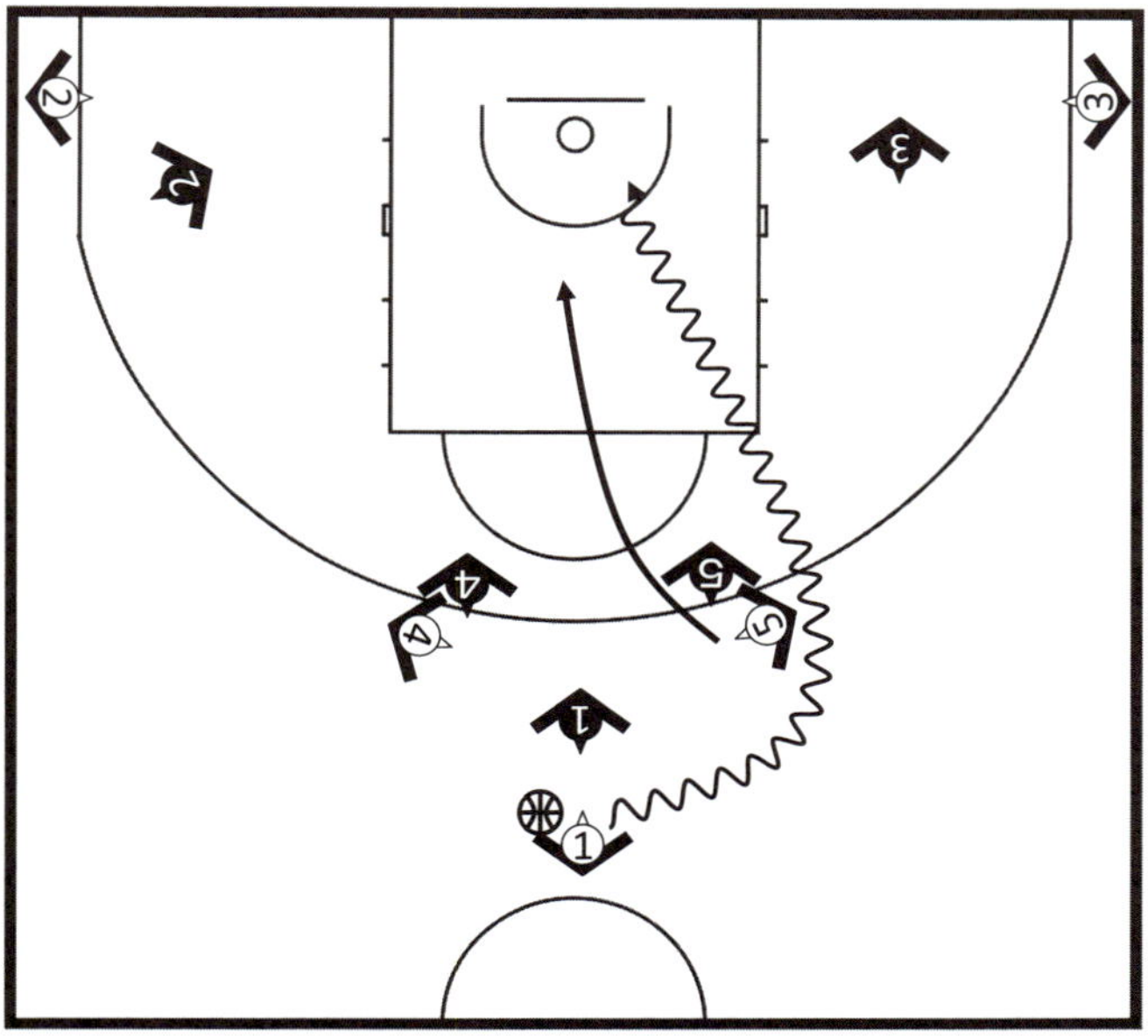

nRを行う選択ができます。ここでは、①は⑤とPnRを行うことを選択しました。

図2

①は⑤のスクリーンを利用してリングに向かってアタックします。⑤はアフタースクリーンの動きでダイブします。ショット力のある②と③は両コーナーに広がり、いつでもパスから3Pショットを放てる準備をしています。そのため❷と❸はミドルレーンに寄り、①のドライブや⑤のダイブの阻止が難しくなります。④が高い位置にいるため、❹も④から離れて①のドライブや⑤のダイブの阻止が難しくなります。❶は①の移動した軌道を追うチェイスの状態になりました。そこで、❺はゴール方向に下がりながら①と⑤の2人を1人で守り、❶による①へのディフェンスポジションの回復を待ちました。しかし、❶が間に合わず、①にランニングショットを決められてしまいました。

GAME DATA
FIBA World Cup 2023
3Q 4:07　セルビア61-54カナダ

図1

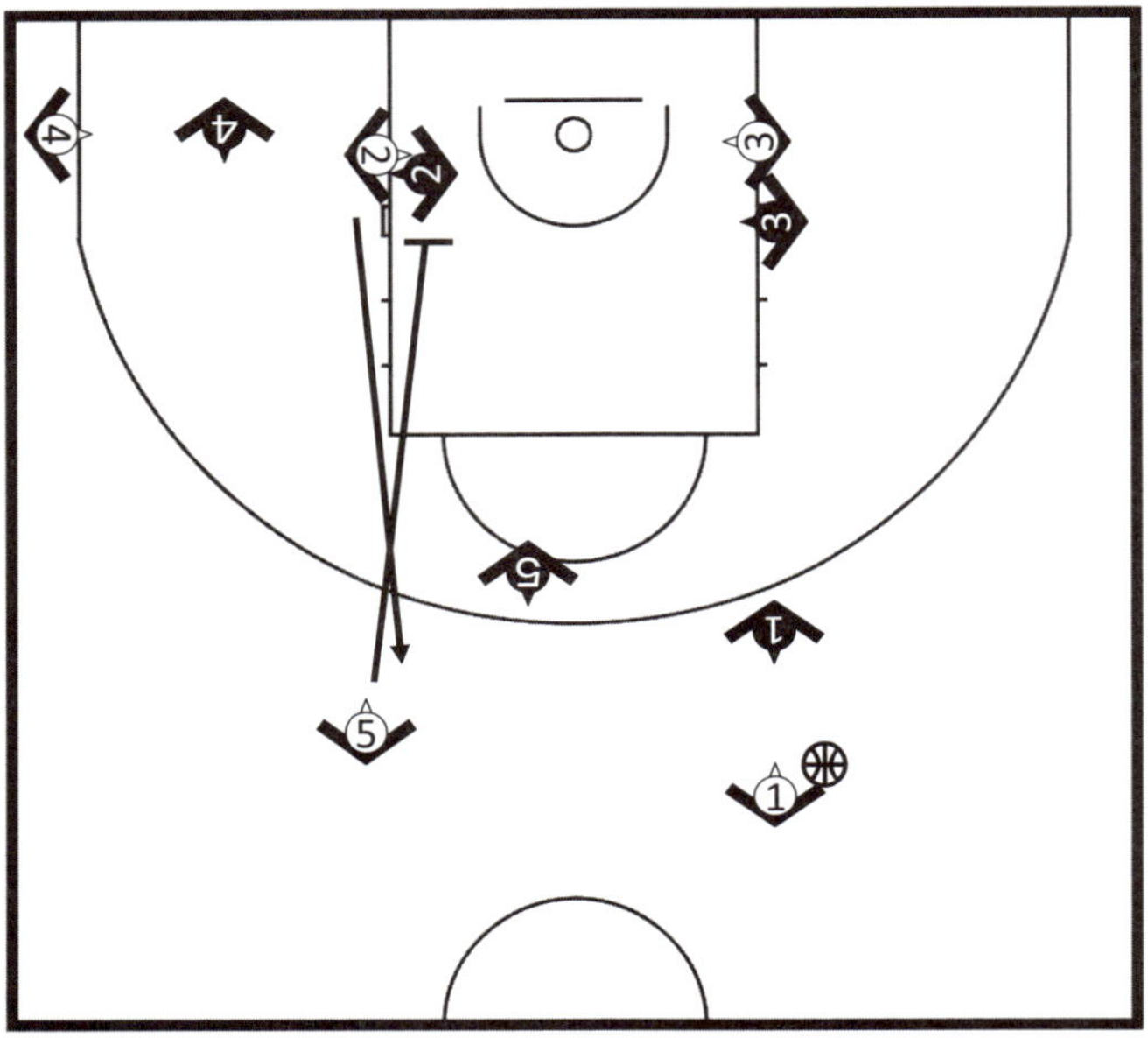

05

★★★★★

スクリーン・ザ・スクリーナーで強力なビッグマンがローポストでボールを持つ

プレーの動画はこちら

ローポストから押し込んでゴール下でショット

オフボールスクリーンのスクリーナーになっているビッグマンとマッチアップするディフェンスに比較的身長の低いプレーヤーがクロススクリーンをセットし、ビッグマンにローポストでボールを持たせて得点を狙うセットです。

図1

ボールマンのケンドリック・ペリー①が右スロット、ニコラ・ブーチェビッチ⑤が左スロット、ボジャン・ジャブリャク④が左コーナー、ウラジーミル・ミハイロヴィッチ②が左ローポスト、アンドリヤ・スラヴコヴィッチ③が右ローポストにポジション

図2

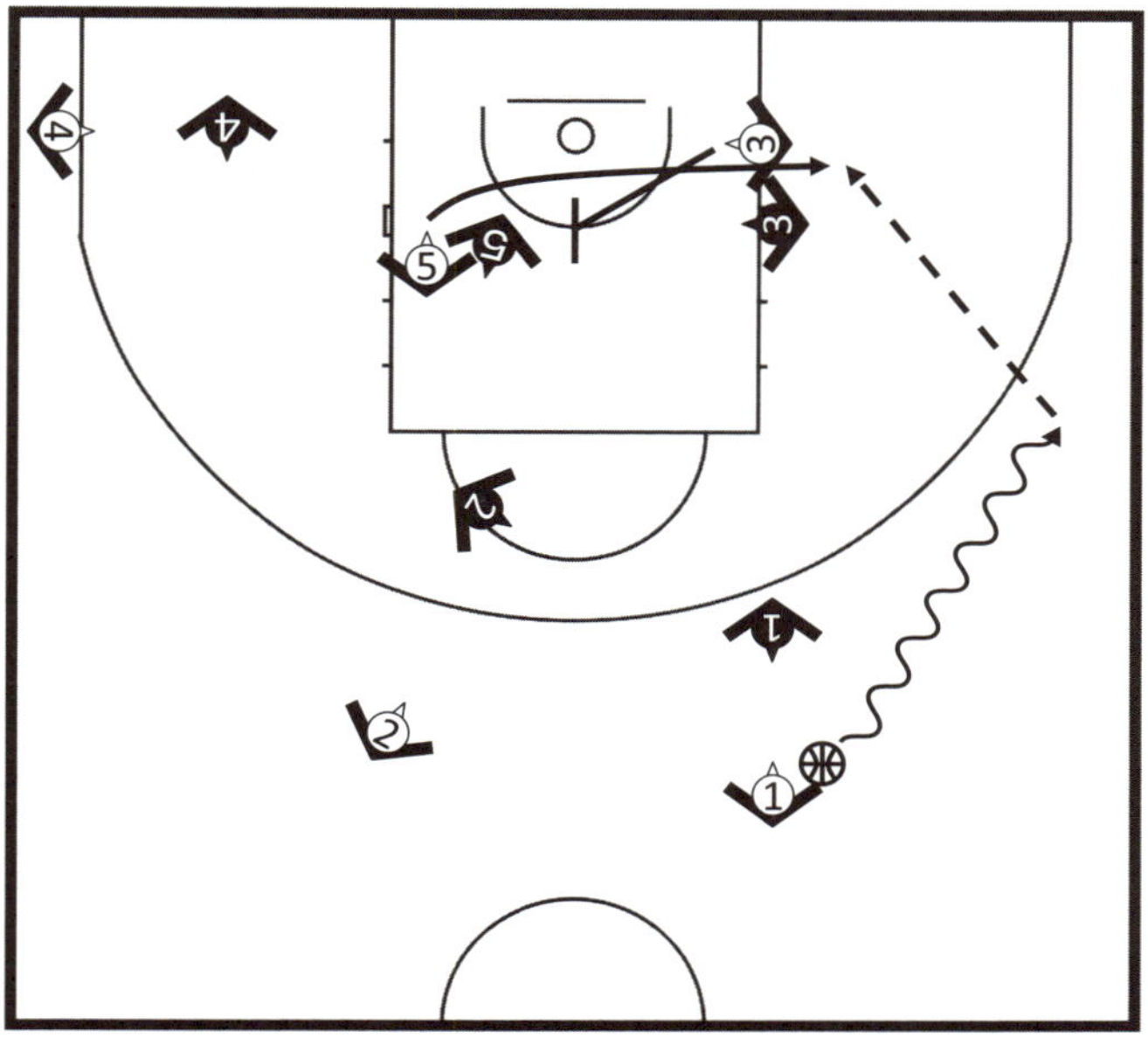

を取ります。⑤が左ローポストに移動し、❷にスクリーンをセット。②は⑤のスクリーンを利用し、左スロットへと飛び出します。

図2

②が⑤のスクリーンを利用するタイミングで、①は右ウィングへとドリブルで移動し、③は❺にクロススクリーンをセットします。⑤は③のクロススクリーンを利用し、右ローポストに飛び出し、①からのポストフィードパスを受けます。①はウィングまでポジションを下げることで❺を⑤の背後に位置させ、ローポストにパスを入れやすくします。❺としては、スクリーナーDFとして対応していたところにスクリーンがセットされます。今度は⑤がユーザーとして移動するため、⑤にボールを持たせないことが難しくなります。リングまでの距離が比較近いローポストでボールを受けた⑤は、❺をノーチャージエリアまで押し込んでゴール下のショットを放ちました。

GAME DATA
FIBA World Cup 2023
2Q 2:49　アメリカ33-31モンテネグロ

図1

06
★★★★★

ラムスクリーンでDFの準備を難しくさせダブルドラッグでアタックする

プレーの動画はこちら

連続するPnRでDFを困難に

ラムスクリーンからのダブルドラッグによりユーザーからユーザーDFを引き離して得点を狙うセットです。

図1

ボールマンのオースティン・リーブス②が右コフィンコーナー付近、ボビー・ポーティス⑤がセンターサークル付近、タイリース・ハリバートン①が左コフィンコーナー付近、アンソニー・エドワーズ③が左コーナー、キャム・ジョンソン④が右コーナーにポジションを取ります。⑤が①とマッチアップする❶にスクリーンをセットします。①は⑤のスクリーンを利用して右ス

図2

ロット方向へと移動し、②とマッチアップする❷にスクリーンをセット。つまり、⑤による❶に対するスクリーンがラムスクリーンとなり、ディフェンスの次のスクリーンプレーへの準備を難しくさせます。

図2

⑤は①が通過した後、身体の向きを変えてトップで❷に対するスクリーンをセットします。つまり、①がファーストスクリーン、⑤がセカンドスクリーンになるダブルドラッグが形成されます。

②はダブルドラッグを利用して左サイドへとドリブルで進みます。ディフェンス側としては、ラムスクリーンによりダブルドラッグへの準備が難しくなっているところに、連続するピックスクリーンへの対応が求められるため、適切なDFポジションを維持することが難しくなります。ダブルドラッグを利用した②に❺が反応せざるを得なくなり、ダイブした⑤にパスが渡り、⑤がショットを決めました。

GAME DATA
FIBA World Cup 2023
2Q 9:42　アメリカ19-18ニュージーランド

07
★★★★★

レシーブした勢いでDHOに入りディフェンスを引っ掛ける

プレーの動画はこちら

図1

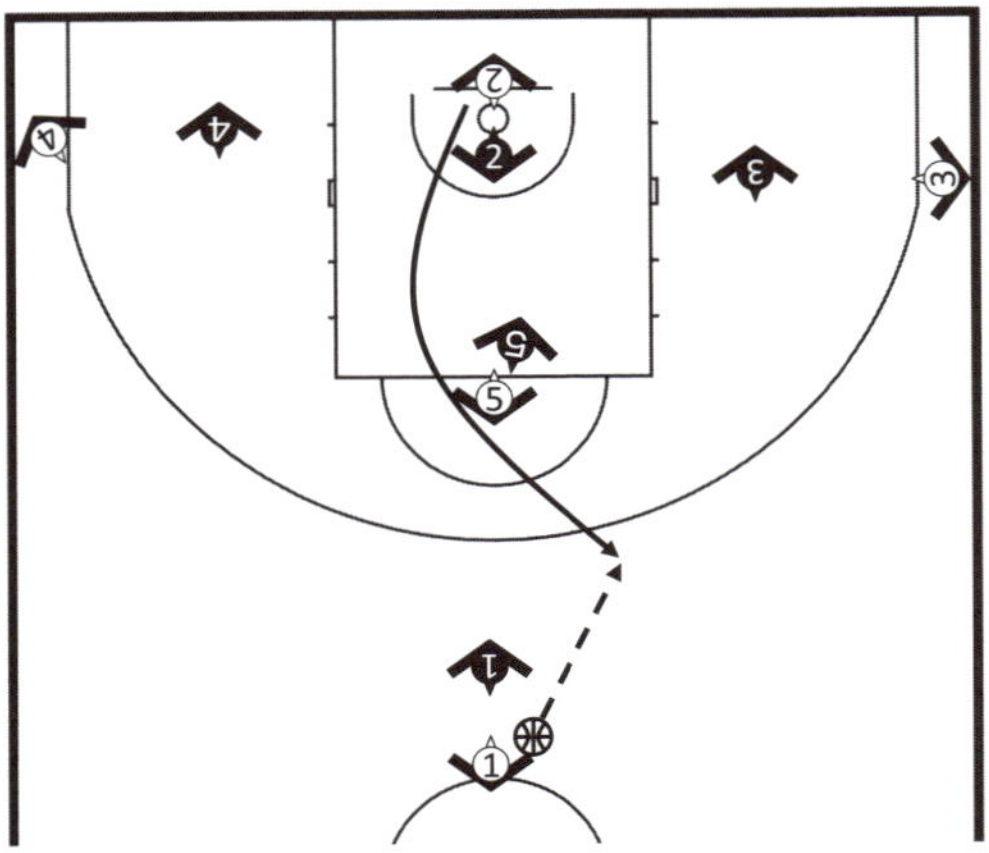

図2

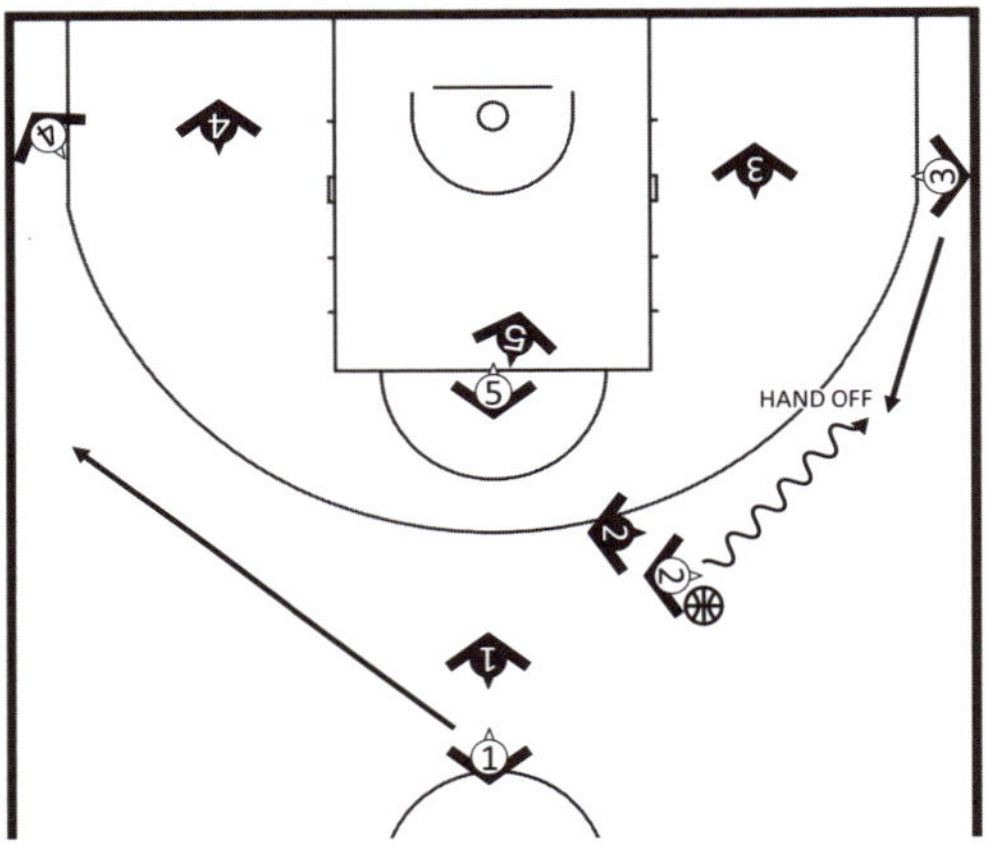

ディフェンスをかく乱しリングにアタック

DHOでスクリーナーになるプレーヤーが大きく移動してボールをレシーブし、その勢いのままDHOに入るセットです。

図1

ボールマンのケンドリック・ペリー①がトップ、ボジャン・ジャブリャク⑤がネイル、ネマニャ・ラドヴィッチ④が左コーナー、ニコラ・イワノビッチ②がゴール下、ウラジーミル・ミハイロヴィッチ③が右コーナーにポジションを取ります。②が⑤のスクリーンを利用し、勢いよく右スロットに飛び出してパスを受けます。

図2

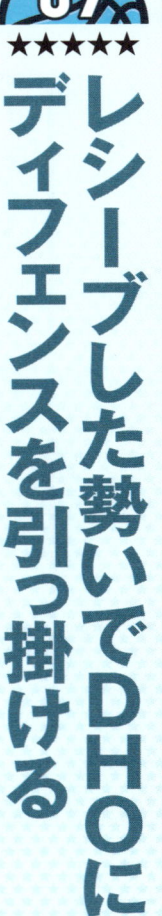

図3

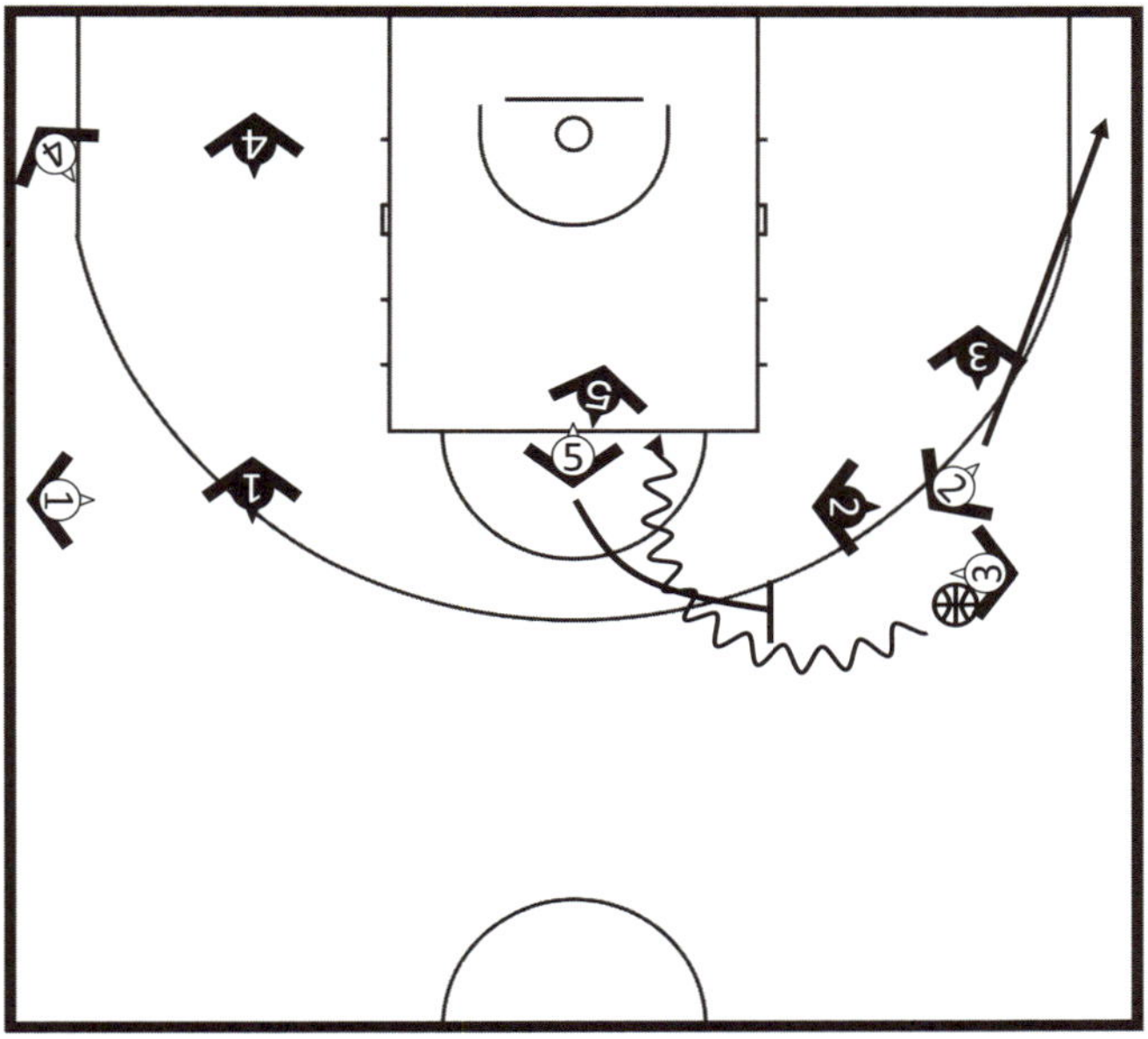

③は②がパスを受けるタイミングで右ウィングへと移動します。②は右スロットに飛び出した勢いをそのままにドリブルで右ウィングへと移動し、向かってくる③にハンドオフパスを出します。❷と❸はDHOにスイッチで対応しました。

図3

⑤は②がスクリーンを通過した後、右スロットへと移動し、DHOを行う②の背後で③とマッチアップする❷にスクリーンをセットします。ハンドオフパスを受けた③は⑤のスクリーンを利用してリングに向かってアタックします。❷は、②がスクリーンを利用して長い距離を勢いよく移動してDHOに入り、さらにPnRのスクリーンがセットされるため、スイッチでDHOに対応したものの③のマークが難しくなります。そもそも、DHOとPnRの組み合わせでは、DFの準備が難しくなります。❷は③の動きをファウルでしか止めることができませんでした。

GAME DATA
FIBA World Cup 2023
4Q 6:54　アメリカ66-62モンテネグロ

図1

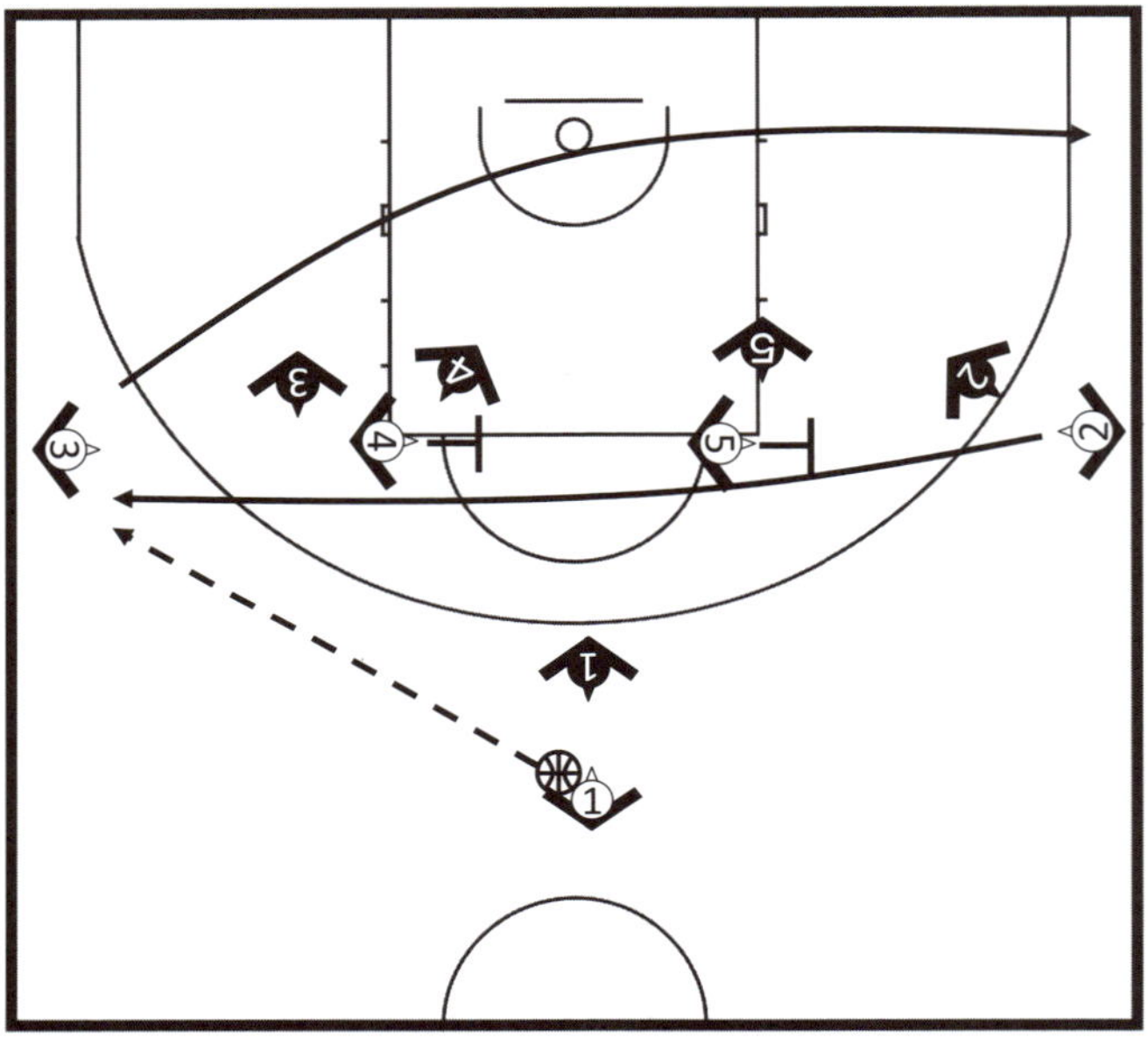

08
★★★★★

A-カット後にラムスクリーンを入れPnRで得点を狙う

プレーの動画はこちら

PnRをお膳立てするオフボールの動き

A-カットからスタートし、ラムスクリーンを入れてからPnRを行うセットです。

図1

ボールマンのジョシュ・ギディー①がトップ、ジョシュ・グリーン③が左ウィング、ジョー・イングルズ④が左エルボー、ゼイビアー・クックス⑤が右エルボー、ダンテ・エクサム②が右ウィングにポジションを取ります。④と⑤が❷に対するスクリーンをセット。②は、④と⑤によるスタッガードスクリーンを利用して左ウィングへと移動し、①からのパスを受けます。この

図2

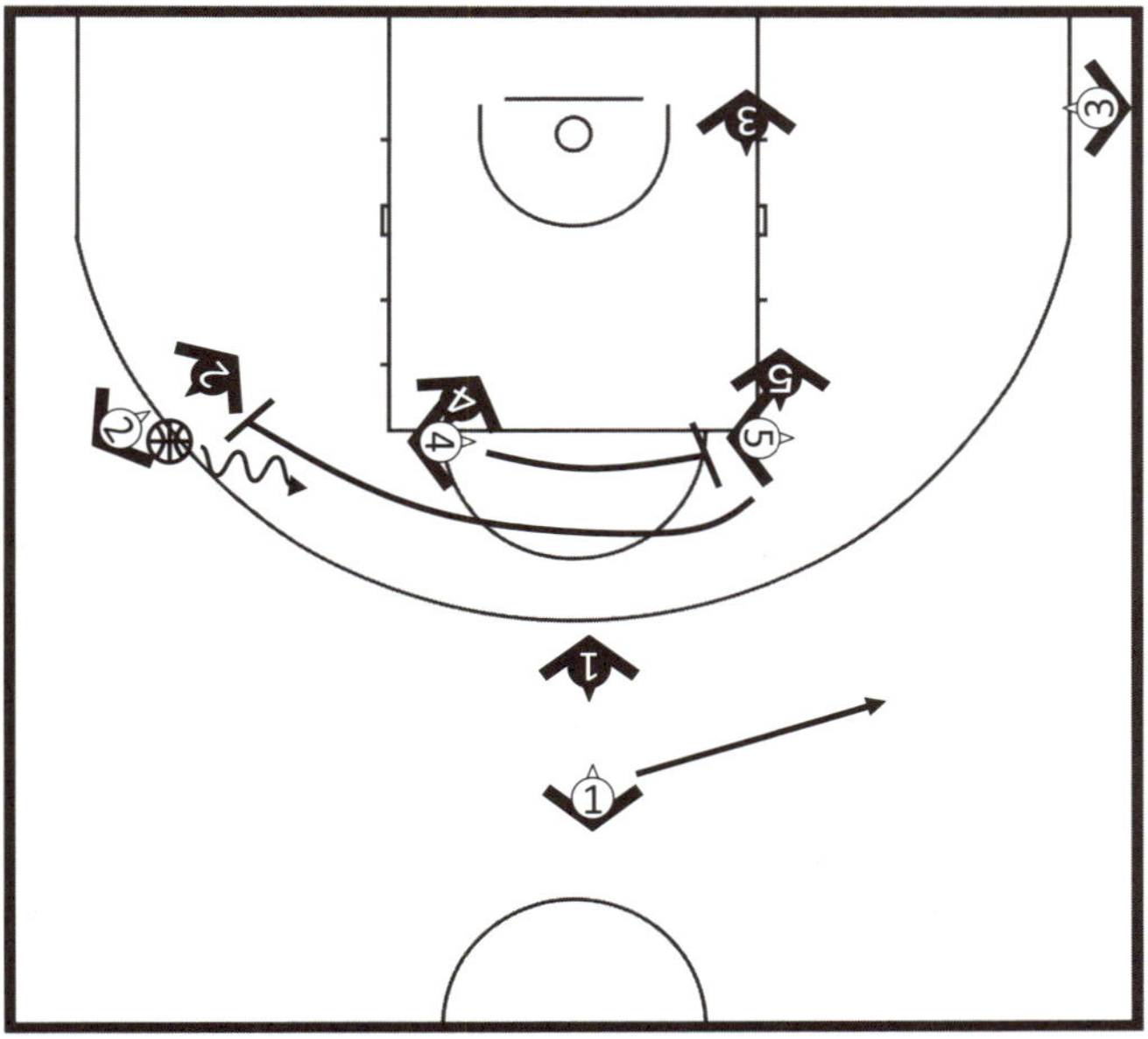

間に③は右コーナーへと移動し、左サイドのスペースを空けます。

図2

④は②がスクリーンを通過した後、❺にスクリーンをセットします。⑤は④のスクリーンを利用して左ウィングへと移動し、❷にスクリーンをセットします。②は⑤のスクリーンを利用してPnR。①は②へパスを出した後、右サイドへと移動します。❷はAIによるスタッガードスクリーンによって②から引き離されます。②へのDFポジションを回復したところに⑤のスクリーンがセットされるため、PnRへの対応が困難に。❺もまた、④によるラムスクリーンに対応した直後にPnRのスクリーナーDFとなるため、PnRへの対応が難しくなります。PnRでスクリーンを利用した②は❷と❺の2人のディフェンスを引きつけ、ノーマークとなった⑤はダイブし、②からのパスを受けてボールをリングに叩き込みました。

GAME DATA
FIBA World Cup 2023
2Q 9:53　オーストラリア25-24ドイツ

図1

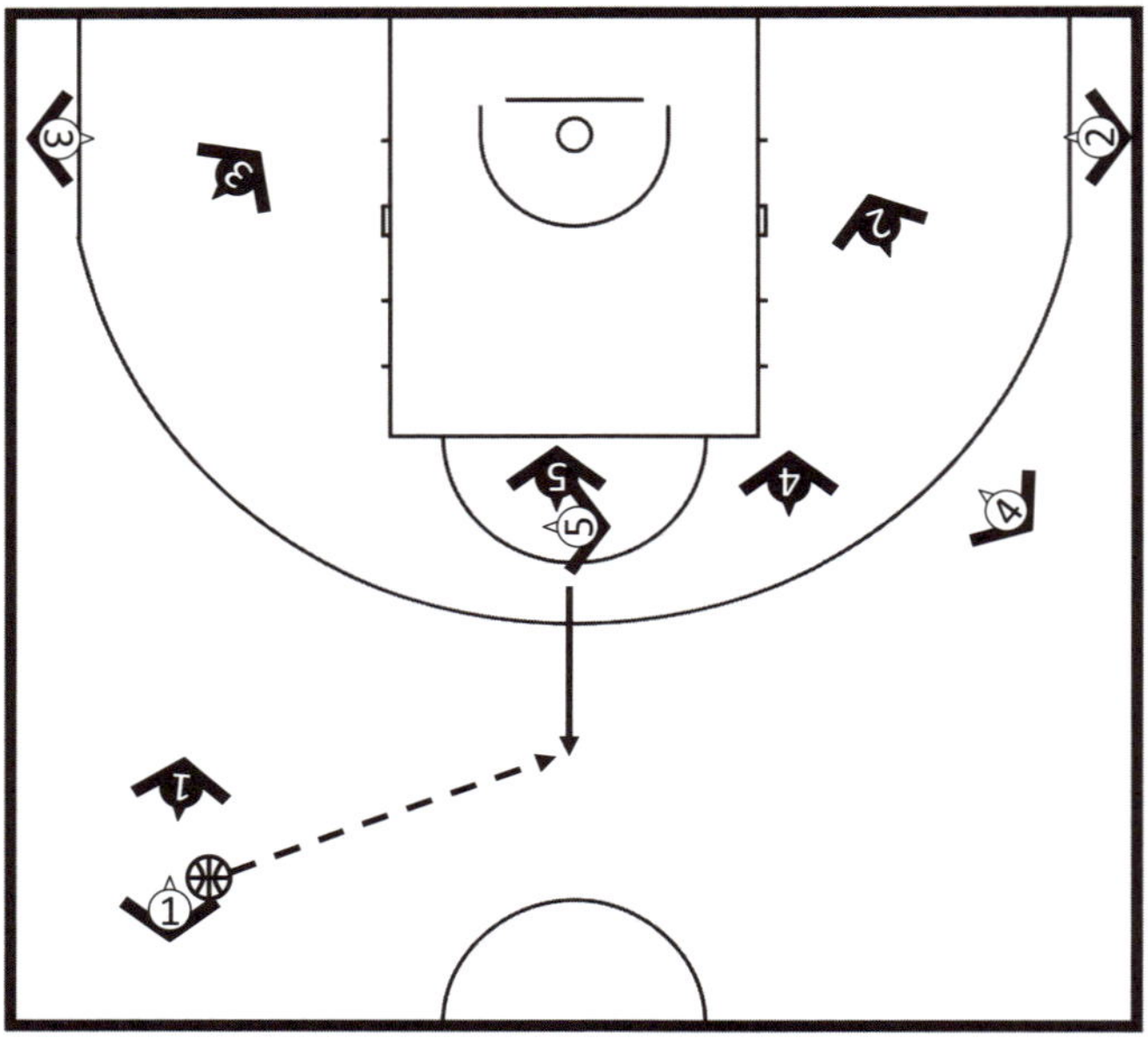

09 ★★★★★ オフボールスクリーンとDHOの連続でディフェンスを引き離す

プレーの動画はこちら

スクリーンへの対応を困難にしショットを狙う

オフボールスクリーンとDHOを組み合わせるズームアクションによって、ユーザーからディフェンスを引き離して得点する機会を作り出すセットです。

図1

ボールマンのタイリース・ハリバートン①が左コフィンコーナー付近、パオロ・バンケロ⑤がネイルとトップの中間付近、キャム・ジョンソン④が右ウィング、ジョシュ・ハート③が左コーナー、オースティン・リーブス②が右コーナーにポジションを取ります。⑤がトップへと飛び出し①からのパスを受けます。

図2

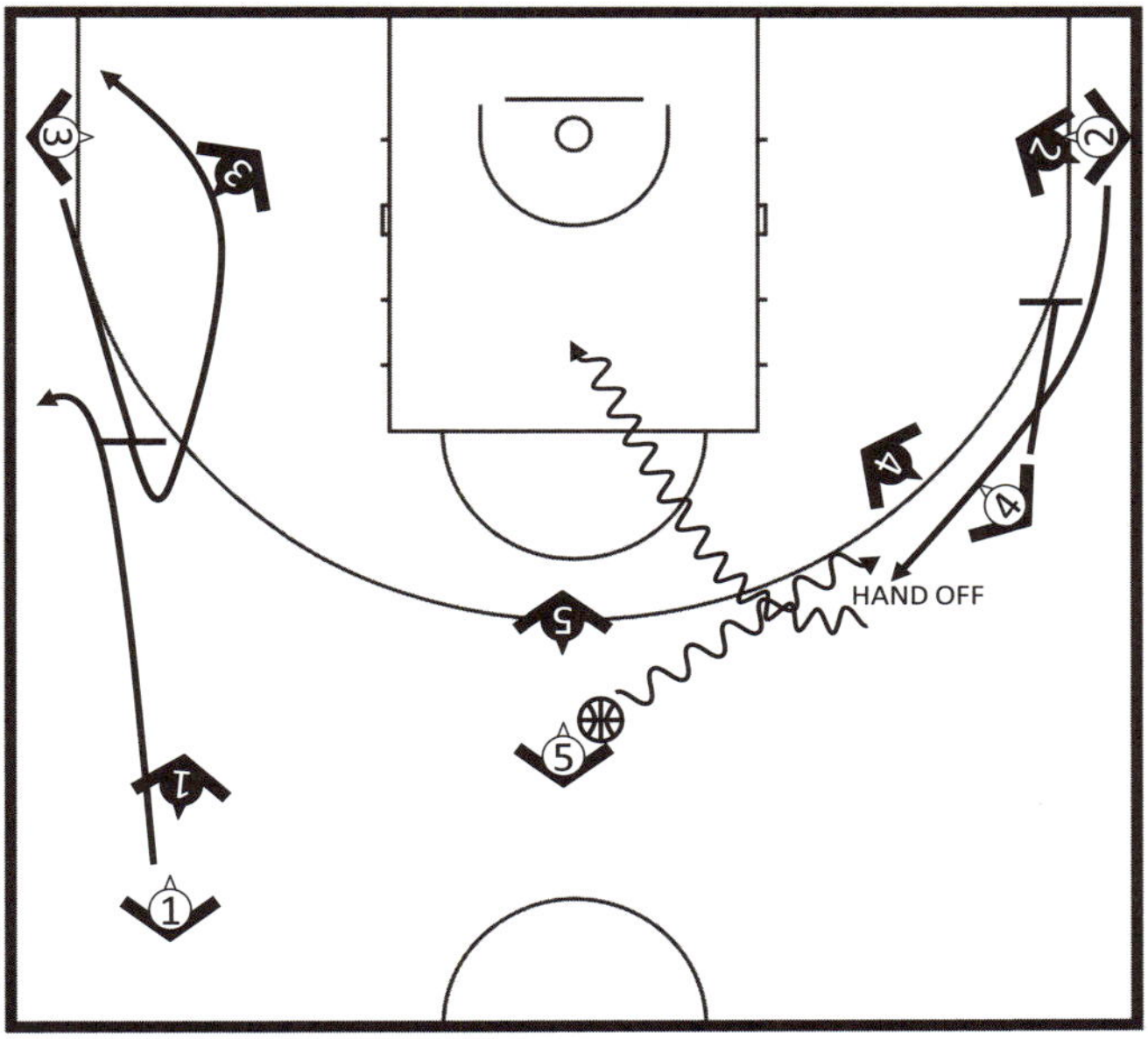

図2

④は右コーナー方向へと移動し、②とマッチアップする❷に対するスクリーンをセットします。①からのパスを受けた⑤はドリブルで右ウィングへと移動し、次に続くDHOに備えます。つまり、オフボールスクリーンとDHOが連続するズームアクションになります。②は④のオフボールスクリーンを利用して右ウィングへと移動し、さらに⑤からハンドオフパスを受けます。この間、③は❶にスクリーンをセットし、①がこれを利用します。①と③が左サイドでスクリーンプレーを行うことにより、❶と❸を左サイドに引きつけ、ミドルレーンのスペースを確保。❷は、オフボールスクリーンへの対応直後に、DHOによるアウトサイドスクリーンへの対応が求められるため、アウトサイドスクリーンを回避することが難しくなります。❷を引き離した②に❺が対応せざるを得なくなり、ダイブした⑤に②からのパスが渡り、⑤がショットを決めました。

GAME DATA
FIBA World Cup 2023
1Q 3:20　アメリカ8-14ニュージーランド

図1

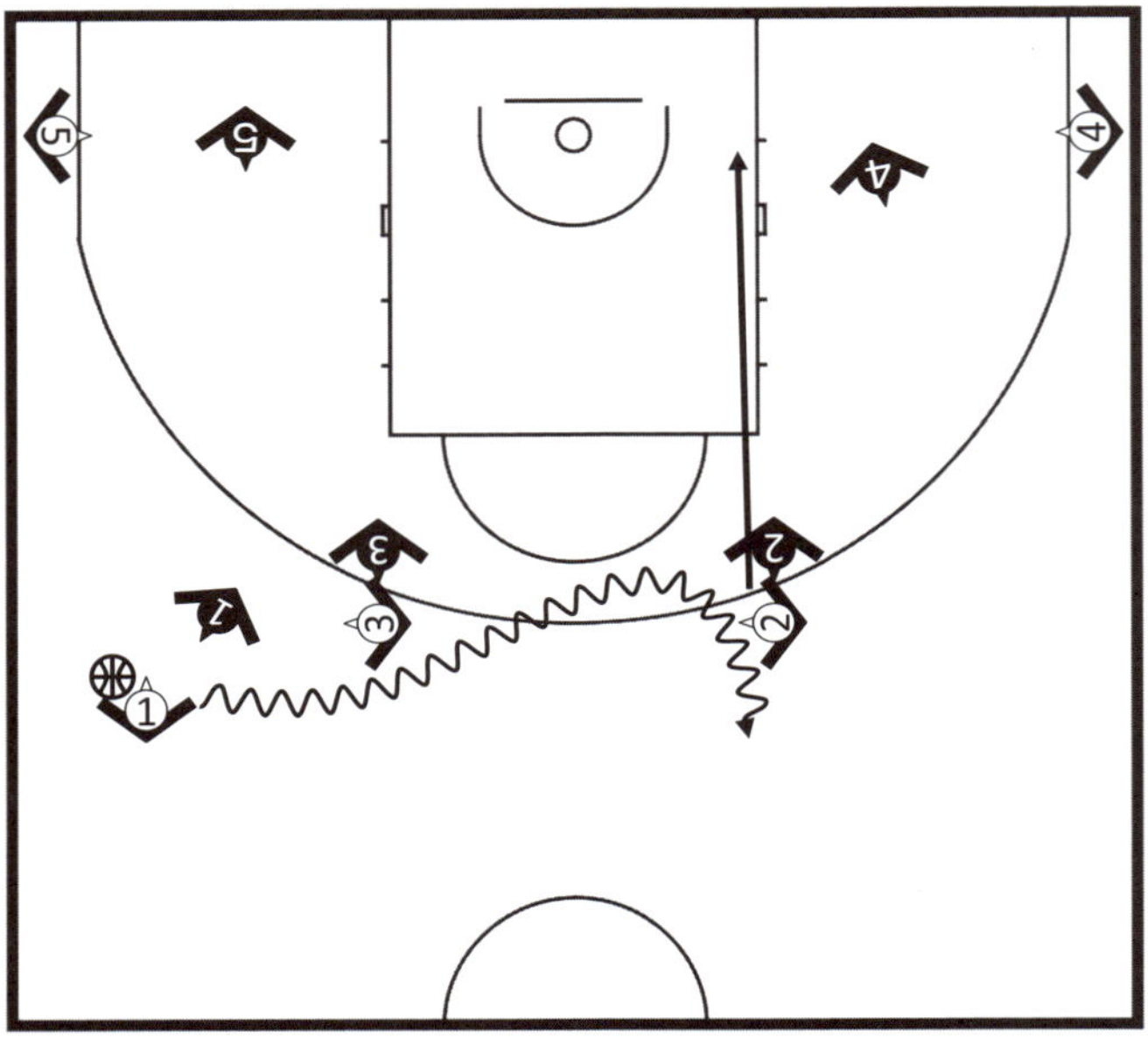

10 ★★★★★ ダブルドラッグと見せてオフボールスクリーンでシューターをノーマークにする

プレーの動画はこちら

ロングクローズアウトの状況を作り出す

シューターとマッチアップするディフェンスにダブルドラッグのスクリーナーになると見せかけ、シューターがオフボールスクリーンのユーザーとなってディフェンスを引き離そうとするセットです。

図1

ボールマンの富樫勇樹①が左のウィングとスロットの中間付近、ジョシュ・ホーキンソン⑤が左コーナー、渡邊雄太④が右コーナー、吉井裕鷹③が左スロット、富永啓生②が右スロットにポジションを取ります。③と②が❶に身体の正面を向けてスクリーンをセットし、ダブルドラッグを形

図2

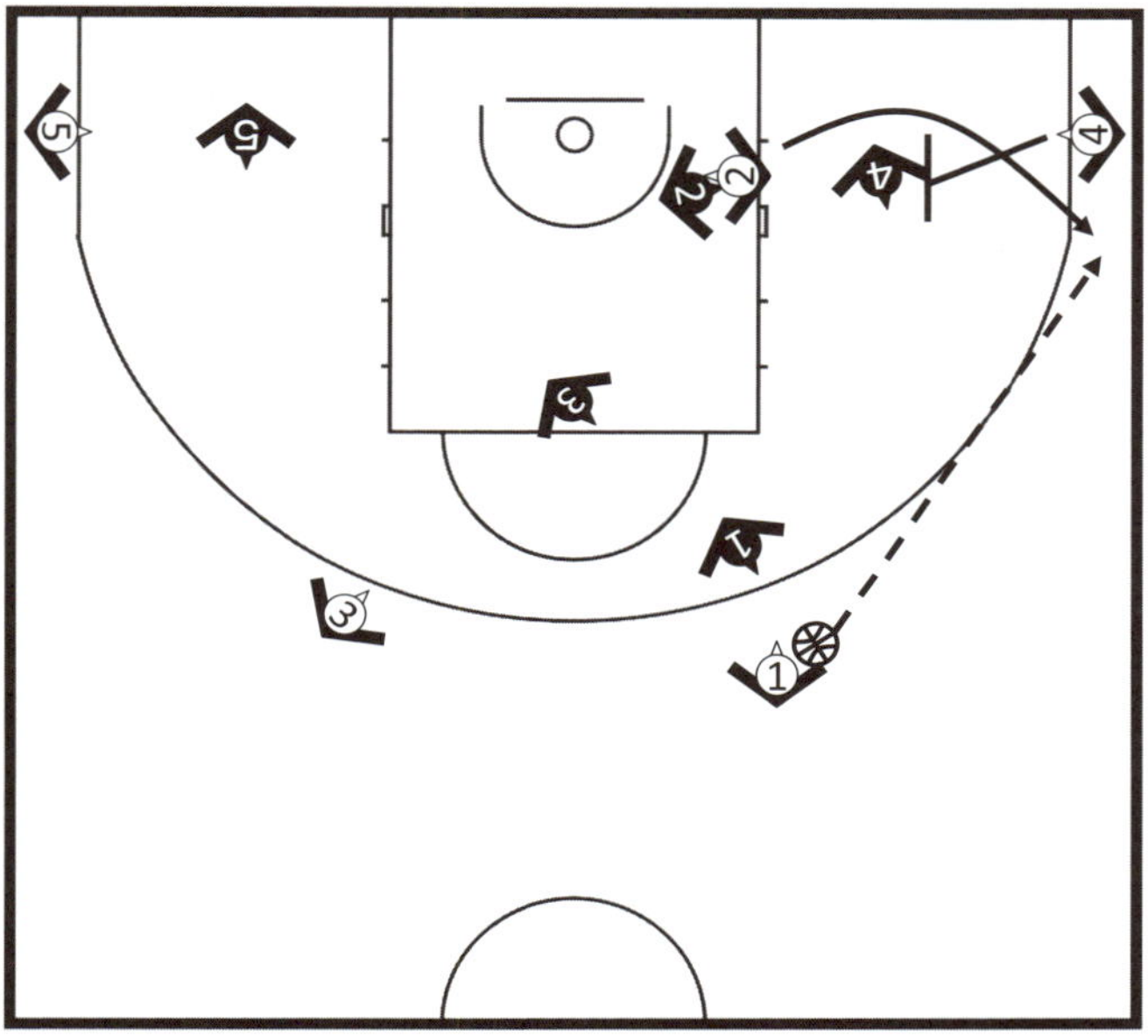

成します。①はこのダブルドラッグを利用するように右スロット方向へとドリブルで移動します。しかし、このダブルドラッグは見せかけで、①の動き出しと同時に②は右ローポストへと移動します。したがって、実際にはシングルスクリーンになります。

図2

④は②が右ローポストに到達するタイミングで、②とマッチアップする❷に対するスクリーンをセットします。②は④のスクリーンを利用し、右コーナーに飛び出して①からのパスを受けます。❷としてはスクリーナーDFとして、ダブルドラッグに対応する準備していたところ、急に②が移動し、注意を向けていた方向と反対側からスクリーンをセットされるため、スクリーンを回避することが難しくなります。3Pシューターである富永②が右コーナーでボールを受けた時にはロングクローズアウトの状況を作り出すことができました。

GAME DATA
FIBA World Cup 2023
3Q 2:44　日本53-71フィンランド

図1

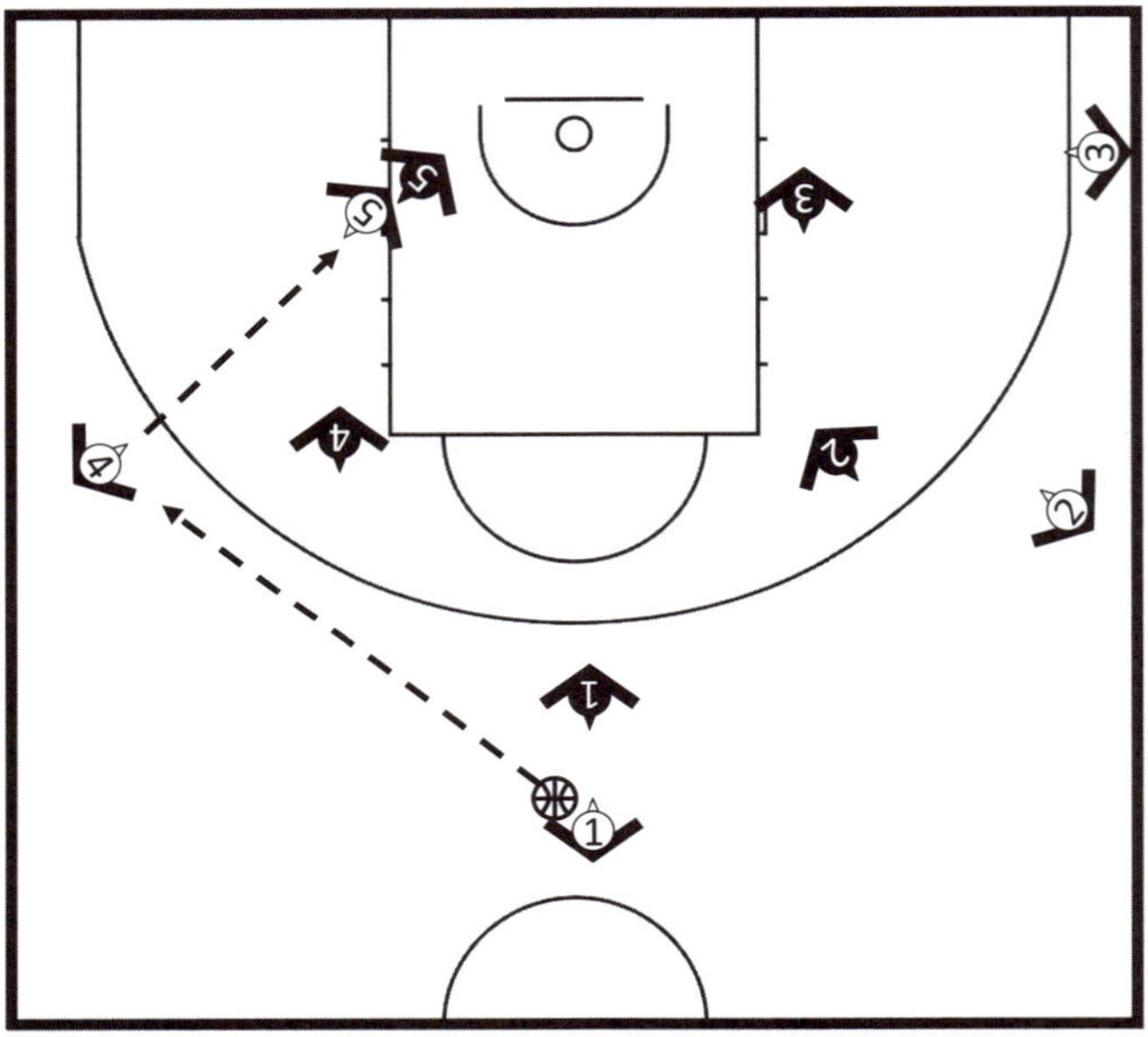

11

★★★★★

ローポストでのアウトサイドスクリーンでユーザーがペイント内に侵入する

プレーの動画はこちら

アップヒルにすることで十分な視野を確保

ローポストでのアウトサイドスクリーンでオフボールマンDFの対応を難しくさせ、ユーザーをペイント内に侵入させることを狙うセットです。

図1 ボールマンの河村勇輝①がトップ、渡邊雄太④が左ウィング、ジョシュ・ホーキンソン⑤が左ローポスト、馬場雄大③が右コーナー、比江島慎②が右ウィングにポジションを取ります。④が左ウィングで①からのパスを受け、左ローポストに位置する⑤へとパスを出します。

図2

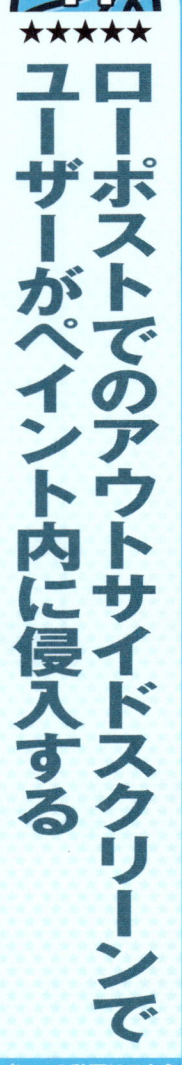

図2

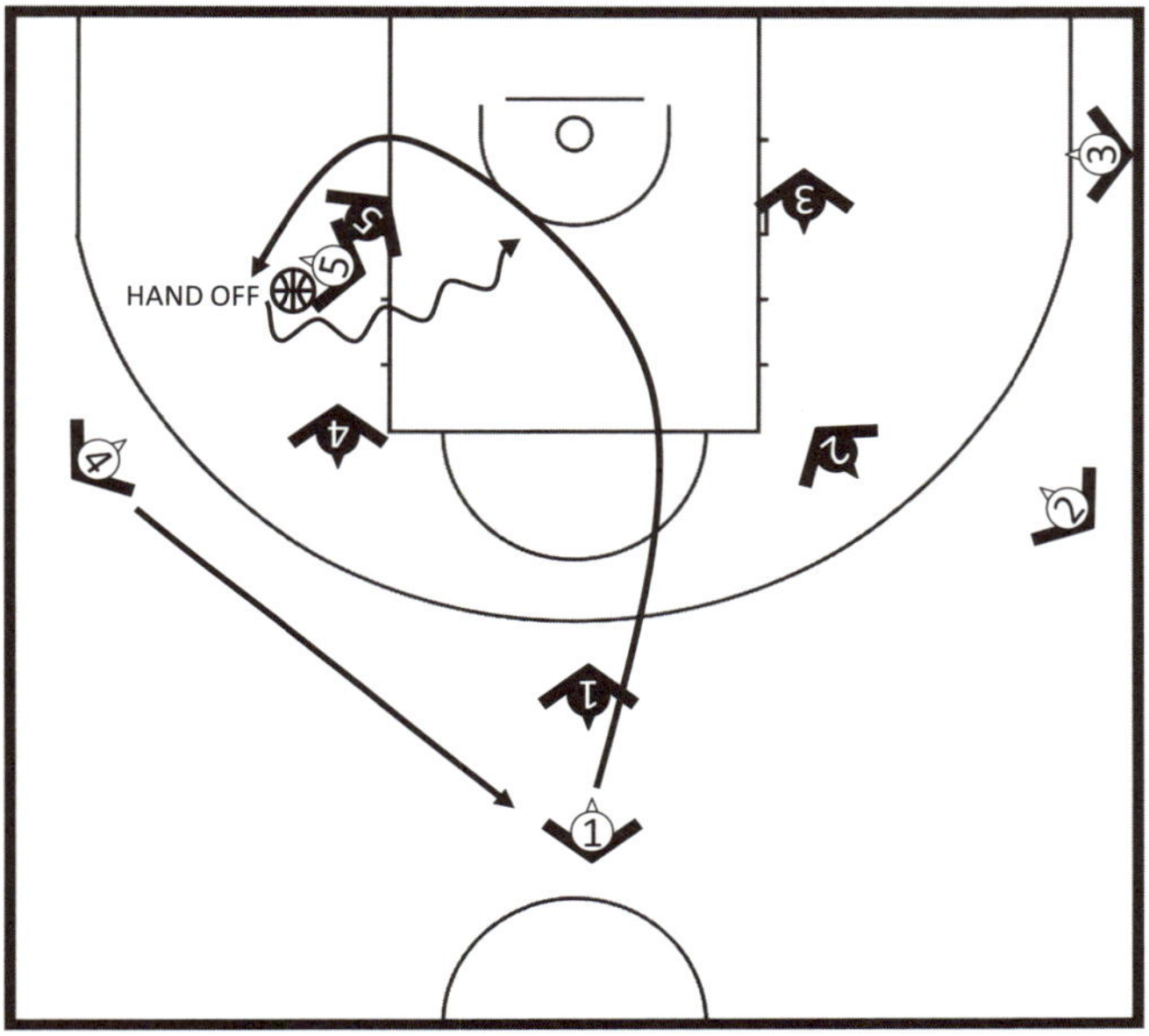

①はパスを出した後、スペースの空いたペイント内へと侵入します。④はパスを出した後、トップへと移動します。①はペイントを通過し、⑤の周りを回ってハンドオフパスを受けてドリブルでペイント内に侵入します。ゴールに近いローポストでハンドオフを行うことにより、ユーザーはインサイドからアウトサイドまでの広いスペースを使ってプレーを選択することができます。また、インサイドからアウトサイドへ移動するアップヒルのユーザー①であるため、ユーザー①はトップに位置する④とマッチアップする❹の対応を十分に視野に入れながらプレーすることができます。つまり、❹が①に近づいてしまうと、④にパスを出されてしまうため、①に近づくことができません。

この場面では、❶は①の後を追うチェイスを選択したため、①が⑤の周りを回った時には①が❶よりもゴール側に位置しました。①に❸が対応したため、①は③にパスを出し、③が3Pショットを放ちました。

GAME DATA
FIBA World Cup 2023
3Q 10:00　日本36-41ベネズエラ

図1

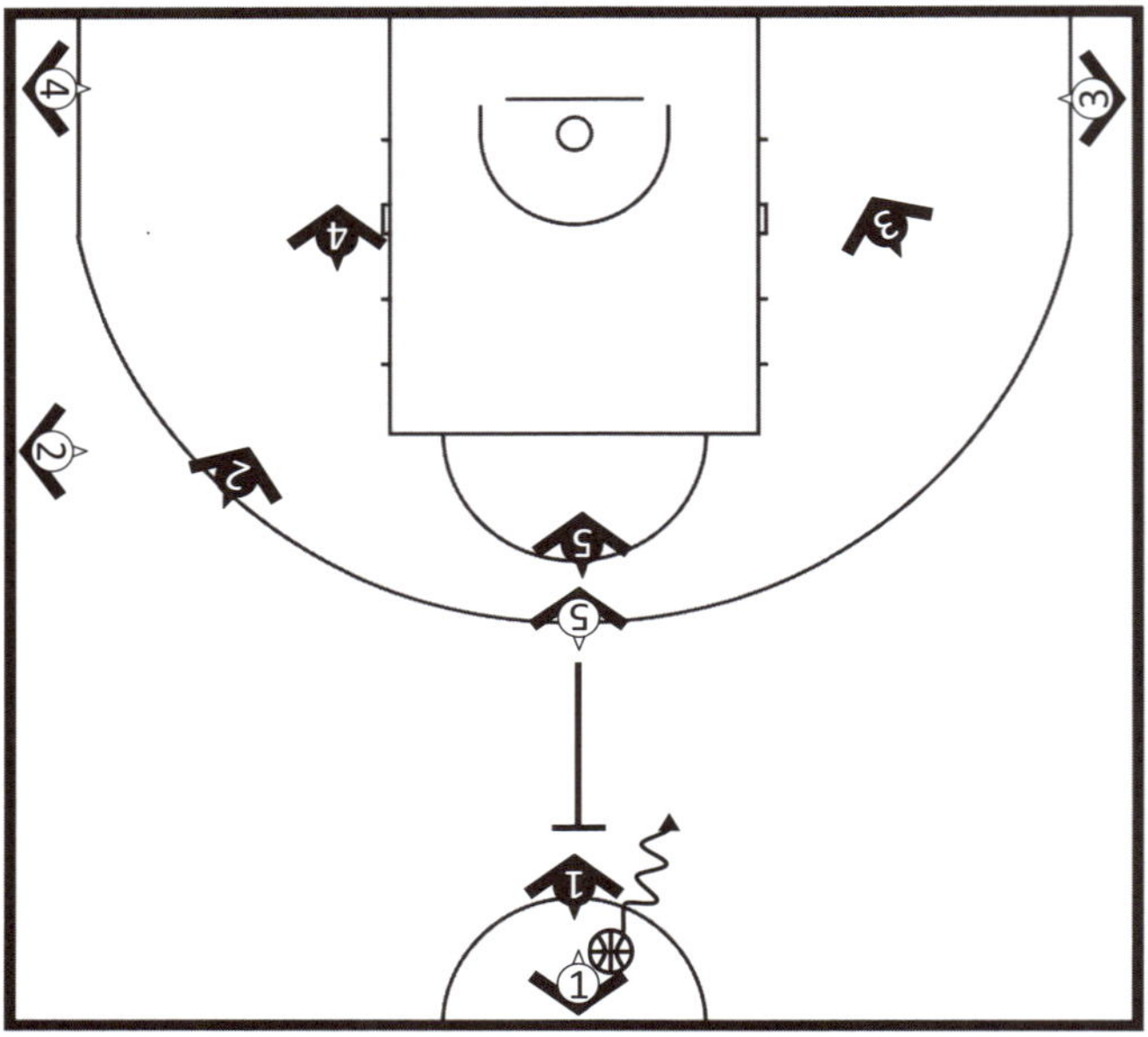

12

★★★★★

DHOの直後にスクリーンをセットしユーザーDFを引き離す

プレーの動画はこちら

ディフェンスとのズレを作り得点を狙う

DHOの直後にスクリーンをセットすることで、ユーザーDFを引き離して得点を狙うセットです。

図1

ボールマンのジェイレン・ブランソン①がセンターサークル、⑤ジャレン・ジャクソンJrがトップ付近、オースティン・リーブス②が左ウィング、ブランドン・イングラム④が左コーナー、アンソニー・エドワーズ③が右コーナーにポジションを取ります。⑤がセンターサークルに向かって移動し、①とマッチアップする❶にスクリーンをセットします。①は⑤のスクリーンを利

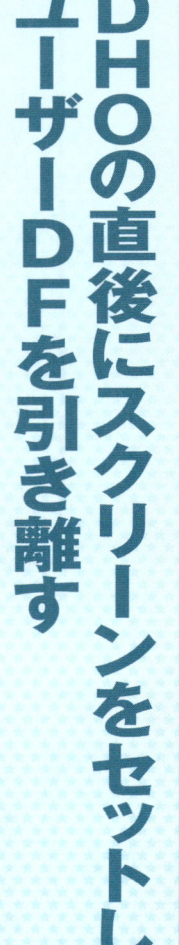

図2

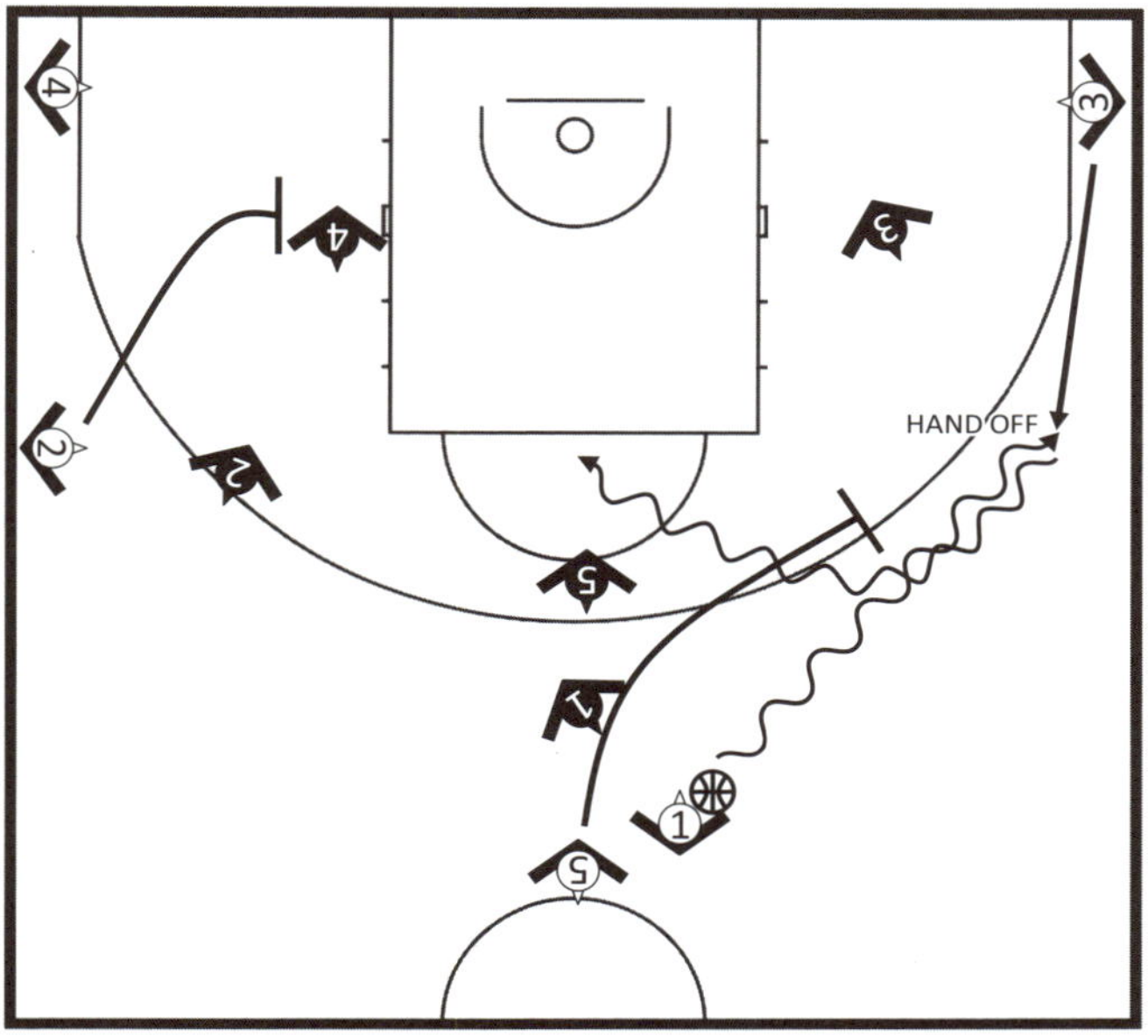

用してドリブルで右ウィングへと移動。

図2 ①は、右ウイングに向かって移動してきた③にハンドオフパス。⑤は①がスクリーンを通過した後、身体の向きを変えて右ウィング方向へと移動し、①の背後で❸にスクリーンをセット。これにより、DHOとPnRの連続が形成されます。ハンドオフパスを受けた③は⑤のスクリーンを利用してゴールにアタックします。②は③によるスクリーンの利用に合わせて❹にスクリーンをセットします。②のスクリーンにより、③は④にパスを出し、④に3Pショットを放たせるといった選択をすることもできます。❸としては、DHOに対応した直後にPnRへの対応が必要になるためPnRのスクリーンを回避することが難しくなります。❸とのズレを作ったエドワーズ③は、その高い身体能力を活かして高く飛び上がり、ジャンパーを決めました。

GAME DATA
FIBA World Cup 2023
2Q 4:19 アメリカ34-30ニュージーランド

13

★★★★★

スクリーナーDFにユーザーの対応をさせ スクリーナーをノーマークにする

プレーの動画はこちら

図1

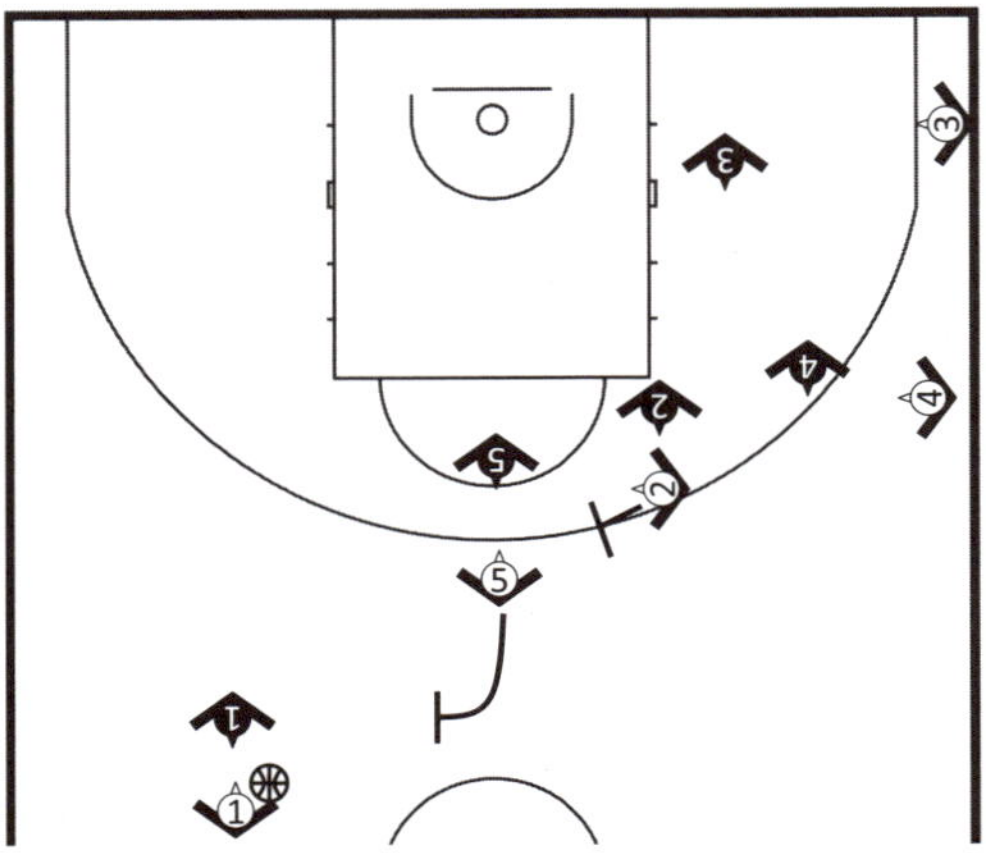

図2

セカンドスクリーナーが ポップアウト

セカンドスクリーンのスクリーナーDFにユーザーへの対応をさせている間にスクリーナーが移動してノーマークになるセットです。

図1

ボールマンの河村勇輝①がセンターサークルの左側付近、ジョシュ・ホーキンソン⑤がトップ、比江島慎②が右スロット付近、渡邊雄太④が右ウィング、馬場雄大③が右コーナーにポジションを取ります。③と④が右サイドで広がってポジションを取ることで、左サイドにスペースを作れます。⑤がセンターサークルの下まで移動し、②は

図3

図4

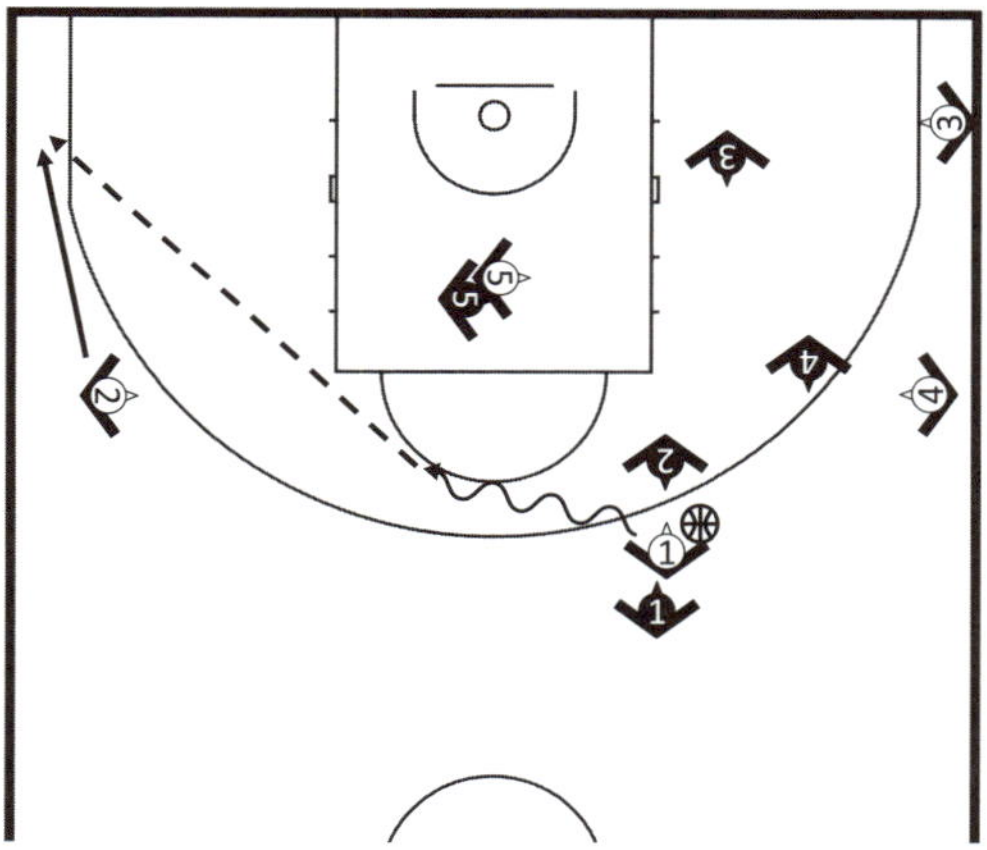

トップ方向へ少し移動。ともに❶に対するスクリーンをセットします（ダブルドラッグ）。しかし②はダブルドラッグのスクリーナーになるように見せかけています。

図2

②は①が⑤のスクリーンを利用するタイミングで左ウィングへと飛び出します。

図3

⑤は①がスクリーンを利用した直後にペイント内へとダイブし、❺を引きつけます。

図4

①は❶と❷を引きつけながら②へとパスを出します。❷はセカンドスクリーンのスクリーナーDFとして、ユーザーである①に対応しようとしました。その結果、②について行けませんでした。②よりも⑤のダイブのほうが得点のリスクが高いため、❺は⑤に対応せざるを得ませんでした。ノーマークとなった②は3Pショットをリングへと沈め、勝利を決定づけました。

GAME DATA
FIBA World Cup 2023
4Q 0:54　日本79-77ベネズエラ

14

★★★★★

4人のオフボールマンがダイヤモンドから動き出してPnRを行う

図1

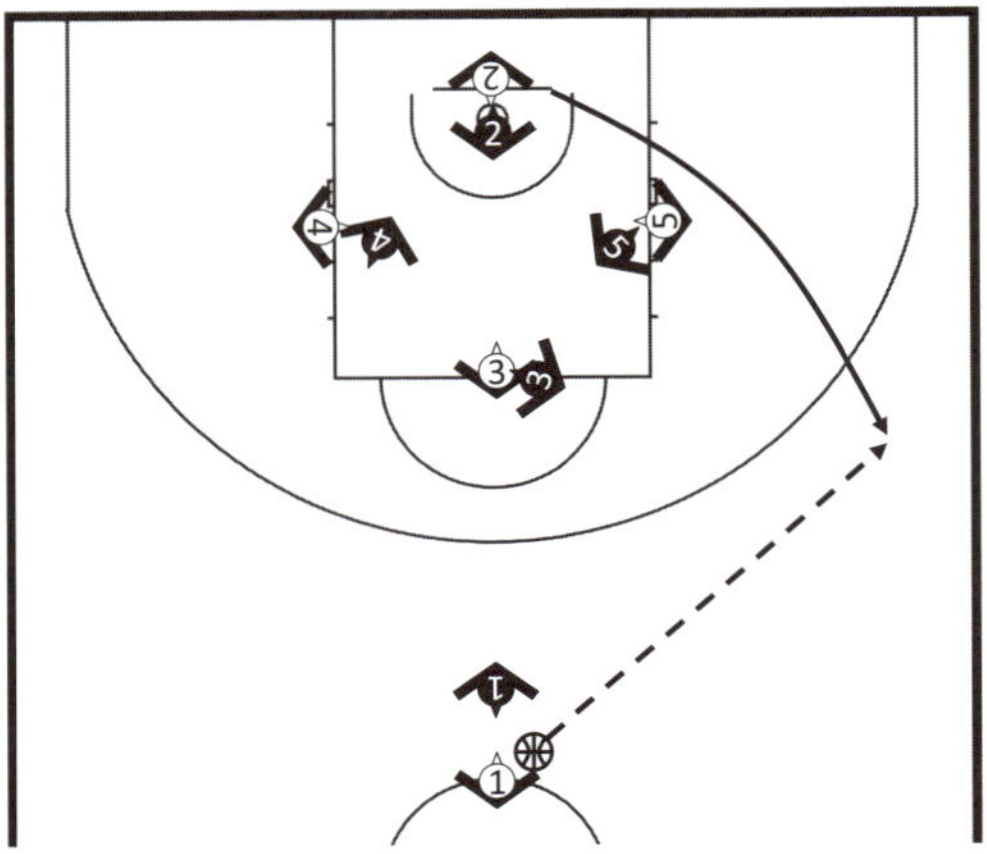

図2

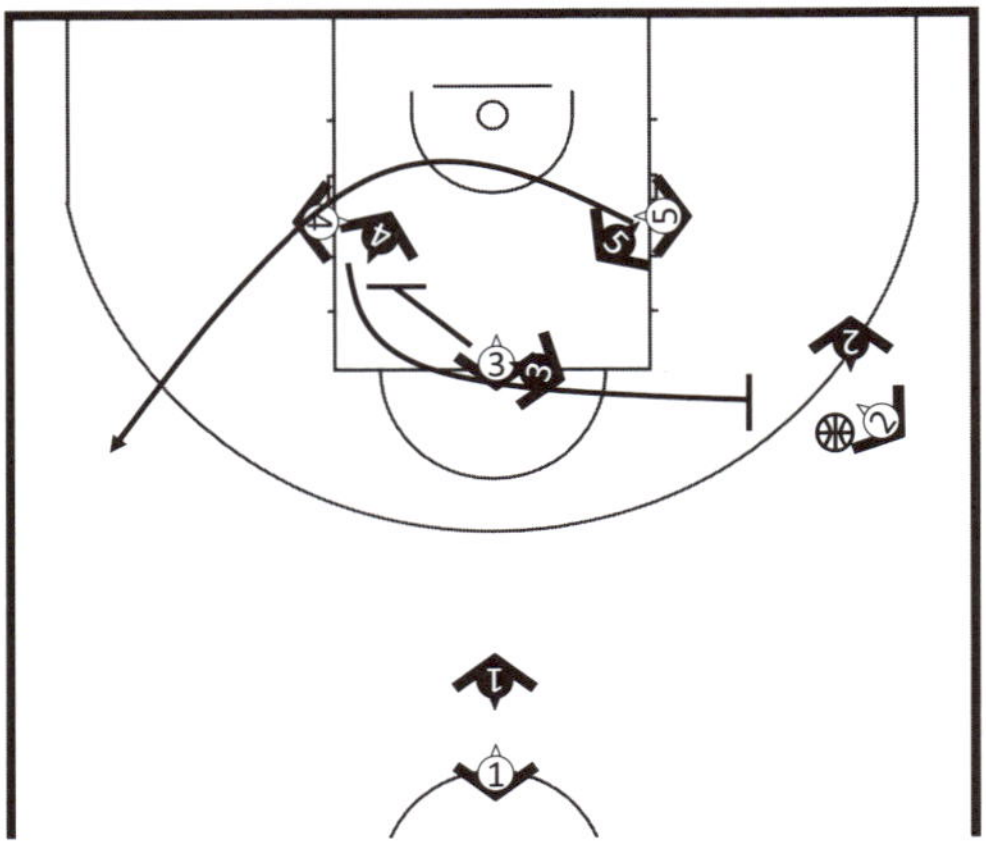

有利な状態でPnRをはじめリングにアタックする

ユーザーによい状態でボールを持たせ、さらにスクリーナーDFにも準備をさせないようにしてPnRを行うセットです。

図1

ボールマンのワエル・アラクジ①がセンターサークル、カリム・ラファエル・イザディン③がネイル、アリ・ハイダル④が左ローポスト、オマリ・スペルマン⑤が右ローポスト、アミール・サウド②がゴール下にポジションを取ります。②は④か⑤のスクリーンを利用し、ウィングで①からのパスを受けます。ここでは、②は⑤のスクリーンを利用しました。

プレーの動画はこちら

図3

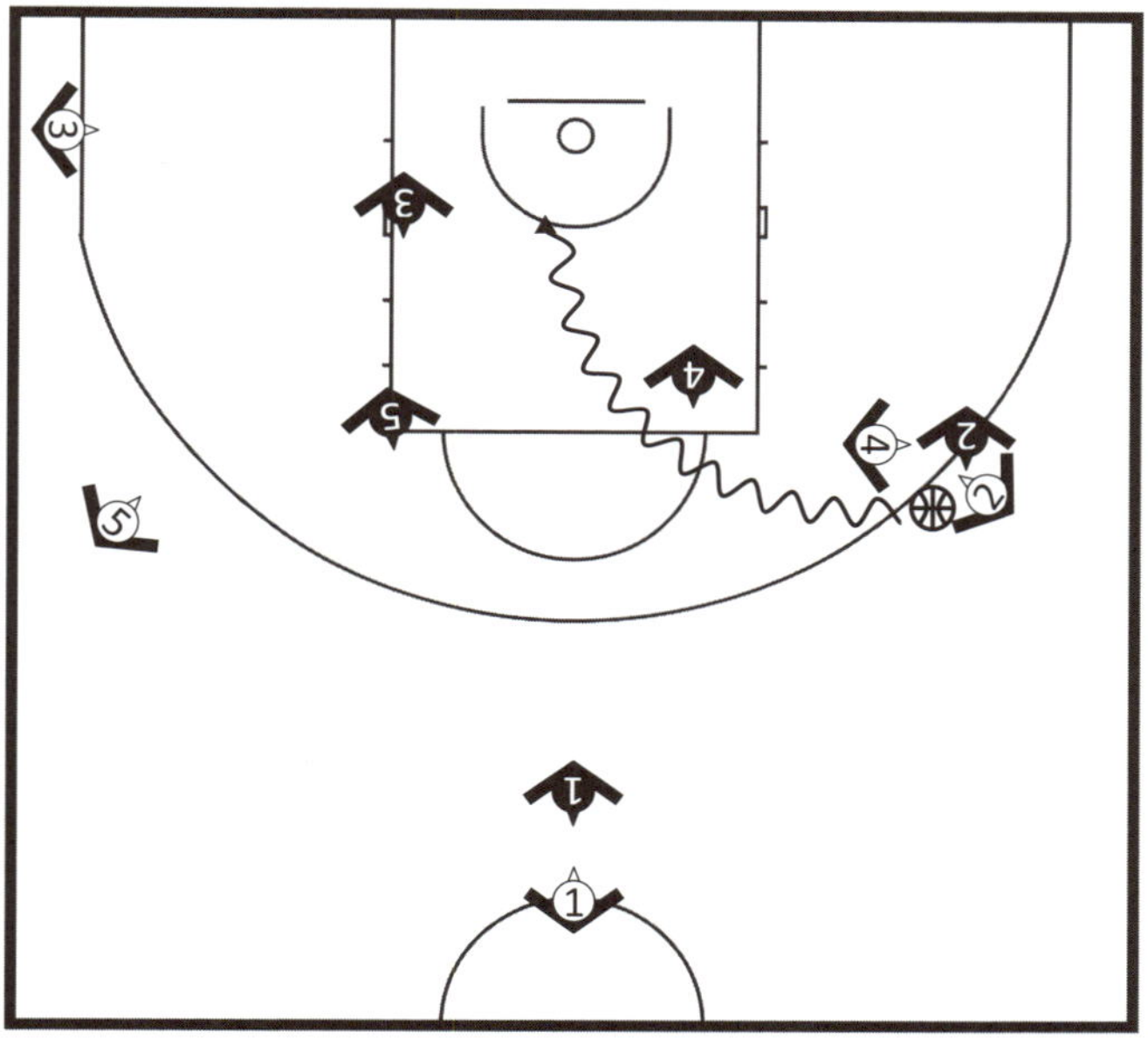

図2
③は②がスクリーンとして利用しなかったローポストのプレーヤーとマッチアップするディフェンスにスクリーンをセットします（ここでは③が❹にセット）。④は③のスクリーンを利用して右ウィングへと移動し、❷にスクリーンをセット。

図3
②は④のスクリーンを利用してPnRを行います。ユーザーはオフボールスクリーンを利用してボールをレシーブするため、比較的簡単にボールを保持することができます。そして、次のPnRに向けてよい体勢を取ることができます。さらに、④はPnRのスクリーンセット前にラムスクリーンを利用するため、PnRのスクリーナーDFになる❹はPnRへの対応が難しくなります。有利な状態でPnRを開始した②は、ゴール付近までボールを侵入させることができました。

GAME DATA
FIBA World Cup 2023
2Q 5:49　レバノン19-48カナダ

15

★★★★★

DHOとPnRの連続によってディフェンスを引き離して得点を狙う

プレーの動画はこちら

図1

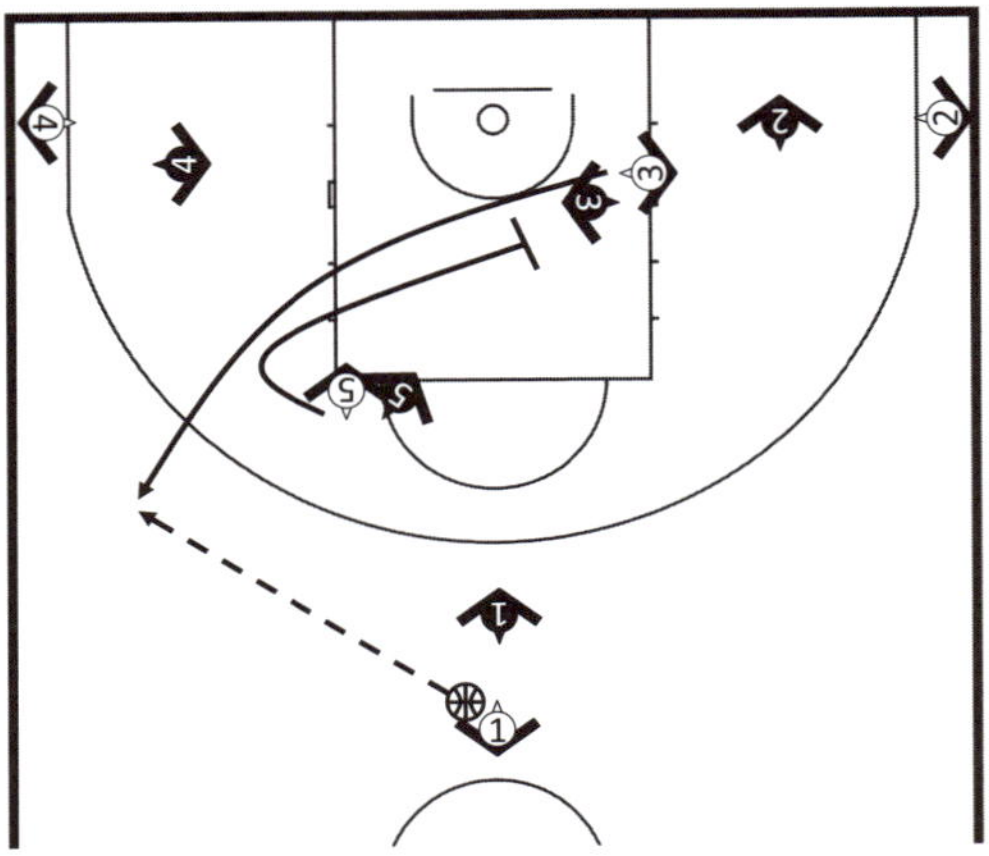

図2

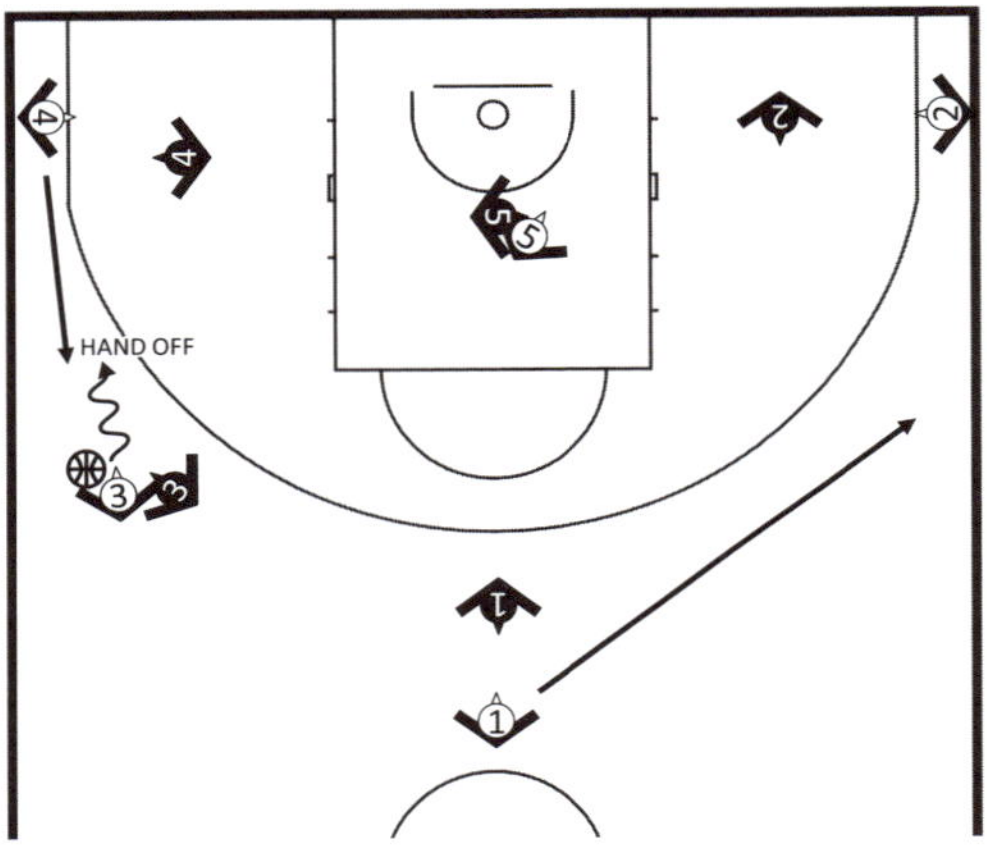

DHOとPnRが連続するマイアミアクション

ローポストに位置するプレーヤーにオフボールスクリーンを利用させてボールを保持させてからDHOとPnRを連続して行うセットです。

図1

ボールマンのタイリース・ハリバートン①がトップ、ブランドン・イングラム④が左コーナー、ウォーカー・ケスラー⑤が左ハイポスト、ミケル・ブリッジズ③が右ローポスト、アンソニー・エドワーズ②が右コーナーにポジションを取ります。⑤が❺にコンタクトをし、ハイポストでパスを受けるように見せ、一気に身体の向きを変え

図3

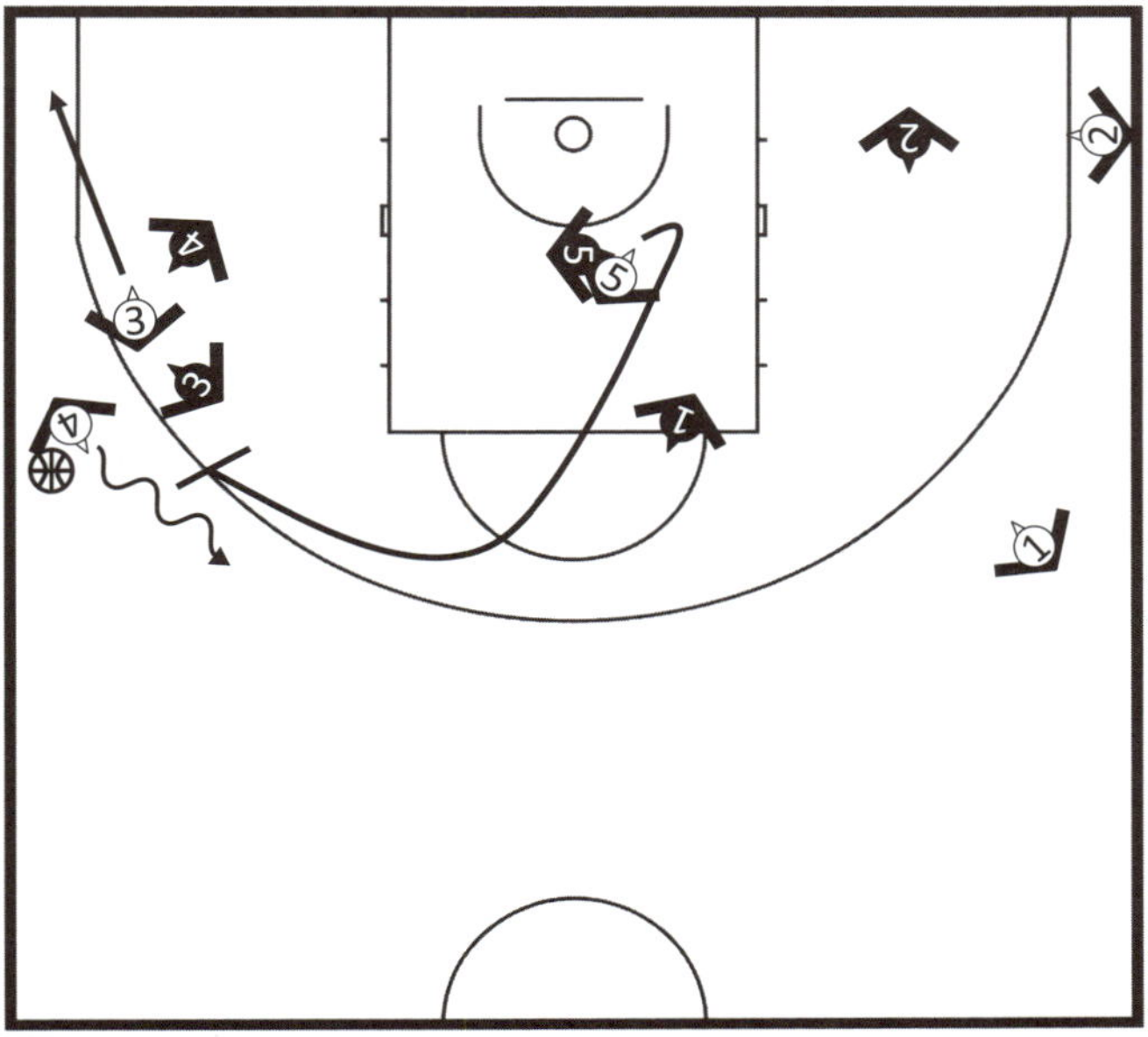

て❸にスクリーンをセットします。③は⑤のスクリーンを利用し、左スロットと左ウィングの中間あたりに飛び出して①からのパスを受けます。

図2

①は③にパス後、右ウィングへと移動します。パスを受けた③は左ウィングにドリブル。④は③がパスを受けたタイミングで左ウィングへと移動し、③からハンドオフパスを受けます。❸と❹は③と④によるDHOにスイッチで対応しました。

図3

⑤は③が通過した後、左ウィングへと移動し、④とマッチアップする❸にスクリーンをセットします。④は⑤のスクリーンを利用してドリブルで進みます。④と⑤によるPnRに❸と❺はスイッチで対応し、ブランドン・イングラム④に❺がマッチアップしました。スピードのミスマッチが生じたと判断したイングラム④は❺に対して1on1を仕掛け、華麗なユーロステップで❺を交わしてショットを決めました。

GAME DATA
FIBA World Cup 2023
2Q 6:00　アメリカ26-25モンテネグロ

16
★★★★★
ラムスクリーンからPnRのスクリーナーをフレアスクリーンでノーマークにする

プレーの動画はこちら

図1

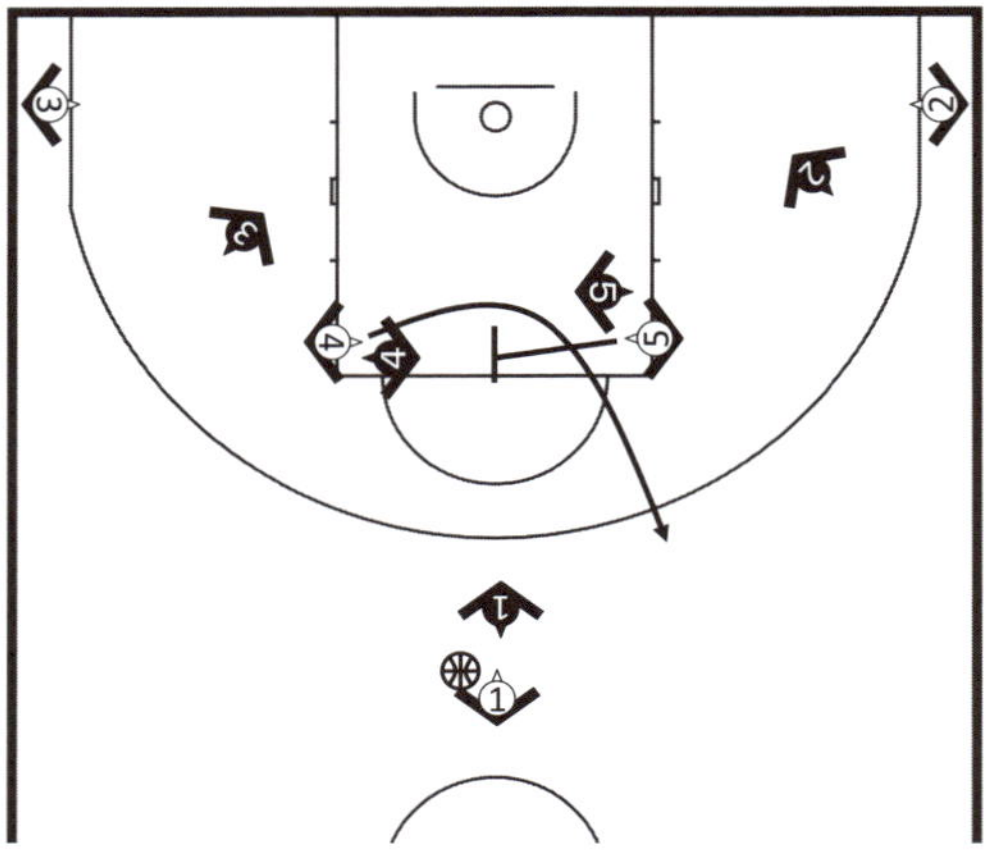

図2

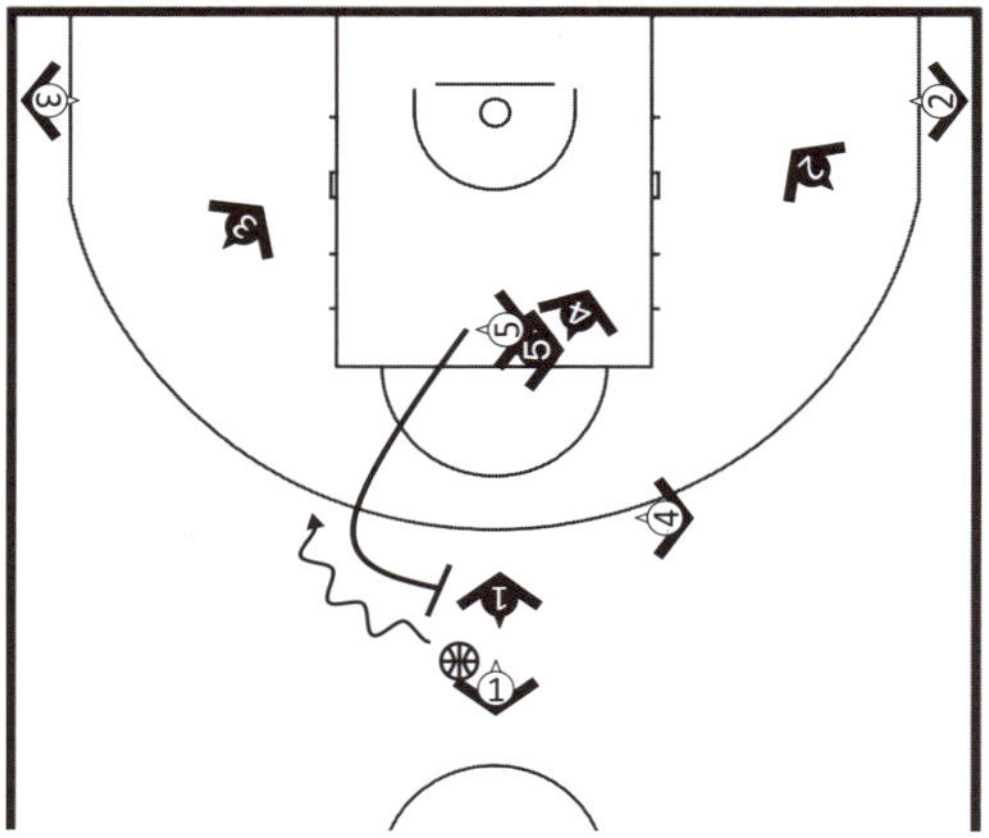

PnRの反対側からのフレアアクション

ラムスクリーンからPnRを行い、PnRのスクリーナーに対してフレアスクリーンをセットし、ディフェンスを引き離すことを狙うセットです。

図1
ボールマンのシェイ・ギルジャス・アレクサンダー①がトップ、ディロン・ブルックス③が左コーナー、ドワイト・パウエル④が左エルボー、ケリー・オリニク⑤が右エルボー、RJ・バレット②が右コーナーにポジションを取ります。⑤が❹にスクリーンをセット。④は⑤のスクリーンを利用して右スロットへと移動します。

図3

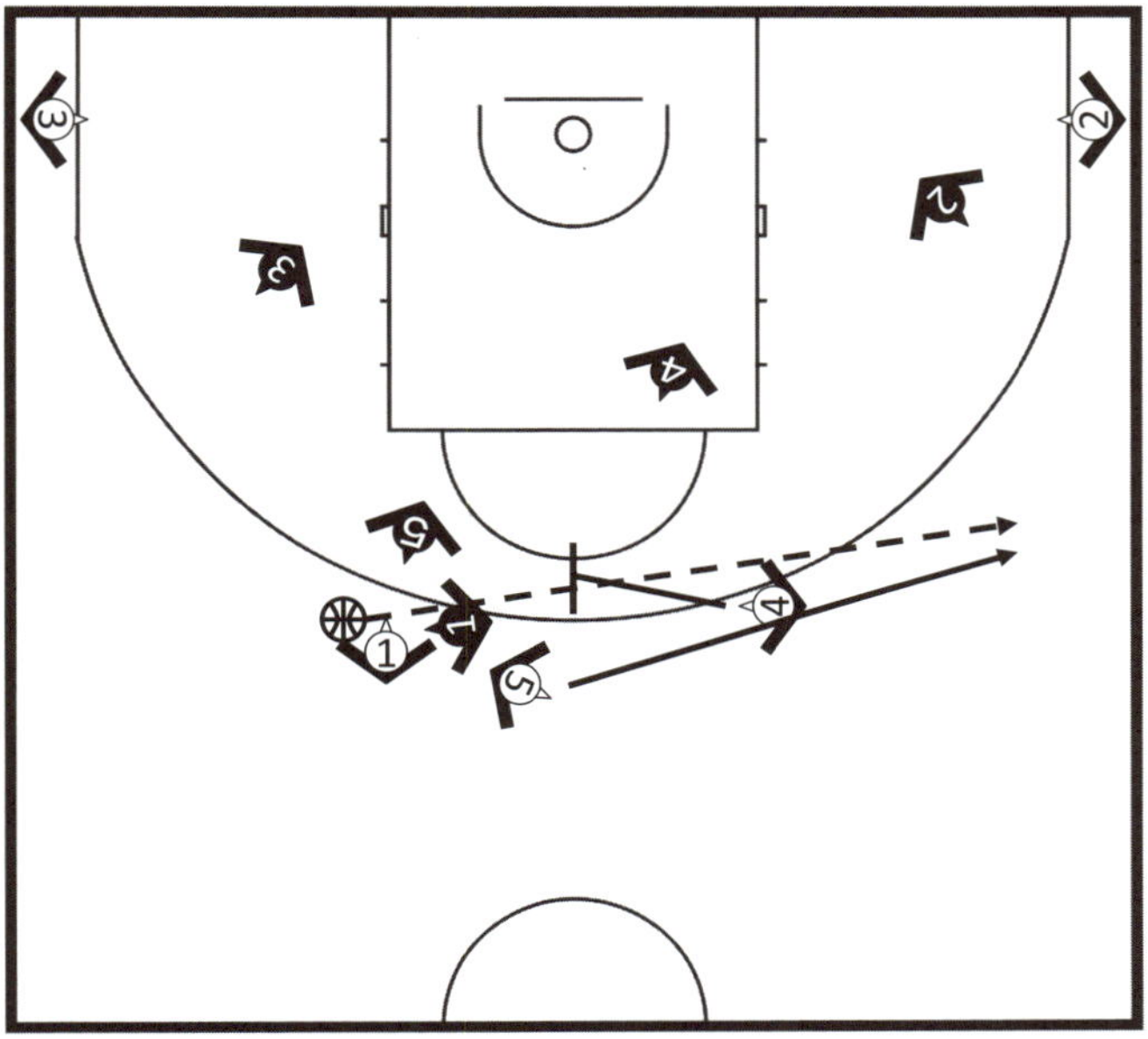

図2

⑤は④がスクリーンを通過した後、トップへと移動し、❶にスクリーンをセットします。①はスクリーンを利用し、左エルボーへ。

図3

①と⑤のPnRの間に、④は❺に対するスクリーンをセットします。⑤は④のフレアクリーンを利用し、右スロットと右ウィングの中間あたりに移動。①からのパスを受けます。❺はPnRに対するディフェンスで❶とスイッチすると、身長のミスマッチが生じるため、❶の①へのDFポジション回復を待ってから⑤に戻る必要があります。さらに、PnRのスクリーナーDFとしての対応中にフレアスクリーンがセットされるため、⑤についていくことが難しくなります。❹と❺はスイッチで対応しましたが、❺はロングクローズアウトとなり、⑤のドライブによるペイント内への侵入を許してしまいました。

GAME DATA
FIBA World Cup 2023
1Q 8:50 セルビア2-1カナダ

17
★★★★★

フロッピーに見せかけてブロックのプレーヤーがアウトサイドに飛び出す

プレーの動画はこちら

図1

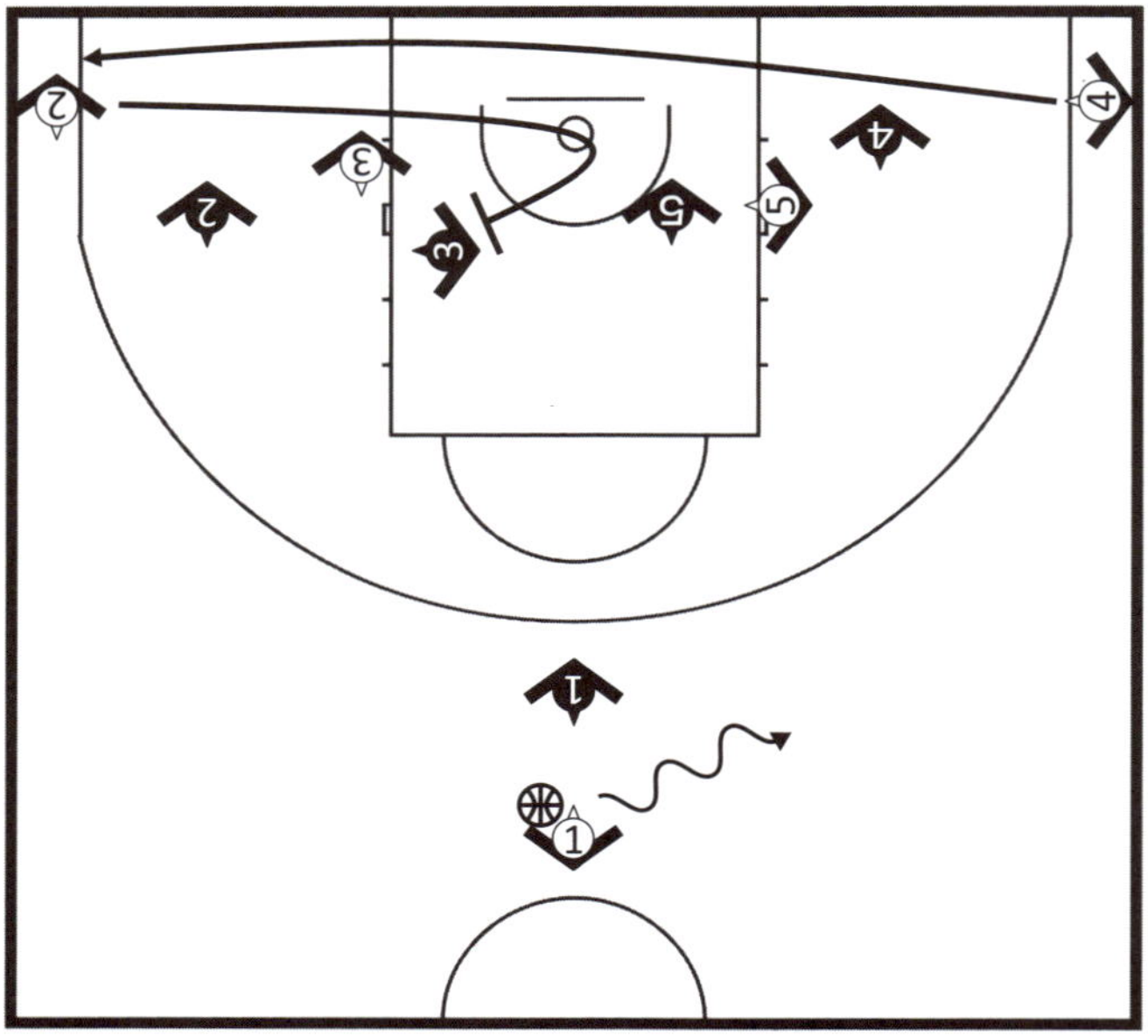

スタッガードスクリーンでノーマーク

スクリーナーになるように見せかけていたプレーヤーとマッチアップするディフェンスにスクリーンをセットしてディフェンスを引き離すセットです。

図1

ボールマンのシェイン・ダホサ①がトップ、イバン・アルメイダ②が左コーナー、ジョアン・ゴムシュ③が左ローポスト、ケベン・ゴムシュ⑤が右ローポスト、ケネディ・メンジ④が右コーナーにポジションを取ります。④がベースラインを駆けて左コーナーに移動。同時に②も右コーナーに移動をはじめます。②と④の移動に対し

図2

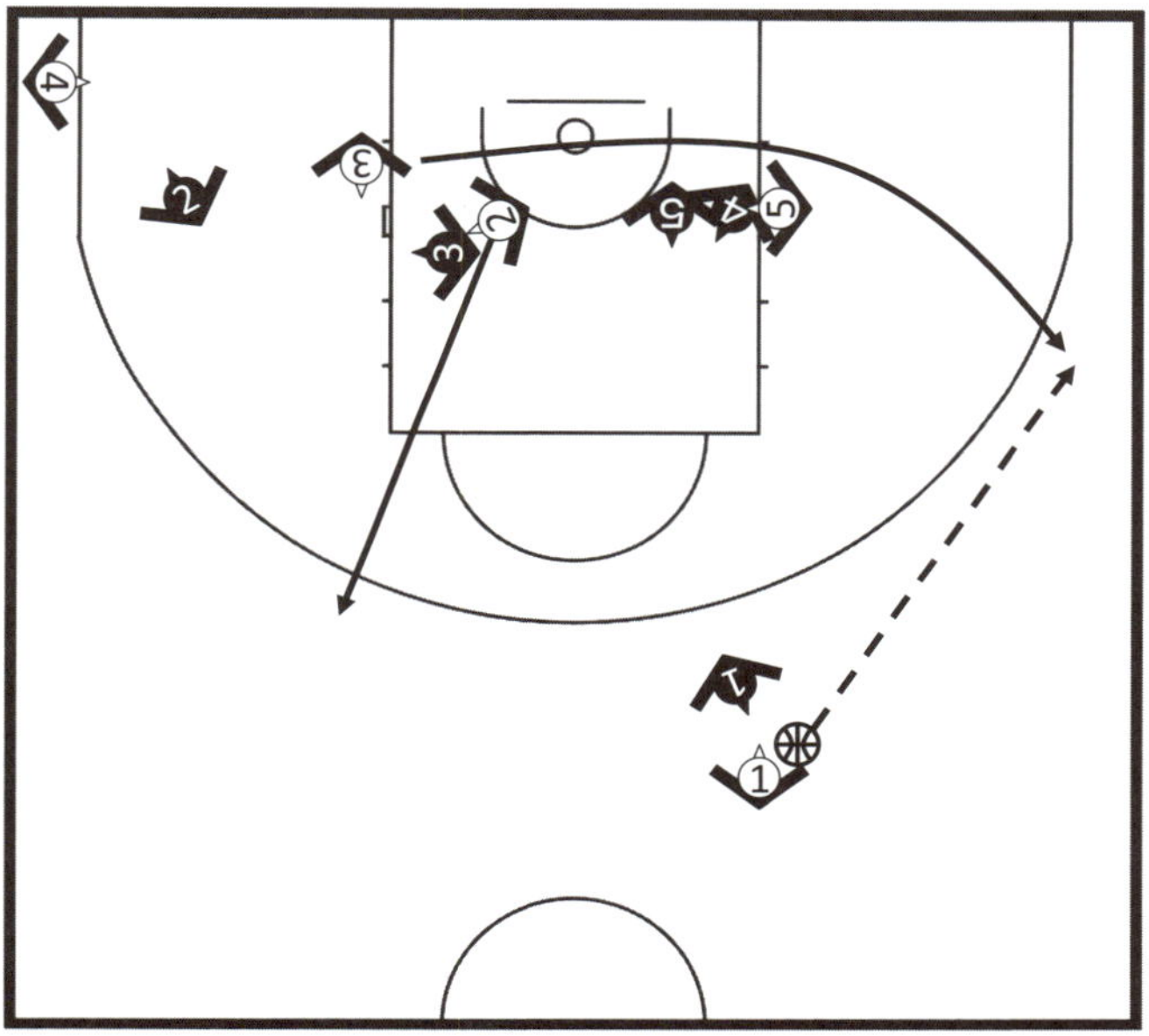

て❷と❹はスイッチで対応。②は❸の通過後に身体の向きを変え、❸にスクリーンをセット。⑤も右ローポストで❸に対するスクリーンをセットします。この間に①は右スロットへとドリブルで移動。

図2

③は②と⑤のスタッガードスクリーンを利用して右ウィングへ飛び出し、①からのパスを受けます。②は③の通過した後に左スロットへ飛び出すため、❹が③に大きく反応した場合には、②がノーマークになる可能性があります。②が飛び出すスペースを作り出すために、①が事前に右スロットへと移動するのです。ディフェンス側は❹と❷とでスイッチしたものの、スクリーナーDFになると想定した❸はスタッガードスクリーンへの対応に遅れました。少しのズレを作り出すことができた③は、❸をかわして3Pショットをリングに沈めたのです。

GAME DATA
FIBA World Cup 2023
4Q 10:00　スロベニア69-55カーボベルデ

18
★★★★★

ゴール下への飛び込みに見せかけてシューターをアウトサイドに出す

図1

図2

DHOから縦横のスタッガードスクリーン

シューターのゴール下への飛び込みをセットの狙いと見せかけておいて、シューターをアウトサイドに出して得点を狙うセットです。

図1

ボールマンのステファン・ヨヴィッチ①がトップ、ボグダン・ボグダノビッチ②が右スロット、デヤン・ダビドバツ④が右ミドルポスト、ニコラ・ミルチノフ⑤が左エルボー、オンジェン・ドブリック③が左ローポストにポジションを取ります。①がドリブルで右スロットへと移動し、②にハンドオフパスを出します。

プレーの動画はこちら

図3

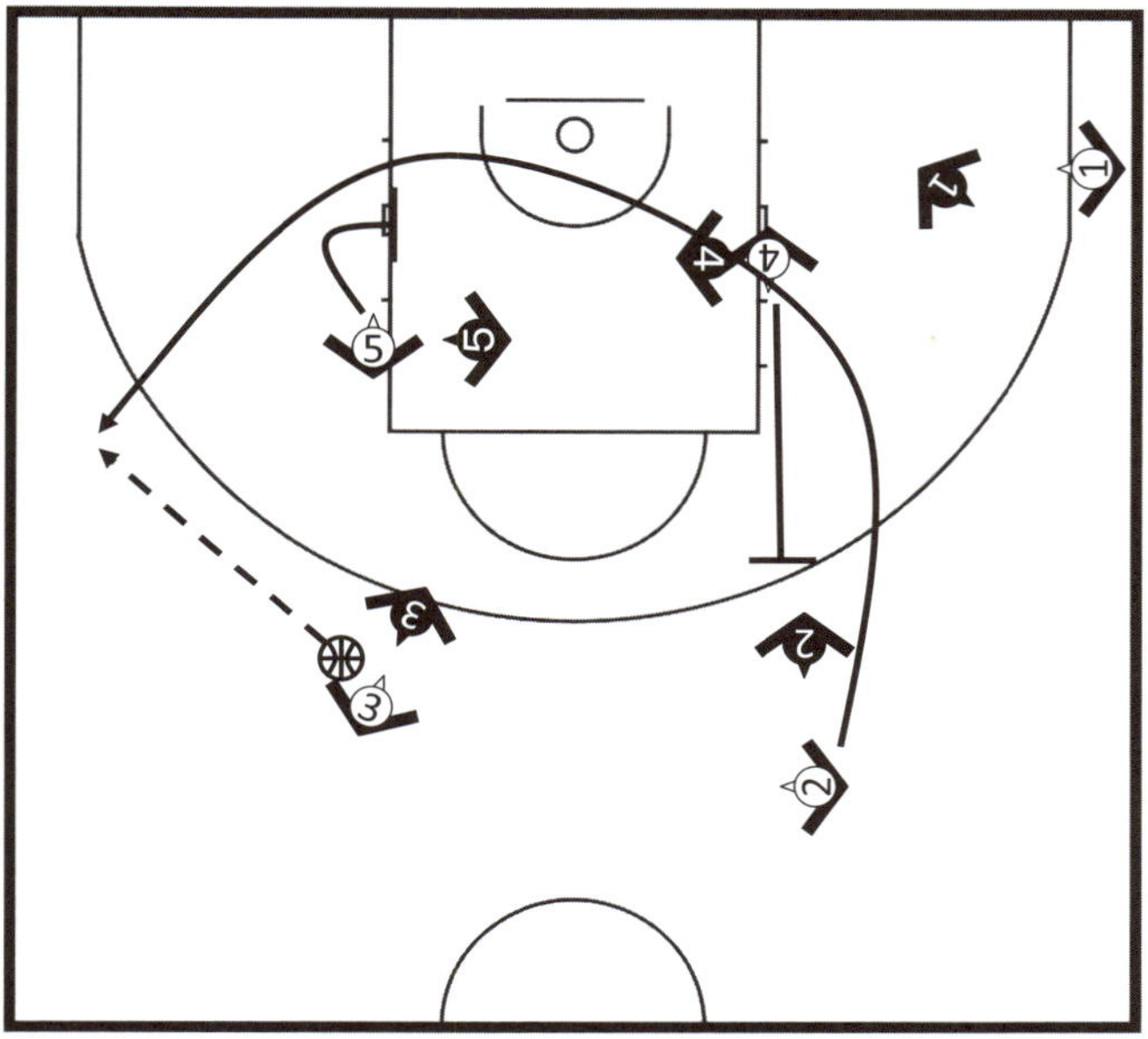

図2

①の移動に合わせて⑤は❸にスクリーンをセット。③は⑤のスクリーンを利用して左スロットへと飛び出し、②からのパスを受けます。①はハンドオフパス後に右コーナーへと移動。

図3

②がパスを出すタイミングで、④は❷にスクリーンをセットします。⑤は③がスクリーンを通過した後、左ローポストで右サイドラインに身体の正面を向けてスクリーンをセット。②はパス後に④のスクリーンを利用してゴール下に飛び込み、続けて⑤のスクリーンで左ウィングへと飛び出します。そして③からのパスを受けます。❷と❹は②と④によるオフボールスクリーンにスイッチで対応しました。❹は、なんとかゴール下の②のボール保持を阻止できたと思ったタイミングで、②が⑤のスクリーンを利用します。そのため、②についていけず、②がボールを受けた時にはロングクローズアウトになりました。

GAME DATA
FIBA World Cup 2023
3Q 3:48 セルビア63-56カナダ

図1

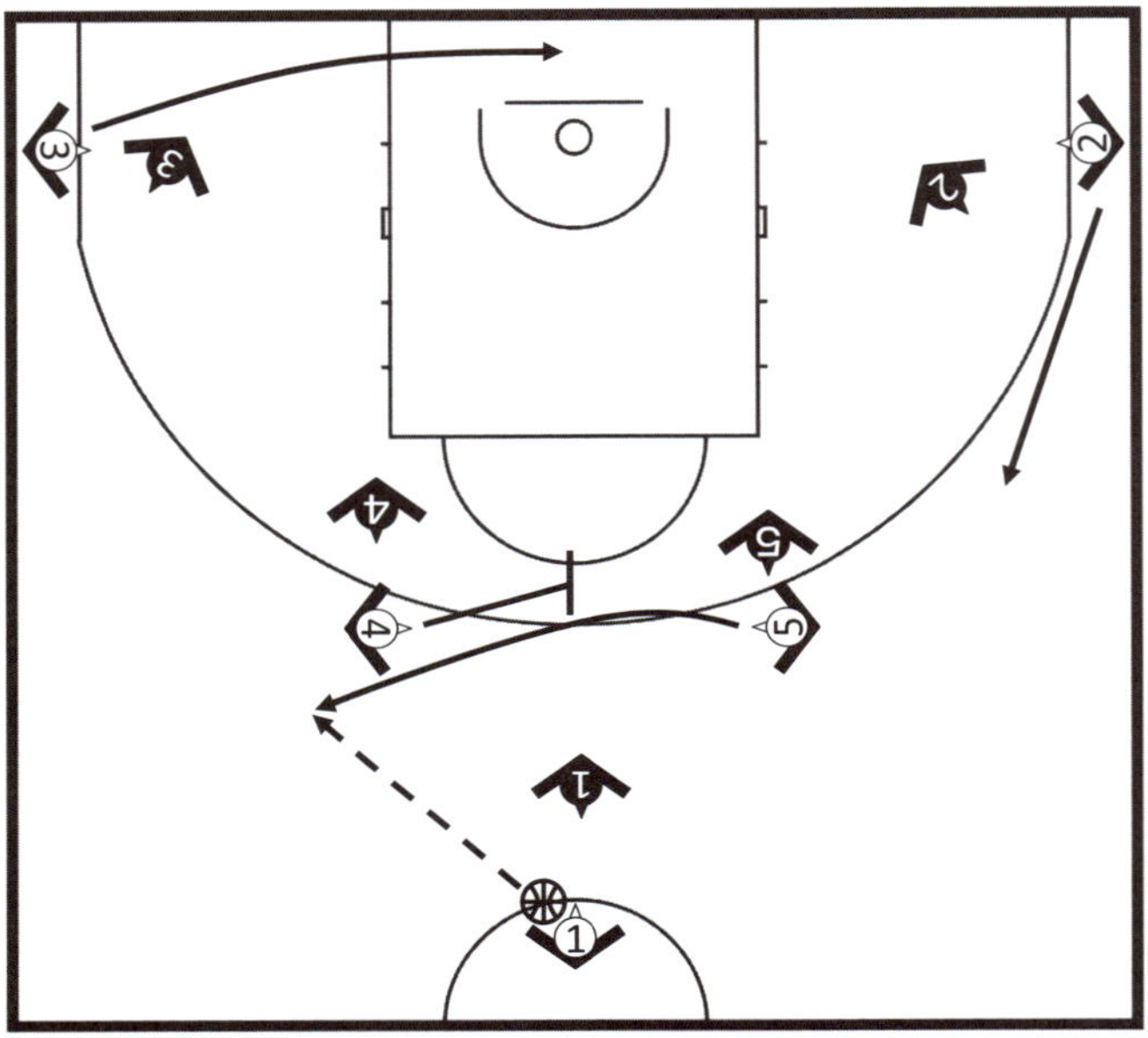

19
★★★★★
DHOに注力させて逆サイドのハンマーアクションでシューターをノーマークにする

プレーの動画はこちら

ふいをついてDFを引き離して3Pショット

DHOのアクションの逆サイドでハンマーアクションを行い、シューターをノーマークにして3Pショットを放たせるセットです。

図1
ボールマンの河村勇輝①がセンターサークル付近、渡邊雄太④が左スロット、ジョシュ・ホーキンソン⑤が右スロット、馬場雄大③が左コーナー、富永啓生②が右コーナーにポジションを取ります。④が⑤とマッチアップする❺にスクリーンをセットし、⑤が④のオフボールスクリーンを利用して左スロット付近へと飛び出し、①から

図2

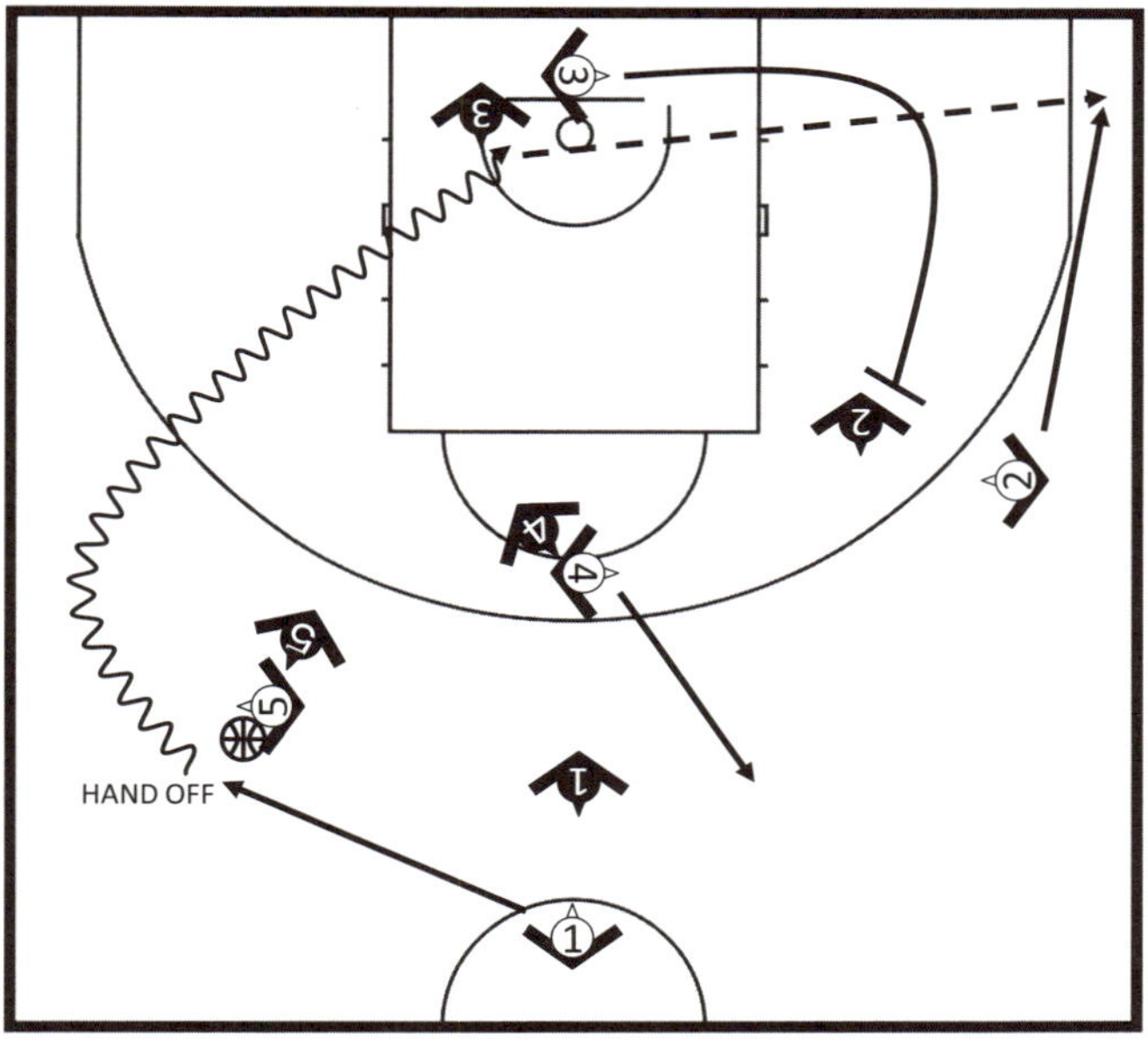

のパスを受けます。この間に②は右ウィングへと移動し、③はゴール下を通過して右サイドへと移動。

図2

④は⑤がスクリーンを通過した後、右スロットへ移動してスペースを作ります。①はパス後にボールを追いかけるように⑤に向かい、⑤からのハンドオフパスを受けます。この間に③は②とマッチアップする❷にフレアスクリーンをセット。①はゴールに向かってベースラインドライブ。①のドライブに合わせて、②は③のフレアスクリーンを利用して右コーナーに移動して①からのパスを受けます。ディフェンスは、DHOからのベースラインドライブに対応できるようDFポジションを変更して注意を向けている間に、フレアスクリーンがセットされます。②はふいをつかれた❷を引き離し、3Pショットをリングに沈めました。

GAME DATA
FIBA World Cup 2023
2Q 6:16　日本25-24フィンランド

20

★★★★★

コンティニュティーオフェンスでディフェンスとのズレを作る

プレーの動画はこちら

図1

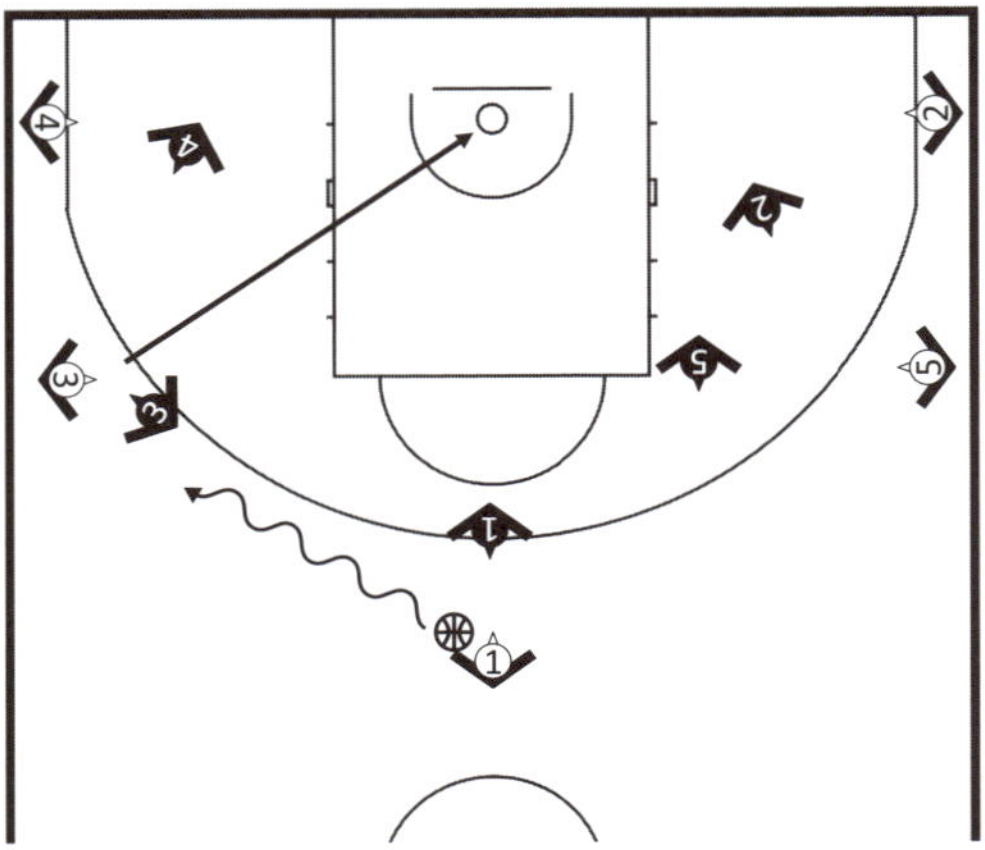

図2

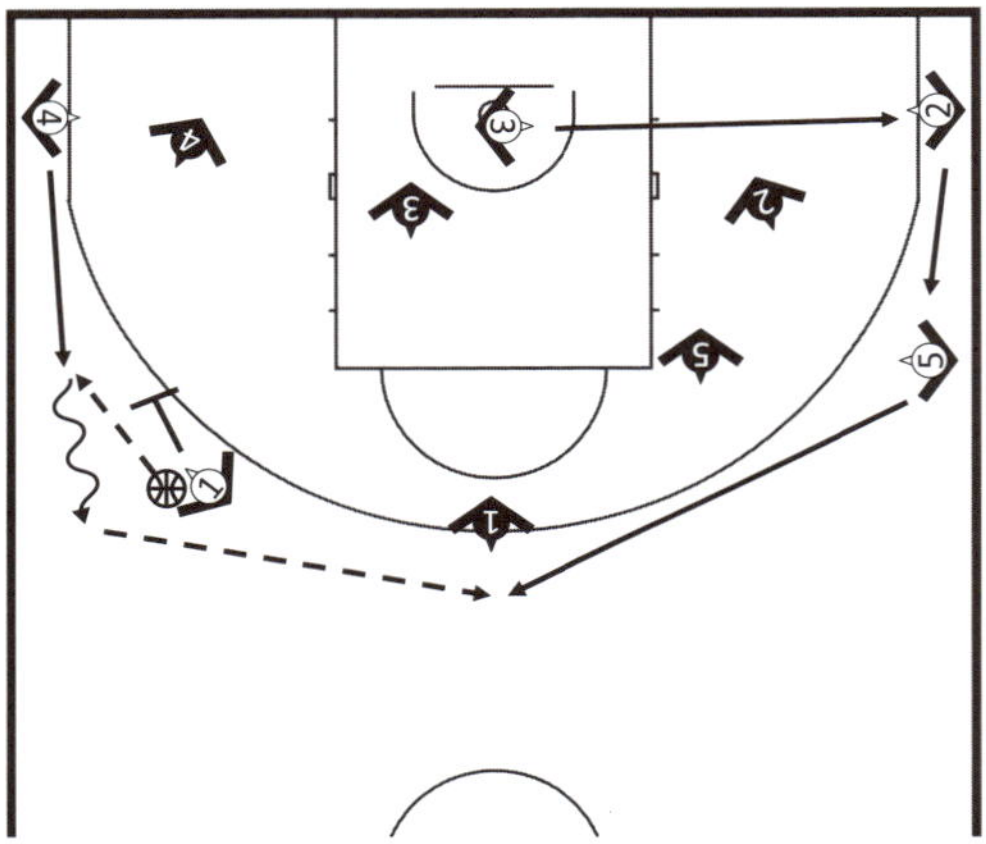

左右のサイドでマッカビアクションを連続

マッカビアクションを繰り返すコンティニュティーオフェンスにより、ディフェンスとのズレを作り出して得点を狙うセットです。

図1

ボールマンの富樫勇樹①がトップ、吉井裕鷹③が左ウィング、ジョシュ・ホーキンソン⑤が右ウィング、渡邊雄太④が左コーナー、原修太②が右コーナーにポジションを取ります。①が左ウィングに向かってドリブルで進み、③はバックカットをします。

図2

同時に④は左ウィングに向かって移動。

図3

図4

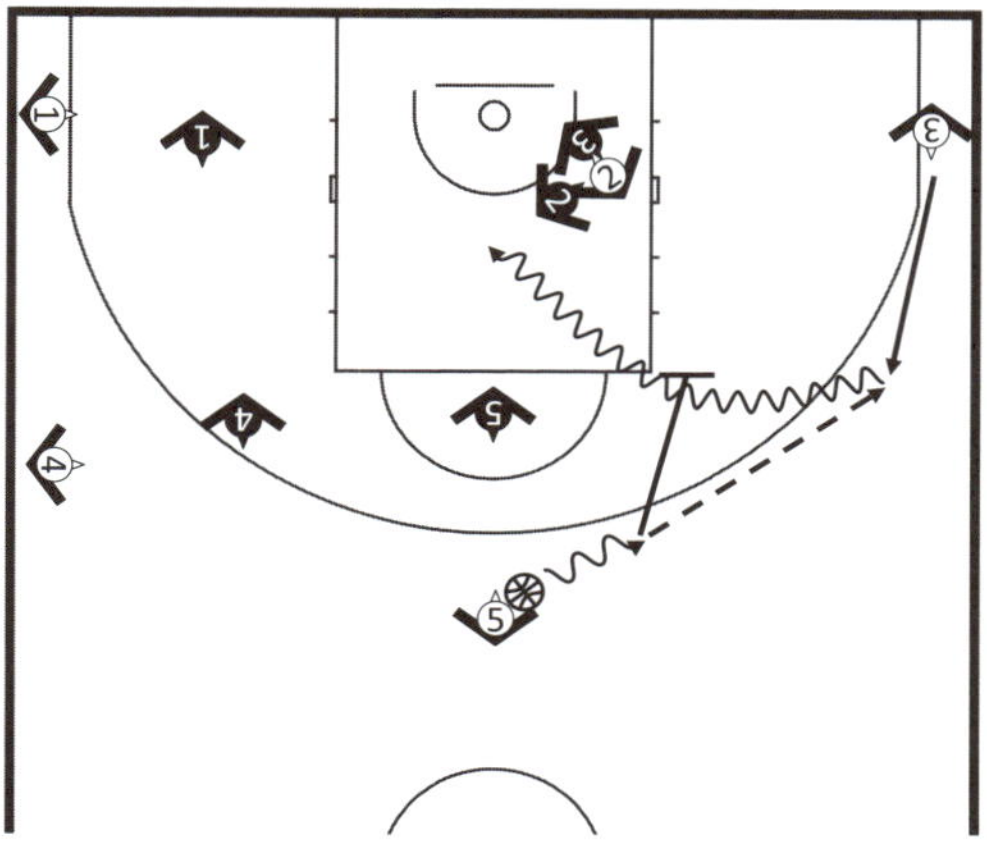

①は左ウィングに向かってくる④にピッチパスを出し、❹にスクリーンをセットします。この間に⑤はトップ、②は右ウィング、③は右コーナーに移動します。④は①のスクリーンを利用して進み、トップに上がってきた⑤にパスを出します。

図3

⑤がパスを受けたタイミングで今度は②がバックカットをし、①は左コーナーに向かいます。

図4

⑤は右ウィングにドリブルをし、右ウイングに向かってきた③にピッチパス。❸に対するスクリーンをセットします。❸(❹)はバックカットの対応があるため、続くピッチパスからのPnRの対応が難しくなります。❸は左右へのボール展開によりポジションの変更を余儀なくされ、②のバックカットが❸に対するピンダウンスクリーンのような形になりました。❸を大きく引き離した③はペイント内へとドライブし、⑤のゴール下のショットを演出しました。

GAME DATA
FIBA World Cup 2023
1Q 2:48　日本9-14カーボベルデ

21

★★★★★

フロッピーアクションから連続のDHOとPnRでノーマークのプレーヤーを作り出す

プレーの動画はこちら

複数のスクリーンプレーからアタックして得点を狙う

フロッピーアクションから連続でDHOを行い、さらにPnRを加えてノーマークのプレーヤーを作り出そうとするセットです。

図1

ボールマンのオリビエ・カムワ⑤、エドン・マクシュニ①、ミカエル・ヤントゥネン③、エリアス・バルトネン④、サス・サリン②が図のようにポジションを取ります。③と①がゴール下へ移動し、②と④が両ローポストでスクリーンをセットします。①が❸にスクリーンをセットするアクションなども考えられます。

図1

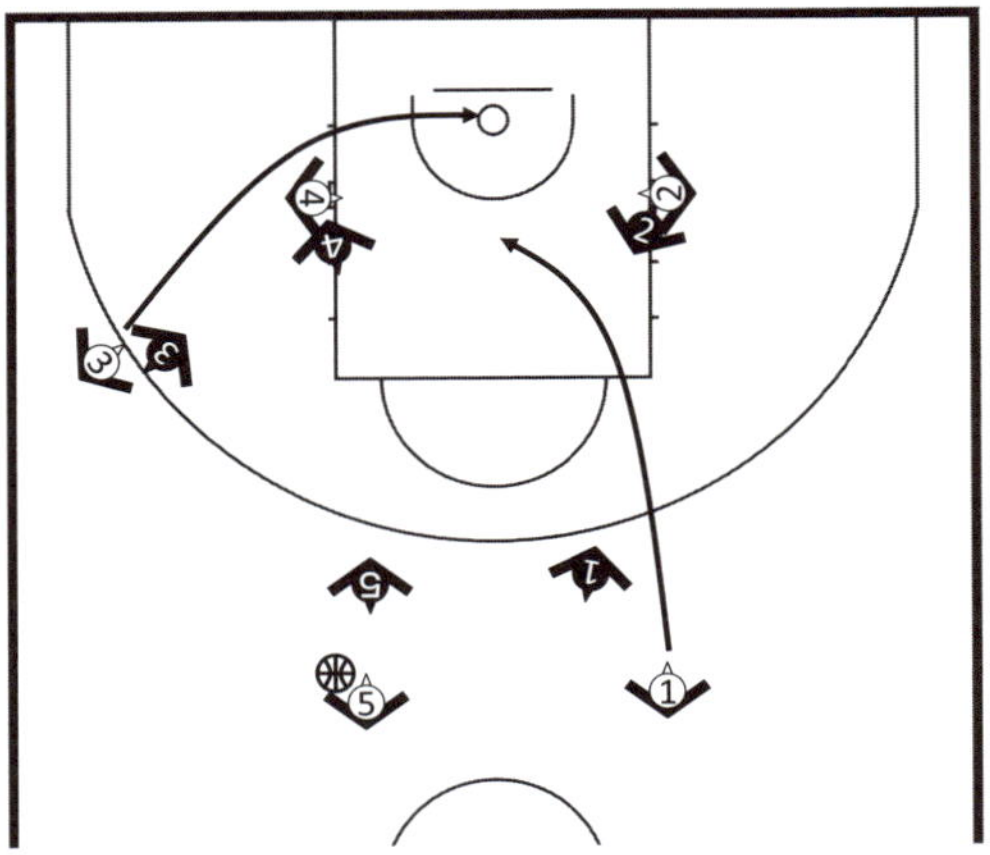

図2

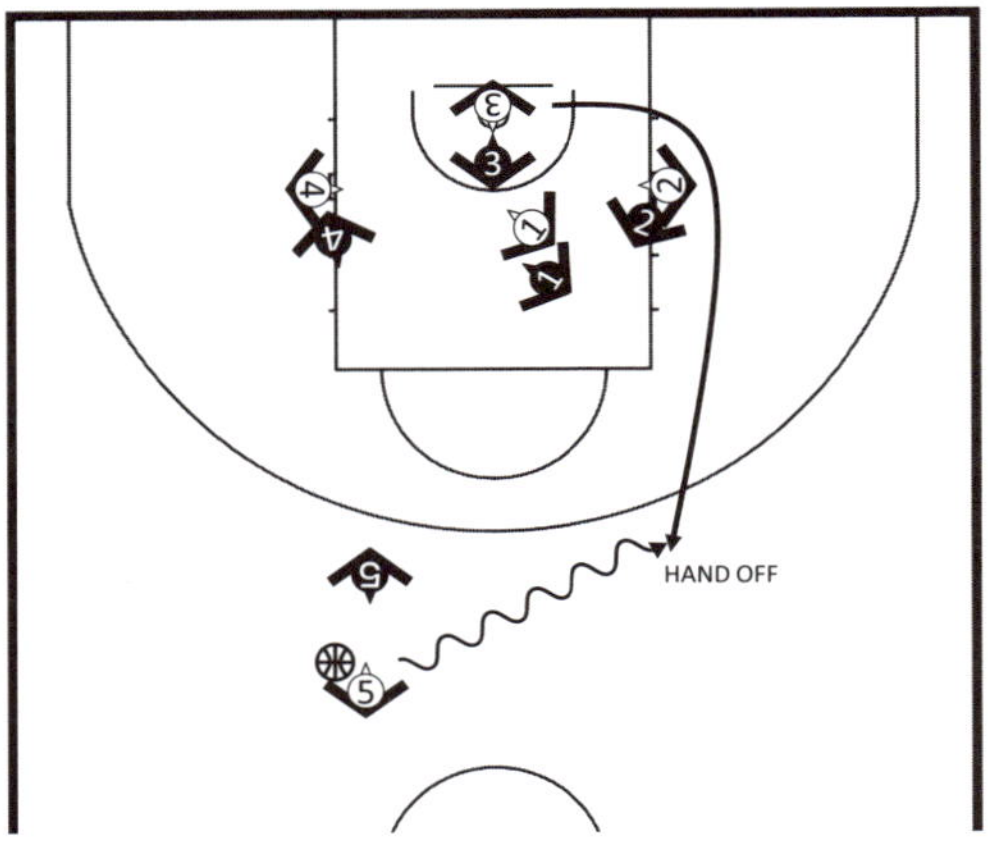

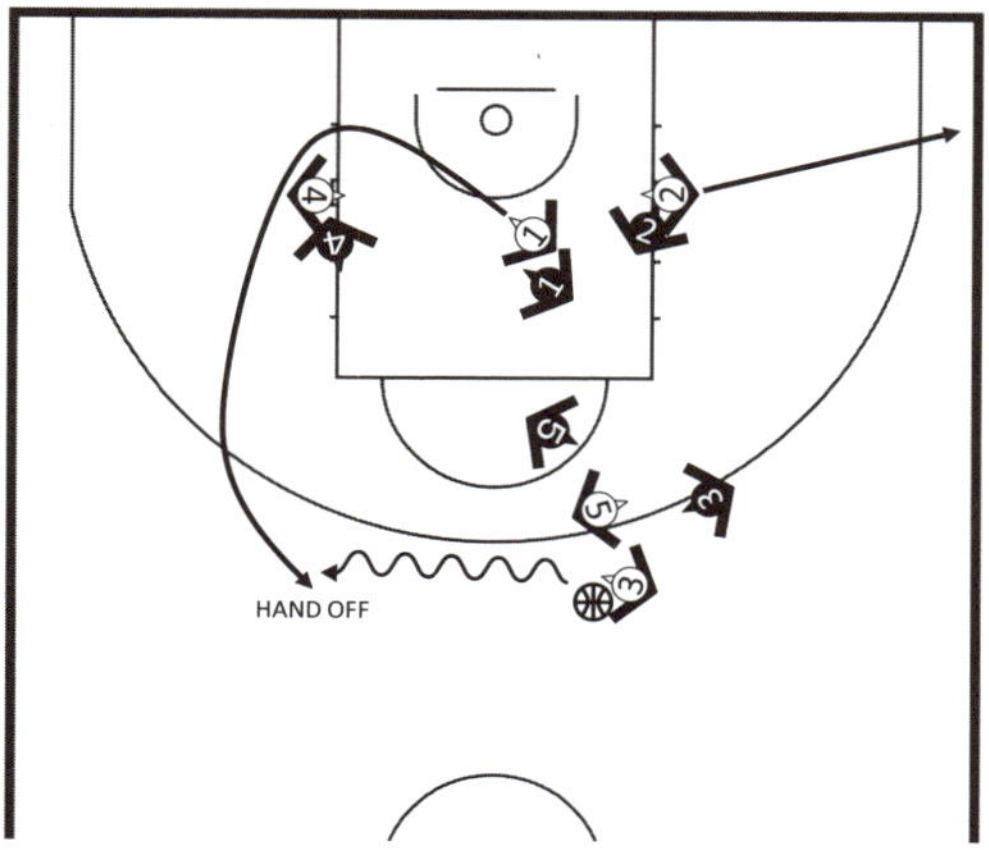

図3

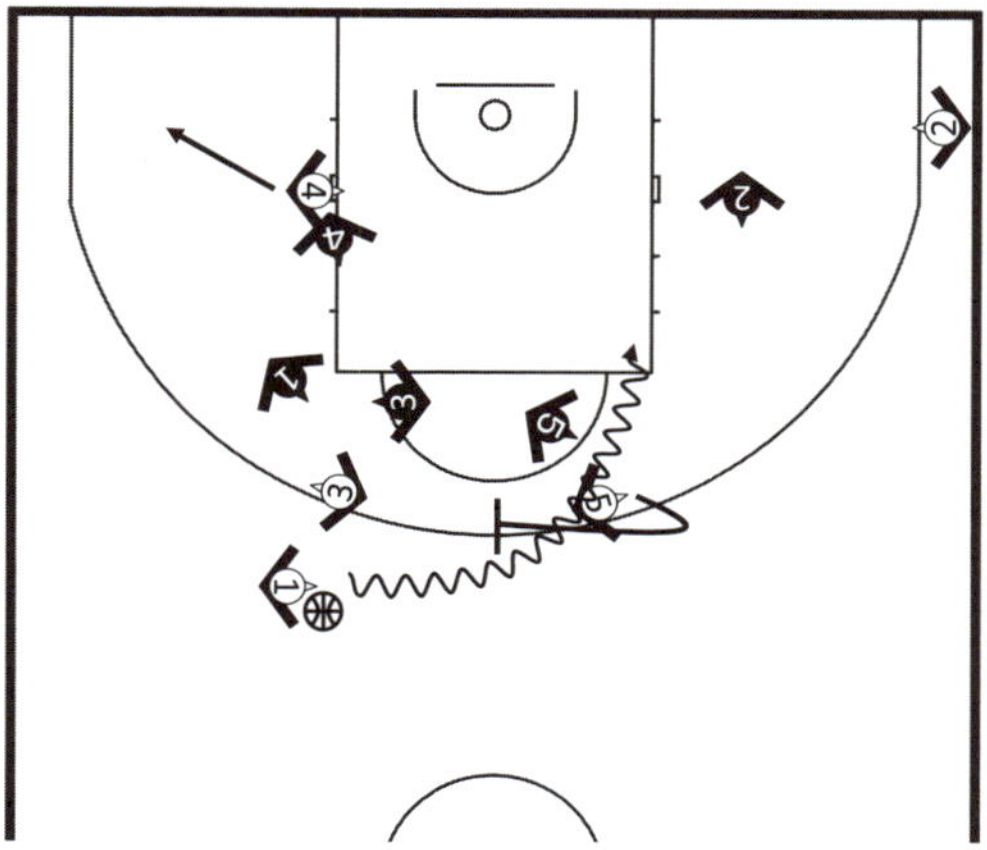
図4

図2
③は②のスクリーンを利用し、右スロットへ。⑤もドリブルで右スロットへ向かい、③にハンドオフパスをします。

図3
パスを受けた③はドリブルで左スロットへと移動。①は④のスクリーンを利用して左スロットへと向かい、③からハンドオフパスを受けます。

図4
⑤は③にハンドオフパスを出した後、身体の向きを変えてトップでスクリーンをセット。③からのハンドオフパスを受けた①は⑤のスクリーンを利用します。❶としてはオフボールスクリーン、DHO、PnRと連続して異なる種類のスクリーンプレーに対応することに迫られ、①についていくことが難しくなります。❶を大きく引き離した①は右エルボーでプルアップジャンパーを放ち、ボールはリングに吸い込まれていきました。

GAME DATA
FIBA World Cup 2023
3Q 7:38　日本44-54フィンランド

22

★★★★★

スクリーン・ザ・スクリーナーの連続からPnRで得点のチャンスを作り出す

プレーの動画はこちら

図1

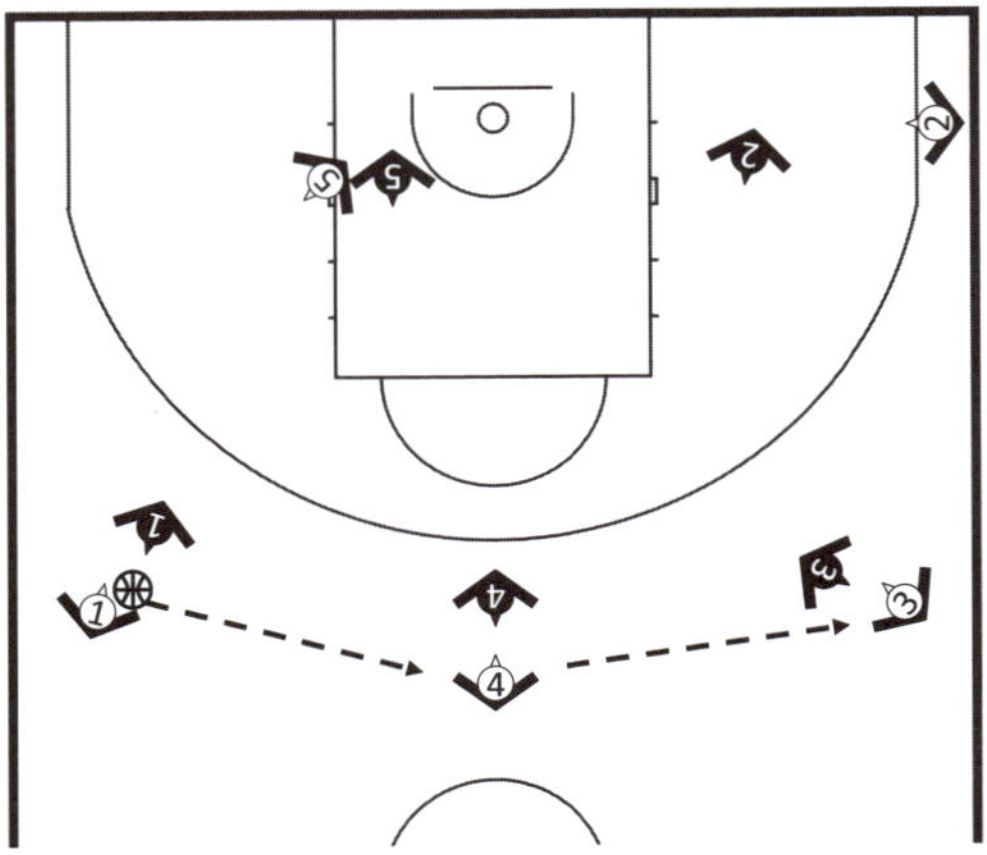

図2

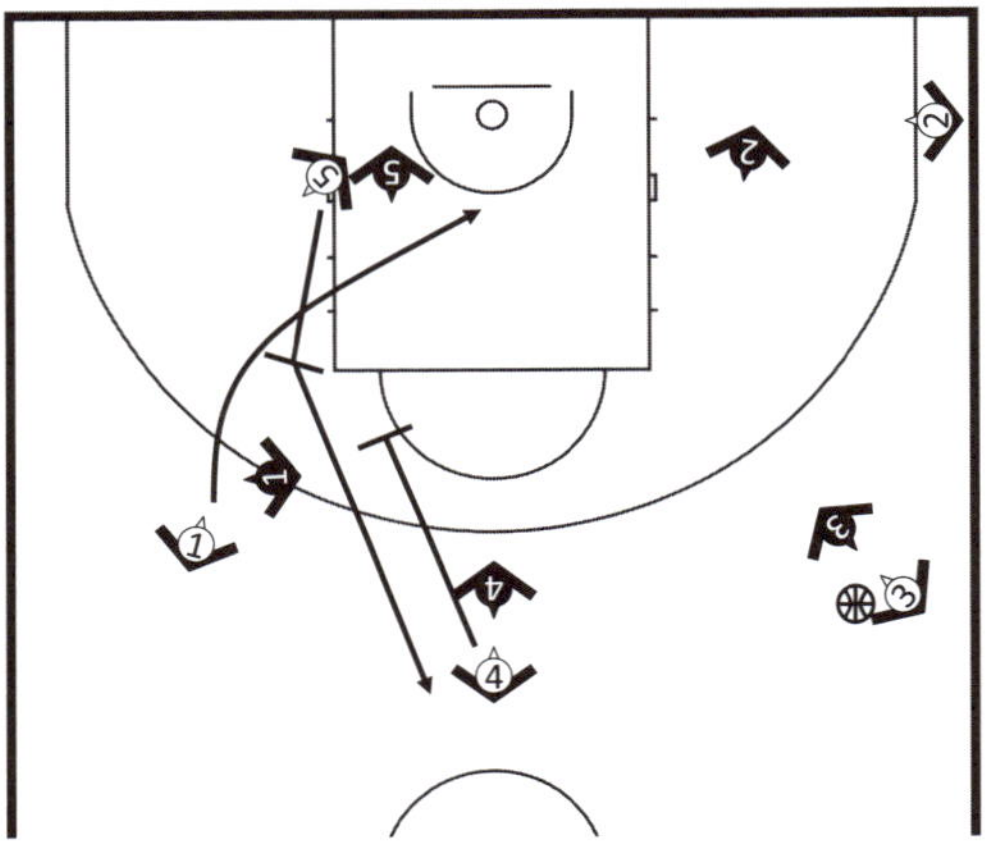

STSのコンティニューオフェンス

スクリーン・ザ・スクリーナーを左右のサイドで繰り返し、さらにPnRを加えることにより得点のチャンスを作り出すセットです。

図1

ボールマンのマルコ・スピス①、アレキ・ポロナラ④、シモーネ・フォンテッキオ③、ニコロ・メッリ⑤、ステファノ・トヌト②が図のようにポジションを取ります。①から④、④から③へとボールを展開します。

図2

⑤は左エルボーで❶にスクリーンをセットします。①は⑤のスクリーンを利用し

図3

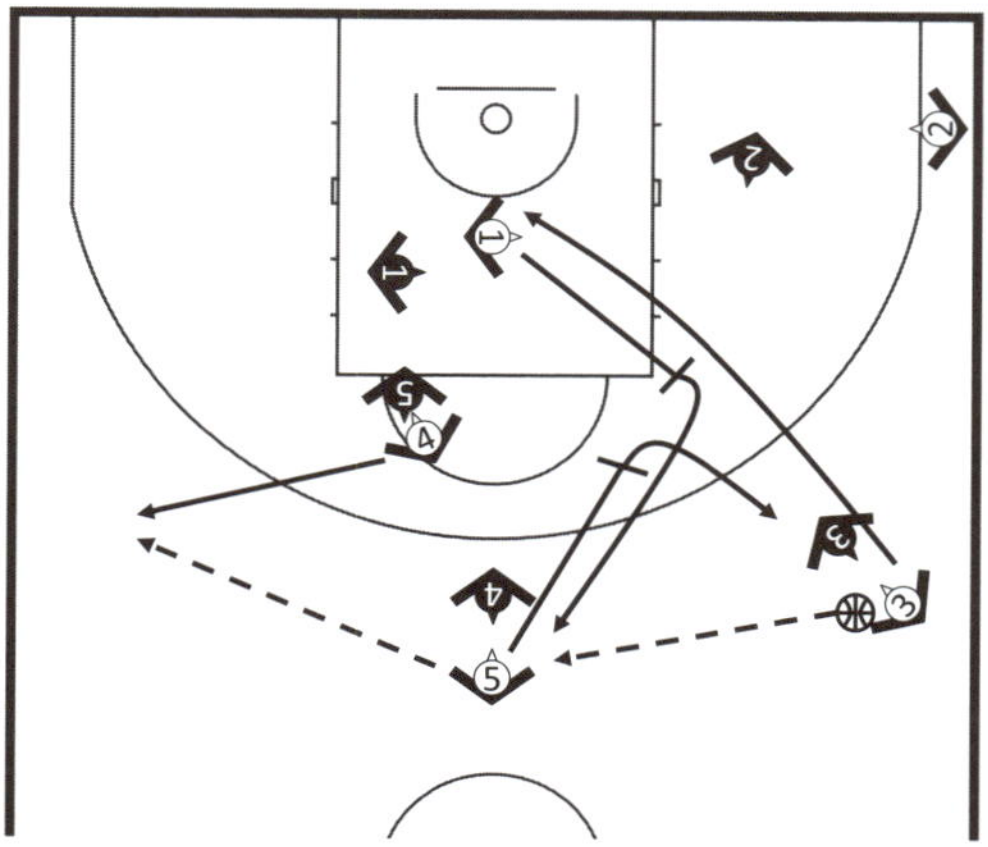

図4

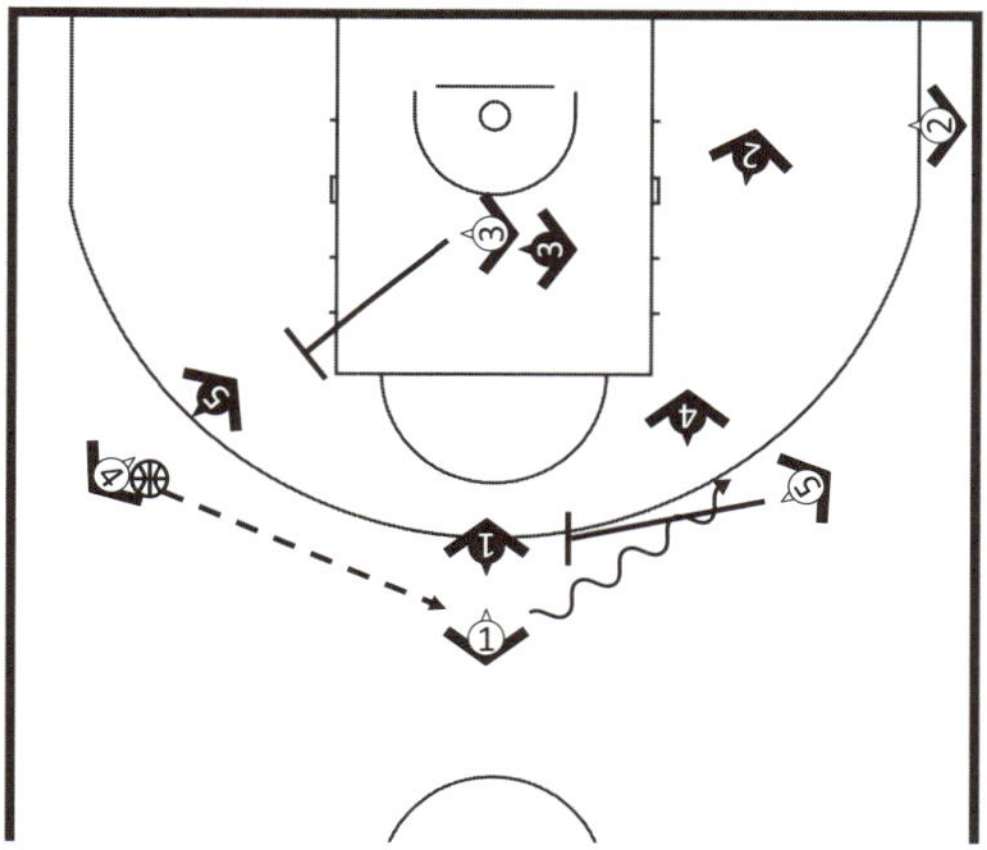

てペイント中央に侵入。④は左エルボーで❺にスクリーンをセット。⑤は④のスクリーンを利用してトップへと飛び出します。

図3

⑤は③からのパスを受けます。❹と❺はスイッチで対応しました。④は左ウィング付近に飛び出し、⑤からのパスを受けます。①は左エルボーで❸に対するスクリーンをセット。③は①のスクリーンを利用してペイント中央に侵入します。⑤は左エルボー付近で❶に対するスクリーンをセット。①は⑤のスクリーンを利用してトップへと飛び出します。

図4

①は④からのパスを受け、⑤は右ウィングへと広がってから❶にスクリーンをセット。①と⑤でPnRを行います。その結果、最後は身長のミスマッチを作ることができました。

GAME DATA
FIBA World Cup 2023
3Q 6:34　イタリア34-62アメリカ

23

★★★★★

左右のボール展開とスクリーナーDFへのフレアスクリーンでノーマークを作る

プレーの動画はこちら

図1

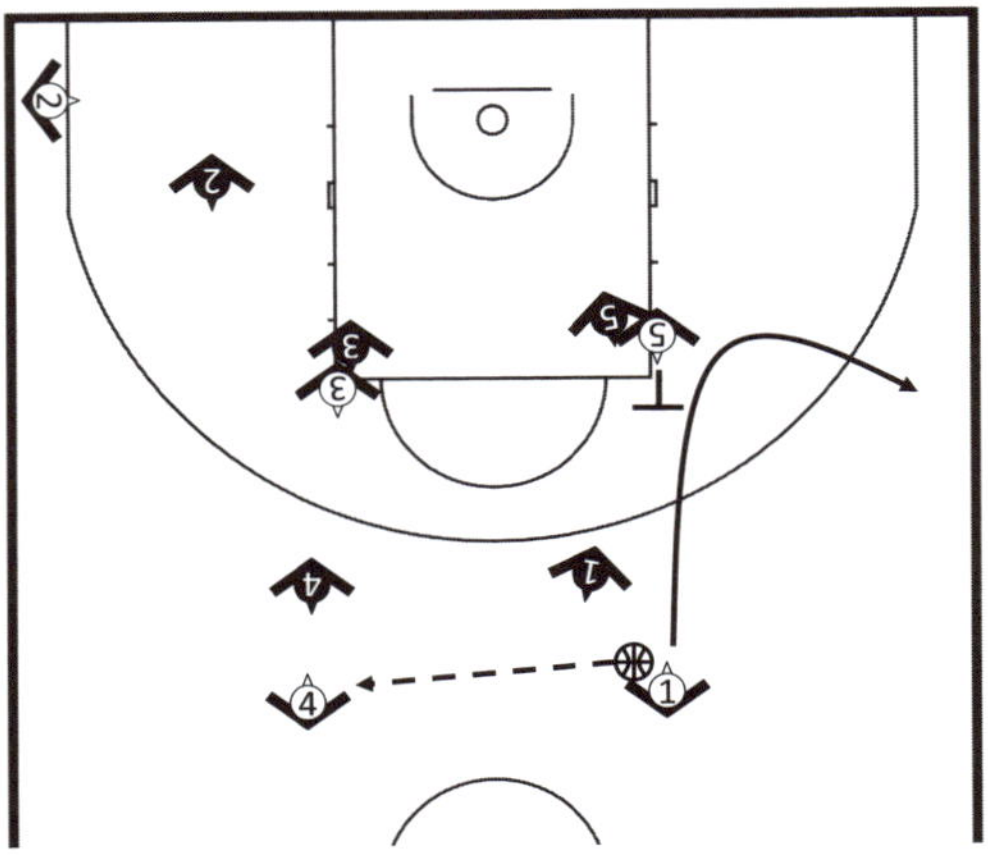

図2

DHO、PnR、フレアスクリーンの連続

左右にボールを展開し、2度スクリーナーとなったプレーヤーにフレアスクリーンを利用させることにより得点を狙うセットです。

図1

ボールマンのミロ・リトル①、ラウリ・マルカネン④、オリビエ・カムワ⑤、サス・サリン③、エリアス・バルトネン②が図のようにポジションを取ります。①が④にパスを出し、そのタイミングで⑤が❶にスクリーンをセット。①は⑤のスクリーンを利用してゴール方向に移動し、右ウィングへと広がります。

図3

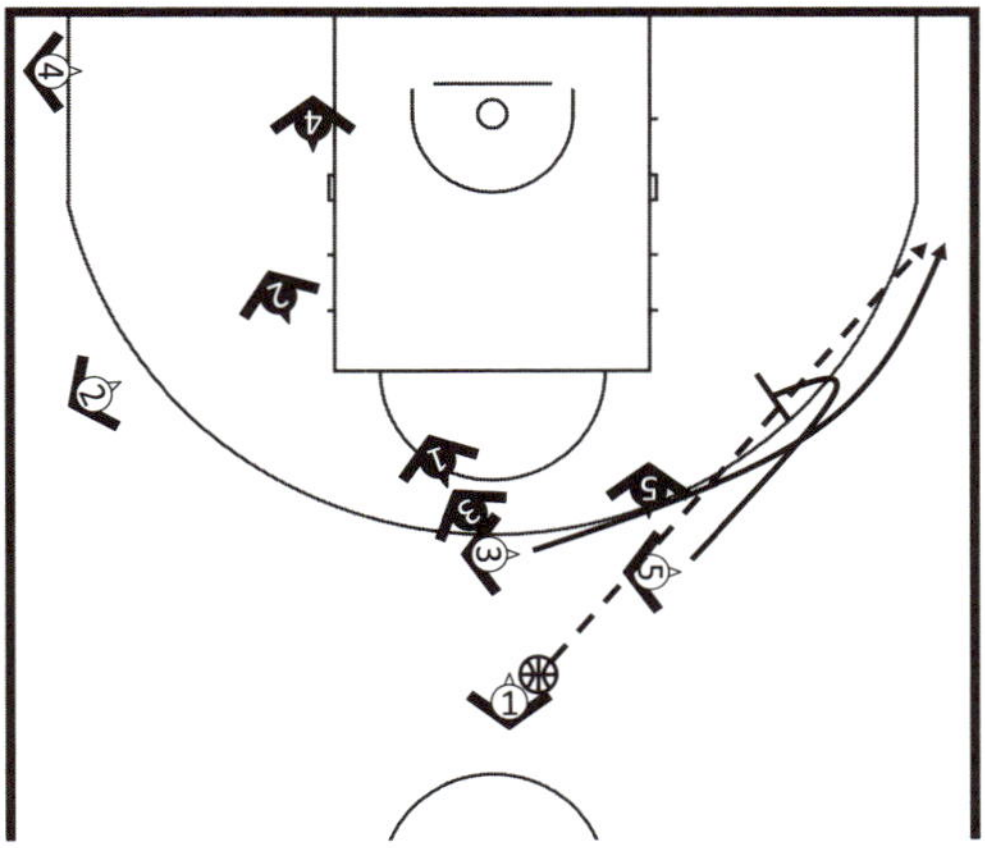

図4

図2
⑤は①がスクリーンを通過した後、右スロットに飛び出して④からのパスを受けます。③は④がパスを出すタイミングで❹に対するスクリーンをセット。④は③のスクリーンを利用して左ローポスト付近を通過、左コーナーに移動します。

図3
①は⑤がパスを受けたタイミングで、⑤に向かって移動し、⑤からハンドオフパスを受けます。③は④がスクリーンを通過した後にトップへ移動し、⑤の背後で❶に対するスクリーンをセットします。ハンドオフパスを受けた①は、③のスクリーンを使うようにトップへとドリブル。

図4
⑤はハンドオフパス後、向きを変えて❸へのフレアスクリーンをセット。③は①のスクリーンを通過した後に⑤のスクリーンを利用し、右ウィングで①からのパスを受けます。③は❸を大きく引き離してパスを受けました。

GAME DATA
FIBA World Cup 2023
4Q 10:00　日本63-73フィンランド

24

★★★★★

フレックスオフェンスでディフェンスの対応を困難にする

プレーの動画はこちら

図1

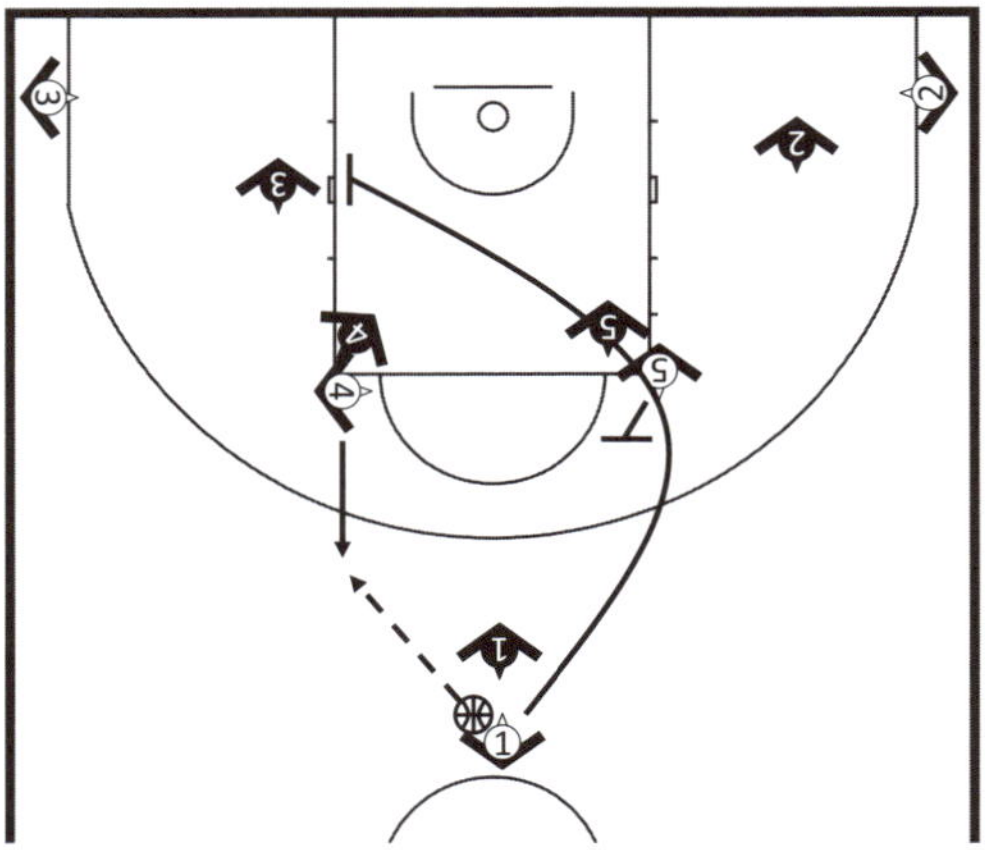

図2

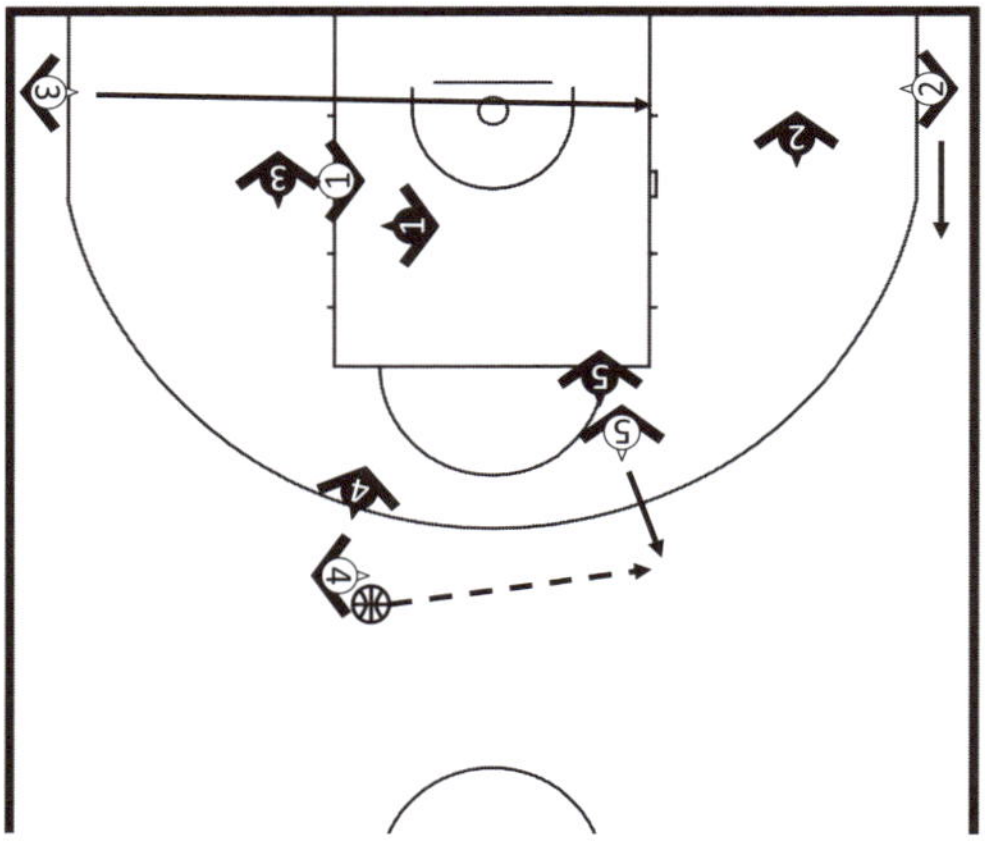

スクリーナーにスクリーンをセットする

オフボールマンが、オフボールサイドのコーナー付近のオフボールマンとマッチアップするDFにセットするフレックススクリーン。これによって構成されるフレックスオフェンスで、ノーマークのプレーヤーを作り出すセットです。

図1

ボールマンの河村勇輝①、渡邊雄太④、ジョシュ・ホーキンソン⑤、馬場雄大③、比江島慎②が図のようにポジションを取ります。④が左スロットに飛び出し、①からパスを受けます。⑤は①がパスを出すタイミングで❶へのスクリーンをセット。

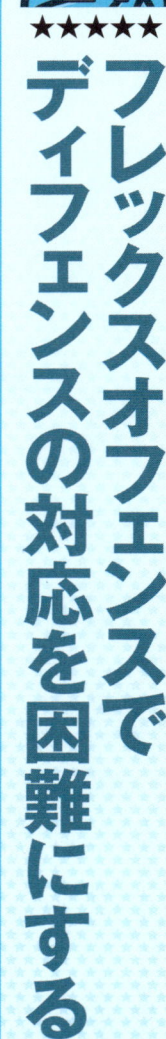

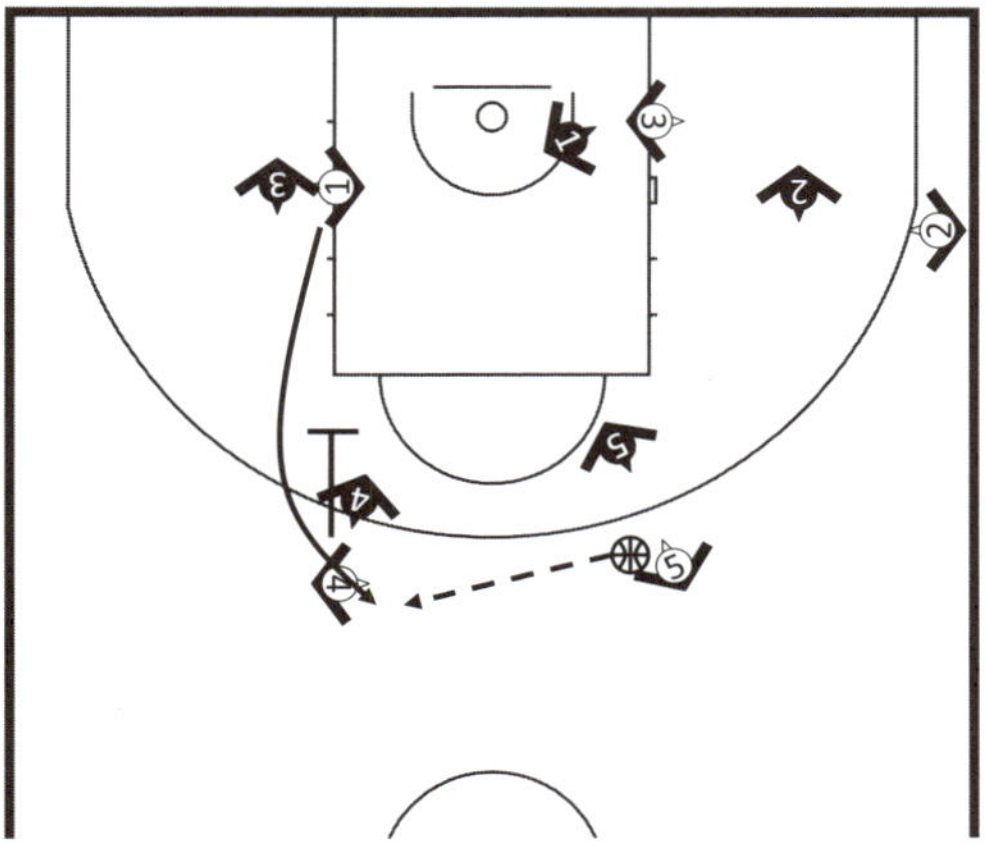

図3

図4

①は④へのパス後に⑤のスクリーンを利用し、ペイント内を通過して❸にフレックススクリーンをセットします。

図2

⑤は①が通過した後に右スロットへ飛び出し、④からのパスを受けます。③は④が⑤にパスを出すタイミングで①のスクリーンを利用し、右ローポストへと移動します。フレックススクリーンに対してDFはスイッチで対応しました。

図3

④は⑤へのパス後、①とマッチアップする❸にダウンスクリーンをセット。①は④のスクリーンを利用して左スロットへと飛び出し、⑤からのパスを受けます。

図4

このスクリーン・ザ・スクリーナーのアクションを左右で行うコンティニュティーオフェンスとして実施することもできますが、ここでは⑤が❸に対するスクリーンをセットしてPnRへと展開し、ミスマッチを作り出すことに成功しました。

GAME DATA
FIBA World Cup 2023
3Q 6:38　日本56-43カーボベルデ

25

★★★★★

ボール展開からのシザースによりDFの対応を難しくさせて得点を狙う

プレーの動画はこちら

図1

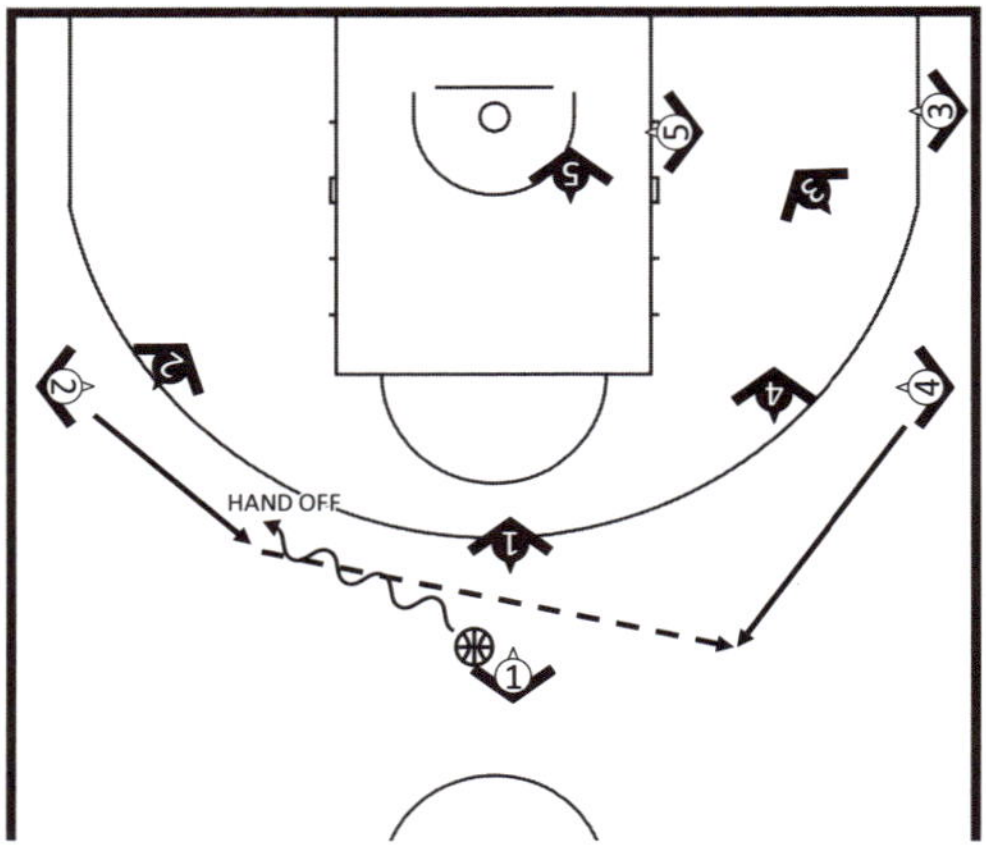

図2

ズームアクションでDFを引き離す

アウトサイドに位置する2人のオフボールマンが、ボールを保持したポストマンの周りを時間差的に交差してカットするシザースにより得点を狙うセットです。

図1

ボールマンのトレイ・ベル・ヘインズ①、フィル・スクラブ②、メルビン・エジアム④、カイル・アレクサンダー⑤、ニキール・アレクサンダー・ウォーカー③が図のようにポジションを取ります。①と②が左スロットへと移動してDHOを行い、①からハンドオフパスを受けた②は、右スロットに上がってくる④にパスを出します。①と②

図3

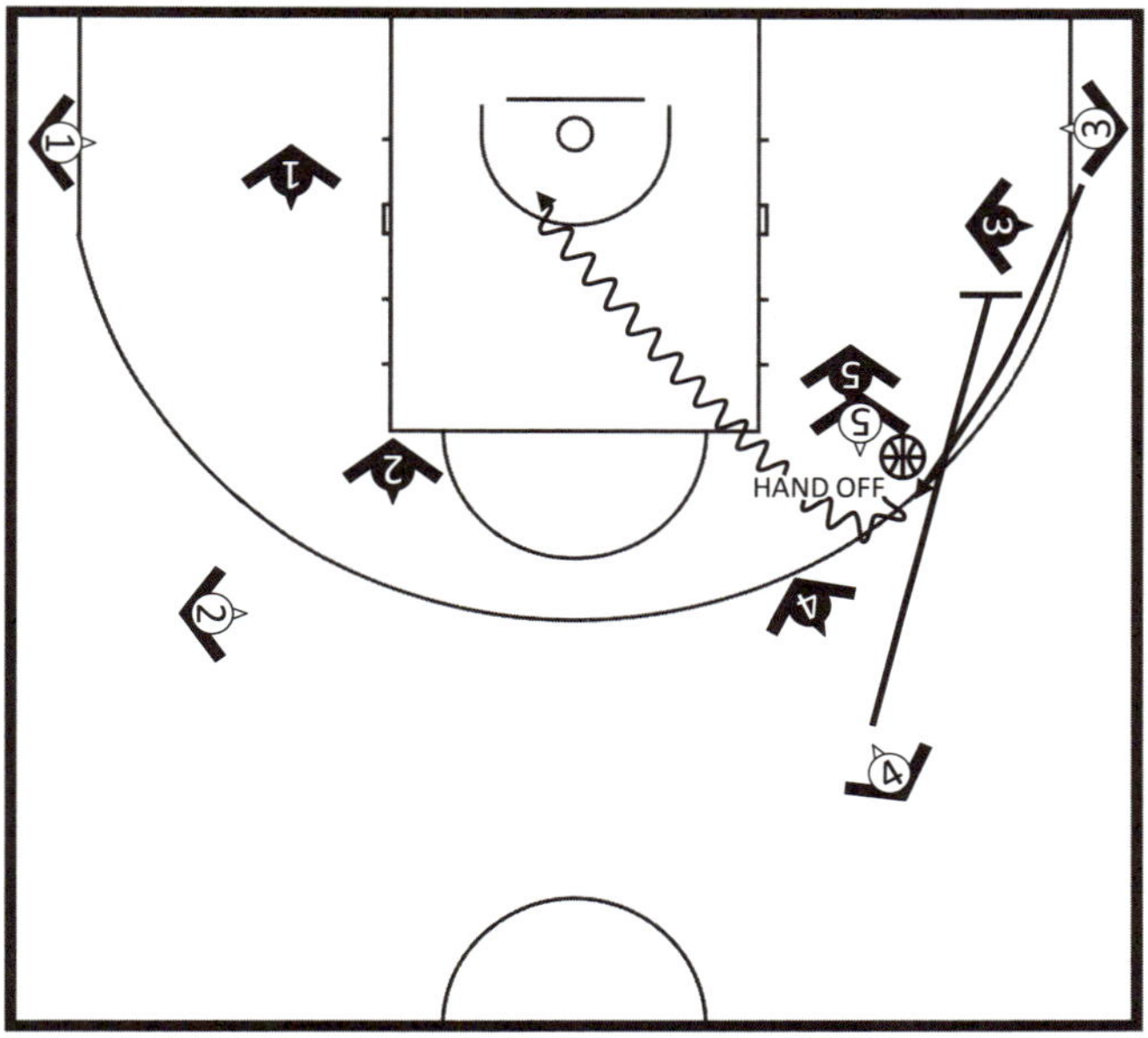

によるDHOは、❶と❷を左サイドに引きつけ、その後に続く右サイドでのシザースのスペースを作ります。

図2

④が②からパスを受けるタイミングで⑤は右エルボー付近に飛び出し、④からのパスを受けます。

図3

④はパス後に⑤の真横を通過し、❸にスクリーンをセット。③は④のスクリーンを利用して⑤へと向かい、⑤からハンドオフパスを受けます。つまり、③は④のオフボールスクリーンと⑤のアウトサイドスクリーンの2つのスクリーンを連続して利用することになります。❸からすると、オフボールスクリーンに対応した直後にアウトサイドスクリーン（ズームアクション）への対応が求められるため、③についていくことが難しくなります。❸を引き離した③はゴール付近までドリブルで侵入し、ディフェンスを大きく崩しました。

GAME DATA
FIBA World Cup 2023
2Q 9:15　レバノン15-32カナダ

26

★★★★★

Aーでゴール下のスペースを大きく作り出しガードをゴール下に飛び込ませる

プレーの動画はこちら

スペースが空いたゴール下でボールを受けてショット

ドイツがゲームの最初に使用したセットです。セットの途中でファウルがありましたが、ゲーム再開後も同様のセットを継続しました。

図1

Aーのアライメントを取り、④と⑤は右ウィングに身体の正面を向け、❸に対するスクリーンをセットします。③は④と⑤によるスタッガードスクリーンを利用して左ウィングへと移動、①からのパスを受けます。この間に②は右コーナーへと移動します。

図2

図1

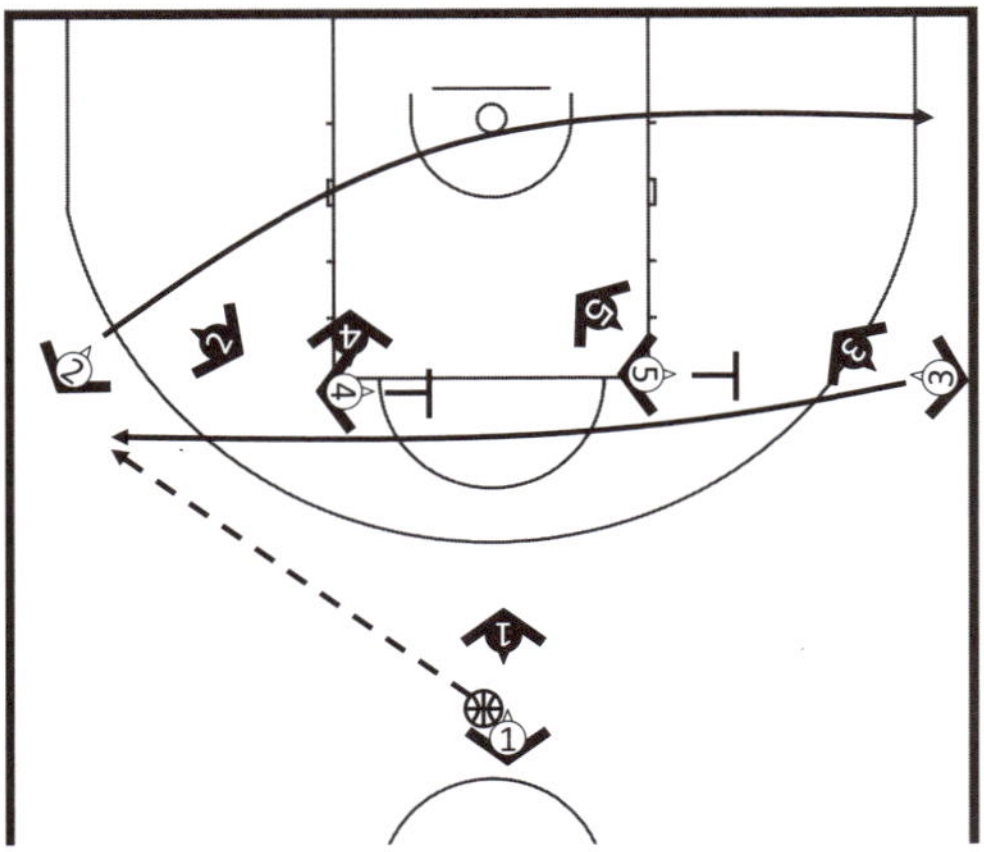

図2

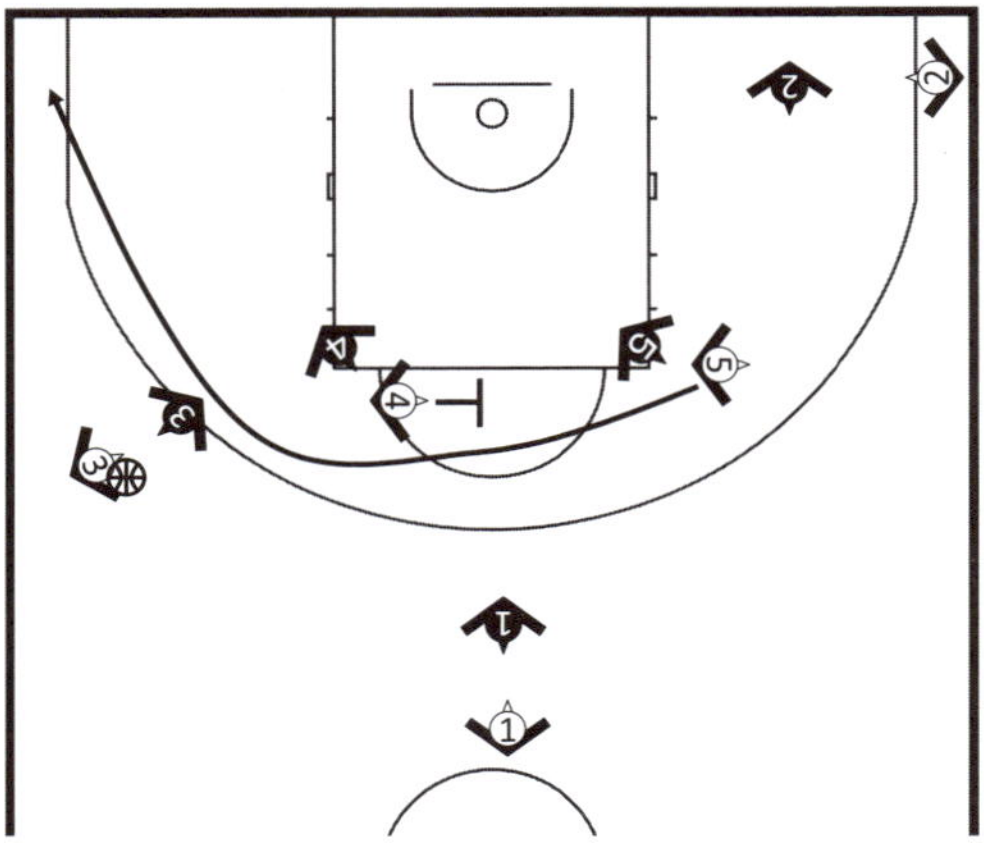

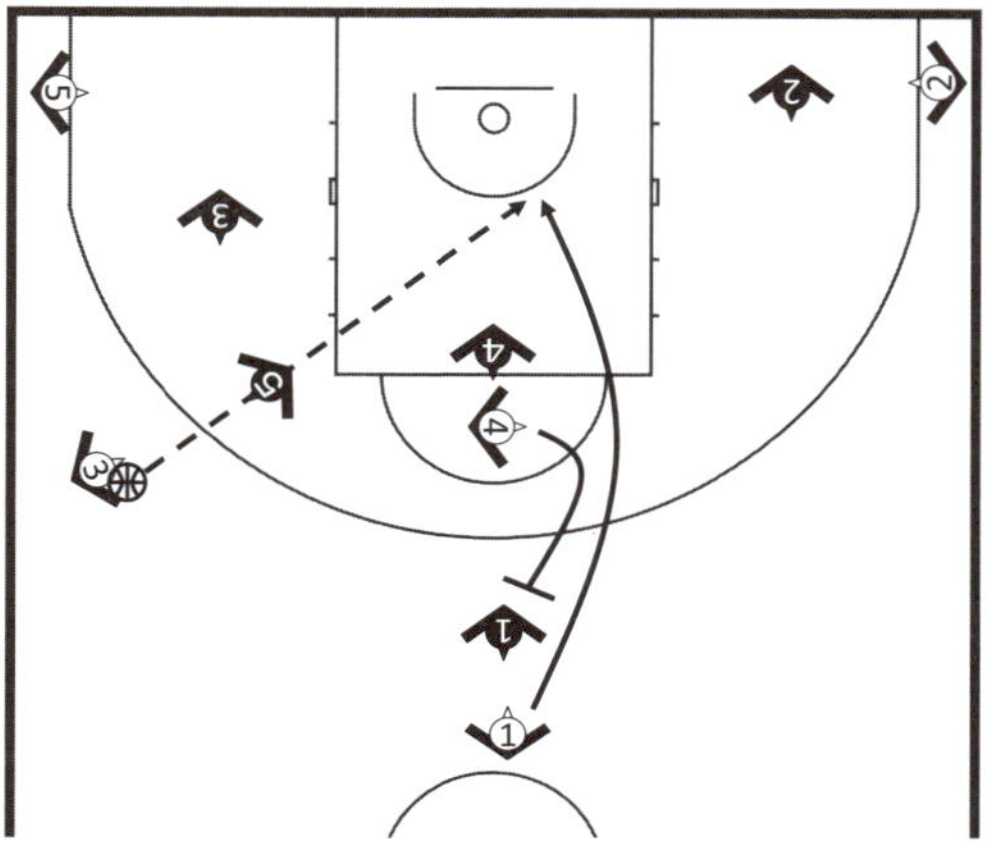

図3

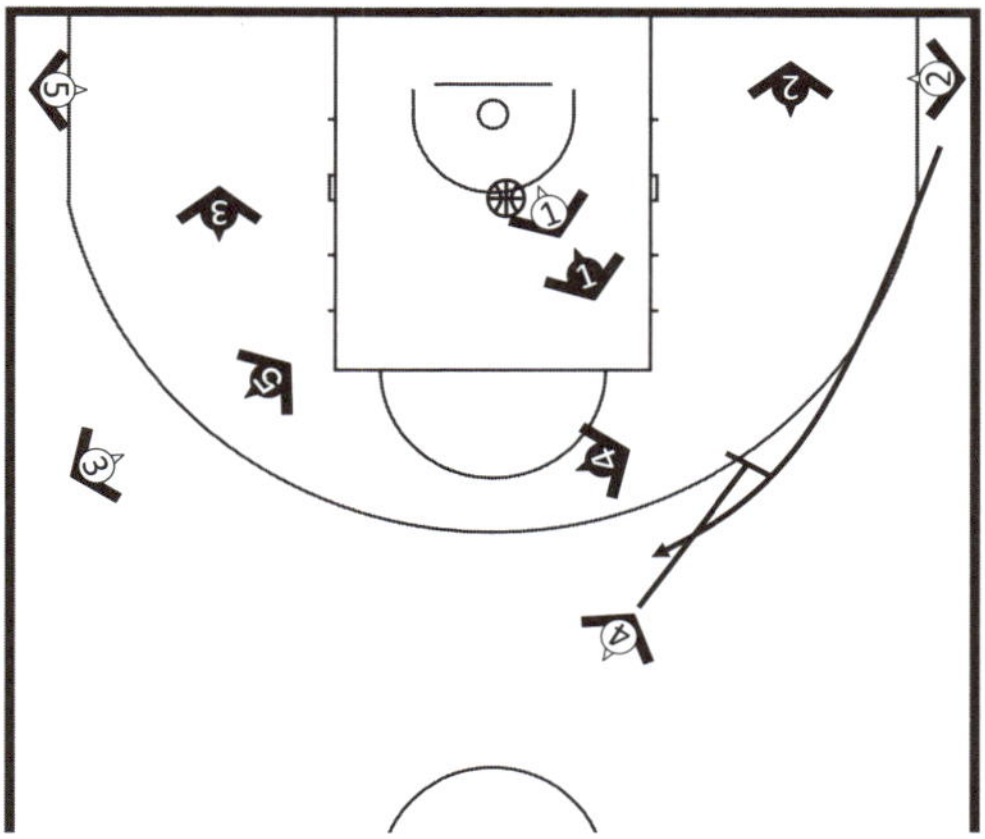

図4

④は③がスクリーンを通過した後、❺にスクリーンをセットします。⑤は④のスクリーンを利用して❸にスクリーンをセットする動きをします。しかし、⑤の動きはゴーストスクリーンであり、⑤は❸にスクリーンをかけるふりをして左コーナーへと移動します。

図3

ゴーストスクリーンに惑わされた❸と❺はスイッチで対応しました。④は⑤がスクリーンを通過した後、❶にスクリーンをセットします。①は④のスクリーンを利用してゴール下へ侵入。③からのパスを受けます。

図4

①のゴール下のスペースを確実なものとするため、④は①がスクリーンを通過した後に右スロット付近で❷にスクリーンをセット。②がこれを利用してトップへと移動します。大きく空いたゴール下のスペースでボールを受けた①は、ゴール下のショットをリングに沈めました。

GAME DATA
FIBA World Cup 2023
1Q 10:00　オーストラリア0-0ドイツ

27
★★★★★

2人のペリメーターをオフボールスクリーンで同時にアウトサイドへ飛び出させる

プレーの動画はこちら

図1

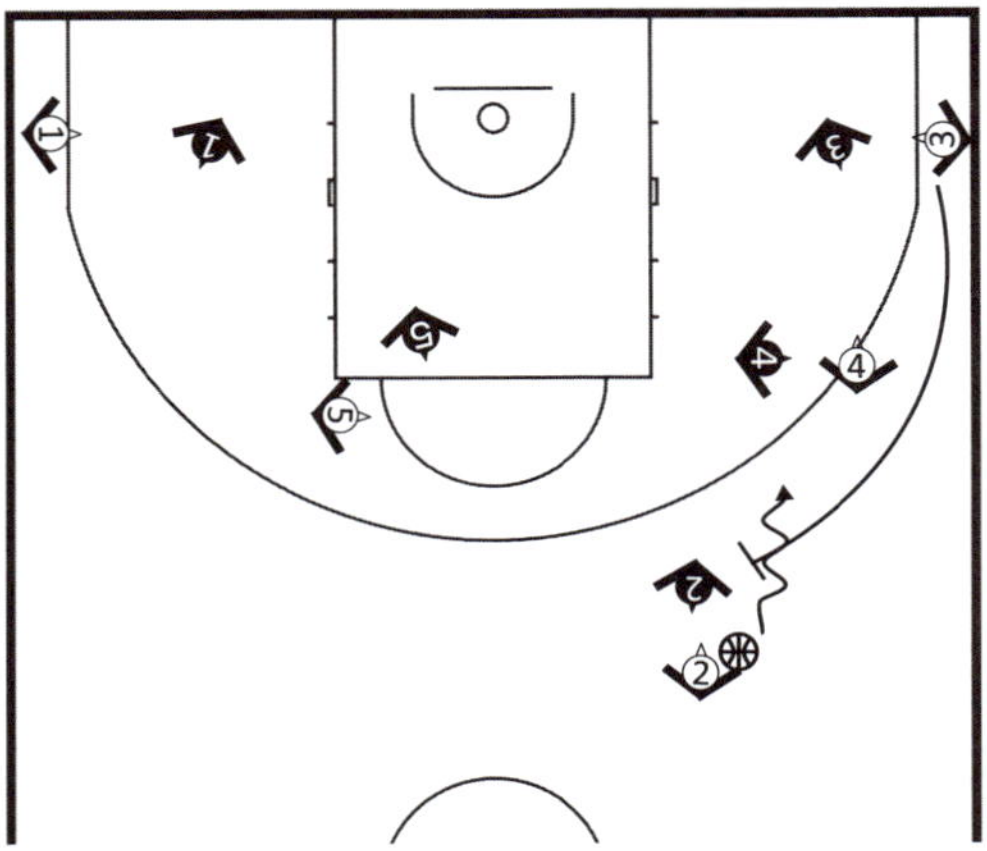

図2

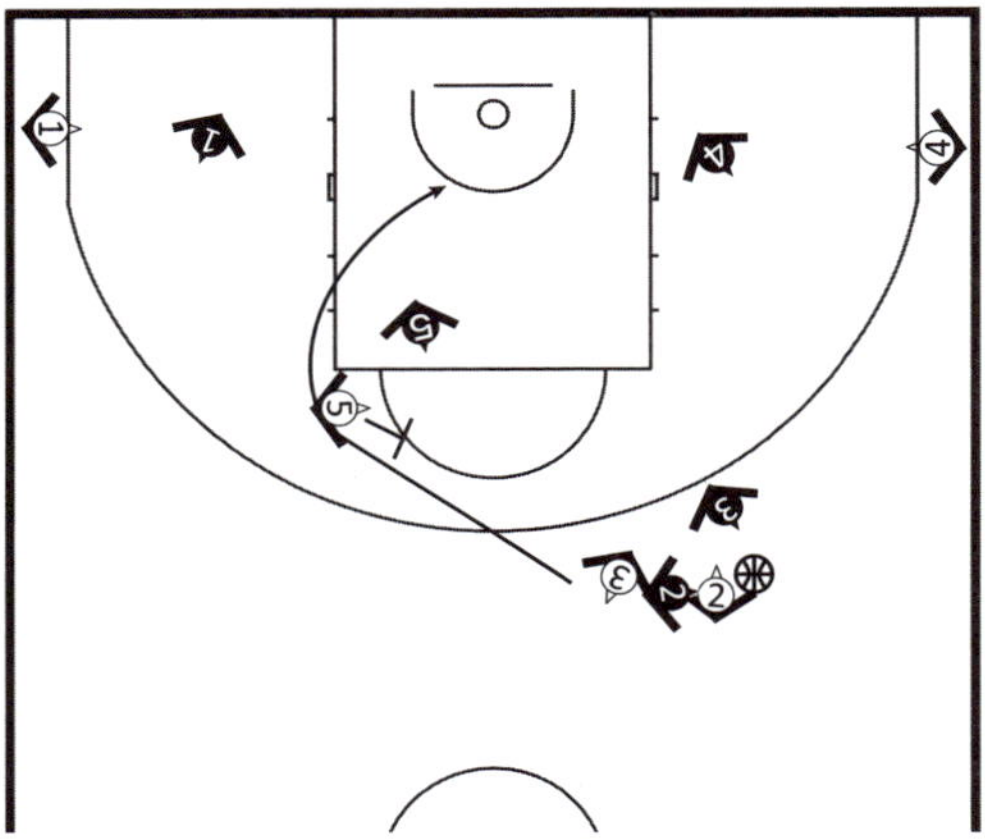

同時に狙いどころを2つ作り出す

オフボールスクリーンによって2人のペリメーターを両サイドで同時に飛び出させるセットです。

図1 ルカ・ドンチッチ②、ヤコブ・チェバシェク④、グレゴール・ホルヴァート③、マイク・トビー⑤、クレメン・プレペリッチ①が図のようにポジションを取ります。③が④のスクリーンを利用して❷にスクリーンをセットし、②が右スロット付近にドリブルで進みます。

図2 ⑤は左エルボー付近で❸に対するスク

図3

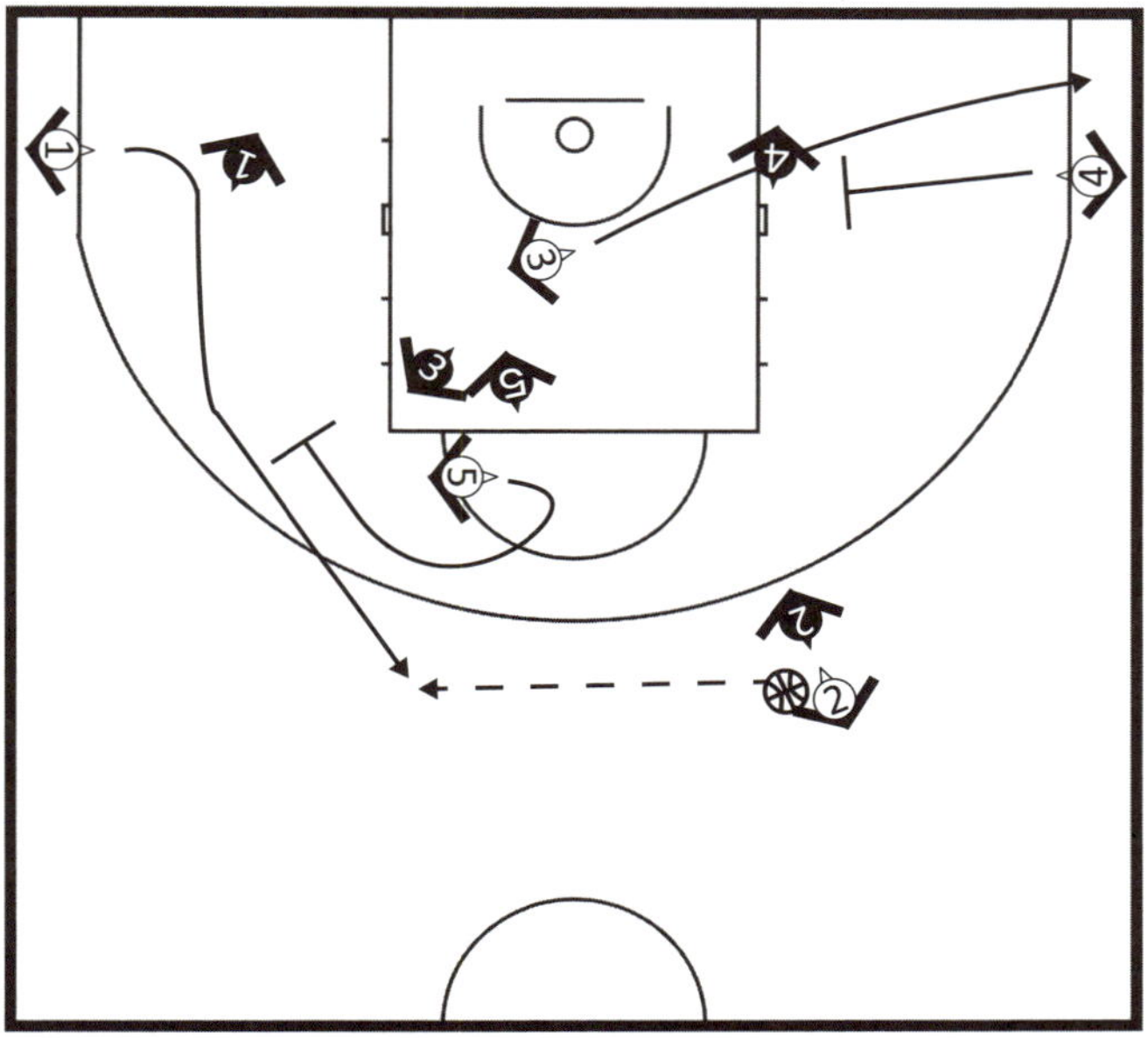

リーンをセット。③は②がスクリーンを通過した後、⑤のスクリーンの周りを回ってペイント内に侵入します。

図3

④は右ローポストに移動し、❸に対するスクリーンをセット。ペイントエリアに侵入した③は、④のスクリーンを利用して右コーナーへ飛び出します。⑤は③がスクリーンを通過した後❶にスクリーンをセットし、①は左スロットへと飛び出します。①と③は3Pフィールドゴールエリアへと同時に飛び出します。❸としてはスクリーナーDFとして対応した直後に、③がユーザーとして大きく移動して2つのオフボールスクリーンを利用するため、③についていくことが難しくなります。また、ディフェンス側は③のアクションに注意を向けていると、①と⑤によるオフボールスクリーンに対応することが難しくなります。❶を引き離した①は3Pショットを放ちました。

GAME DATA
FIBA World Cup 2023
2Q 10:00　スロベニア24-21カーボベルデ

図1

図2

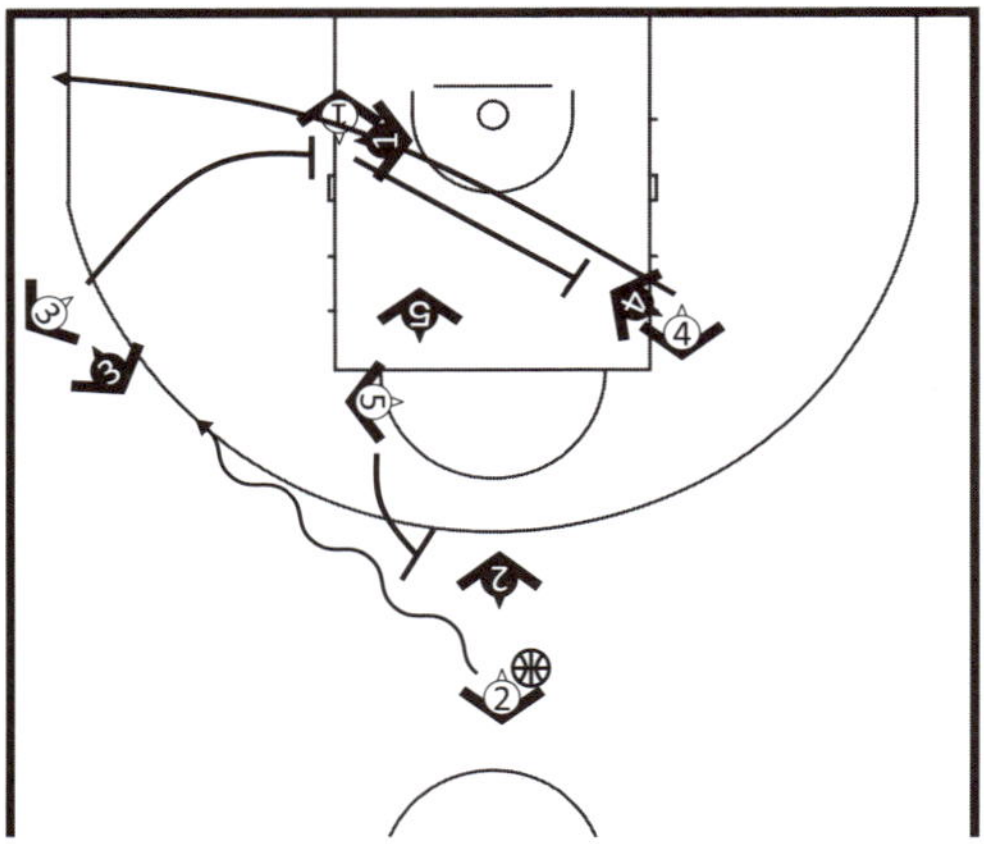

28 ★★★★★ DFを片側のサイドに集めてビッグマンをゴール下に飛び込ませる

プレーの動画はこちら

スクリーナーであった2人によるオフボールスクリーン

ボックスセットからスタートし、一方のサイドを大きく空けたうえでガードとビッグマンのスクリーンプレーにより、ビッグマンをゴール下に飛び込ませるセットです。

図1

ボールマンのダンテ・エクサム②がトップ、ゼイビアー・クックス⑤が左エルボー、ジョー・イングルズ④が右エルボー、パティ・ミルズ①が左ローポスト、ジョシュ・グリーン③が右ローポストにポジションを取ります。③は④と⑤のスクリーンを利用して左ウィングへと飛び出します。

図2

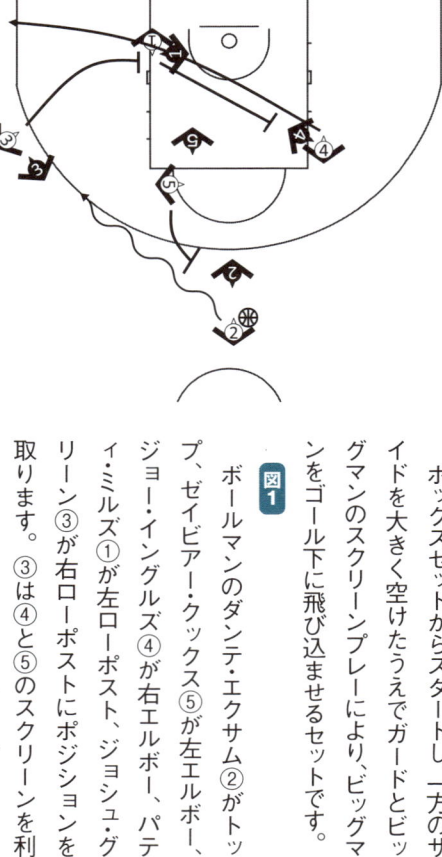

図3

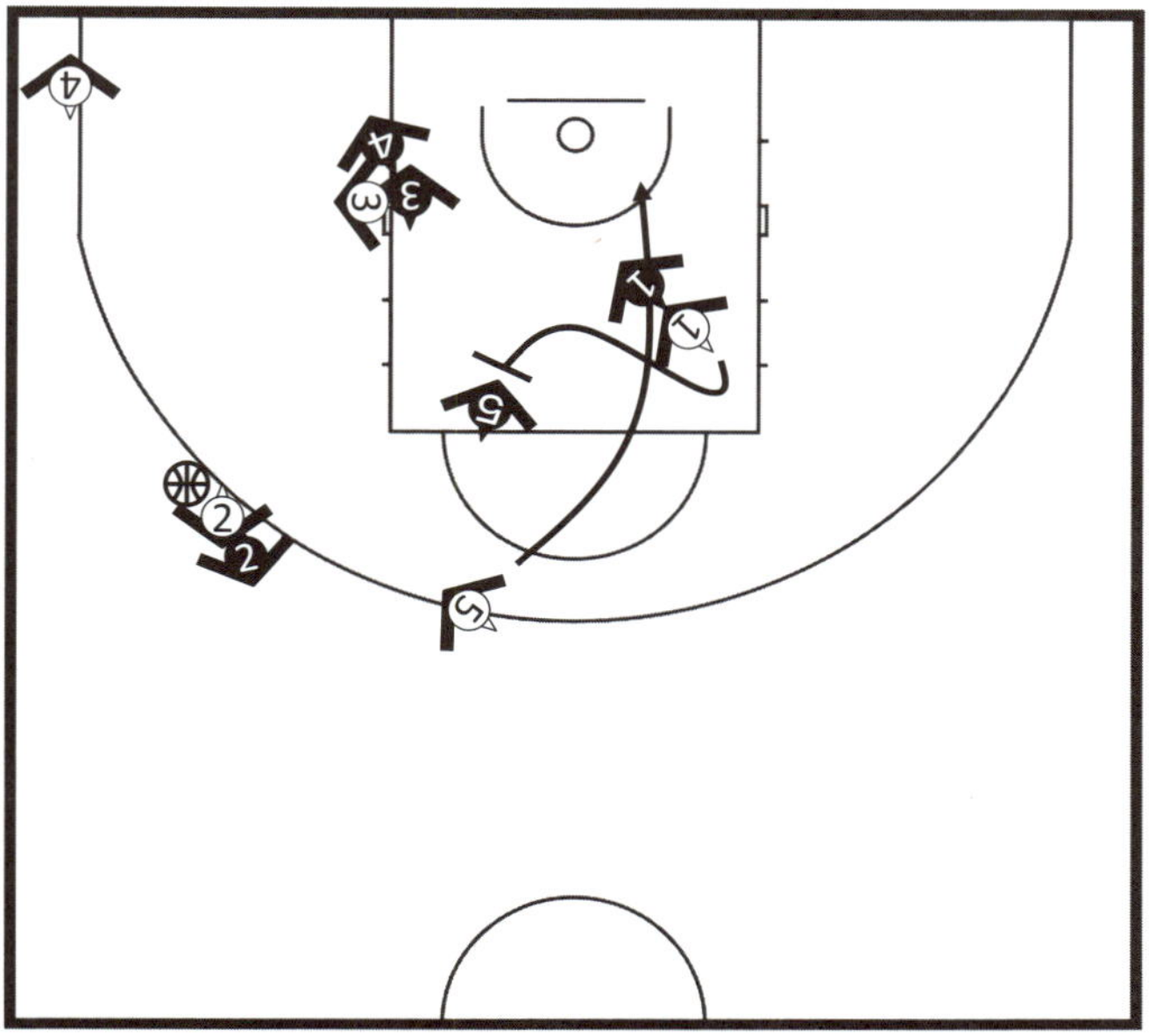

①は③が④のスクリーンを通過した後、❹にスクリーンをセットします。左ウィングに飛び出した③も左ローポストへと移動し、❹にスクリーンをセット。④は①と③のスクリーンを利用して左コーナーへと移動します。⑤は③がスクリーンを通過した後、❷にスクリーンをセットします。②は⑤のスクリーンを利用して左ウィングへとドリブルで進みます。

図3

①は④がスクリーンを通過した後、❺にバックスクリーンをセットします。⑤は①のスクリーンを利用してゴール下に飛び込みます。一連のアクションにより、ディフェンスが左サイドに集められ、⑤のゴール下への飛び込みを助けるディフェンスがいない状態になります。したがって、⑤の飛び込みに❶が対応せざるを得なくなりました。しかし、⑤と❶とでは身長のミスマッチがあるため、❺が⑤のディフェンスに戻らざるを得ません。その間に①は②からパスを受けて3Pショットを放ちました。

GAME DATA
FIBA World Cup 2023
1Q 2:08　オーストラリア18-22ドイツ

29

★★★★★

同じユーザーとスクリーナーが連続してオフボールスクリーンを行ってノーマークを作る

プレーの動画はこちら

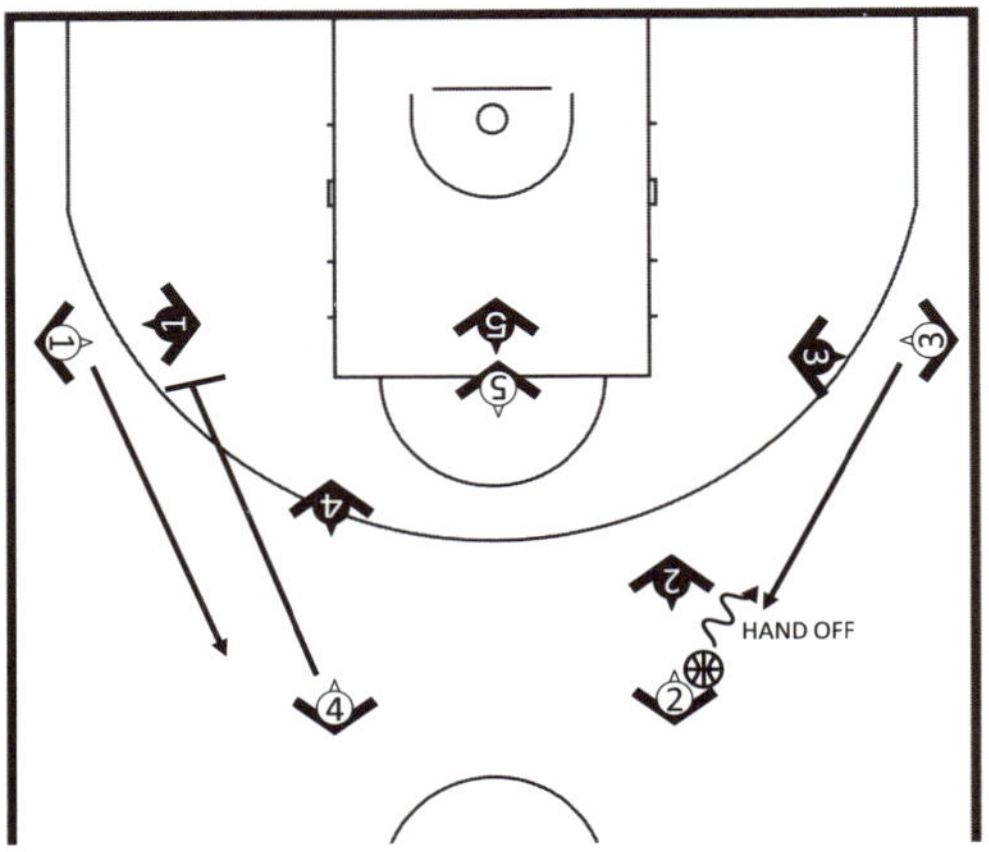

図1

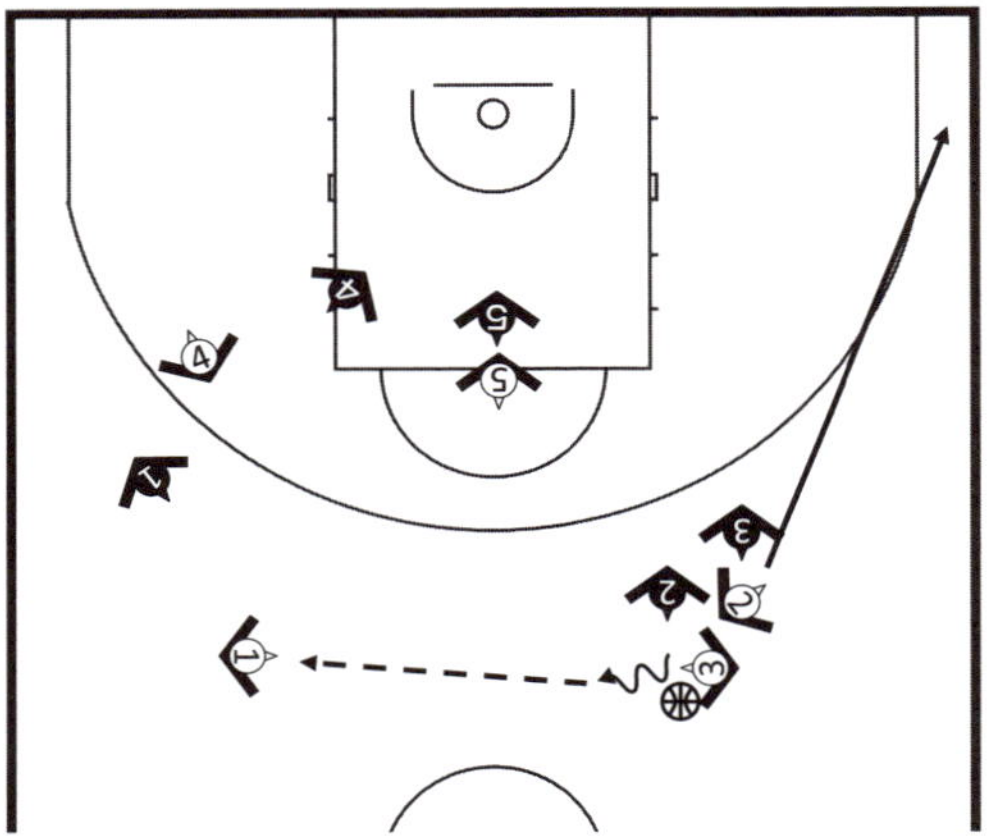

図2

アップスクリーンとダウンスクリーンの連続

オフボールスクリーンでユーザーをゴール付近に侵入させておいて、さらにオフボールスクリーンでユーザーをアウトサイドに飛び出させるセットです。

図1

ボールマンのアレクセイ・ニコリッチ②、バイン・プレペリッチ④、クレメン・プレペリッチ①、ジガ・ディメッツ⑤、ゾラン・ドラギッチ③が図のようにポジションを取ります。④は❶にスクリーンをセットし、①は左スロットへと飛び出します。③は右スロットに向い、②からハンドオフパスを受けます。②と③によるDHOに❷と❸

図3

図4

はスイッチで対応しました。③にハンドオフパスを出した②は右コーナーへと移動します。

図2
③は①にパスを出します。

図3
④は左ウィングに飛び出し、①からのパスを受けます。⑤は③が①にパスを出すタイミングで、③とマッチアップする❷にスクリーンをセットします。③は⑤のスクリーンを利用して右ローポストへと移動します。❷と❺は③と⑤のオフボールスクリーンにスイッチで対応しました。

図4
④にパスを出した①は左コーナーに移動します。⑤は③が通過した後、右エルボー付近で❷にスクリーンをセット。③は右スロットへと飛び出し、④からのパスを受けて3Pショットを放ちました。⑤が❷にスクリーンをセットしたことにより、❷がスイッチをして再び③についていくことを阻止したのです。

GAME DATA
FIBA World Cup 2023
2Q 4:03　スロベニア35-31カーボベルデ

30 ★★★★★
ダイヤモンドからDHOとPnRを連続しディフェンスを引き離す

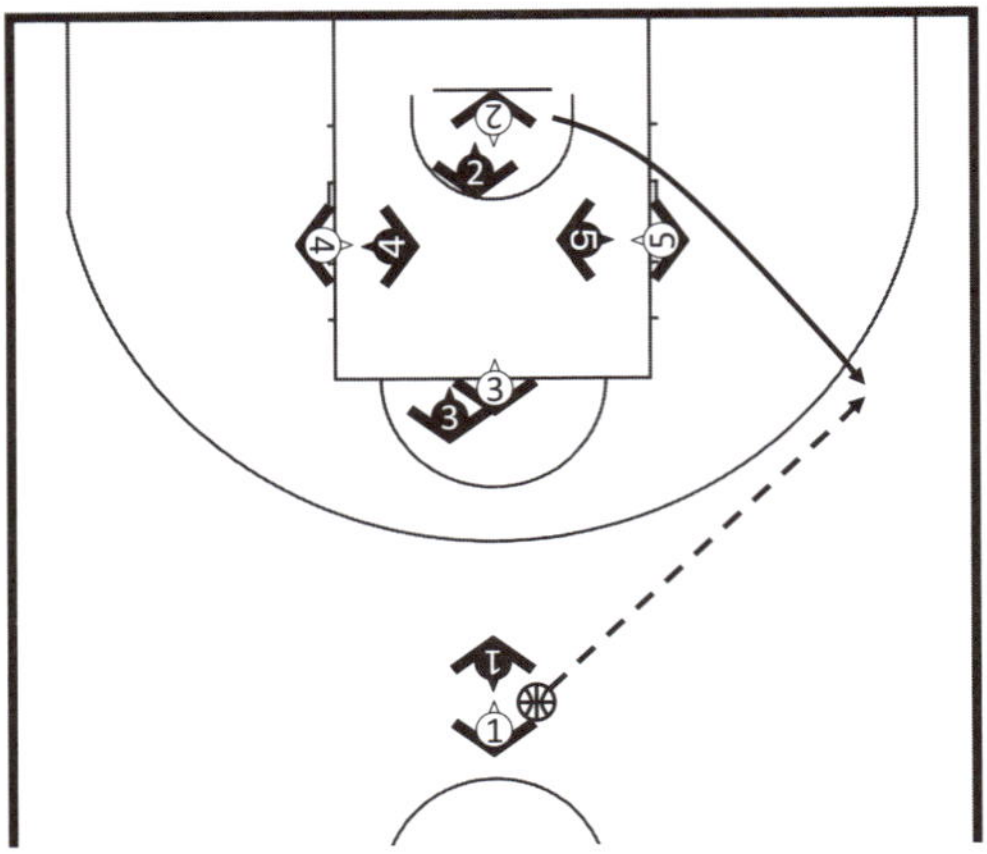

図1

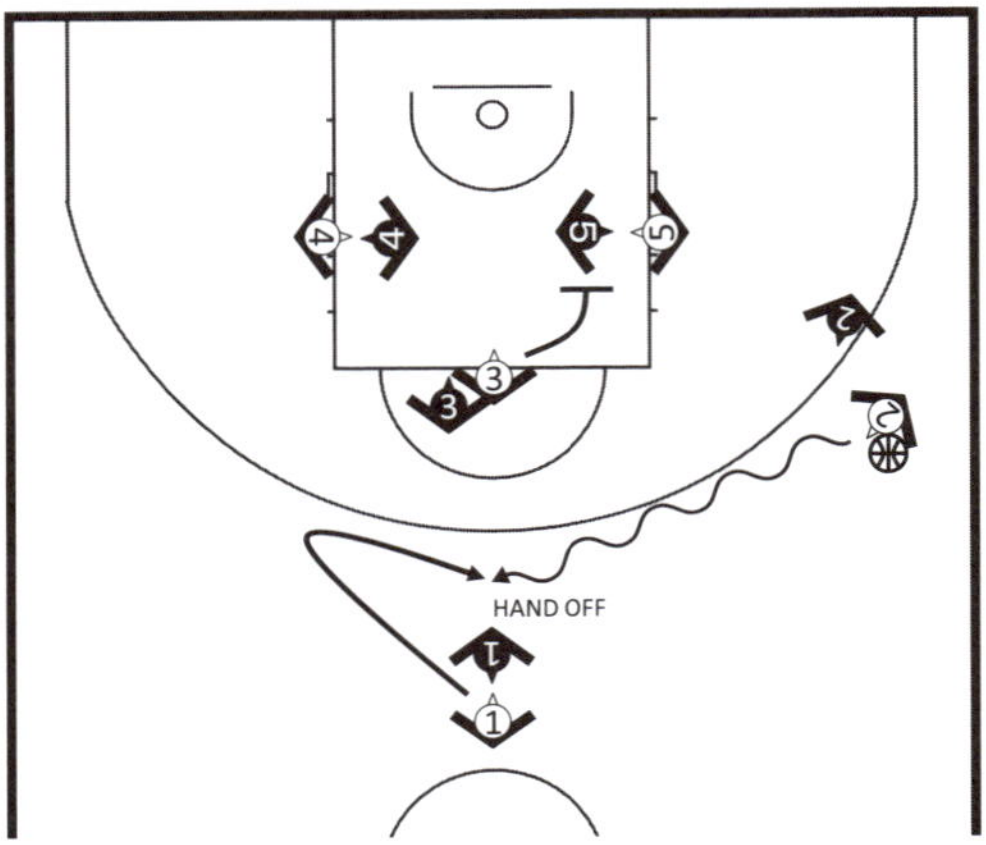

図2

連続して対応させることでDFを混乱させる

ダイヤモンドからDHOとPnRを連続して行うことにより、ディフェンスを引き離すセットです。

図1

ボールマンのニコラ・イワノビッチ①がトップ、アンドリヤ・スラヴコヴィッチ③がネイル、ネマニャ・ラドヴィッチ④が左ローポスト、ウラジーミル・ミハイロヴィッチ②がゴール下、ボジャン・ジャブリャク⑤が右ローポストにポジションを取ります。

図2

②が⑤のスクリーンを利用して飛び出し、パスを受けます。

プレーの動画はこちら

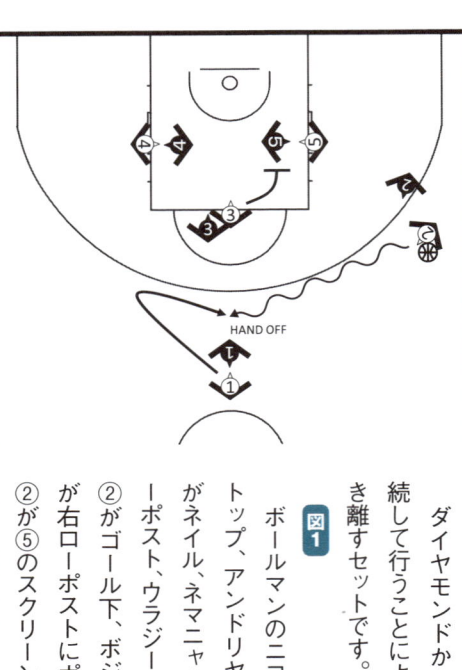

図3

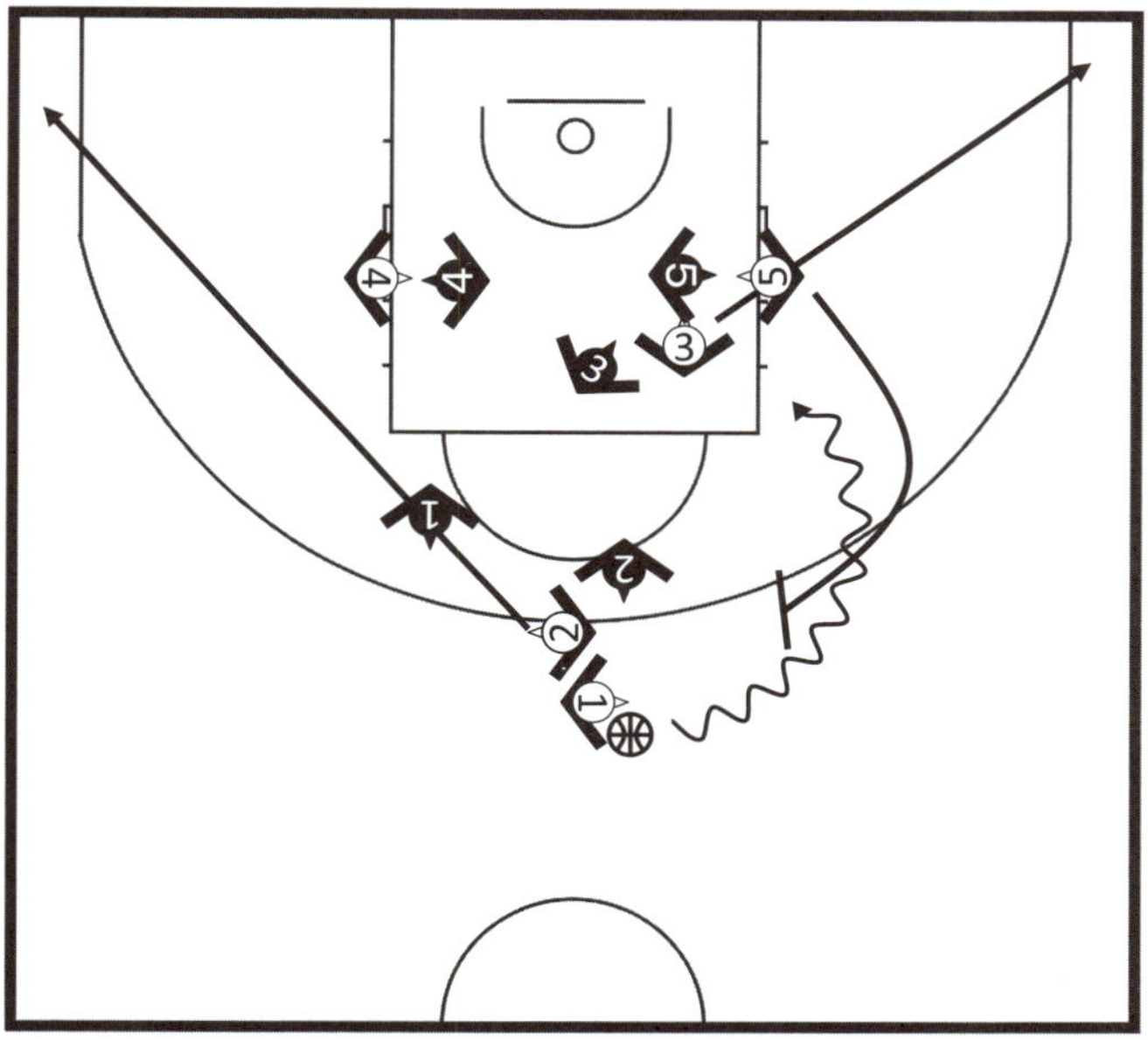

③は❺にスクリーンをセットし、パスを受けた②はトップに進みます。①はパス後に左サイドに広がると見せかけ、トップで②からハンドオフパスを受けます。❶と❷はDHOにスイッチで対応しました。

図3

⑤はスクリーンを利用して右スロットへと移動。⑤は①とマッチアップする❷に対してスクリーンをセットします。②からハンドオフパスを受けた①は⑤のスクリーンを利用してドリブル。アウトサイドでDHOとPnRを連続して行うことで一時的に多くのDFをアウトサイドに引き出し、ゴール付近にスペースを作り出すことができます。また、DFはDHOへの対応直後にPnRへの対応が必要になるため、適切なDFポジションの維持が困難になります。PnRに対して❷と❺はスイッチで対応せざるを得なくなりました。つまり、オフェンス側はビッグマンの⑤と比較的身長の低い❷の身長のミスマッチを作り出すことができました。

GAME DATA
FIBA World Cup 2023
2Q 5:05　アメリカ31-25モンテネグロ

31

★★★★★

連続してスクリーナーとなったプレーヤーにユーザーとしてスクリーンを使わせる

プレーの動画はこちら

図1

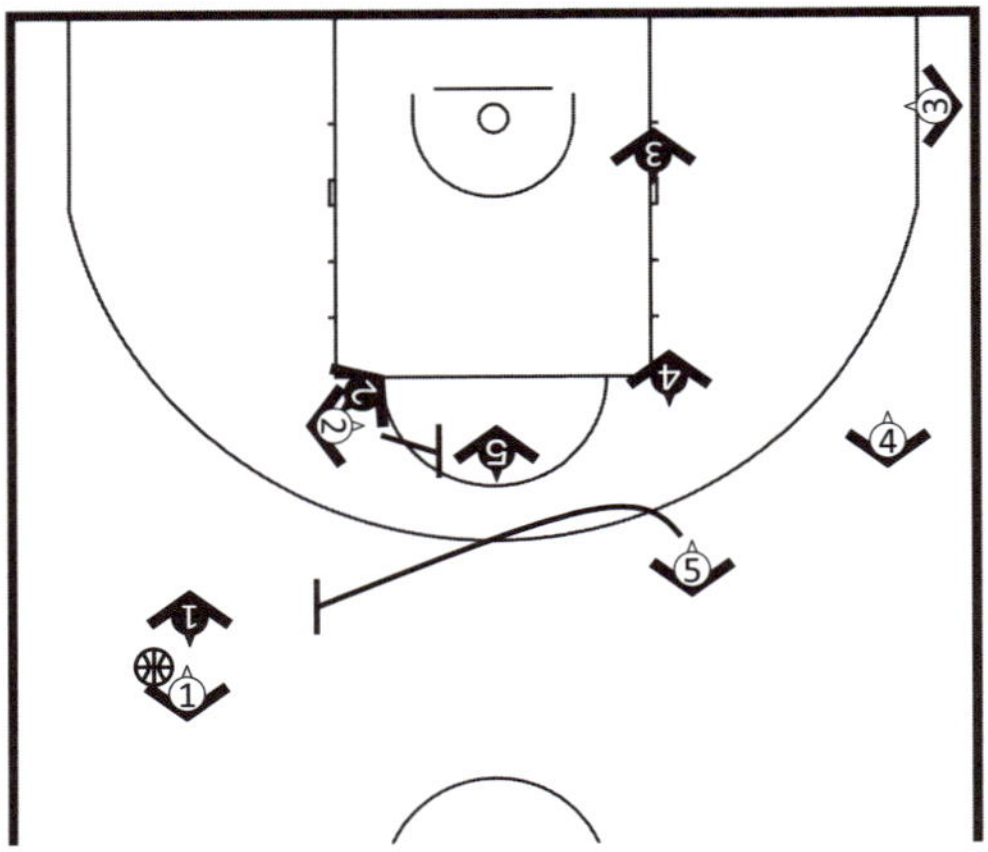

図2

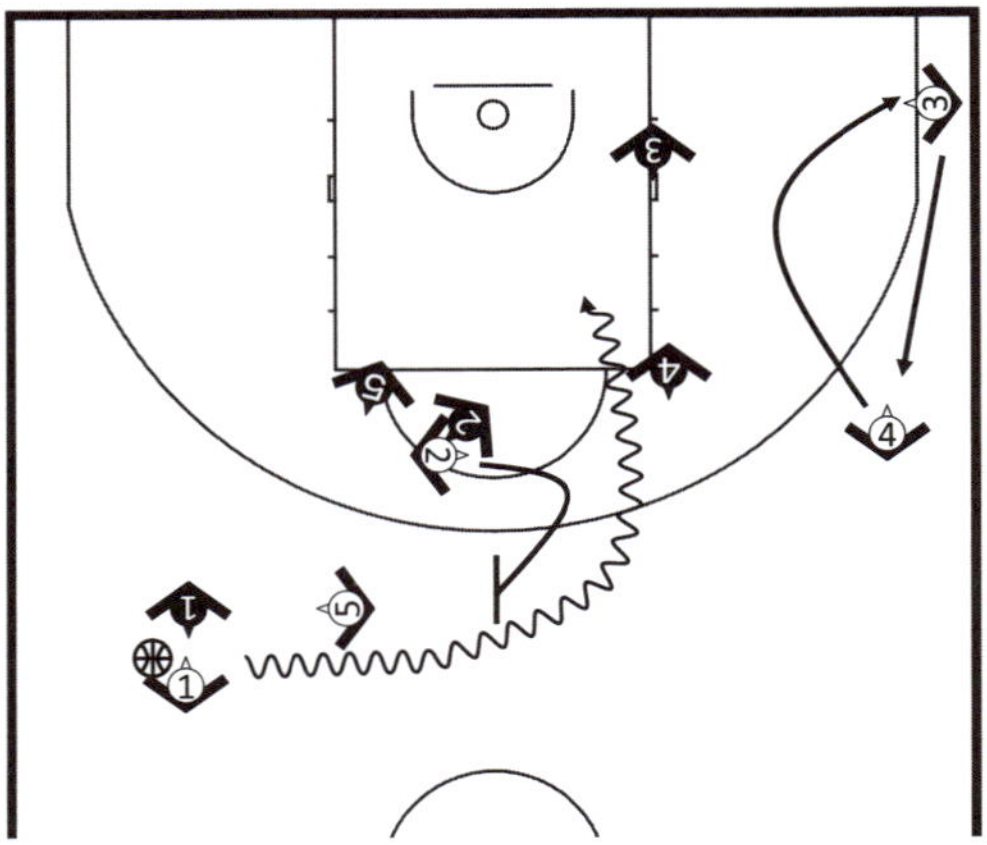

ダブルドラッグからフレアスクリーン

スクリーンの方向を変えながら連続して2度スクリーナーとなったプレーヤーに、ユーザーとしてスクリーンを使わせるセットです。

図1

ボールマンのアレクセイ・ニコリッチ①が左スロットと左ウィングの中間付近、ルカ・ドンチッチ②が左エルボー、マイク・トビー⑤が右スロット、バイン・プレペリッチ④が右ウィング、ゾラン・ドラギッチ③が右コーナーにポジションを取ります。②が❺にスクリーンをセットし、⑤は②のスクリーンを利用して左スロットと左ウィ

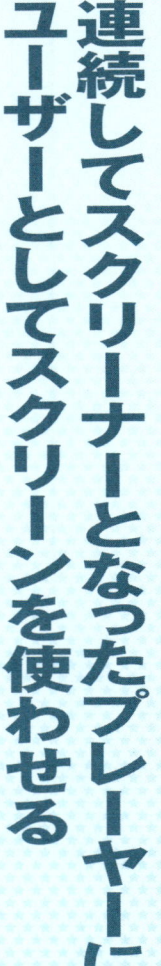

図3

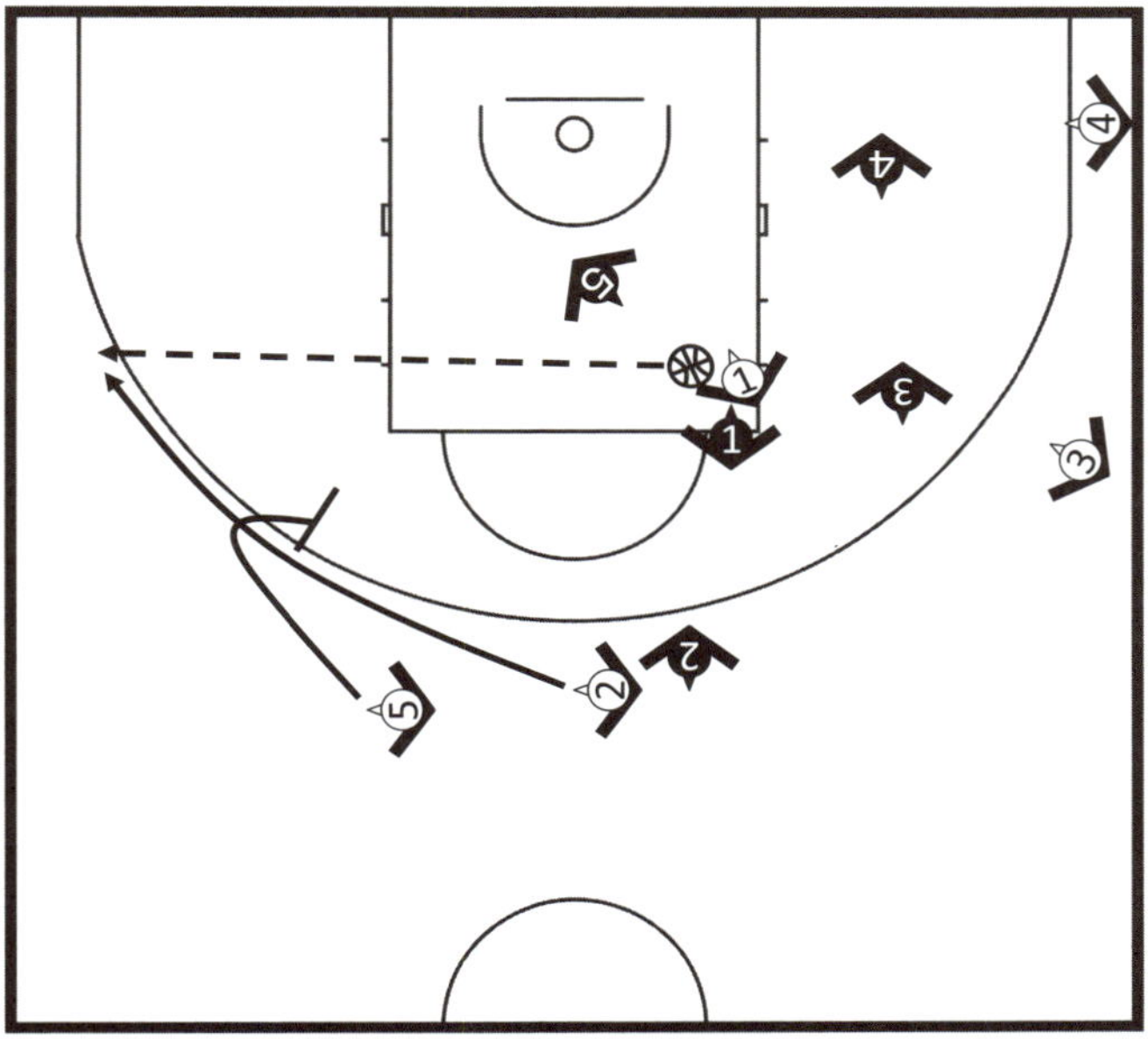

ングの中間付近へと移動。❶にスクリーンをセットします。

図2

②は⑤がスクリーンを通過した後、トップで❶にスクリーンをセットします。①は⑤と②によるダブルドラッグを利用して、ペイント内へと侵入します。この間に③と④はポジションを変えます。

図3

⑤は①が通過した後、向きを変えて左エルボー付近で❷にスクリーンをセットします。②は⑤のスクリーンを利用して左ウィングへと移動し、①からのパスを受けます。❷にとっては、②がスクリーンの向きを変えながら2度のスクリーナーとなり、ダブルドラッグのセカンドスクリーンのスクリーナーDFとして①に対応したところに、⑤のスクリーンがセットされるため、②についていくことが難しくなります。ノーマークでボールを受けた②は、❺が①に大きく反応して背を向けた状態であったため、ドライブを選択しました。

GAME DATA
FIBA World Cup 2023
3Q 9:45　スロベニア45-40カーボベルデ

32

★★★★★

スクリーンでペイント内に侵入したユーザーを再びスクリーンでアウトサイドに出す

プレーの動画はこちら

図1

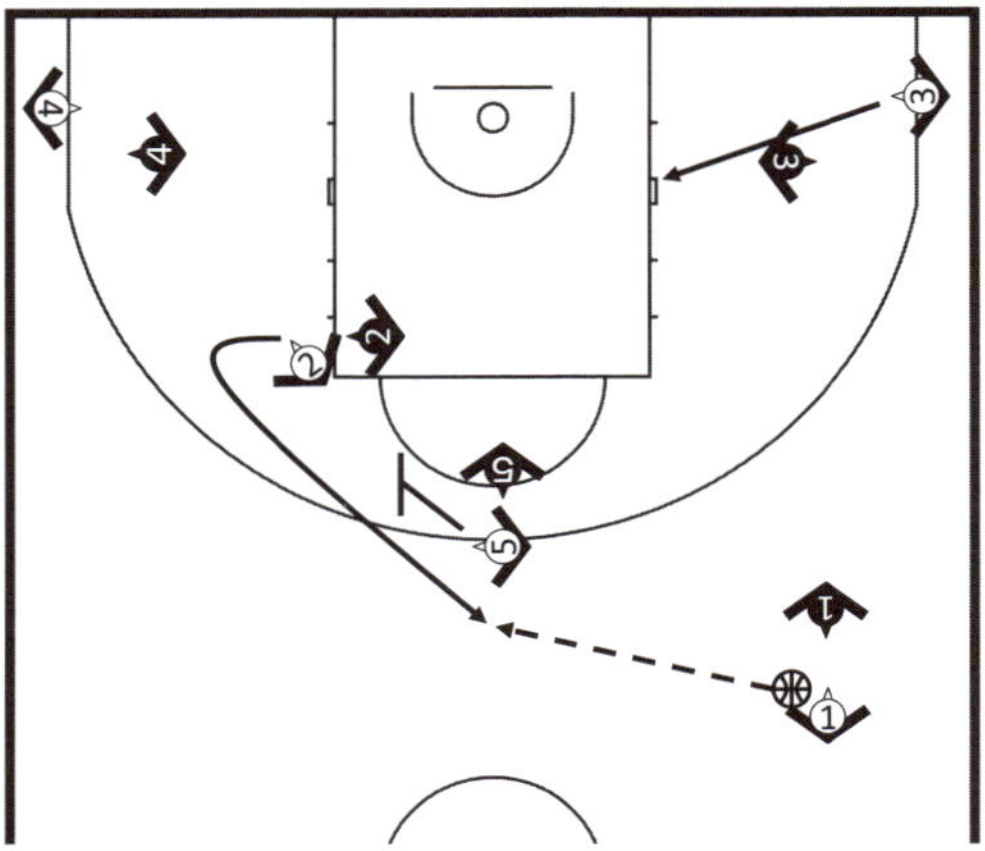

図2

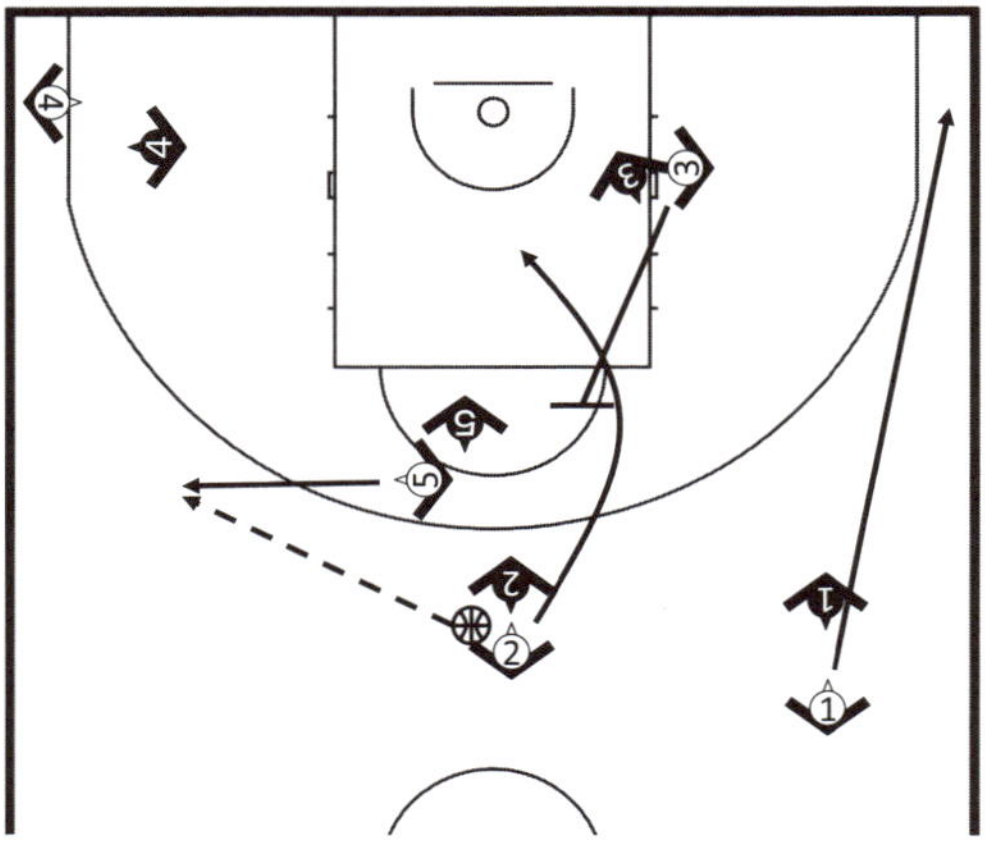

縦と横のスクリーンが連続して展開

オフボールスクリーンでペイント内に侵入させたユーザーを、別のスクリーナーによるオフボールスクリーンによってアウトサイドに出して得点を狙うセットです。

図1 ボールマンのステファン・ヨヴィッチ①が右サイドにドリブルエントリーし、ニコラ・ミルチノフ⑤、ボグダン・ボグダノビッチ②、ニコラ・ヨビッチ④、オンジェン・ドブリック③が図のようにポジションを取ります。②と⑤は❹にスタッガードスクリーンをセットするふり。②は⑤のスクリーンを利用してトップに飛び出し、①から

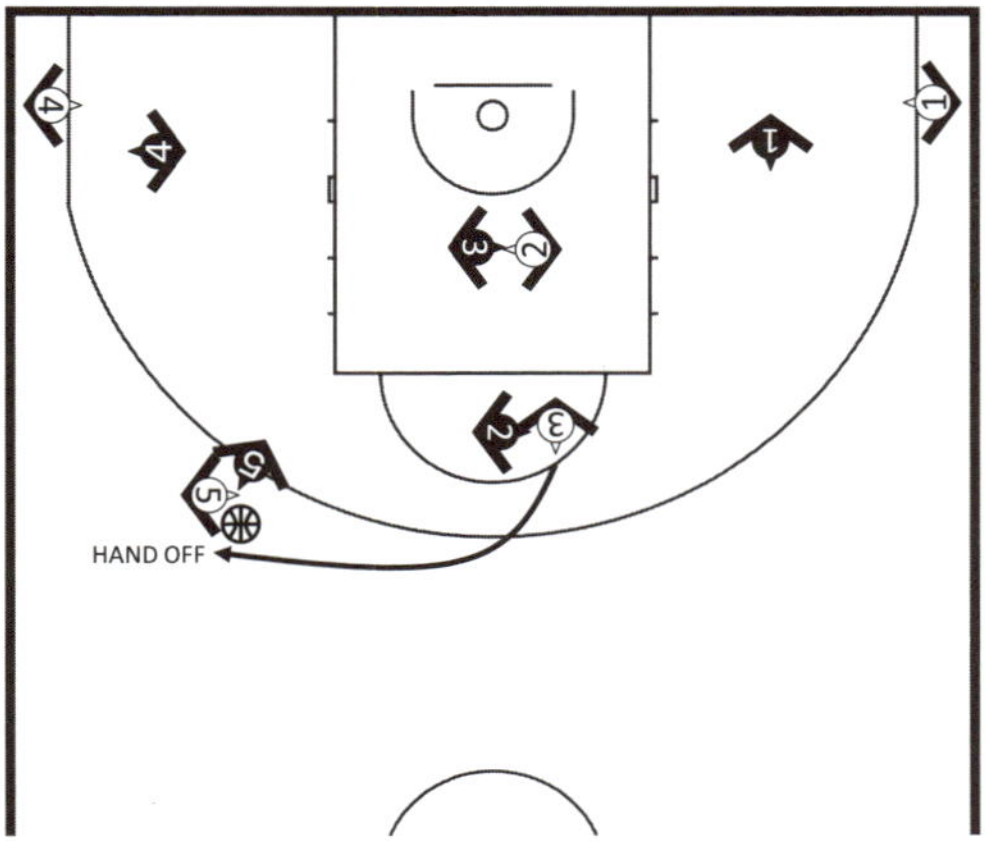

図3

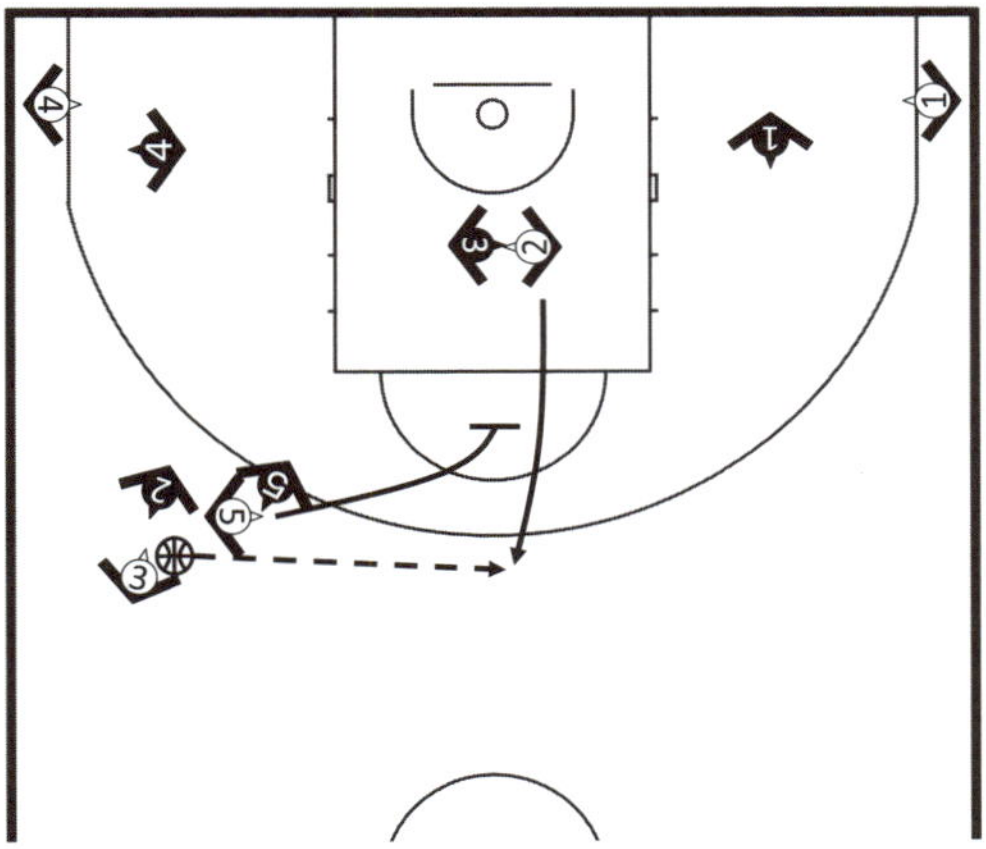

図4

のパスを受けます。この間に③は右ローポストに移動します。

図2

⑤は②がスクリーンを通過した後に左ウィングへ飛び出し、②からのパスを受けます。③は右エルボー付近で❷にスクリーンをセット。②は③のスクリーンを利用してペイントの中央へと侵入します。❷と❸は②と③によるオフボールスクリーンにスイッチで対応しました。

図3

③は②がスクリーンを通過した後に⑤へ向かい、⑤からハンドオフパスを受けます。

図4

⑤はハンドオフパス後にネイル付近へ移動し、②とマッチアップする❸にスクリーンをセット。②は⑤のスクリーンを利用してトップに飛び出し、③からのパスを受けます。一連のアクションにより、②と❸との間にズレが生じました。②はドライブでゴール下まで侵入し、⑤のダンクをお膳立てしました。

GAME DATA
FIBA World Cup 2023
1Q 9:17 セルビア0-1カナダ

図1

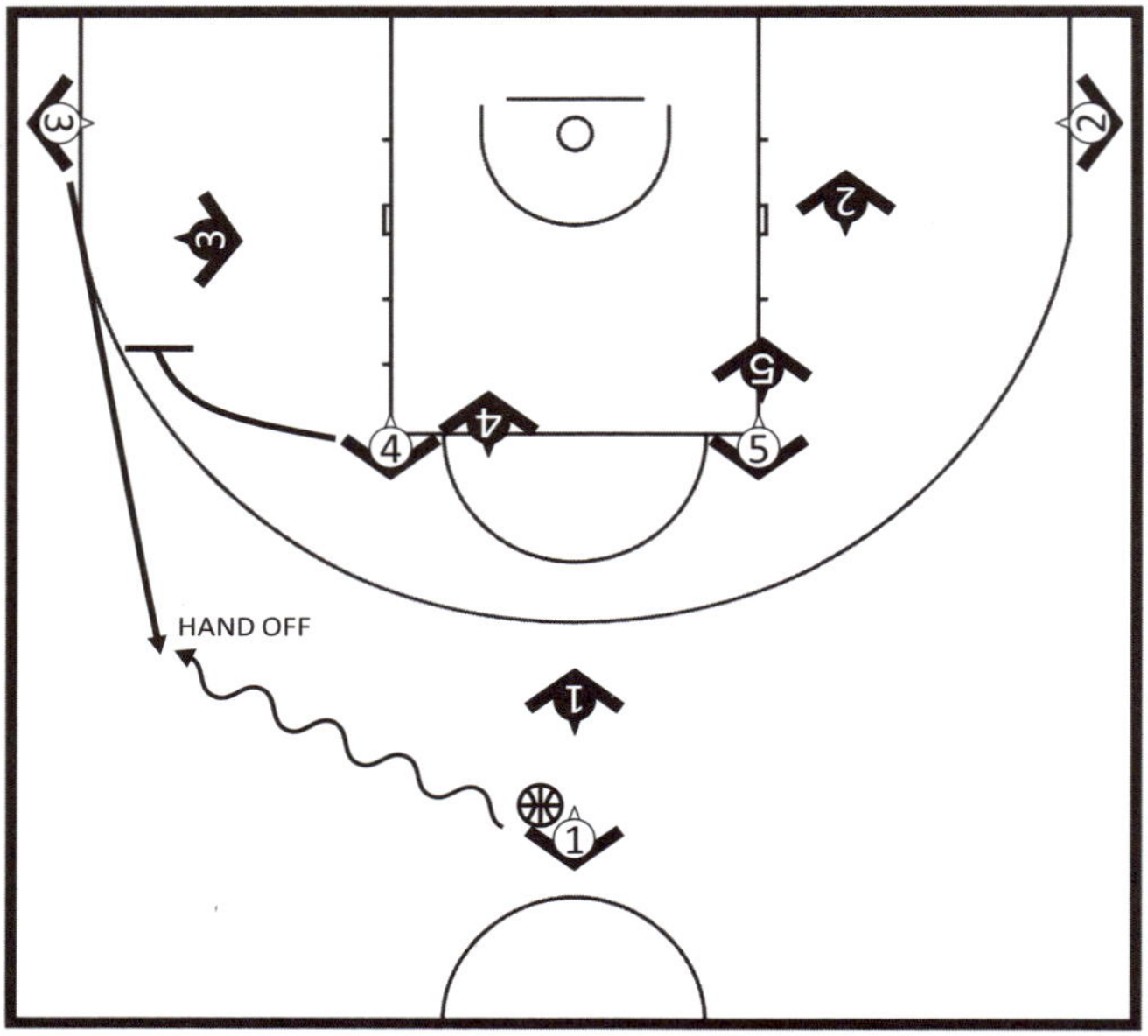

33
★★★★★
オフボールスクリーン・DHO・PnRと3種のスクリーンプレーを連続して行う

プレーの動画はこちら

ズームアクションからのPnR

オフボールスクリーン、DHO、PnRと3種のスクリーンプレーを連続して行うことにより、ユーザーDFをユーザーから引き離すことを狙うセットです。

図1

ボールマンのウィル・タバレス①がトップ、イバン・アルメイダ③は左コーナー、ジョアン・ゴムシュ④が左エルボー、エディ・タバレス⑤が右エルボー、パトリック・リマ②が右コーナーにポジションを取ります。④が左ウィングあたりに移動し、❸に対するスクリーンをセットします。③は④のスクリーンを利用して左ウィングと左ス

図2

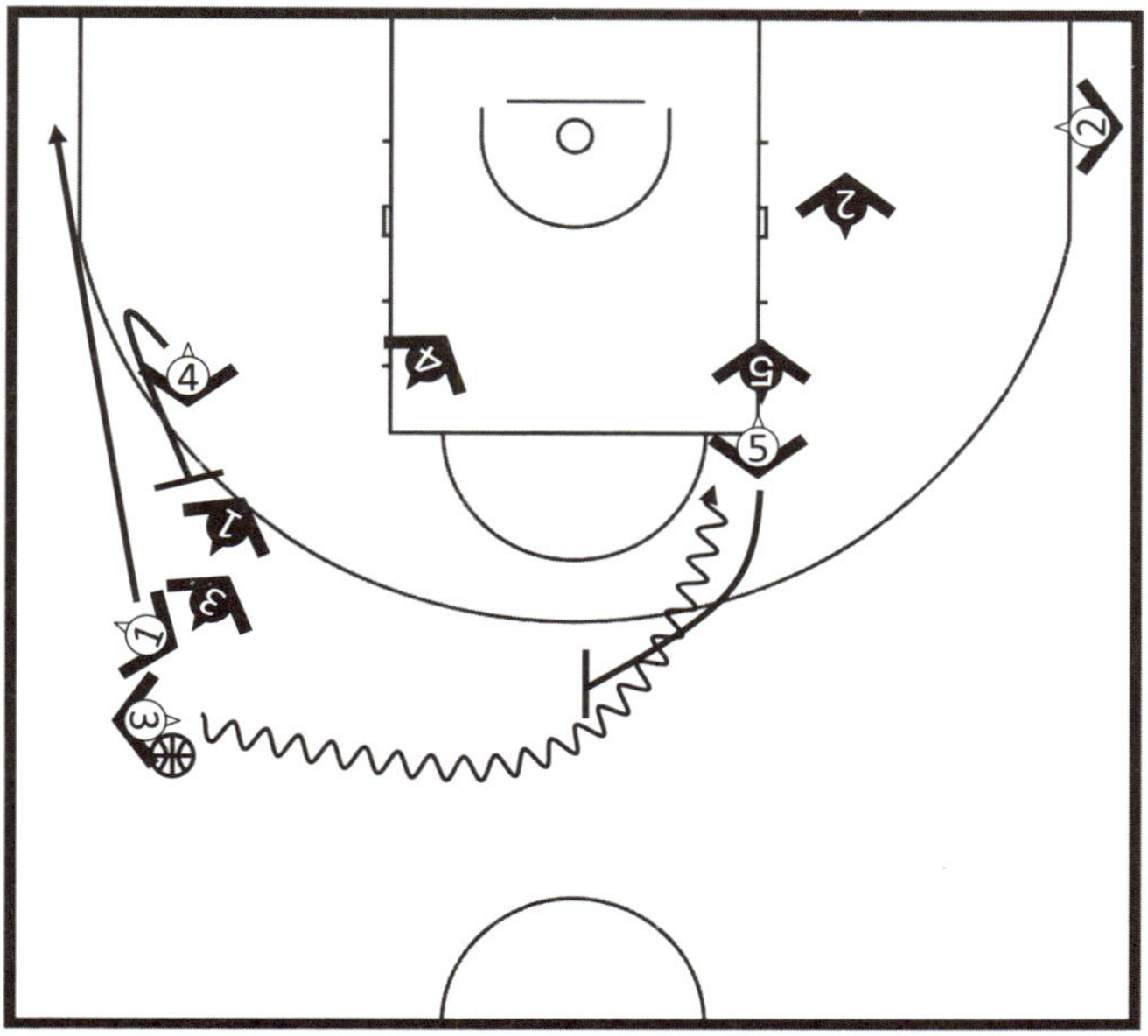

ロットの中間付近へと移動。①は④がスクリーンをセットしたタイミングで左ウィングと左スロットの中間付近にドリブルで移動し、③にハンドオフパスを出します。

図2

⑤は③がハンドオフパスを受けるタイミングで、トップに到達するように移動。❸にスクリーンをセットします。③は⑤のスクリーンを利用し、リングに向かってアタック。④は③がスクリーンを通過した後に❶へスクリーンをセットし、①はこれを利用して左コーナーへ移動します。❸にとっては、オフボールスクリーンに対応した直後にDHO、DHOに対応した直後にPnRへの対応が必要になるため、③に対するDFポジションの維持が難しくなります。③は❸を引き離すことに成功しましたが、❷がドライブラインに立ちはだかったためにキックアウトし、②が3Pショットをリングに沈めました。

GAME DATA
FIBA World Cup 2023
3Q 5:51　スロベニア35-45カーボベルデ

ワールドカップでの日本代表を見て

流通経済大学スポーツコミュニケーション学科RKU BASKETBALL LAB“バスラボ”
関根加琳

グループラウンドでのドイツ戦では最後まで諦めずに戦うも63-81で敗戦しました。第2戦のフィンランド戦の序盤はドイツ戦とは異なり、日本はフィンランドと競り、躍動しました。日本は中盤に離されましたが、３Qの終わりには10点差にまで詰めることができました。４Qでも日本は諦めずに戦い抜き、河村勇輝選手や富永啓生選手が3ポイントショットを沈めました。このゲームでは、コート上のプレーヤーのみならずベンチにいるプレーヤー、スタッフ、会場の観客が一体となり、日本に勢いをつけました。フィンランドは日本の勢いを止めることができず、日本は10点差を離し、ワールドカップにおいて17年ぶりとなる勝利を手にしました。

グループラウンドで下位となった日本でしたが、オリンピック出場へのチャンスは残っていました。第1戦のベネゼエラ戦では４Qで18点差を離される場面もありましたが、比江島慎選手が17点をあげる活躍を見せ、日本が勝利を収めました。最終戦のカーボベルデ戦も苦しい展開となりました。4Qで日本の得点がピタリと止まってしまったのです。それでも日本は最後まで諦めず、80-71でカーボベルデに勝利しました。そして、日本は48年ぶりに自力でオリンピックへの切符を手にしました。私は日本のバスケットボールの歴史的な瞬間を目の当たりにすることができました。そして、日本が世界と戦う姿に勇気をもらいました。

Part3

★★★★★

パリ五輪のセットプレー

25

図1

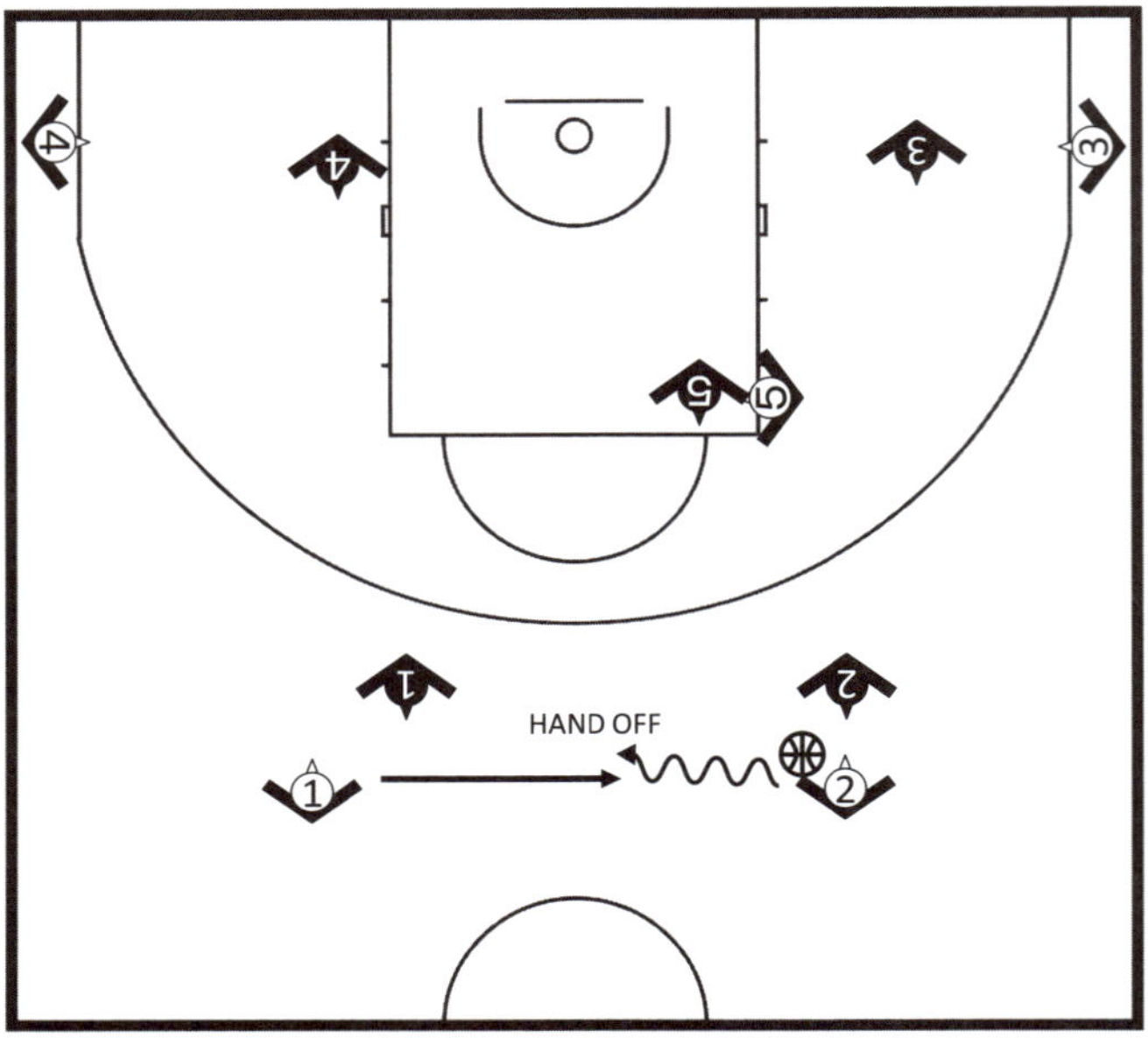

01

★★★★★

ハイスピードで交差したDHOの勢いでPnRによってディフェンスを崩す

プレーの動画はこちら

高速のスクリーンでDFを困難にする

ユーザーとスクリーナーが高いスピードでDHOを行い、その勢いを維持したままPnRを行うことによりディフェンスを崩すことを狙うセットです。

図1

ボールマンの馬場雄大②が右スロット、河村勇輝①が左スロット、ジョシュ・ホーキンソン⑤が右エルボー、渡邊雄太④が左コーナー、吉井裕鷹③が右コーナーにポジションを取ります。②はドリブルで勢いよくトップに向かいます。同時に①も勢いよくトップに向かい、②からハンドオフパスを受けます。この場面でディフェン

図2

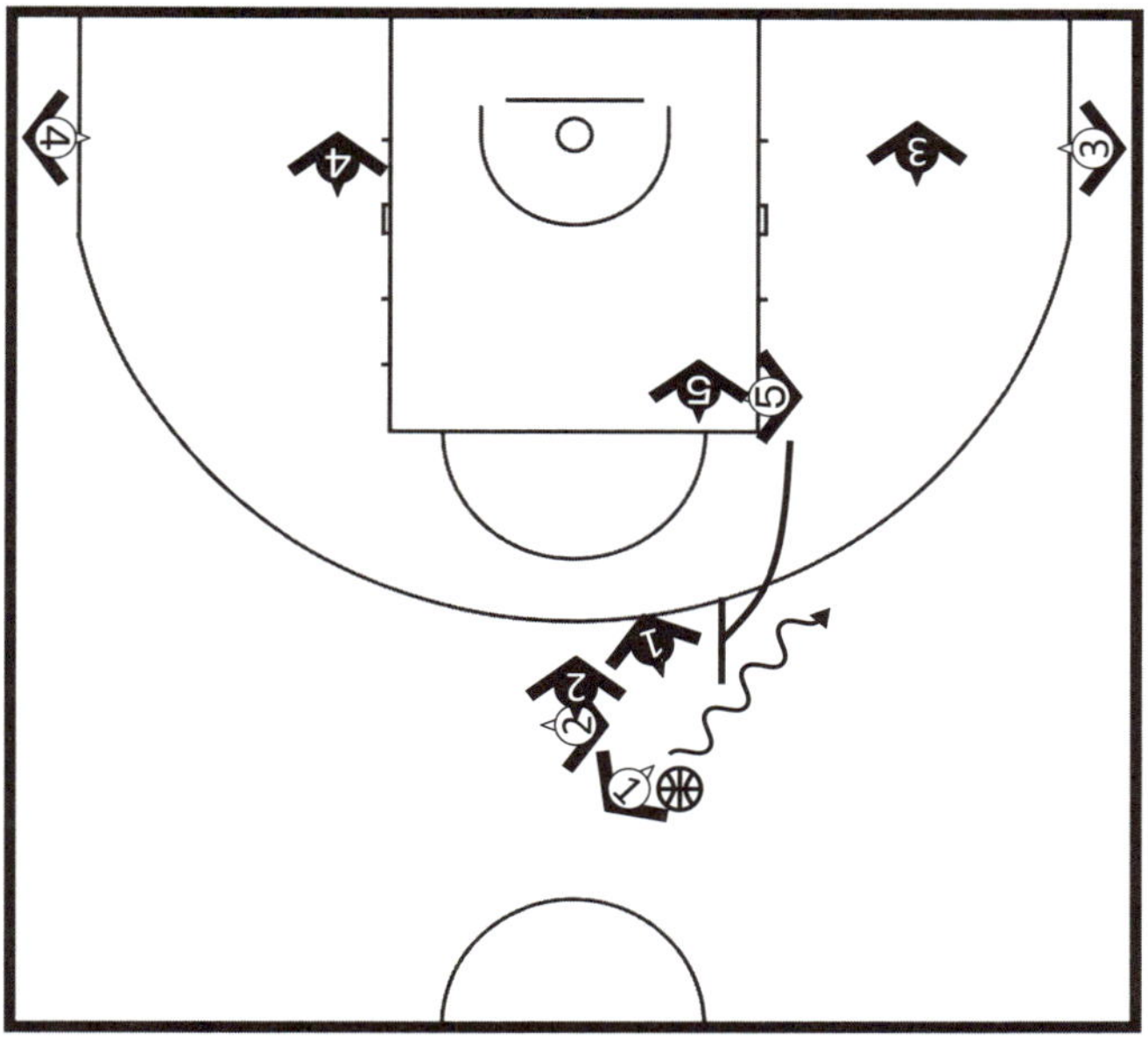

スはスティックアンダーを選択し、❷が②にコンタクトし、❶は❷よりもゴール側を通過することにより、②のスクリーンを回避しました。

図2

⑤は①と②がDHOを行うタイミングでトップ方向に移動し、❶にスクリーンをセット。①はDHOを行った勢いを維持したまま、⑤のスクリーンを利用し、リングにアタックします。❶からするとDHOにスティックアンダーで対応し、ゴール側に下がって通過しようとしたところに⑤のスクリーンがセットされるため、⑤のスクリーンの回避が難しくなります。①が❶を引き離したため、❺は①のドライブラインに位置し、遅れて❶が①のDFポジションを回復しようとしました。つまり、一時的に①が❶と❺を引きつけている状態になり、他のエリアで4 on 3のアウトナンバーができあがりました。①はパスを展開してディフェンスを崩したのです。

GAME DATA
Paris 2024
4Q 6:09　日本80-85ブラジル

図1

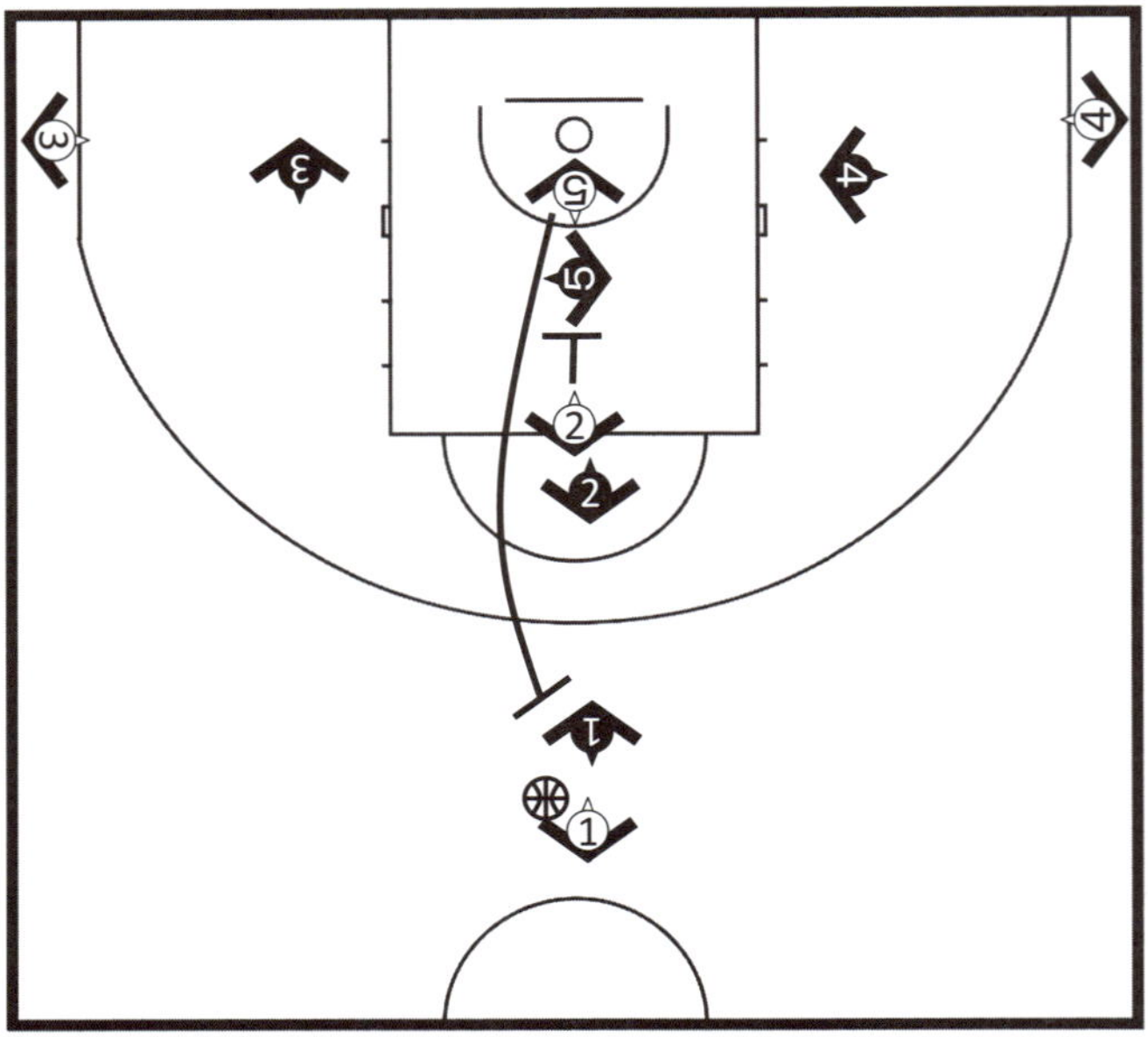

02

★★★★★

ラムスクリーンを行ったプレーヤーによって構成されるスペインPnRで得点を狙う

プレーの動画はこちら

ミドルレーンを空けてスペインPnR

ラムスクリーンを行ったプレーヤーによって構成されるスペインPnRでディフェンスを引き離して得点を狙うセットです。

図1

ボールマンのトマス・ウォルクプ①がトップ、ギアヌリス・ラレンザキス③が左コーナー、バリシス・ハラランポプロス④が右コーナー、バシリオス・トリオプロス②がネイル、ヨルギオス・パパヤニス⑤がノーチャージセミサークルにポジションを取ります。②はゴールに向かって移動し、❺にスクリーンをセット。⑤はスクリーン

図2

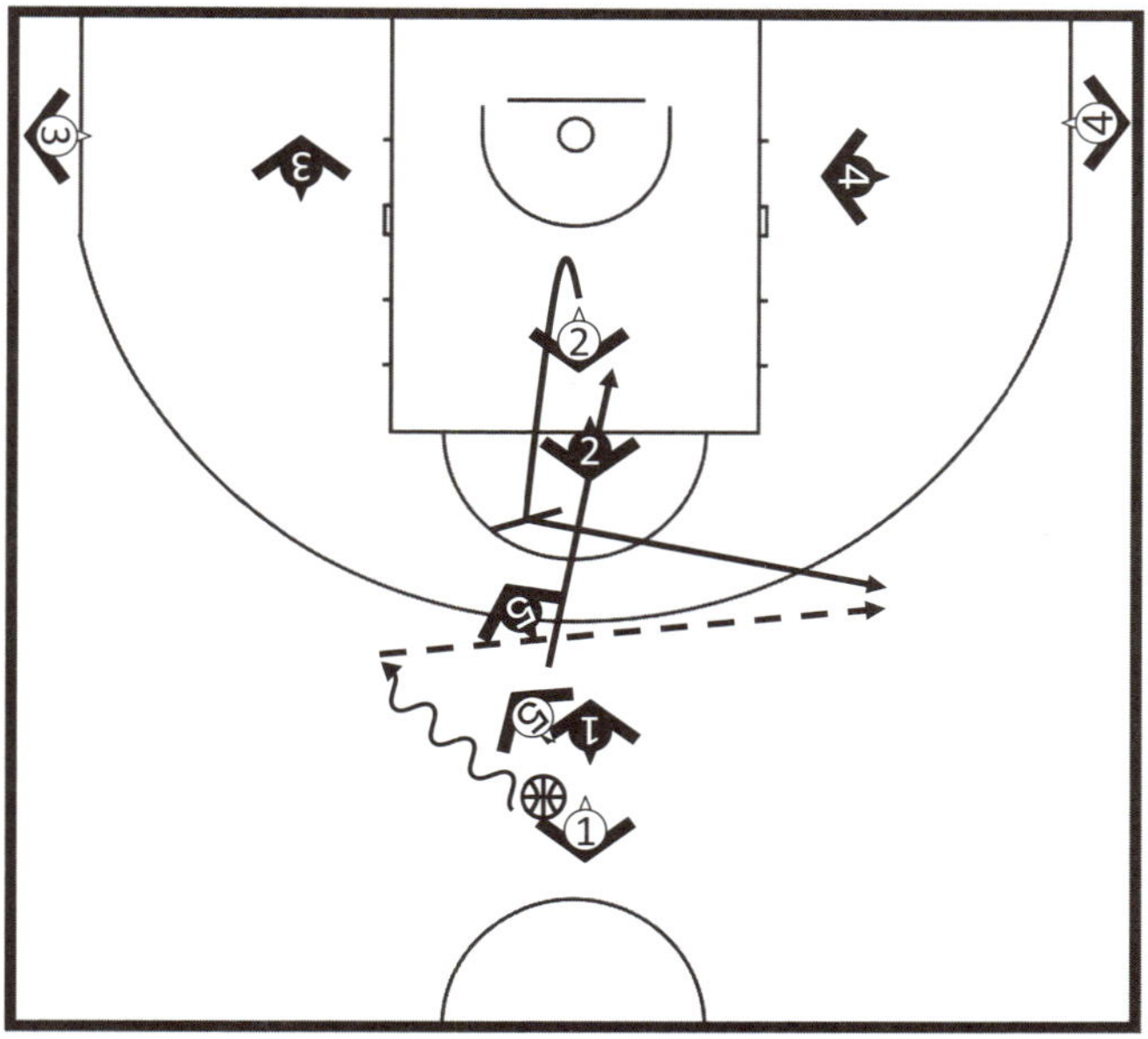

を利用してトップに移動し、❶にスクリーンをセットします。

図2

①はスクリーンを利用し、リングに向かってアタックします。②は⑤がスクリーンを通過した後に❺にスクリーンをセット。しかし②は、ゴーストスクリーンで⑤がスクリーンを利用する前に右ウィング付近に飛び出し、①からのパスを受けました。スペインPnRでは、PnRのスクリーナーDFがドロップ、つまりゴール方向に下がって守っている時に有効であるため、ラムスクリーンによって❺を遅らせてPnRに対してドロップで守るように促します。❷からすると、⑤が②のスクリーンを利用してゴールに向かってくることが予測できるため、ゴール側にポジションを取りました。しかし、その間に②が飛び出すため、❷は②についていくことが難しくなります。②が①からパスを受けた時には、ロングクローズアウトの状況を作ることができました。

GAME DATA
Paris 2024
2Q 8:50　スペイン24-22ギリシャ

図1

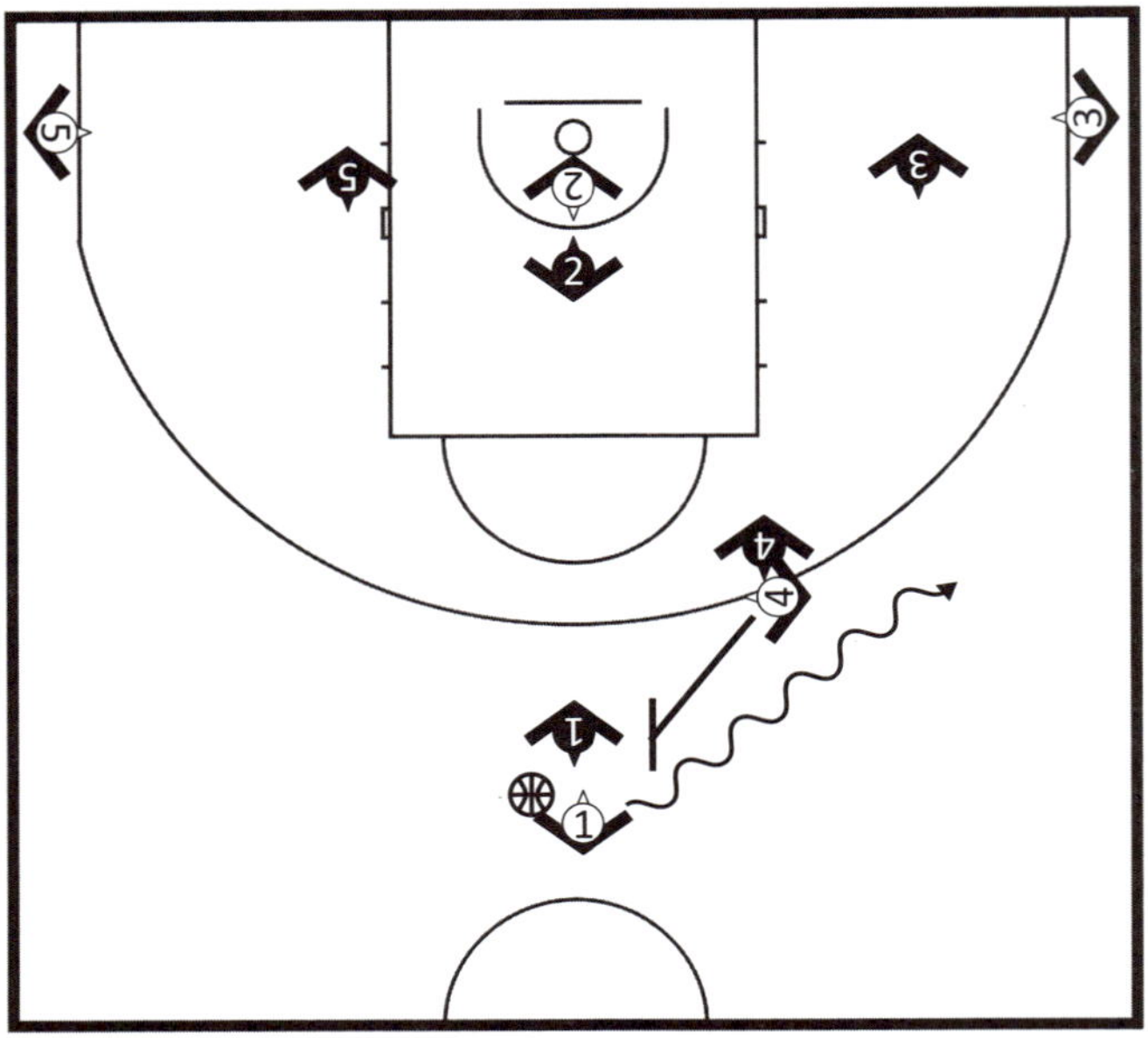

03

★★★★★

PnRとオフボールスクリーンの連続でインサイドのシューターをアウトサイドに出す

プレーの動画はこちら

PnRに対応させてオフボールスクリーン

PnRのスクリーナーがオフボールスクリーンのスクリーナーとなって、インサイドのシューターをアウトサイドに出し得点を狙うセットです。

図1

ボールマンのトマス・ウォルクプ①がトップ、コンスタンティノス・ミトグル⑤が左コーナー、バシリオス・トリオプロス②がノーチャージセミサークル内、ヤニス・アデトクンボ④が右スロット、パナヨティス・カレザキス③が右コーナーにポジションを取ります。④がトップに移動し、①とマッチアップする❶にスクリーンをセットし

図2

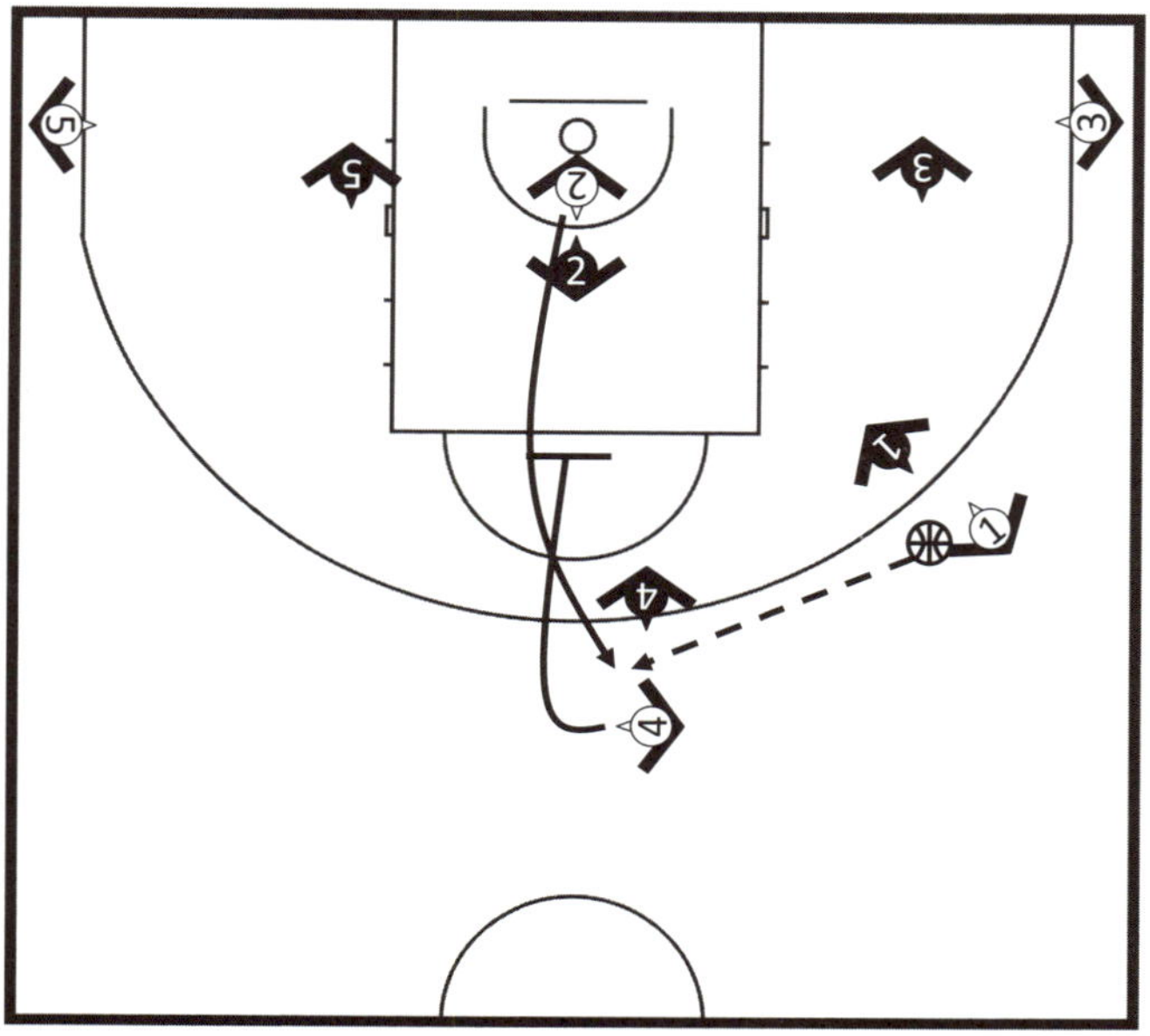

ます。①は④のスクリーンを利用して右スロットと右ウィングの中間付近までドリブルで進みます。

図2

④は①がスクリーンを通過した後、ネイルへ移動し、②とマッチアップする❷にスクリーンをセットします。②は④のスクリーンを利用してトップに移動し、①からパスを受けて3Pショットを放ちます。❹からすると、①と④によるPnRにスクリーナーDFとして対応しているところに、④が移動してスクリーンをセット。オフボールスクリーンをはじめます。そのため、②と④のオフボールスクリーンにスクリーナーDFとしての対応が難しくなります。また、オフボールスクリーンを利用する②に❷と❺がスイッチで対応する方法も考えられますが、身長のミスマッチが生じます。②は❷を引き離し、ノーマークの状態で3Pショットを放つことができました。

GAME DATA
Paris 2024
2Q 6:57　オーストラリア26-39ギリシャ

図1

04

★★★★★

ダブルドラッグのセカンドスクリーナーのスクリーンでファーストスクリーナーをフリーにする

プレーの動画はこちら

対応の遅れを生み出し3Pショットを狙う

ダブルドラッグのセカンドスクリーナーがファーストスクリーナーとマッチアップするDFにスクリーンをセットし、ファーストスクリーナーをノーマークにすることを狙うセットです。

図1

デニス・シュルーダー①が左ウィングと左エルボーの中間付近にドリブルエントリーし、フランツ・バグナー④が左コーナー、アンドレアス・オブスト②がトップ、ヨハネス・フォクトマン⑤が右スロット、イサック・ボンガ③が右コーナーにポジションを取ります。②は左スロット、⑤はトップ

図2

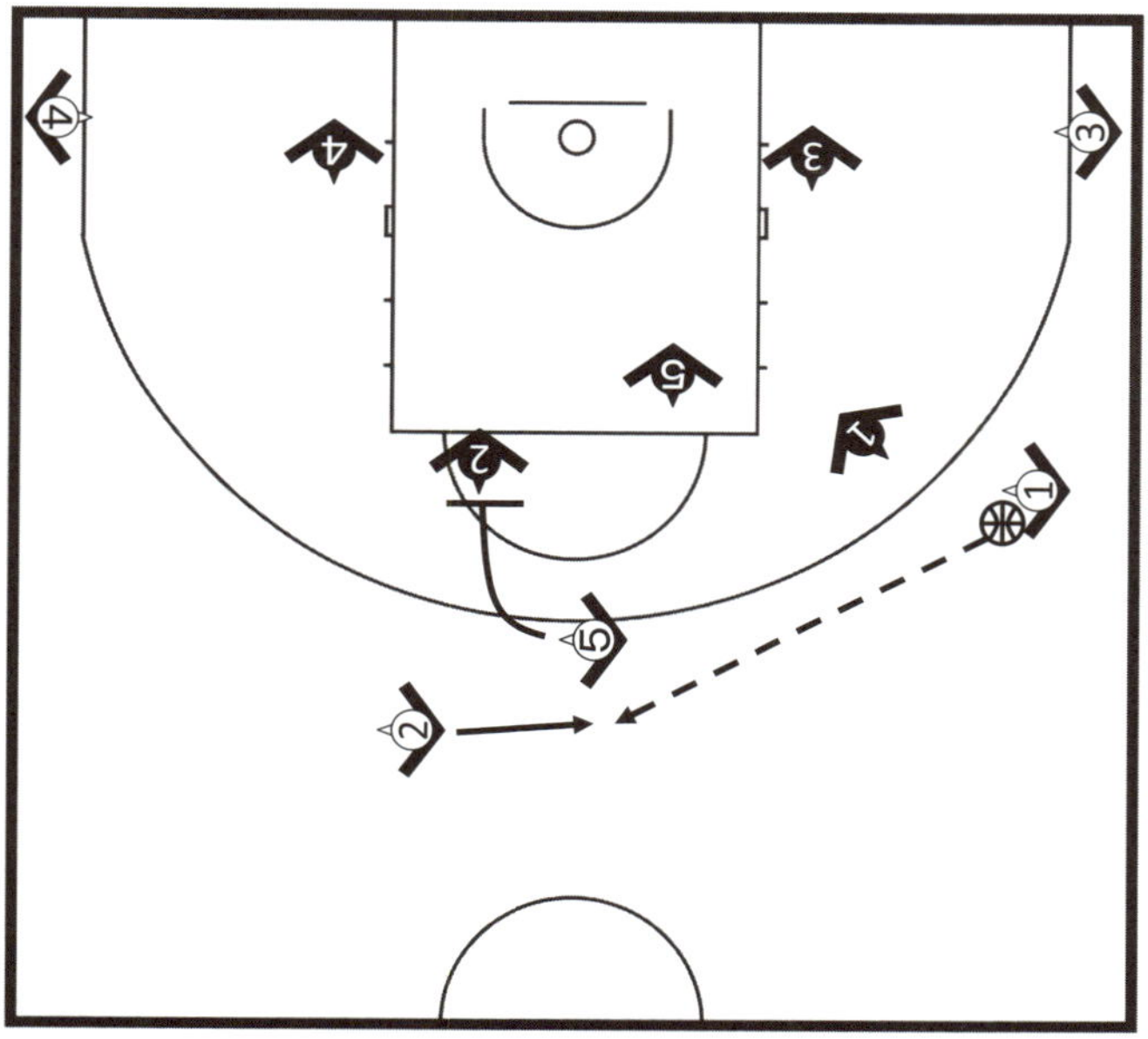

に移動し、①とマッチアップする❶に対するスクリーンをセットします。①は②と⑤によるダブルドラッグを利用し、ドリブルで右ウィングまで移動します。

図2

⑤は①がスクリーンを通過した後、❷にスクリーンをセットします。②は⑤のスクリーンを利用してトップに移動し、①からのパスを受けます。この場面で❶はスルーアンダーを選択し、②と⑤のゴール側を通過。❷と❺は、❶を通過させるためにゴール側へと下がります。❶はスルーアンダーを選択しましたが、若干の遅れが生じたため❺が①のドライブラインに近づきました。❺が①に対応している間は、❷が②と⑤のディフェンスをする形になります。その間に⑤が❷にスクリーンをセットするため、❷は②に出ていくことができません。ノーマークとなった②が放った3Pショットは綺麗な放物線を描き、リングに吸い込まれました。

GAME DATA
Paris 2024
2Q 0:36　ドイツ49-42日本

図1

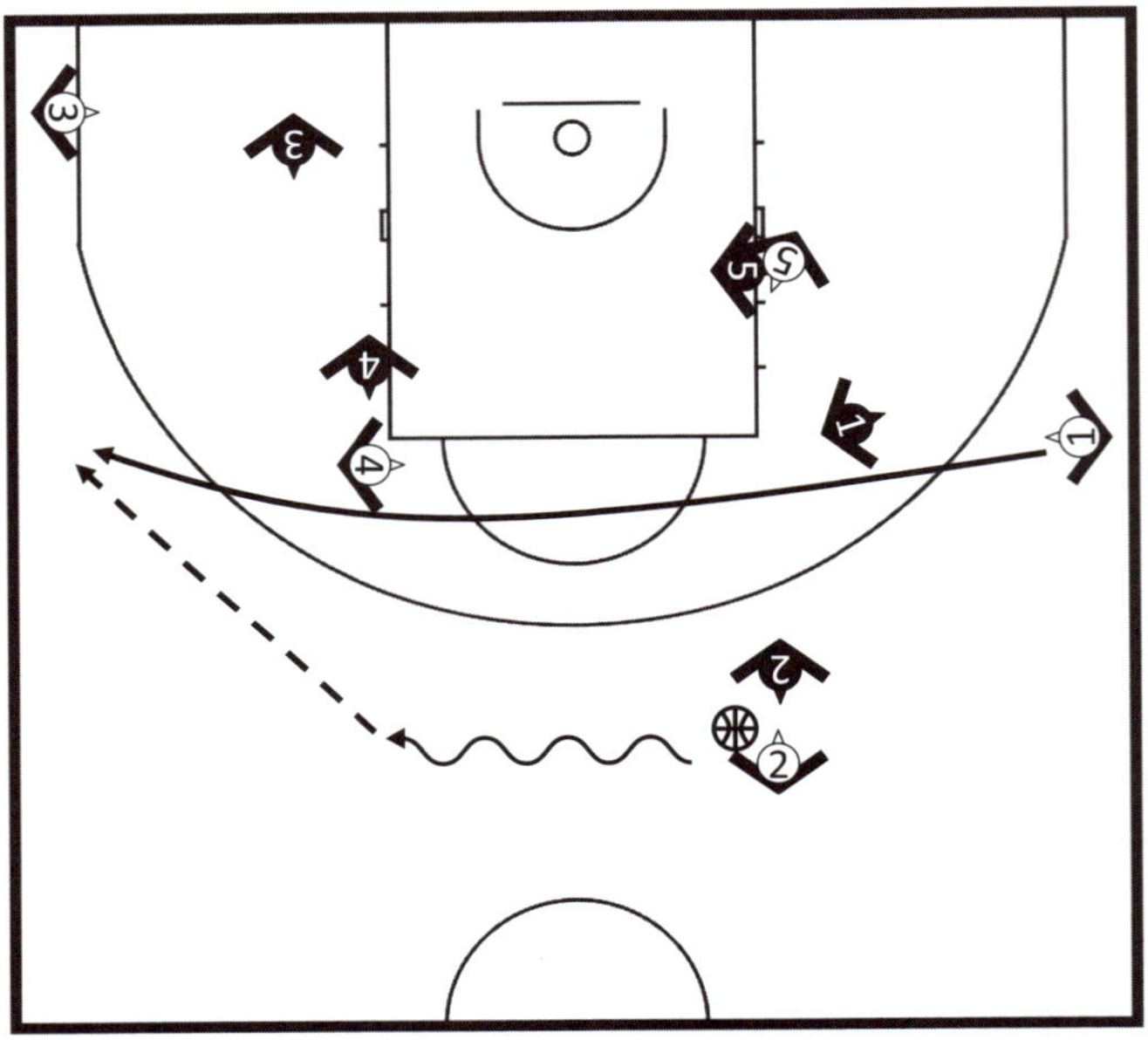

05

★★★★★

クロススクリーンでビッグマンにゴール下でボールを持たせて得点を狙う

プレーの動画はこちら

複数の狙いを持ってスペースを作り出す

ハイサイドでのオフボールスクリーンによりディフェンスを引きつけてローサイドのスペースをつくり、クロススクリーンでビッグマンにゴール下でボールを持たせて得点を狙うセットです。

図1

ボールマンのナンド・デ・コロ②が右スロット、ビラル・クリバリー③が左コーナー、ガーション・ヤブセレ④が左エルボー、ビクター・ウェンバンヤマ⑤が右ミドルポスト、マシュー・ストラゼル①が右ウィングにポジションを取ります。①は④のスクリーンを利用して左ウィングに移動。②は

図2

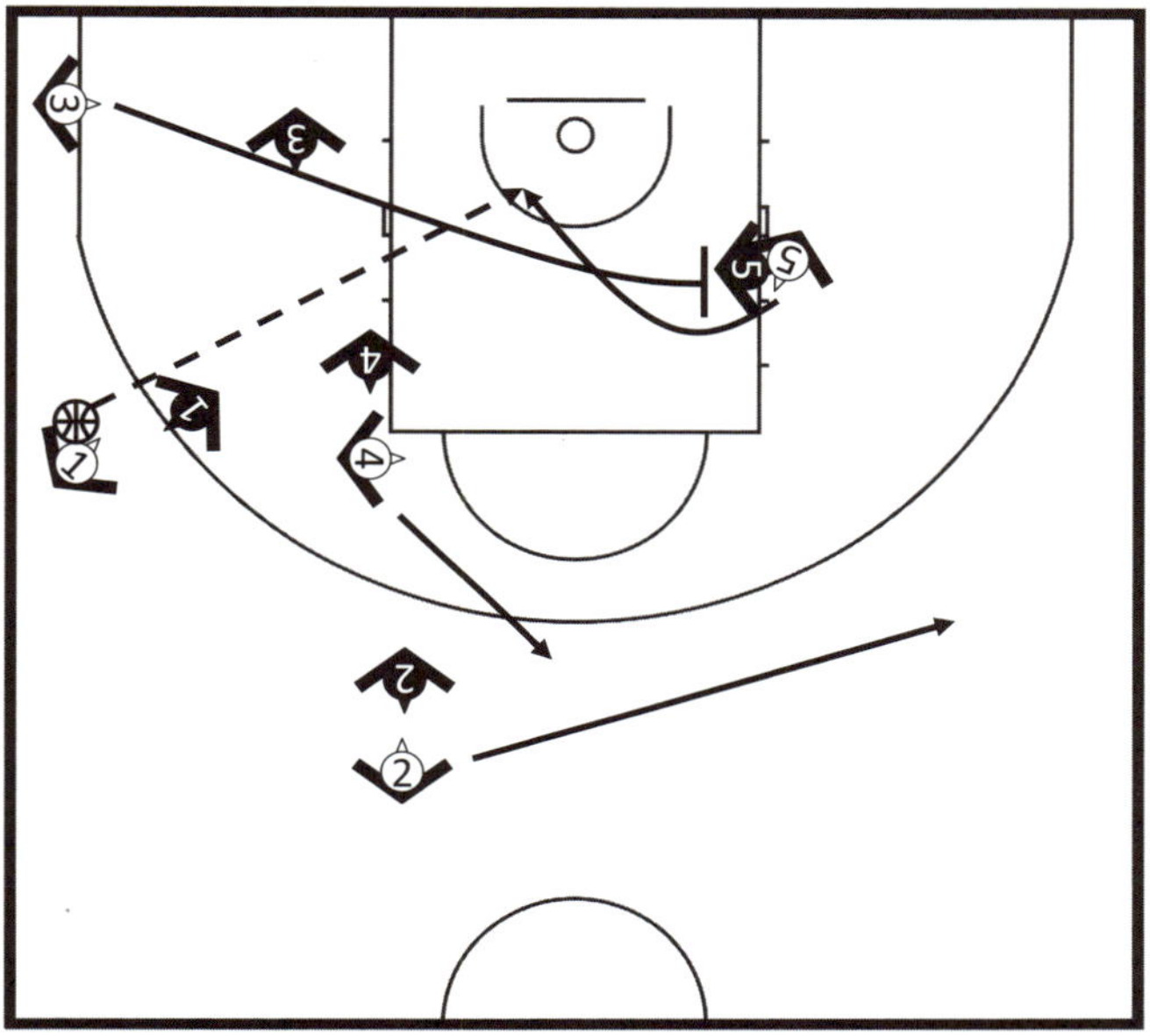

①の移動に合わせて左スロットにドリブルし、左ウィングに到達した①にパスを出します。

図2

③も①の移動に合わせて右ミドルポストに移動し、⑤とマッチアップする❺にスクリーンをセット。⑤は③のスクリーンを利用してゴール下に入り込み、①からのパスを受けます。高身長のウェンバンヤマ⑤は、フランスがアメリカよりも優位性を発揮できる点のひとつです。したがって、フランスはゴール付近で、よい体勢で⑤にボールを持たせてアタックさせたいものです。①と④がオフボールスクリーンを行うことで、❶と❹をハイサイドに引きつけ、⑤が使用するためのローサイドのスペースを作り出します。また、①と④のオフボールスクリーンには、左ローポストにボールをフィードしやすい左ウィングで、よい体勢で①にボールを持たせる狙いもあります。

GAME DATA
Paris 2024
2Q 6:41　フランス25-24アメリカ

図1

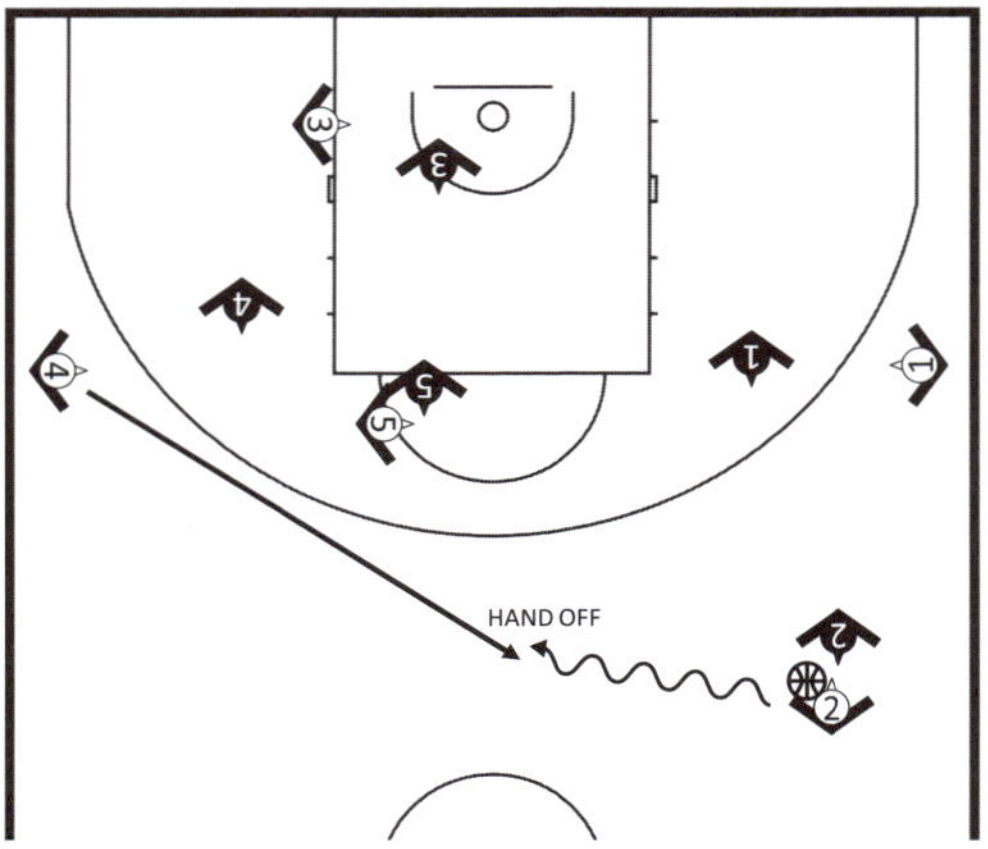

図2

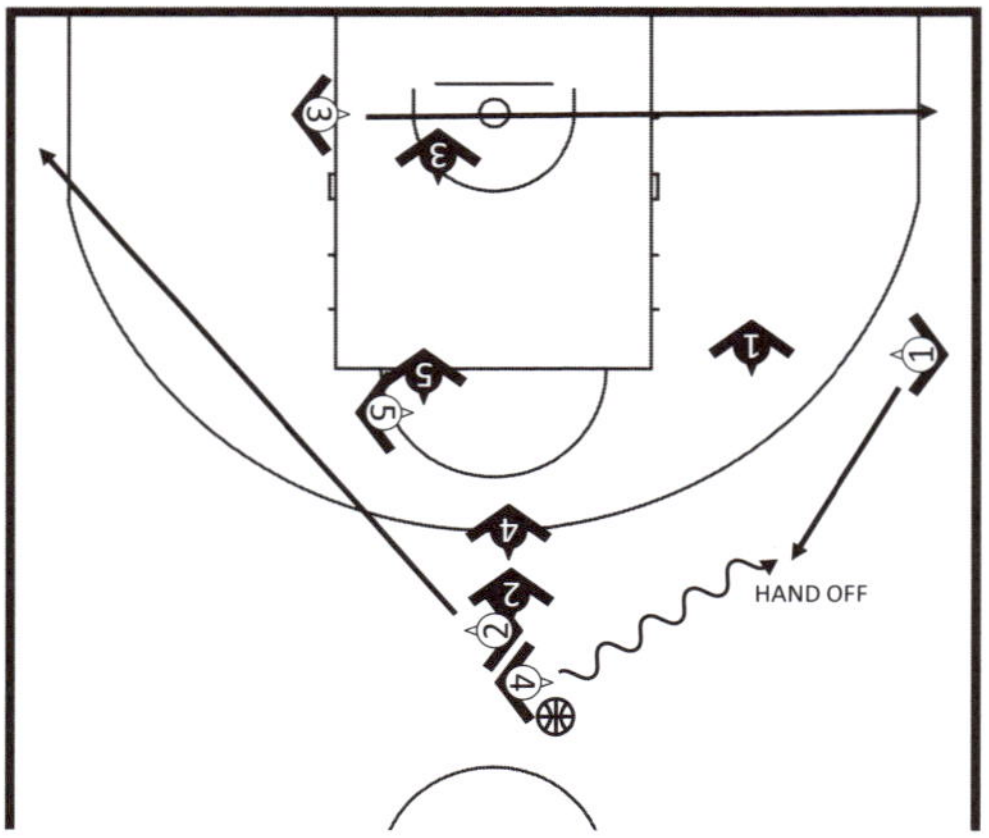

06

★★★★★

ウィーブからのPnRでDFを引き離して得点を狙う

プレーの動画はこちら

ウィーブの連続でDFを動かす

DHOの連続の中でスクリーンをセットしてディフェンスを崩すことを狙ったセットです。

図1

ニック・カラテス②が右サイドライン付近にドリブルエントリーし、バリシス・ハランポプロス④が左ウィング、コスタス・パパニコラウ③が左ローポスト、ヨルギオス・パパヤニス⑤が左エルボー付近、トマス・ウォルクプ①が右ウィングにポジションを取ります。②はドリブルでトップに移動。同時に④もトップに向かって移動し、②からハンドオフパスを受けます。

図3

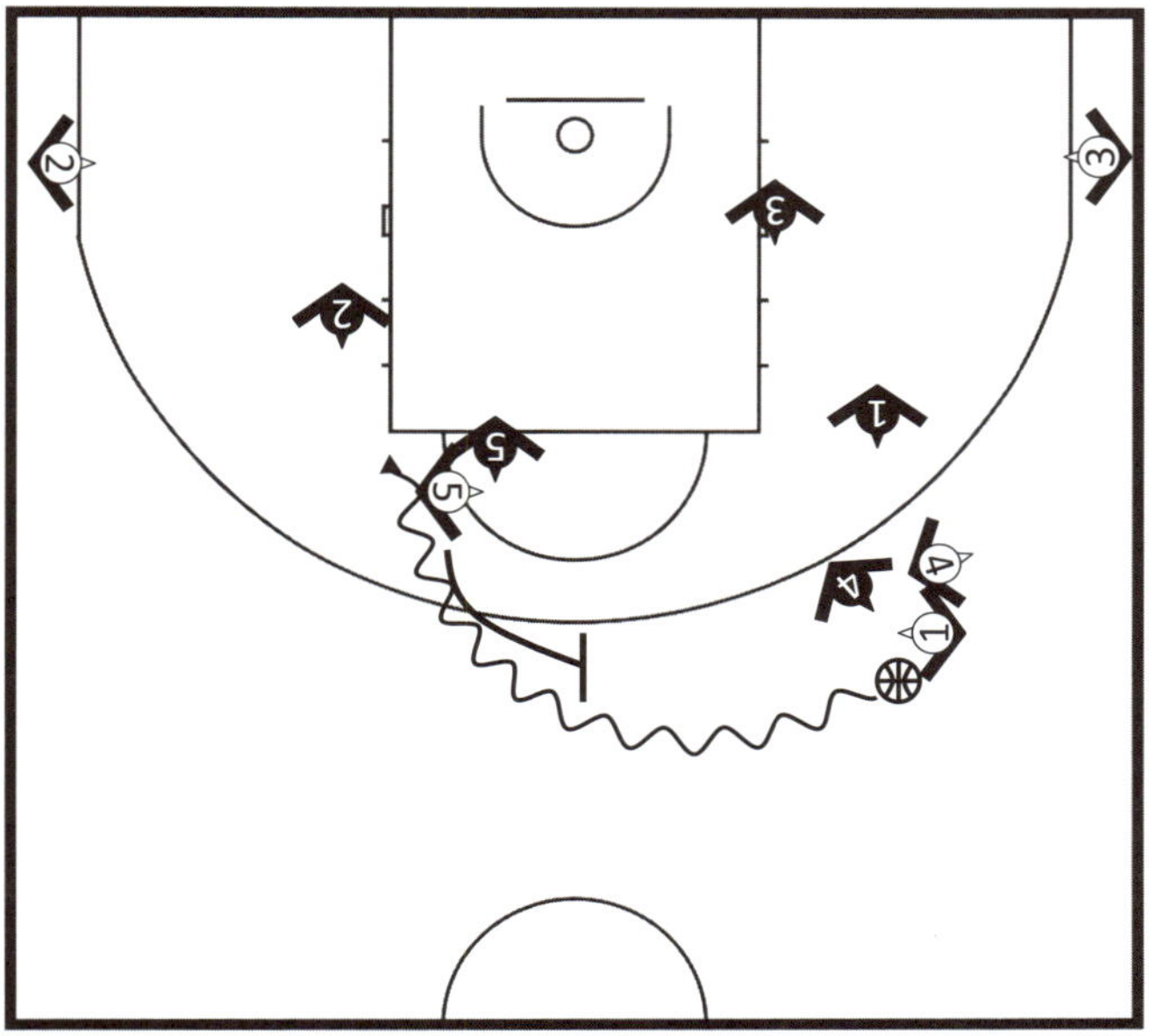

図2

②はハンドオフパス後に左コーナーへ移動。④がハンドオフパスを受けるタイミングで③は右コーナーに移動し、①は右スロット付近に移動します。ハンドオフパスを受けた④はドリブルで右スロットに移動し、向かってくる①にハンドオフパスを出します。この場面では、❶と❹は①と④によるDHOにスイッチで対応しました。

図3

⑤は①がハンドオフパスを受けるタイミングでトップに移動し、①とマッチアップする❹に対するスクリーンをセットします。ハンドオフパスを受けた①は⑤のスクリーンを利用し、リングに向かってアタックします。スイッチで①とマッチアップした❹からすると、DHOに対応したところにスクリーンがセットされるため、①についていくことが難しくなります。ディフェンスを引き離した①のドライブラインに❷が立ちはだかったため、①は②にキックアウトし②が3Pショットを放ちました。

GAME DATA
Paris 2024
2Q 0:54　オーストラリア36-51ギリシャ

07

★★★★★

シャローカットの逆サイドでのバックスクリーンでユーザーをゴール下に飛び込ませる

プレーの動画はこちら

図1

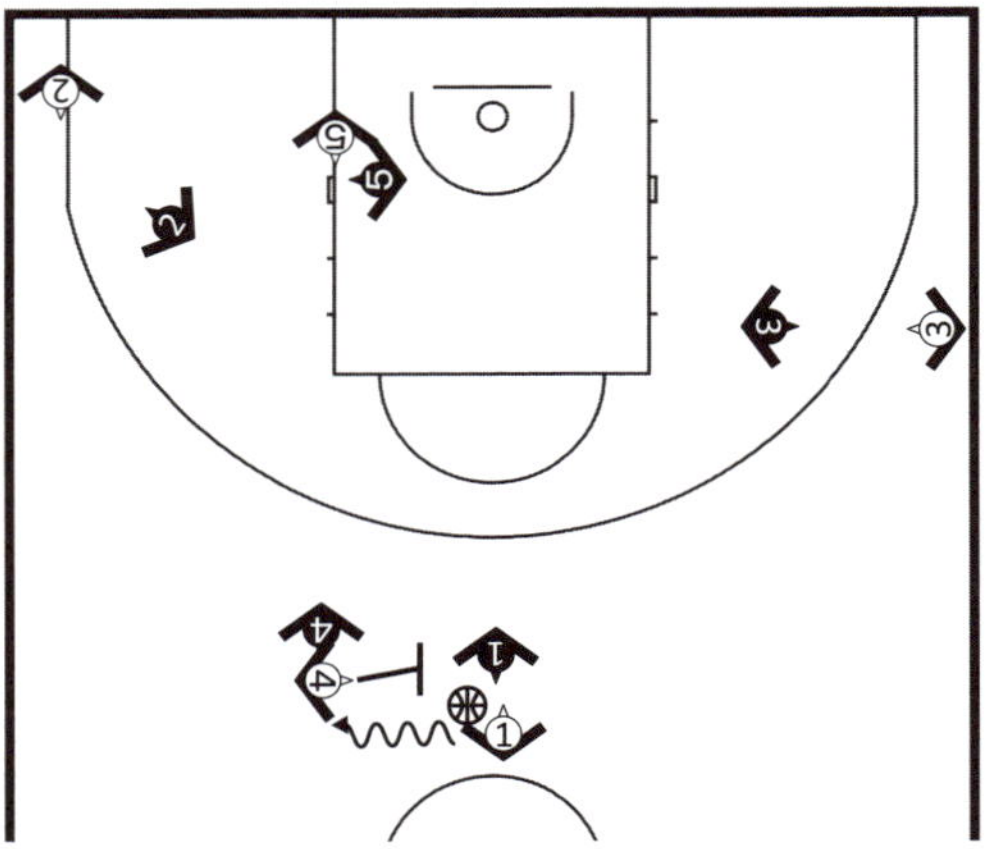

図2

パスが入らない場合のオプションを持って攻める

一方のサイドでシャローカットによりボールを展開し、その逆サイドでバックスクリーンを用いてユーザーをゴール下に飛び込ませて得点を狙うセットです。

図1

ボールマンのダイソン・ダニエルズ①がトップ、パティ・ミルズ②が左コーナー、ジョック・ランデール⑤が左ローポスト、ニック・ケイ④が左スロット、ジョシュ・ギディー③が右ウィングにポジションを取ります。④は❶にスクリーンをセットし、①はこれを利用してドリブルで左スロットに移動。

図2

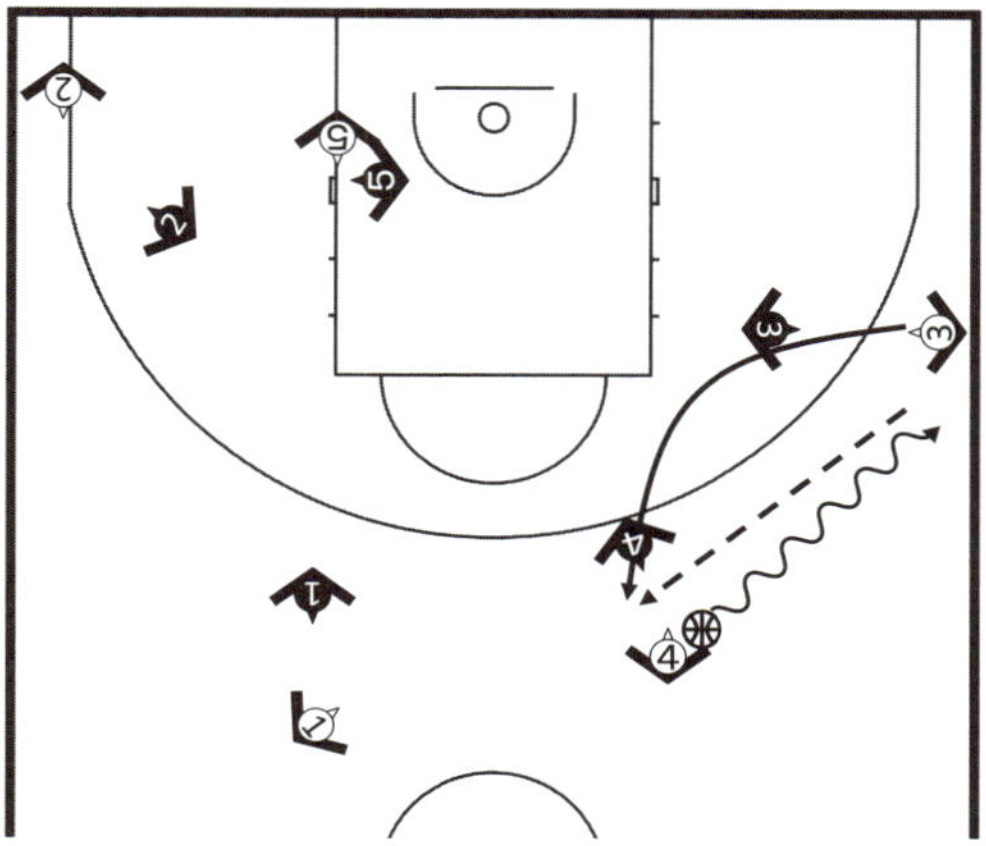

図3

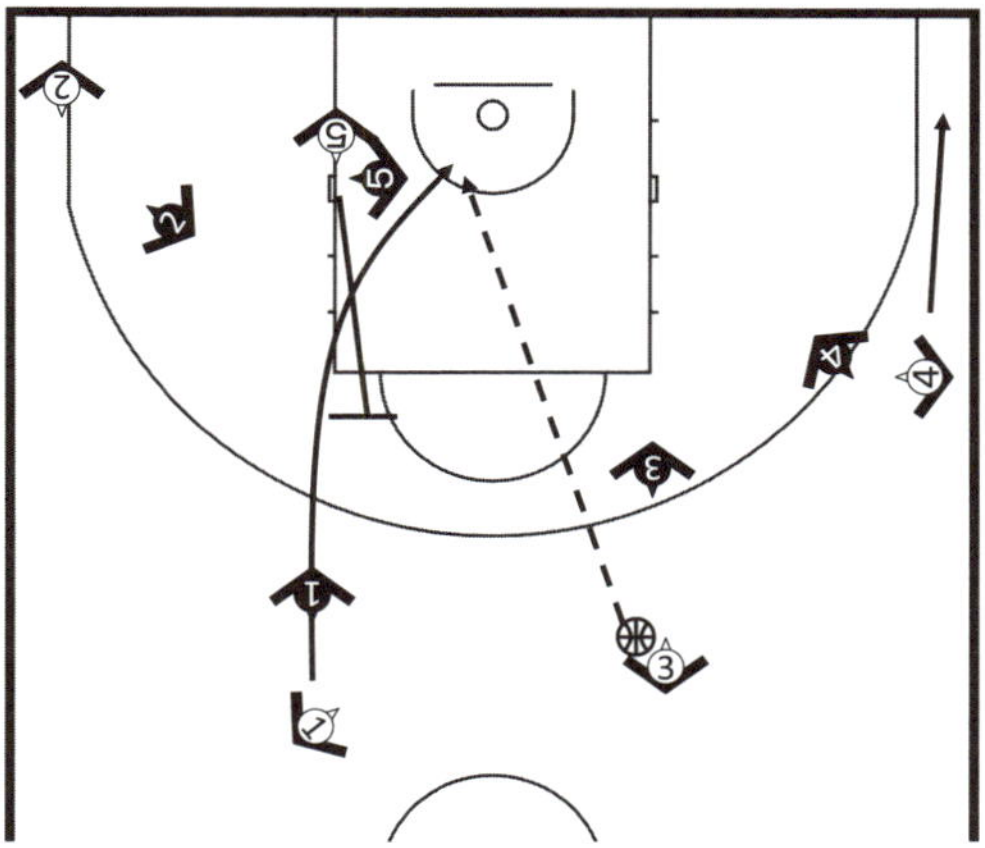

図4

④は①が通過した後、右スロットに飛び出して①からパスを受けます。

図3 さらに④はドリブルで右ウィングまで移動。③は④の移動に合わせてシャローカットで右スロットに移動し、④からパスを受けます。

図4 ⑤は③がパスを受けるタイミングで左エルボーに移動し、❶にスクリーンをセット。①は⑤のスクリーンを利用してゴール下に侵入し、③からのパスを受けます。❶からすると、右サイドのボールの移動に合わせてポジションを調整しているところに、背後からスクリーンがセットされます。そのため、スクリーンの回避が難しくなります。❶を引き離した①はゴール下でショットを放ち、遅れてきた❶からファウルを獲得しました。⑤は①が通過した後に❷にスクリーンをセットしたため、①にパスが入らない場合は②と③とともにズームアクションに入ることもできます。

GAME DATA Paris 2024
1Q 10:00　オーストラリア0-0ギリシャ

08

★★★★★

ネイルのビッグマンをスクリーナーにしたオフボールスクリーンの連続で得点を狙う

プレーの動画はこちら

図1

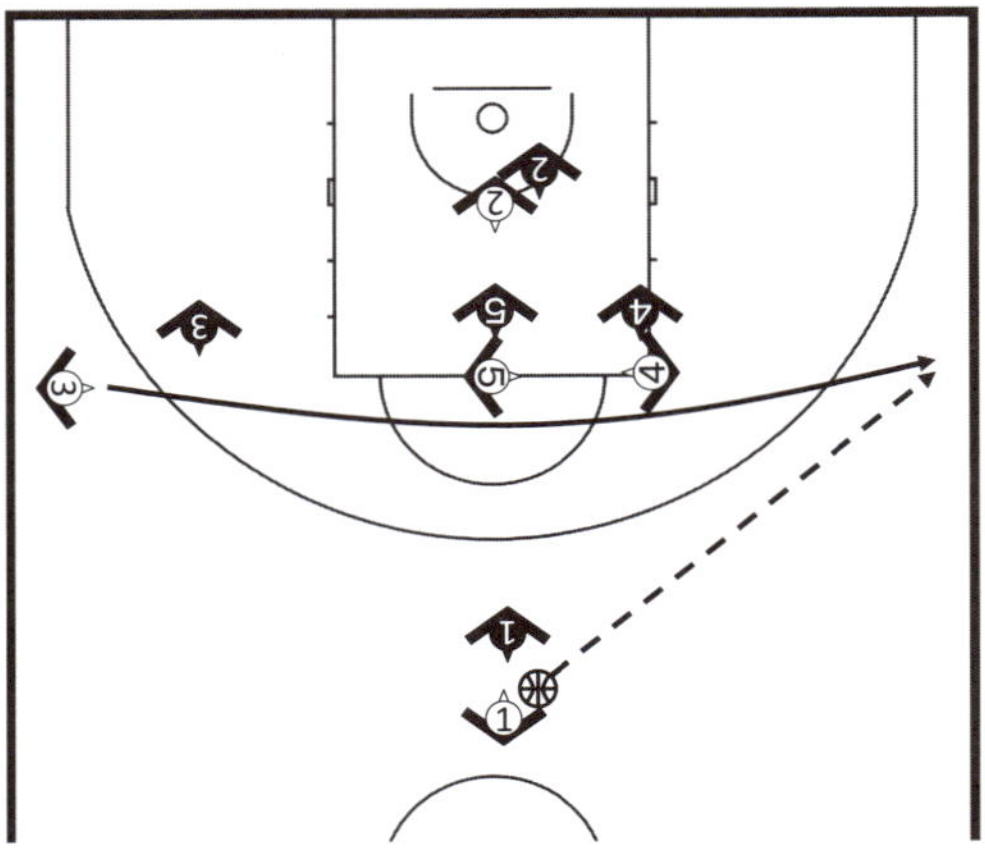

図2

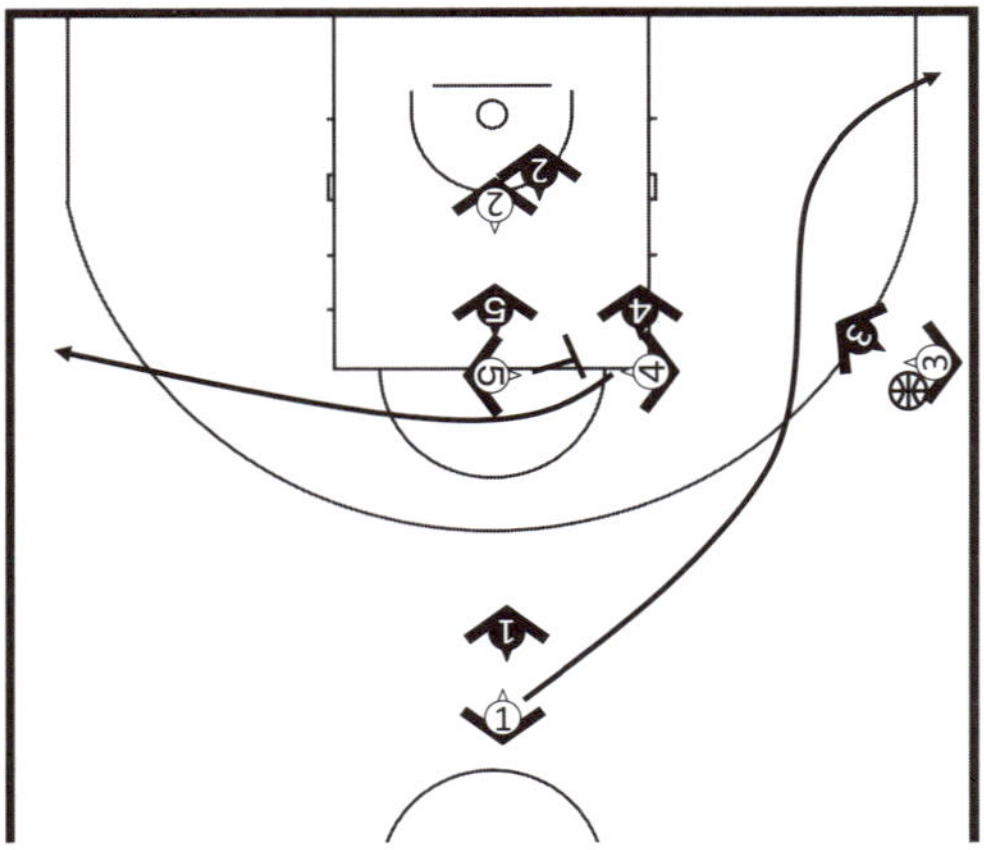

縦横に動くことでかく乱し得点を狙う

3人のユーザーがネイルに位置するビッグマンをスクリーナーにして、オフボールスクリーンを展開するセットです。

図1

ボールマンのジョーダン・ハワード①がトップ、ジャン・クラベル③が左ウィング、ゲオルジュ・コンディット⑤がネイル、アイザイア・ピネイロ④が右エルボー、ホセ・アルバラート②がノーチャージセミサークルのトップにポジションを取ります。③が⑤と④をスクリーナーのように利用して右ウィングまで移動し、①からのパスを受けます。

図2

図3

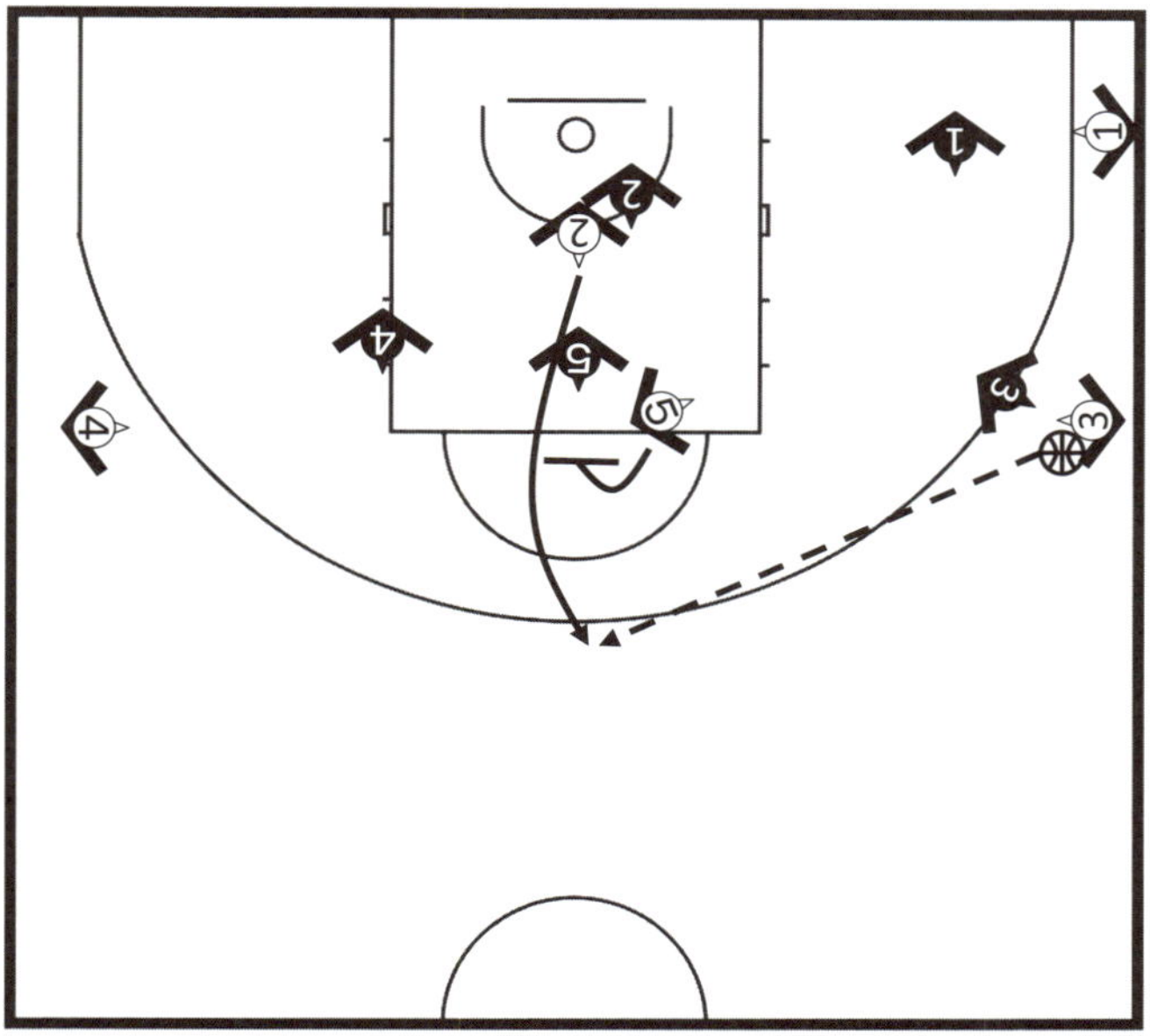

①は③へのパス後、ボールサイドをカットして右コーナーに移動します。⑤は③の移動に合わせて❹にスクリーンをセット。④は⑤のスクリーンを利用し、③と交差するように左ウィングに移動します。

図3

⑤は④がスクリーンを通過した後に身体の正面をベースライン側に向け、❷にスクリーンをセットします。②は⑤のスクリーンを利用してトップに飛び出し、③からのパスを受けてリングに向かってアタック。③と④は大きくコートを横断することで、マッチアップする❸と❹を引きつけてミドルレーンにスペースを作ります。❺からすると⑤を中心に③と④が横方向に交差するため対応が難しく、さらに②が⑤をスクリーナーとして縦にスクリーンを利用するため、②への対応がより難しくなります。❷を引き離してトップでパスを受けた②は、対応の遅れた❺と駆け引きしながらペイント内までドライブし、ジャンパーを沈めました。

GAME DATA
Paris 2024
2Q 5:25　南スーダン31-38プエルトリコ

09

★★★★★

PnRでスクリーナーがショートロールをしてポケットゲームを展開する

プレーの動画はこちら

図1

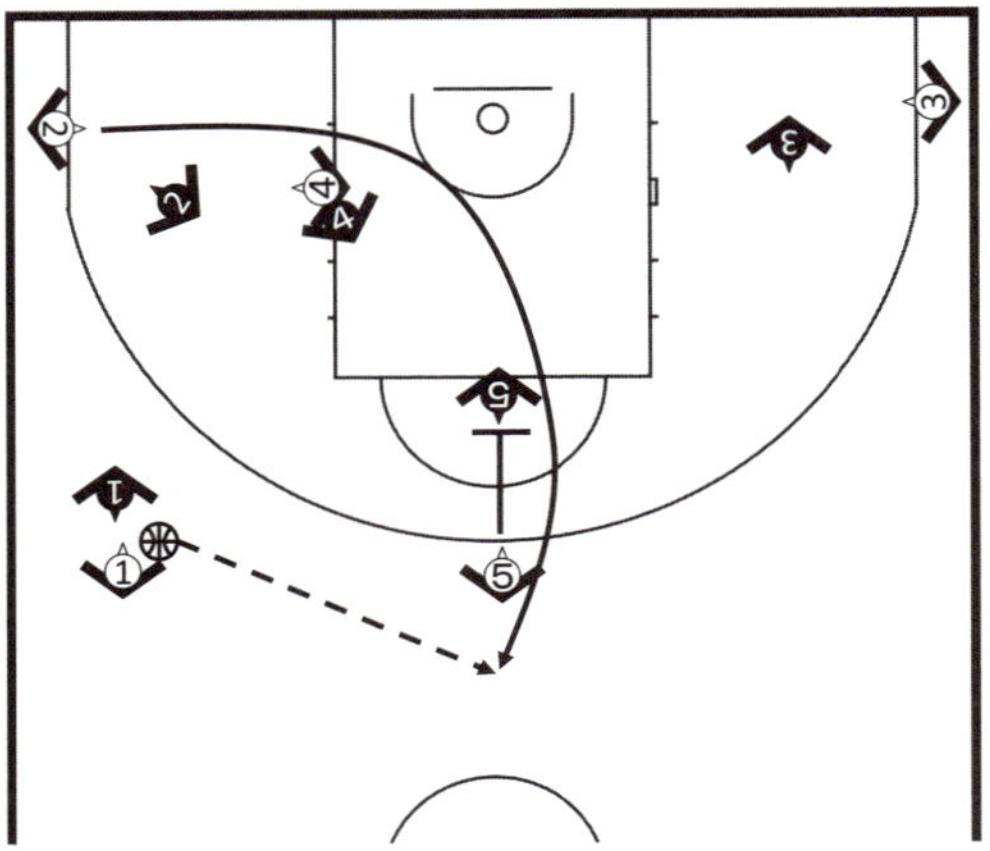

図2

ポケットゲームに移行し DFの対応でプレーを選択

ラムスクリーンからのPnRでスクリーナーがショートロールをし、ボールを受けてポケットゲームを展開するセットです。

図1

ボールマンのトマス・ウォルクプ①が左ウィング付近にドリブルエントリーし、ニック・カラテス②が左コーナー、ヤニス・アデトクンボ④が左ローポスト、コンスタンティノス・ミトグル⑤がトップ、コスタス・パパニコラウ③が右コーナーにポジションを取ります。⑤はネイルに移動し、ベースライン側に身体の正面を向けて❷にス

図3

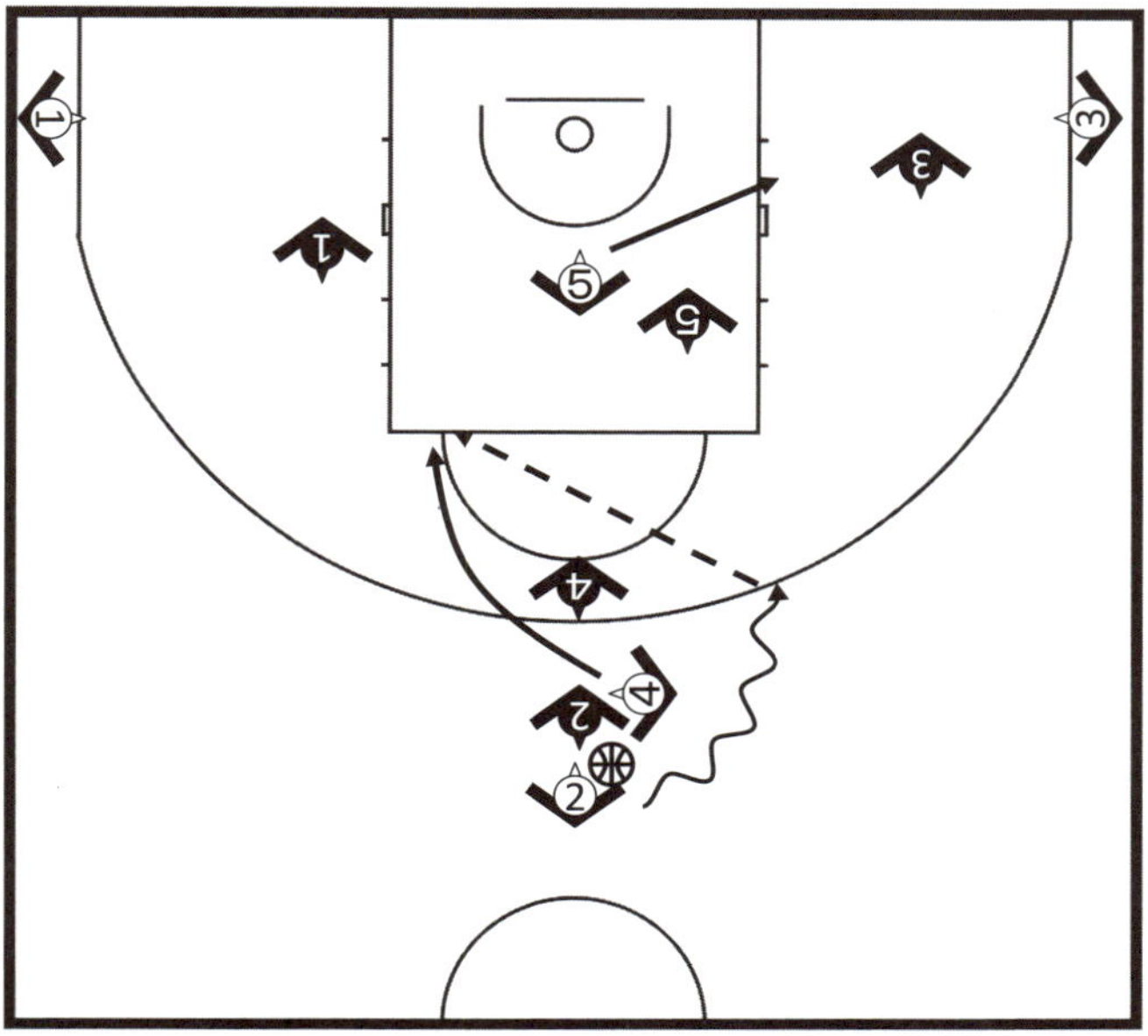

クリーンをセットします。②は④と⑤によるスタッガードスクリーンを利用し、トップに移動して①からパスを受けます。

図2

⑤は②が通過した後にペイントの中央まで移動し、❹に対するスクリーンをセット。④は②が通過した後、ノーチャージセミサークルまで入ってセットアップし、⑤のスクリーンを利用してトップまで移動。トップまで移動した④は❷にスクリーンをセットします。

図3

⑤は④がスクリーンを通過した後に右ローポストに移動してポストアップ。❺を引きつけます。②は④のスクリーンを利用してリングにアタックします。④は②がスクリーンを通過した後にショートロールをし、左エルボー付近で②からパスを受けてポケットゲームの展開に移行。④は反応してきたディフェンスに応じてプレーを選択します。例えば、❶が反応した場合は、①にキックアウトします。

GAME DATA
Paris 2024
1Q 7:19　オーストラリア4-8ギリシャ

10
★★★★★

片サイドでのアクション間に逆サイドでスクリーンをセットして得点を狙う

プレーの動画はこちら

図1

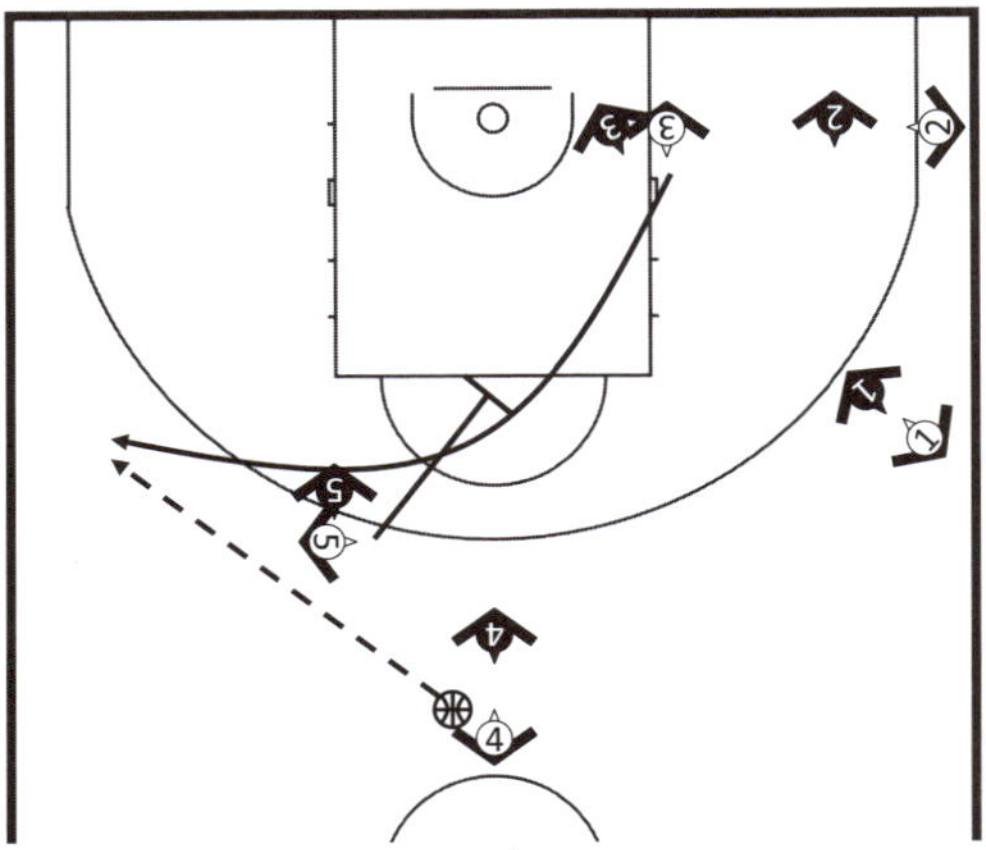

図2

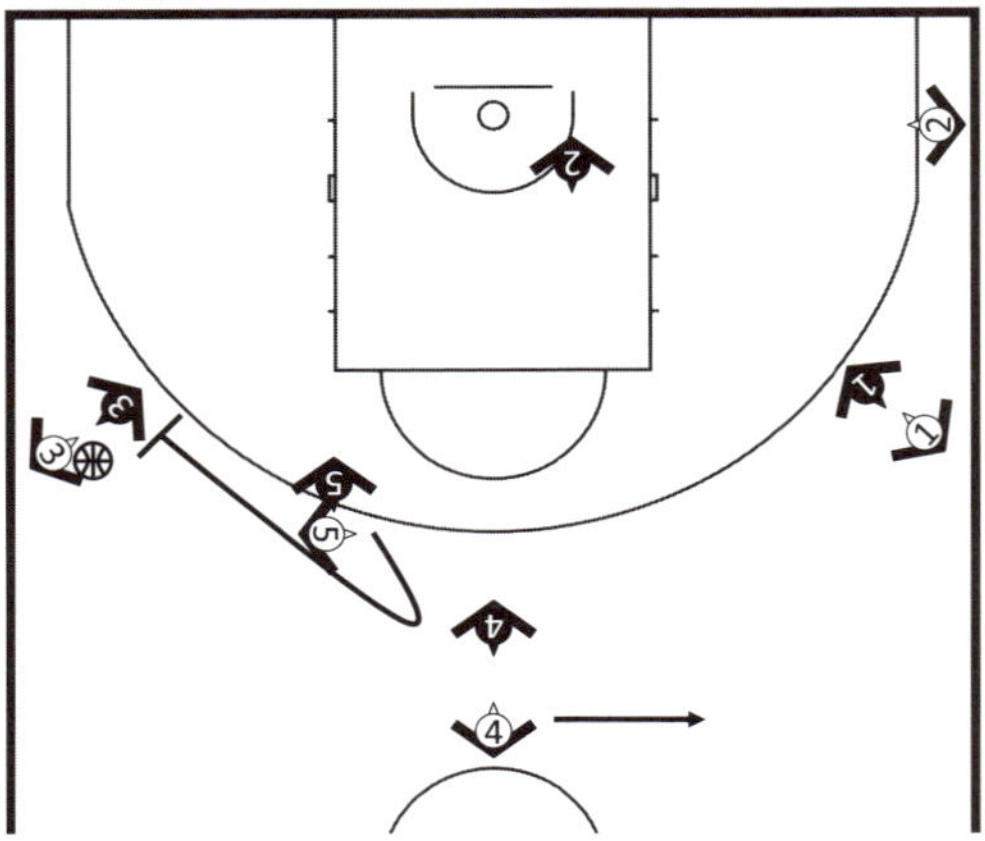

DFの注意を一方のサイドに引きつける

片サイドでアクションを実施している間に逆サイドでスクリーンをセットし、ボールを展開してショットを放たせるセットです。

図1

ボールマンのレブロン・ジェームズ④、ジョエル・エンビード⑤、ケビン・デュラント③、ステフィン・カリー①、デビン・ブッカー②が図のようにポジションを取ります。⑤はネイルに移動して❸にスクリーンをセットします。③はスクリーンを利用して左ウィングに移動。④は③にパスを出します。

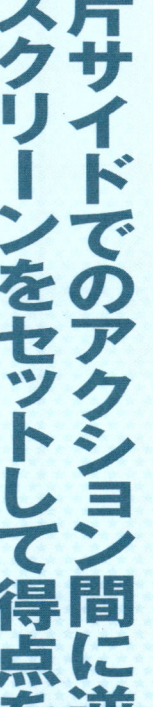

図3

図4

図2

⑤は③がスクリーンを通過した後に❸へスクリーンをセット。

図3

③はスクリーンを利用して左スロットに進み、④にパスを出します。この間に①は❷にスクリーンをセット。

図4

②は④がパスを受けるタイミングで、①のスクリーンを利用して移動し、④からパスを受けて3Pショットを放ちます。❷はPnRでの⑤のダイブに対応するため、左サイドに近づいたところに①のスクリーンがセットされて、そのままボールが展開されるため、②に出ていくことが難しくなります。①はマークが厳しいため結果として❶も絡めて、❷にスクリーンをセットできました。②がボールを受けた時には、リングから❷、❶、①、②の順番で並ぶことになり、②はノーマークの状態で3Pショットを放ちました。

GAME DATA
Paris 2024
3Q 10:00　フランス41-49アメリカ

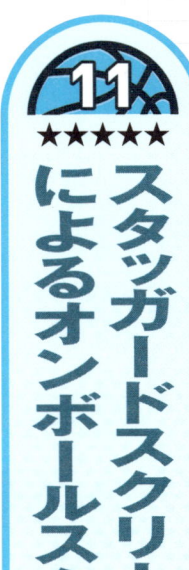

11
★★★★★

スタッガードスクリーンのセカンドスクリーナーによるオンボールスクリーンで崩す

プレーの動画はこちら

図1

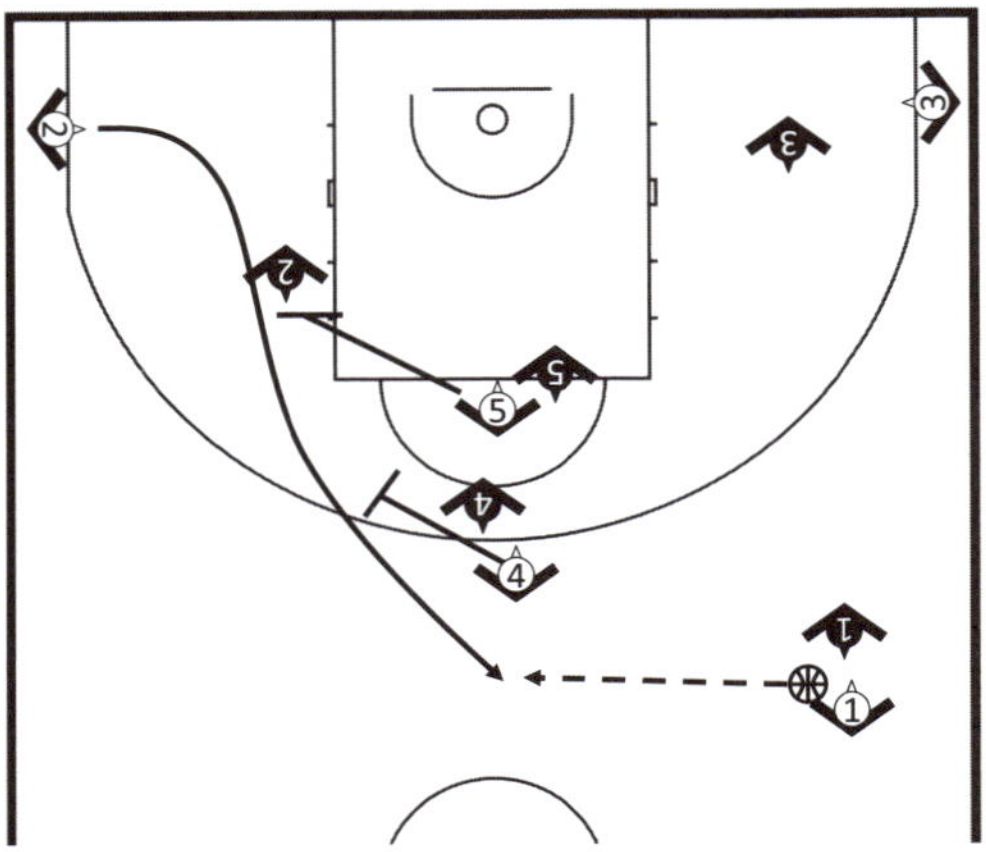

図2

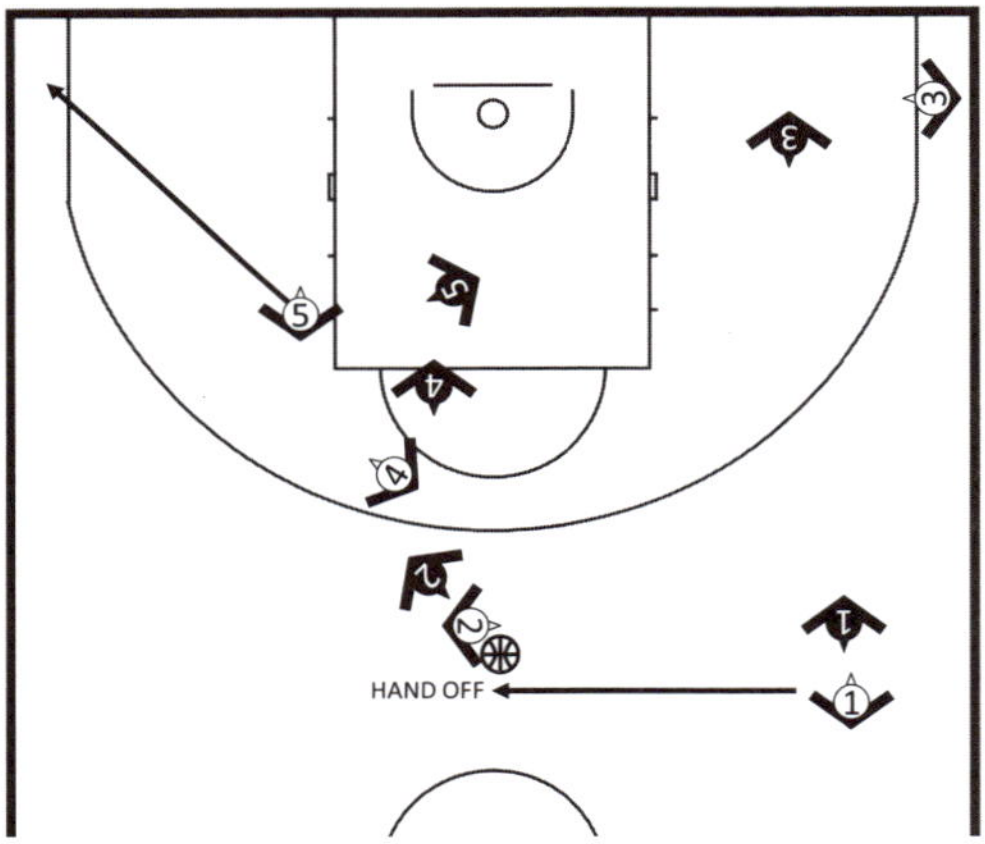

ハンドオフパスを受けた勢いのままPnR

スタッガードスクリーンのセカンドスクリーナーが方向を変え、ハンドオフパスを受けたユーザーにスクリーンをセットして得点を狙うセットです。

図1

ボールマンのトマス・ウォルクプ①が右サイドライン付近にドリブルエントリーし、ニック・カラテス②が左コーナー、コンスタンティノス・ミトグル⑤がネイル、ヤニス・アデトクンボ④がトップ、コスタス・パパニコラウ③が右コーナーにポジションを取ります。⑤は❷にスクリーンをセットし、④は左スロットよりゴール側で❷に

図3

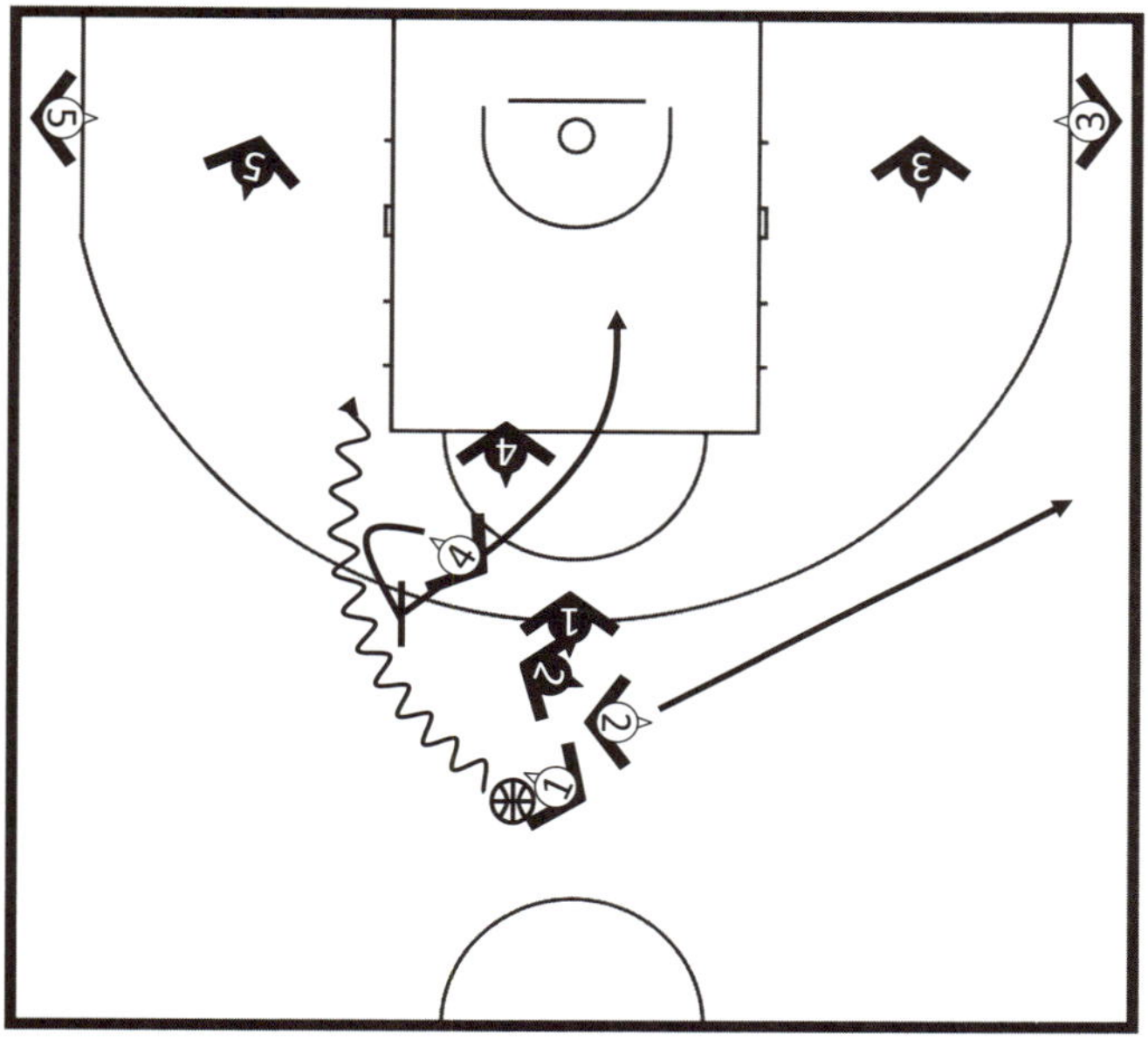

スクリーンをセットします。②は⑤と④のスタッガードスクリーンを利用してトップに移動し、①からパスを受けます。

図2

⑤は②がスクリーンを通過した後に左コーナーに開きます。①は②へのパス後、ボールの後を追いかけるように②に向かい、②からハンドオフパスを受けます。

図3

②は①へのハンドオフパス後、右ウィングに開きます。④は②がスクリーンを通過した後に向きを変え、❶にスクリーンをセットします。①は④のスクリーンを利用し、リングに向かってアタックします。❶からすると、①が②とのアウトサイドスクリーンの勢いのまま④のスクリーンを利用するため、①についていくことが難しくなります。❹もスクリーンの方向が変わるため、PnRへの対応が難しくなります。❶を引き離した①は、❹と駆け引きをしながらスロットラインまでドリブルで進み、ジャンパーを沈めました。

GAME DATA
Paris 2024
1Q 4:38　オーストラリア14-15ギリシャ

12
★★★★★

ボックスセットからスクリーン・ザ・スクリーナーでディフェンスを引き離す

プレーの動画はこちら

それぞれの対応を遅らせてノーマークを作る

ボックスセットから、スクリーン・ザ・スクリーナーでディフェンスを引き離して得点を狙うセットです。

図1

ボールマンのヤゴ・サントス①がトップ、ビトール・ベニーチ③が左ローポスト、ギー・サントス④が左エルボー、ブルーノ・カボークロ⑤が右エルボー、ハウル・ネト②が右ローポストにポジションを取ります。⑤はトップに向かって移動し、①とマッチアップする❶にスクリーンをセット。①は⑤のスクリーンを利用し、右ウィングにドリブルで移動します。⑤が❶にス

図1

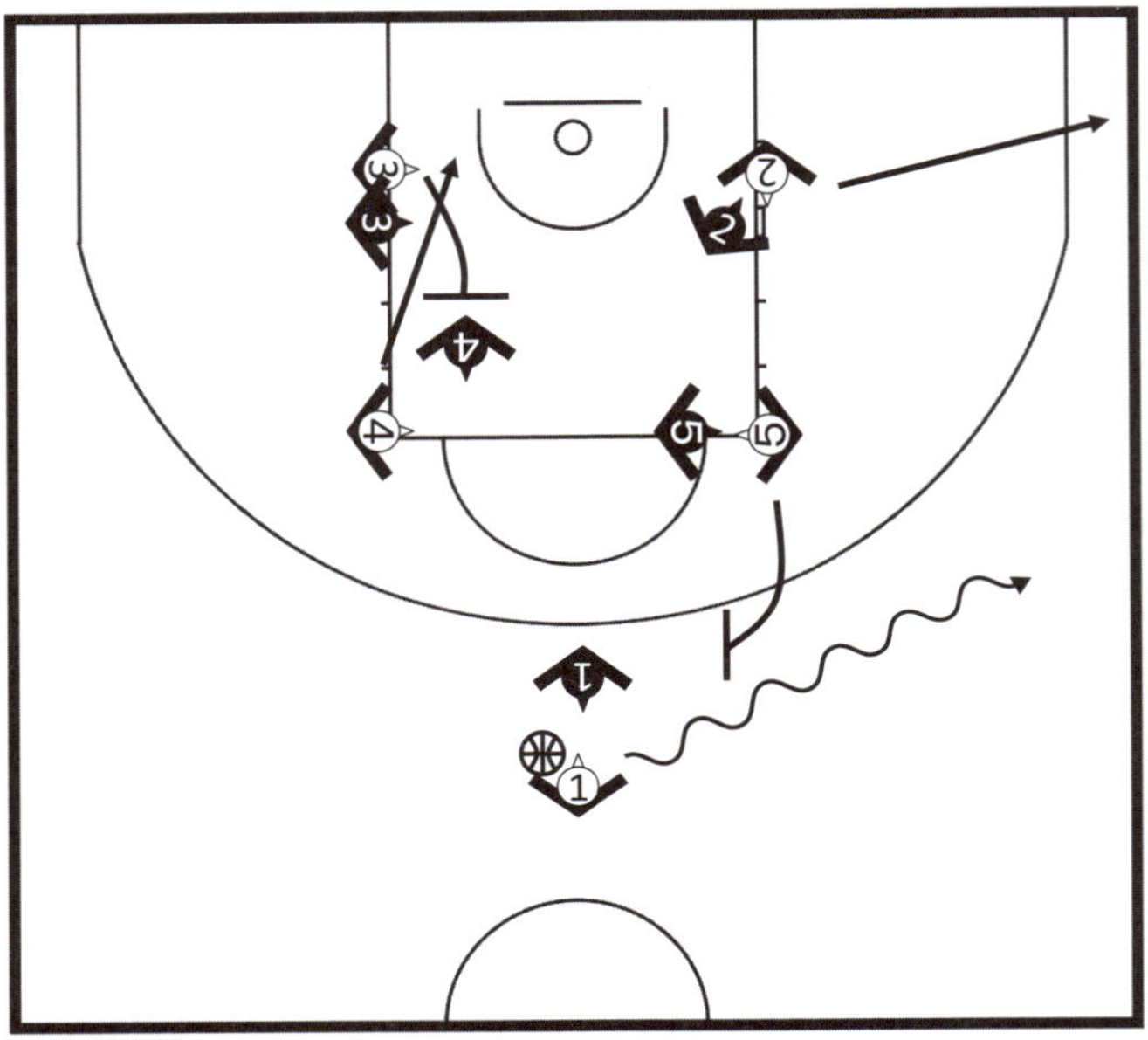

図2

クリーンをセットするタイミングで、③は④とマッチアップする❹にスクリーンをセットします。④は③のスクリーンを利用してゴール付近に侵入します。同時に②は右コーナーに開き、スペースを作ります。

図2

⑤は①がスクリーンを通過した後に左エルボー付近へ移動し、③とマッチアップする❸にスクリーンをセットします。③は④がスクリーンを通過した後、⑤のスクリーンを利用してトップに飛び出して①からパスを受けます。❸からすると、③と④によるオフボールスクリーンに対応したところ⑤のスクリーンがセットされるため、これを回避することが難しくなります。❺も①と⑤によるPnRへの対応直後に③と⑤によるオフボールスクリーンが始まるため、対応が難しくなります。❸を引き離した③はトップでノーマークの3Pショットを放ちました。

GAME DATA
Paris 2024
4Q 8:07　日本77-80ブラジル

13

★★★★★

バックスクリーンでベースライン側に侵入したプレーヤーをズームアクションでアウトサイドに出す

プレーの動画はこちら

図1

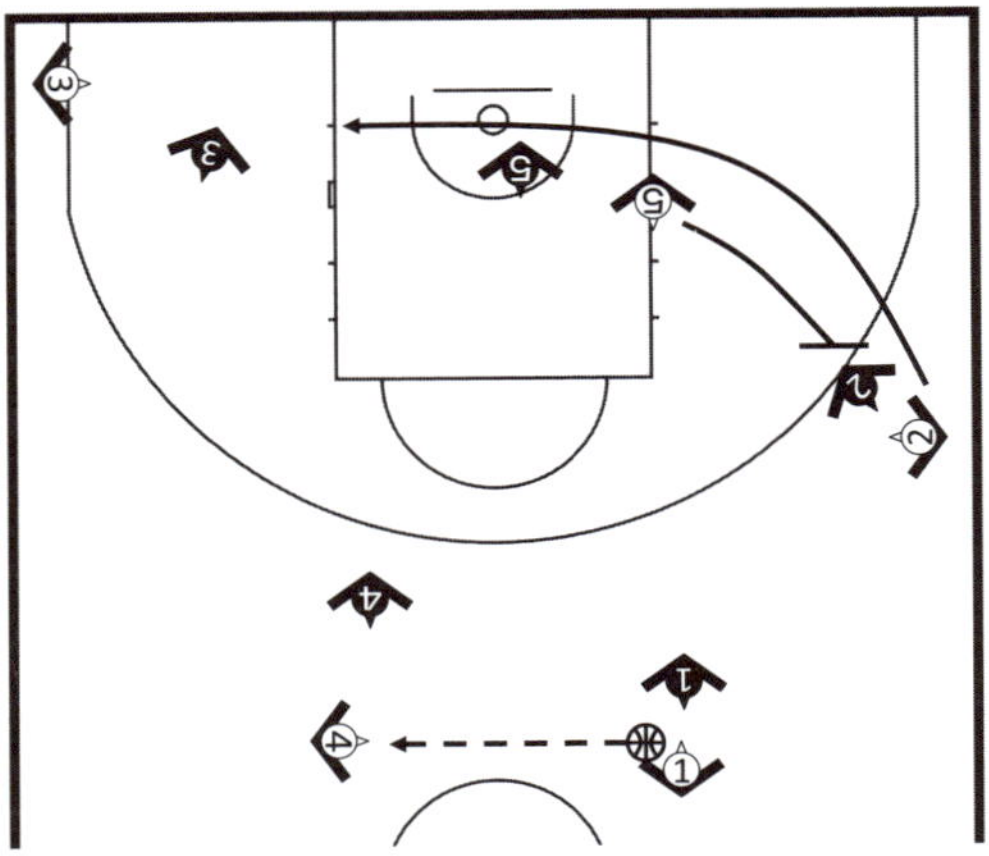

図2

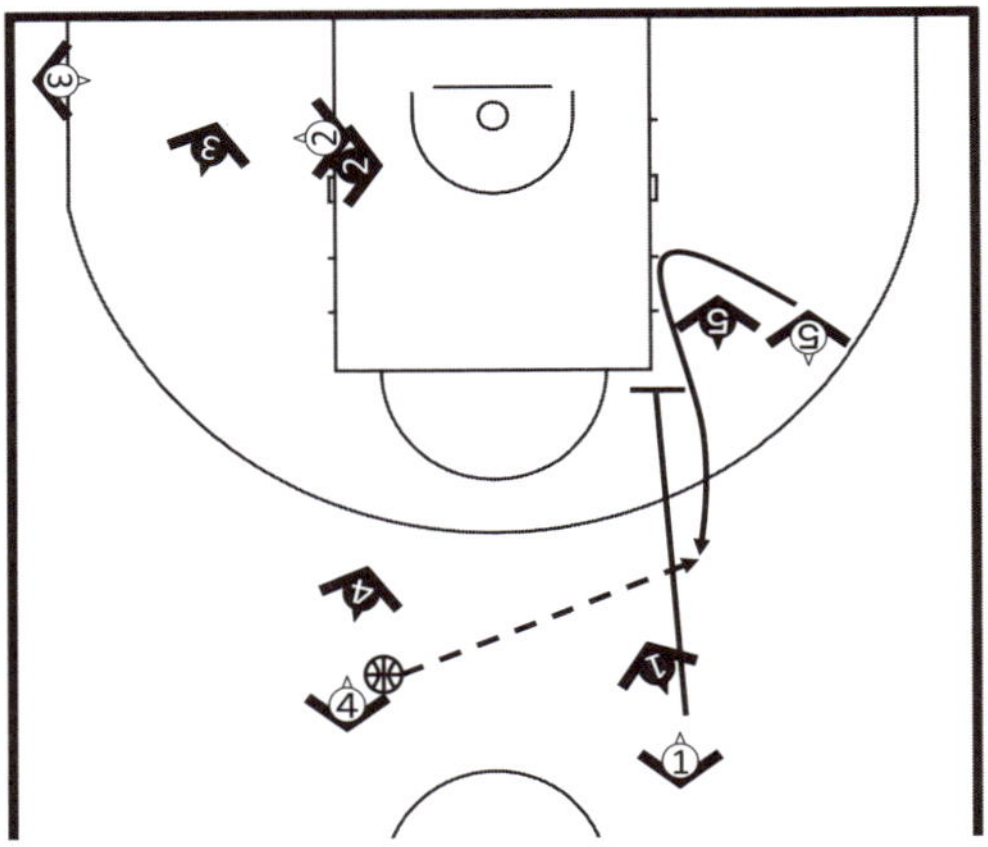

DFに3つのスクリーンへの対応をさせる

バックスクリーンでベースライン側に侵入させたプレーヤーを、ズームアクションでアウトサイドに出してアタックさせるセットです。

図1

各プレーヤーが図のようにポジションを取ります。⑤が右ウィングに移動し、❷にスクリーンをセットします。②は⑤のスクリーンを利用し、左ローポストに移動します。①は⑤が❷にスクリーンをセットするタイミングで④にパスを出します。

図2

①は④へのパス後に右エルボーへ移動

図3

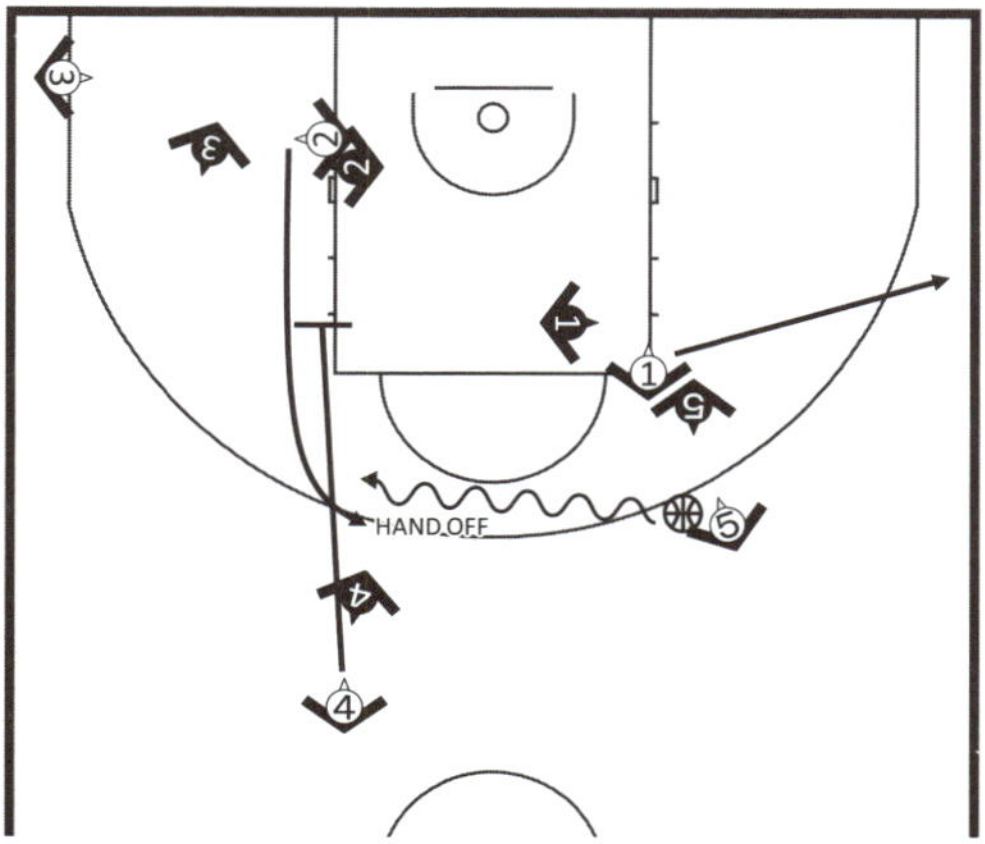

図4

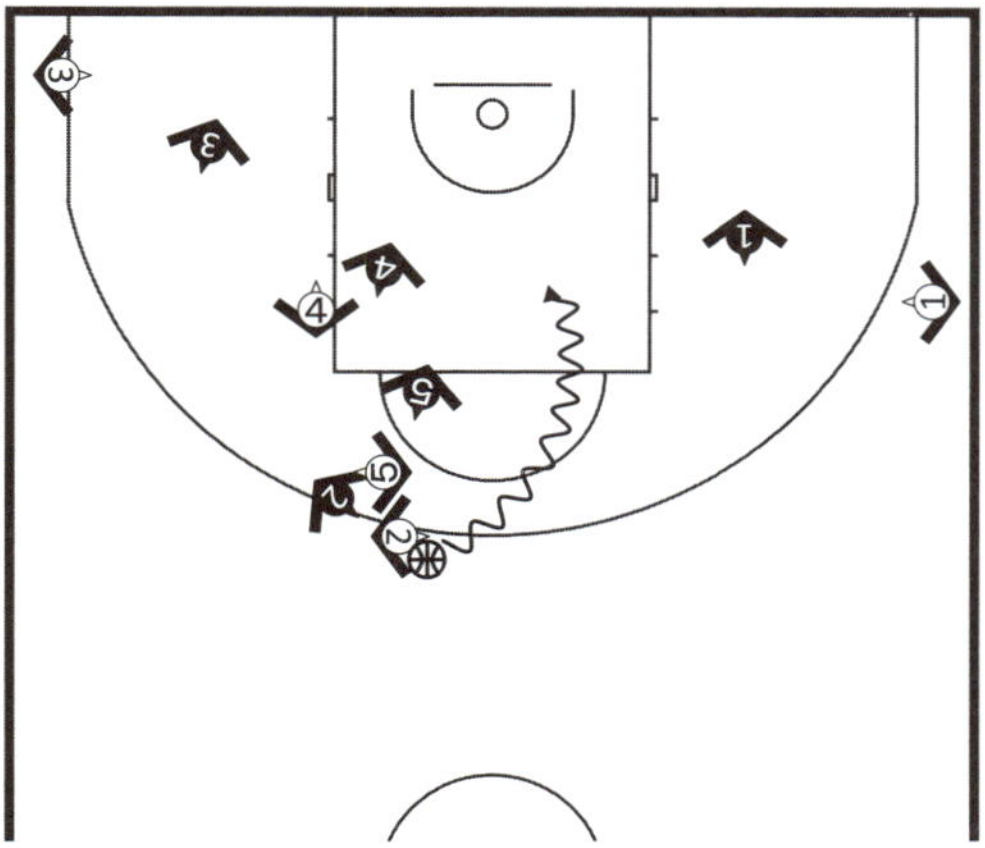

し、❺にスクリーンをセットします。⑤は②がスクリーンを通過した後、右ミドルポストに移動します。さらに、①のスクリーンを利用して右スロットに移動し、④からのパスを受けます。

図3

④は⑤へのパス後に左エルボーへ移動し、❷にスクリーンをセット。⑤はパスを受けた後に左スロットへ向かってドリブルで進みます。②は④のスクリーンを利用して左スロットに向かい、⑤からハンドオフパスを受けます。

図4

ハンドオフパス後に②はリングにアタックします。❷からするとアウトサイドからインサイド、インサイドからアウトサイドへの移動間に、3つのスクリーンへの対応が求められ、②についていくことが難しくなります。❷を引き離した②はペイント内に侵入し、ディフェンスを崩しました。

GAME DATA
Paris 2024
1Q 9:16　セルビア2-0アメリカ

14
★★★★★

ホーンズセットのコーナーのプレーヤーがオフボールスクリーンとPnRでディフェンスを崩す

プレーの動画はこちら

図1

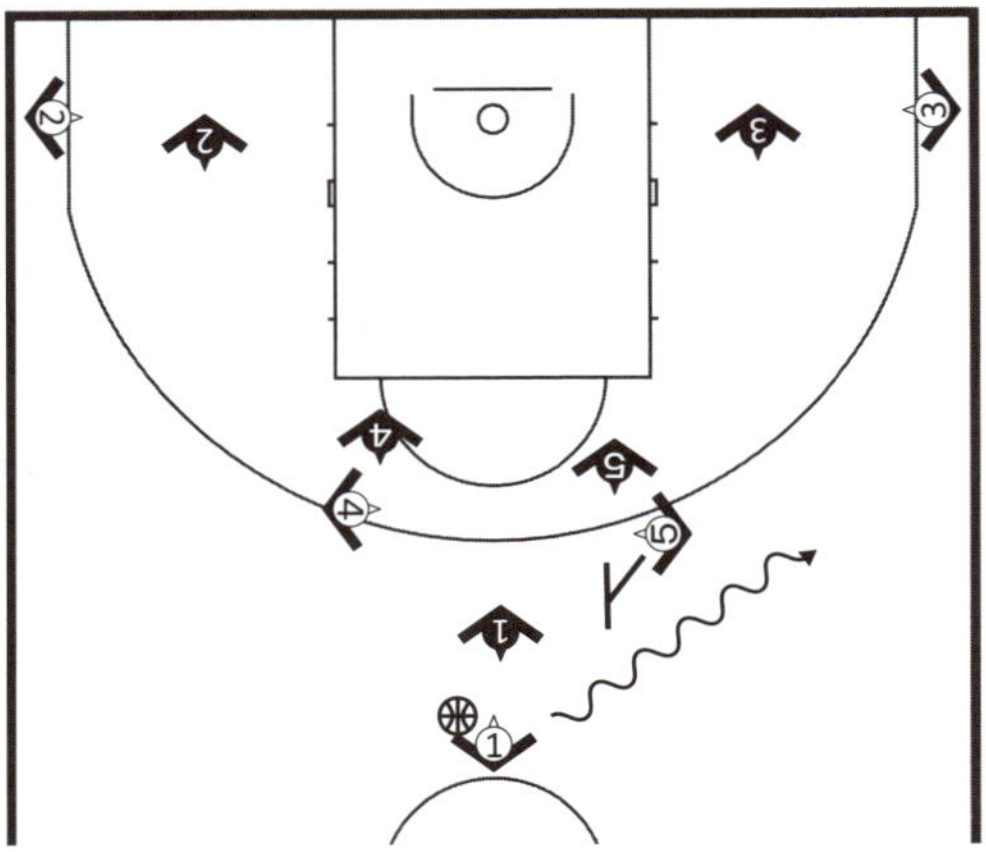

図2

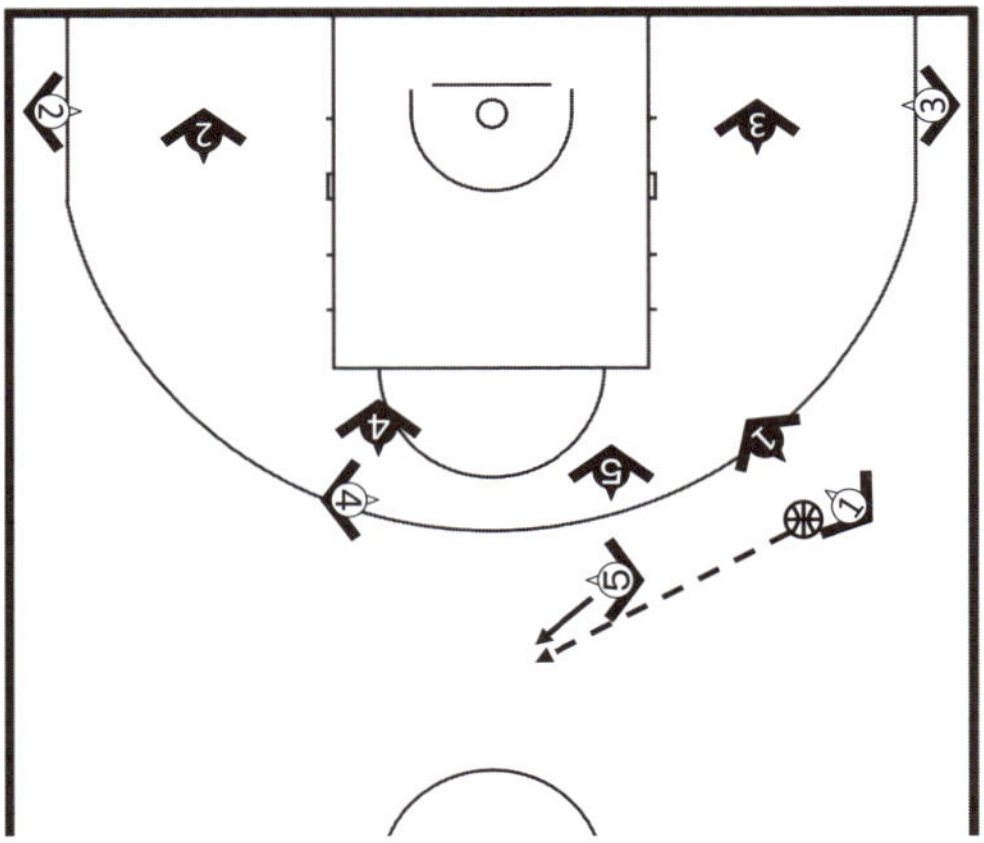

ピッチパスからのPnRでDFを引き離す

ホーンズセットのコーナーのプレーヤーにオフボールスクリーンとピッチパスでボールを持たせ、PnRでディフェンスを崩すセットです。

図1

ボールマンのヤゴ・サントス①がトップ、ハウル・ネト②が左コーナー、レオ・メインデル④が左スロット、ブルーノ・カボークロ⑤が右スロット、ギー・サントス③が右コーナーにポジションを取ります。⑤は❶にスクリーンをセット。①は⑤のスクリーンを利用して右スロットと右ウィングの中間付近までドリブルで進みます。

図3

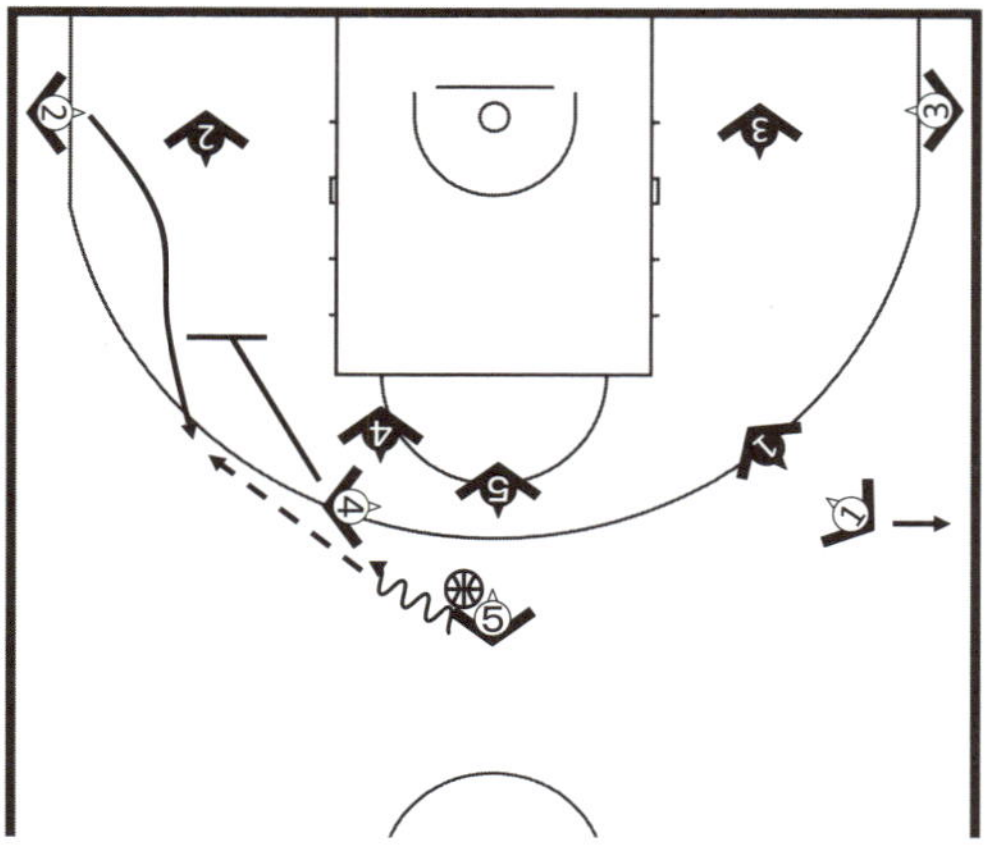

図4

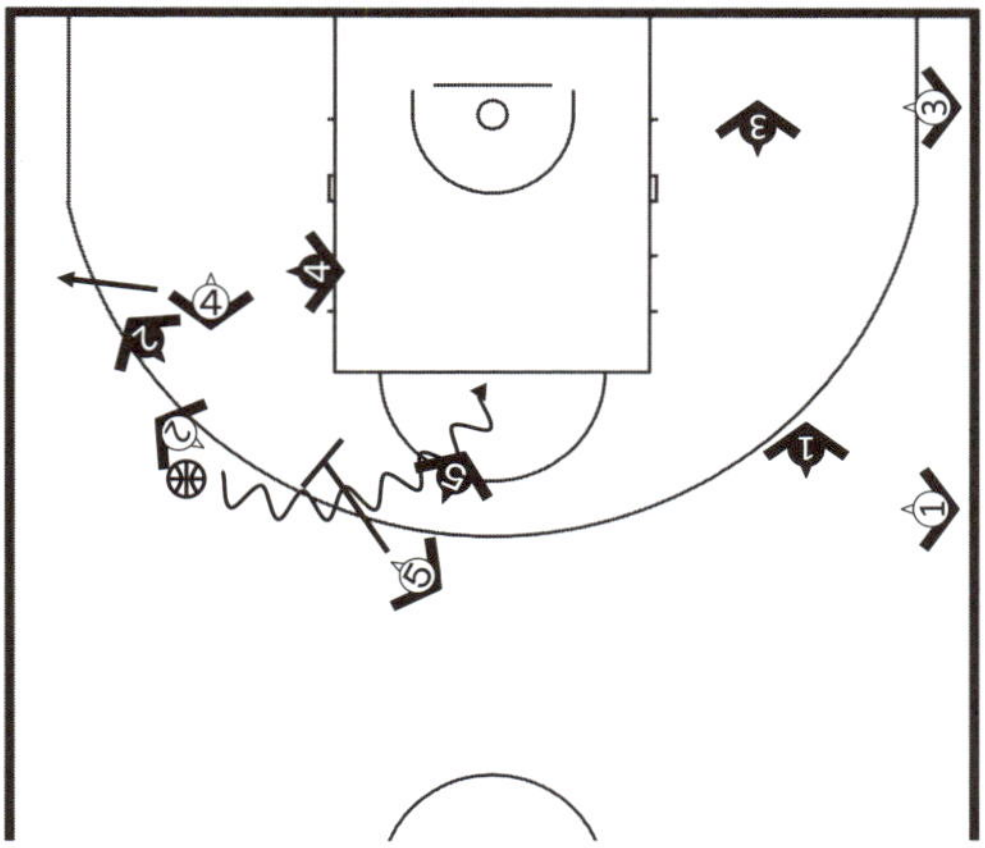

図2

⑤は①がスクリーンを通過した後にトップに飛び出し、①からパスを受けます。

図3

④は⑤がパスを受けるタイミングで左エルボーと左ウィングの中間付近に移動し、❷にスクリーンをセットします。②は④のスクリーンを利用して左ウィングに移動。パスを受けた⑤は左ウィングに向かってドリブルで少し進み、④のスクリーンを利用した②にピッチパスを出します。

図4

⑤はピッチパス後、❷にスクリーンをセットします。②は⑤のスクリーンを利用し、リングに向かってアタックします。❷からするとオフボールスクリーンへの対応直後にPnRへの対応が求められ、②についていくことが難しくなります。この場面では、❷を引き離した②のアタックに❺が対応し、⑤のダイブを❹がケアしたため、②はポップした④にパスを出し、④がロングクローズアウトをアタックしました。

GAME DATA
Paris 2024
1Q 0:27　日本20-31ブラジル

15
★★★★★

ズームアクションのオフボールスクリーンのスクリーナーがユーザーとPnRを行って崩す

プレーの動画はこちら

図1

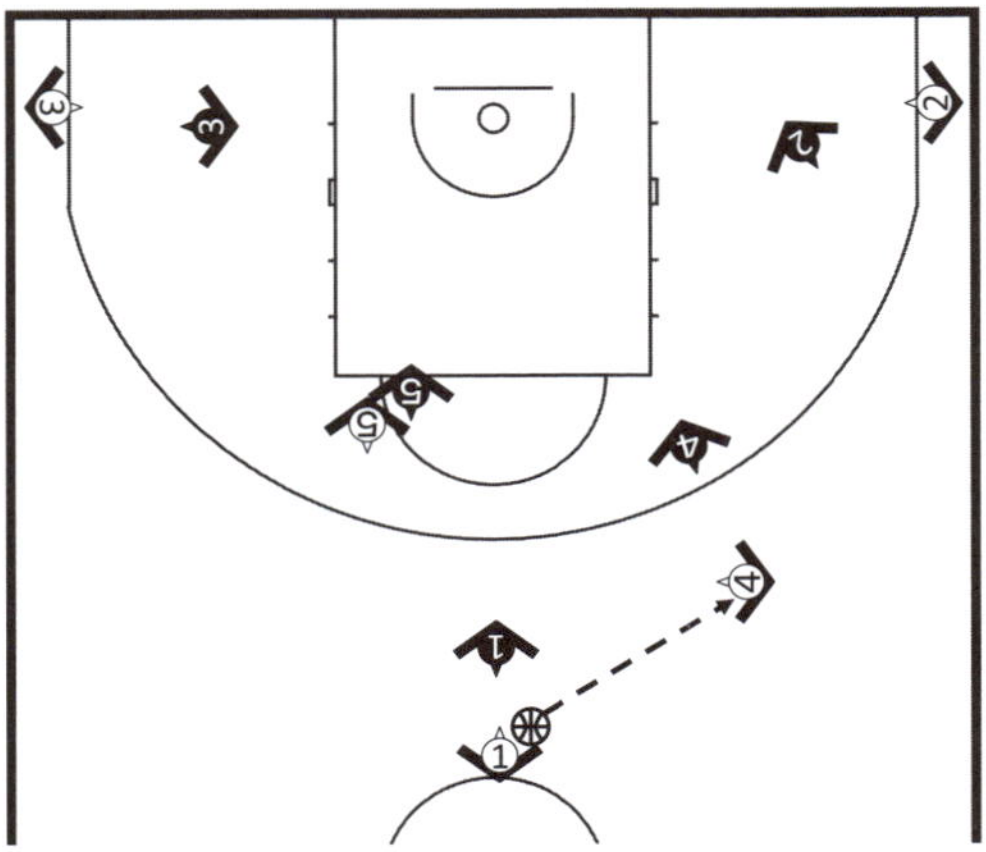

図2

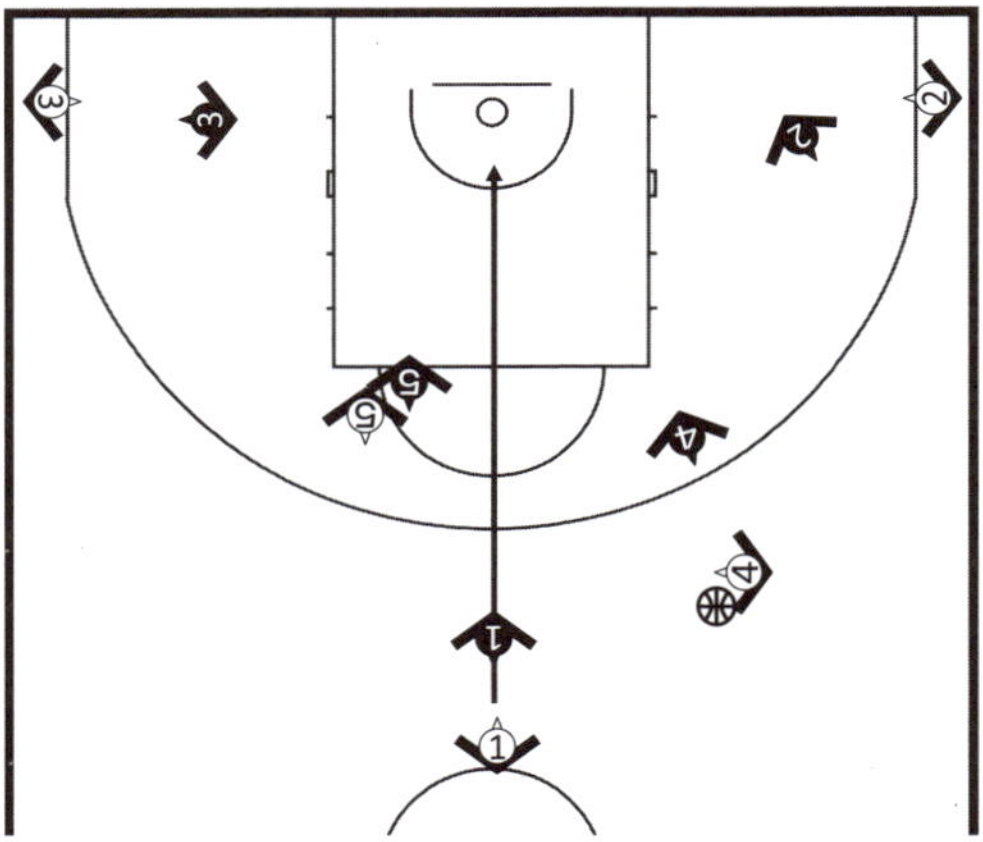

同じユーザーに2度スクリーンをセット

ズームアクションでオフボールスクリーンをセットしたスクリーナーが、ズームアクションのユーザーに再びスクリーンをかけてPnRを行うセットです。

図1 各プレーヤーが図のようにポジションを取ります。①は④にパスを出します。

図2 ①はパス後にゴール付近に侵入します。

図3 ⑤は①がパスを出すタイミングで身体の向きを変え、❸にスクリーンをセットします。③は⑤のスクリーンを利用してト

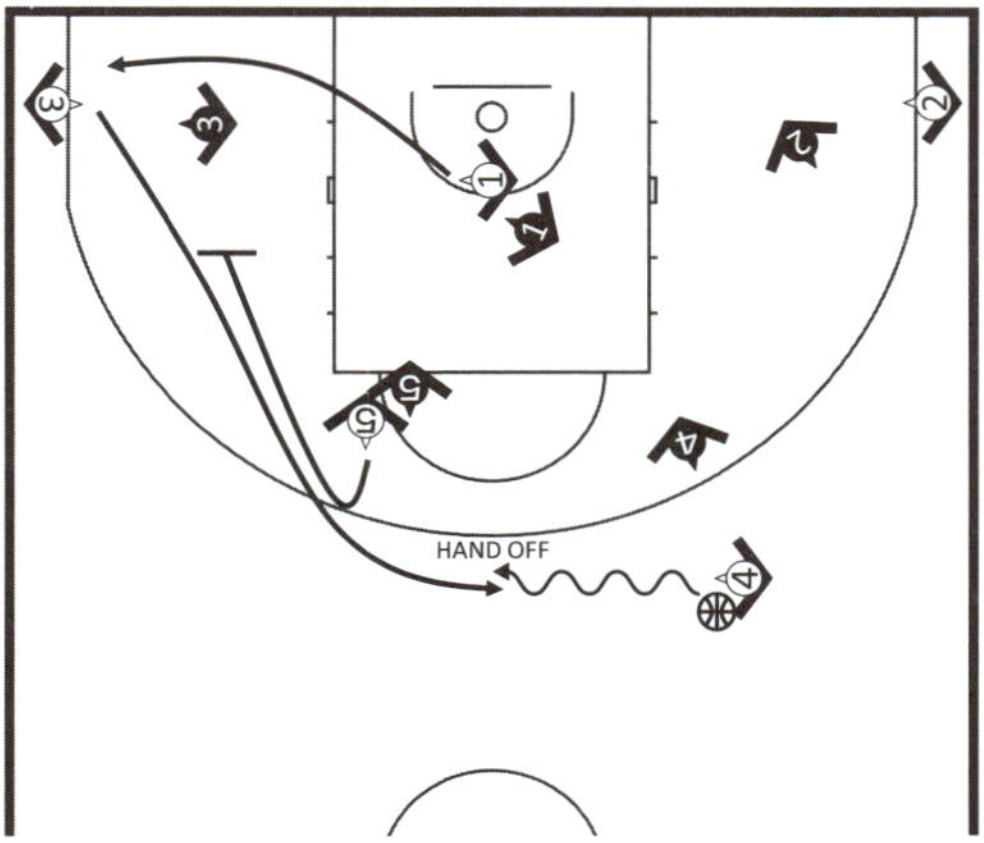

図3

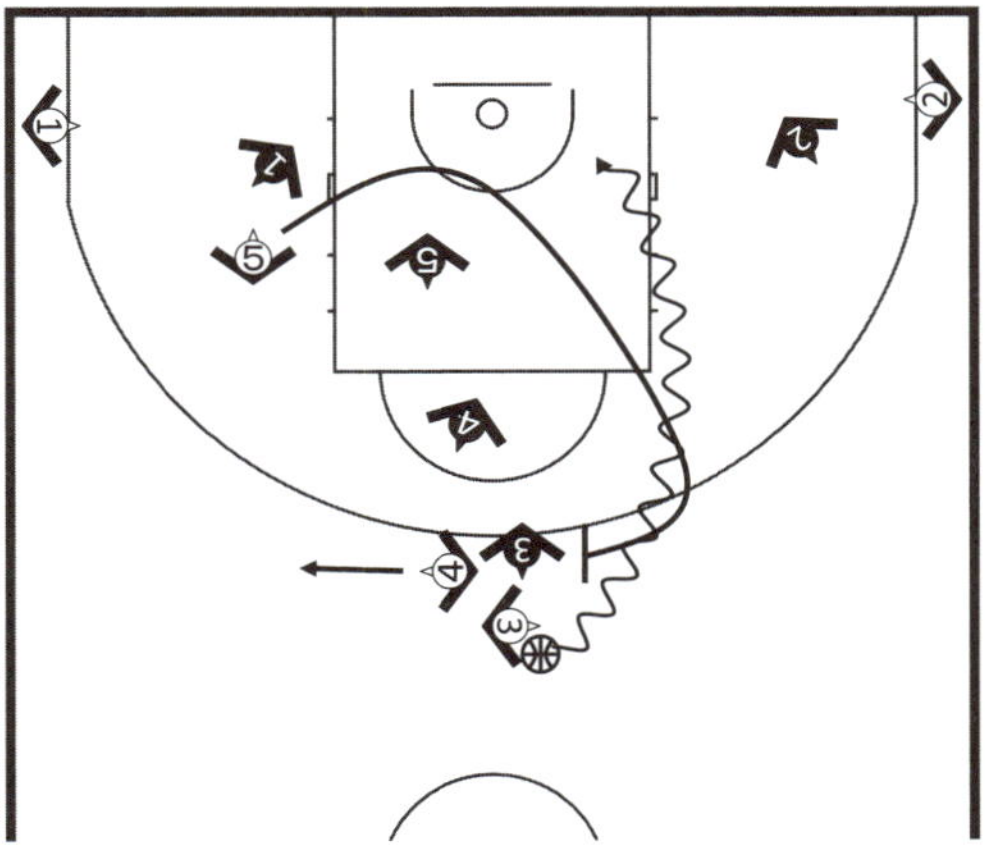

図4

ップに向かいます。パスを受けた④はトップにドリブルで移動し、③にハンドオフパスを出します。ゴール付近に侵入した①は、そのまま左コーナーに開きます。

図4

⑤は③がスクリーンを通過した後、ペイント内をぐるりと通過してトップに移動し、右サイド側から❸にスクリーンをセットします。③は⑤のスクリーンを利用してゴールにアタック。❺からするとズームアクションのオフボールスクリーンに対応したところで、⑤が大きく移動して逆サイド側からPnRのスクリーンをセットしてきます。そのため、PnRに対応するポジショニングが難しくなります。③はドライブ、⑤はダイブでゴール付近へ侵入することに成功。たまらず❷が③のドライブラインに近づいたため、③は②にキックアウトし、②が3Pショットを沈めました。

GAME DATA
Paris 2024
1Q 0:17　日本25-29フランス

16

★★★★★

シューターがスクリーンを使いながらアウトサイドとインサイドへ繰り返し移動する

プレーの動画はこちら

図1

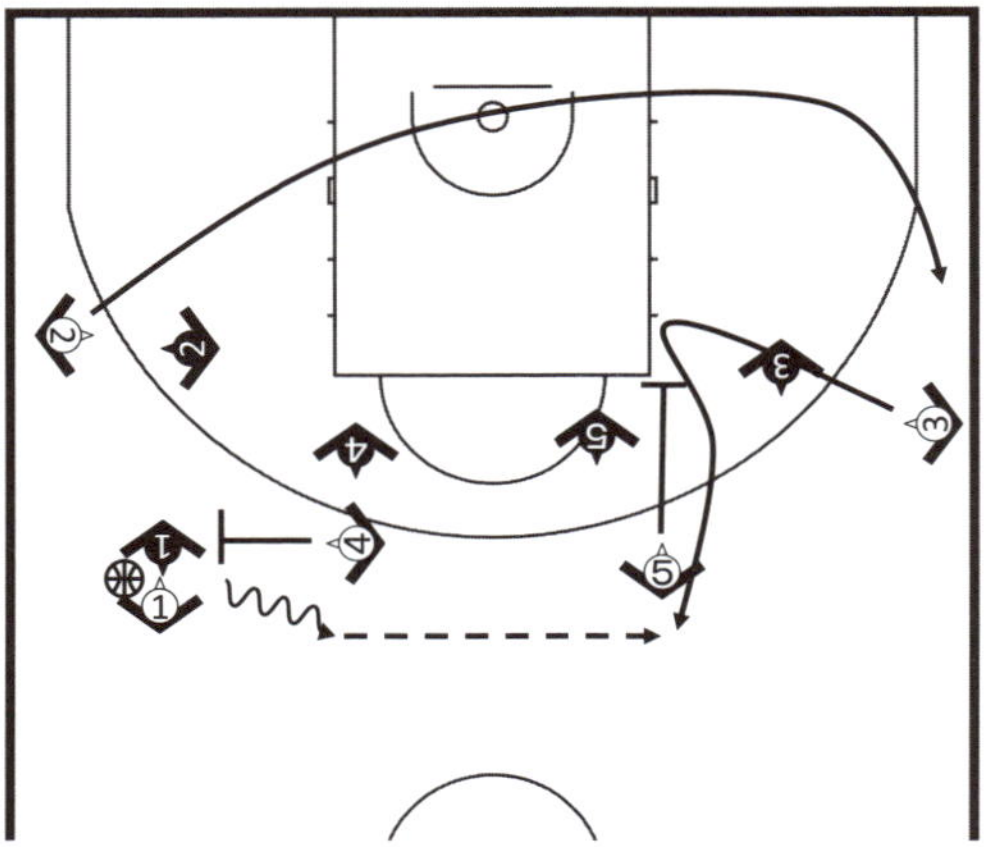

図2

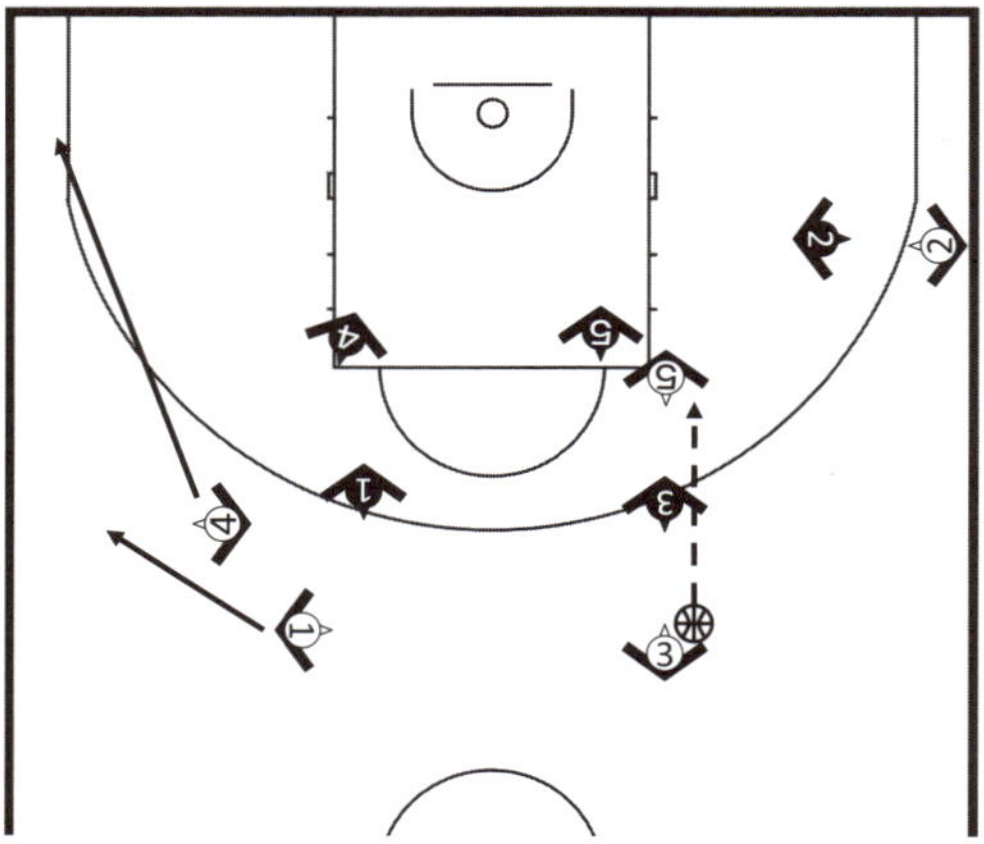

3つのスクリーンを利用してDFを引き離す

シューターがスクリーンを使いながらアウトサイドとインサイドへ繰り返し移動するセットです。

図1

ボールマンのアレクサ・アブラモビッチ①が左スロットと左ウィングの中間付近にドリブルエントリーし、ほかのプレーヤーは図のようにポジションを取ります。⑤は右エルボーに移動して❸にスクリーンをセットします。③は右エルボーに移動し、⑤のスクリーンを利用して右スロットに飛び出します。④は❶にスクリーンをセットし、①がこれを利用して左スロッ

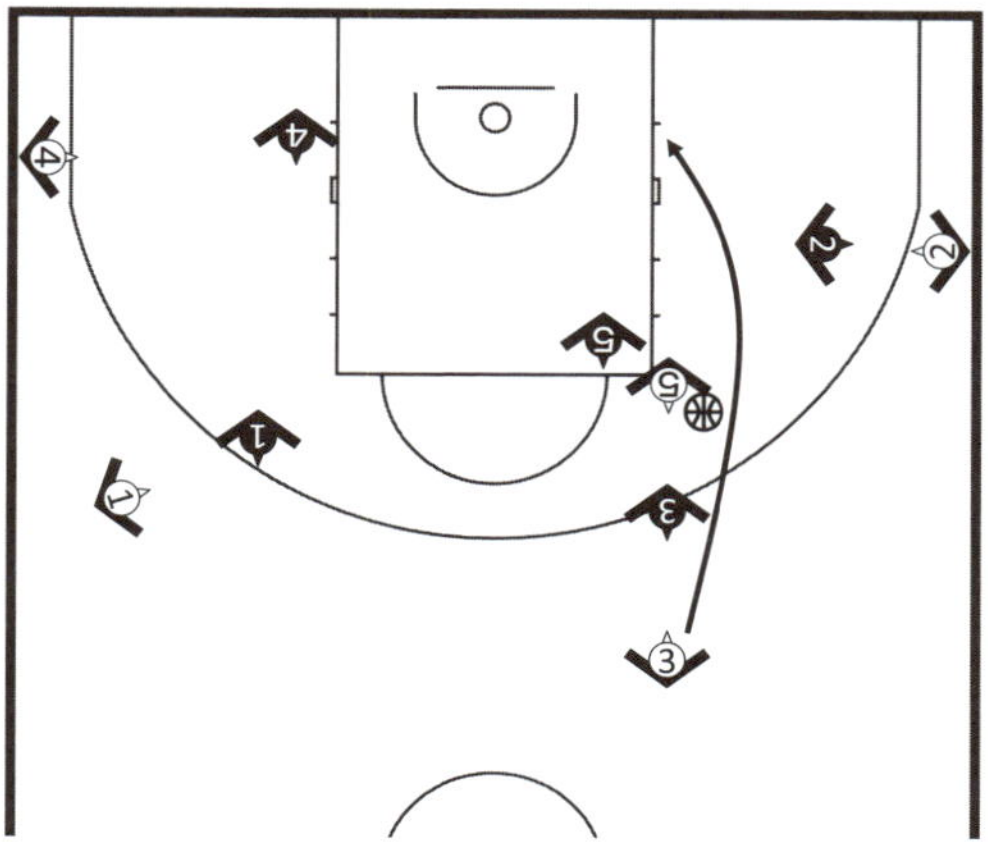

図3

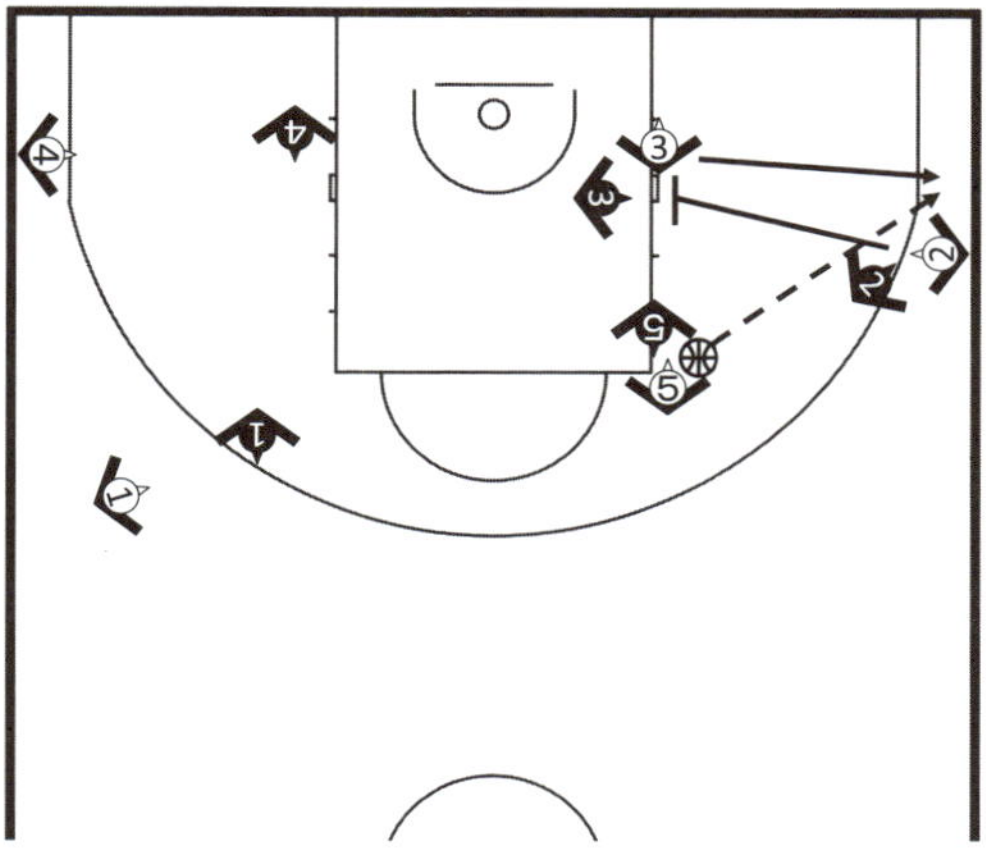

図4

トにドリブルで進み、右スロットに飛び出してきた③にパスを出します。この間に②は右ウィングと右コーナーの中間付近に移動します。

図2 パスを受けた③は⑤にパスを出します。

図3 ③はパス後、ハンドオフパスを受けように⑤の横を通過し、右ローポストまで移動します。

図4 ②は③が右ローポストに到達するタイミングで❸にスクリーンをセット。③は②のスクリーンを利用して右コーナーに飛び出し、⑤からのパスを受けます。❸からすると③がスクリーンを使いながらアウトサイドとインサイドを移動するため、③についていくことが難しくなります。最後のピンダウンスクリーンに対して❷と❸は慌ててスイッチで対応しましたが、③はノーマークで3Pショットを放ちました。

GAME DATA
Paris 2024
1Q 5:55　セルビア12-8アメリカ

17

★★★★★

ホーンズセットからハイサイドの3人が複数のスクリーンプレーでディフェンスを引き離す

プレーの動画はこちら

図1

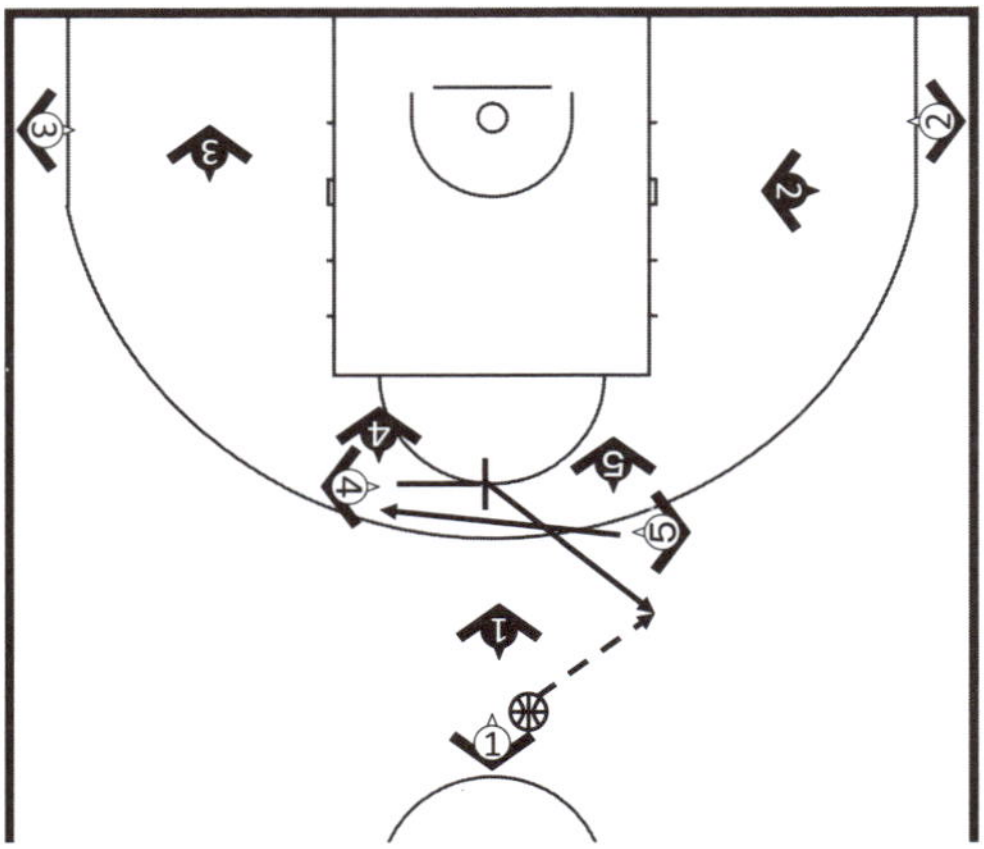

図2

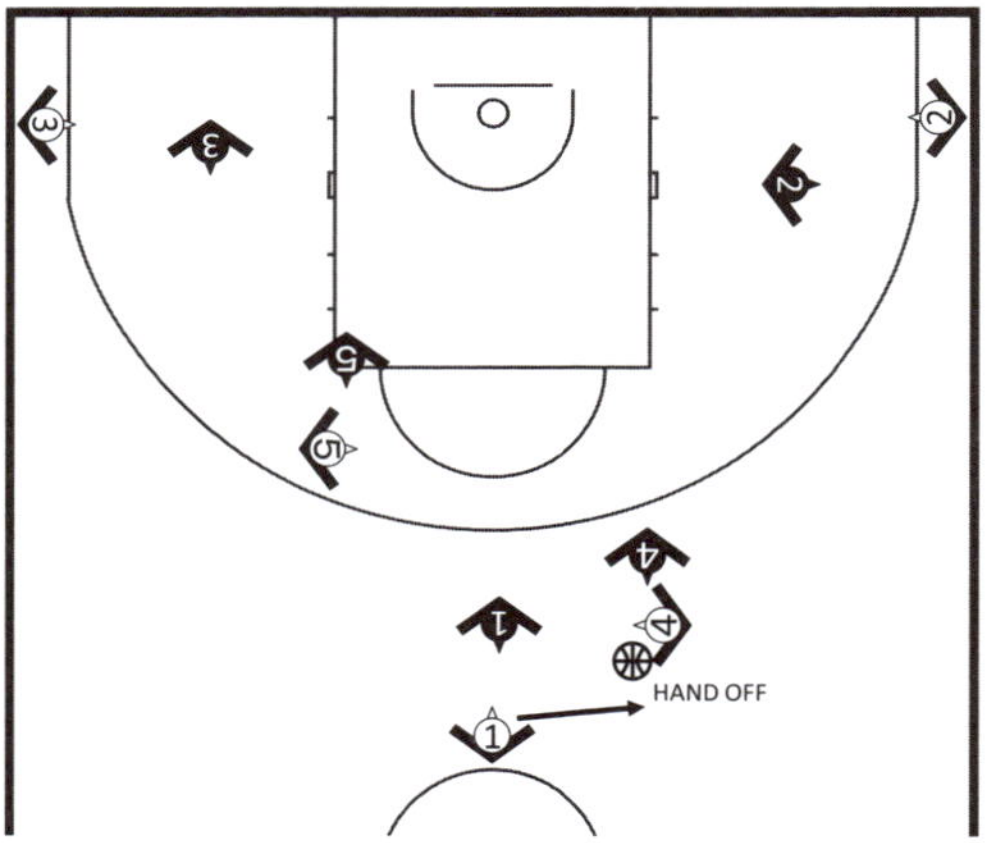

複数のアクションによりDFに準備させない

ホーンズセットからハイサイドの3人がオフボールスクリーン、DHO、PnRを連続して行うことによりディフェンスを引き離すセットです。

図1

ボールマンのマルセリーニョ・ウエルタス①がトップ、ギー・サントス③が左コーナー、レオ・メインデル④が左スロット、ブルーノ・カボークロ⑤が右スロット、ハウル・ネト②が右コーナーにポジションを取ります。④は❺にスクリーンをセット。⑤は④のスクリーンを利用して左スロットに移動します。④は⑤がスクリーンを通過した後に右スロ

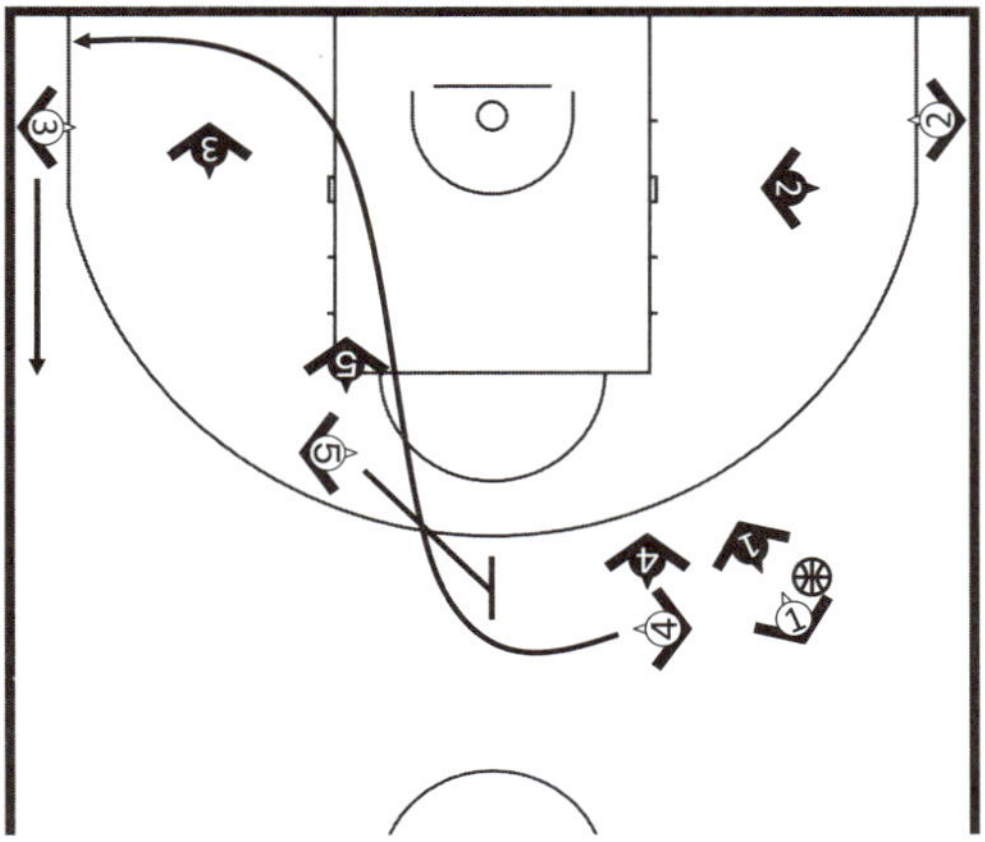

図3

図4

ットへ飛び出し、①からパスを受けます。

図2

①は④にパスを出した後、ボールの後ろを追いかけるように④に向かって進み、④からハンドオフパスを受けます。

図3

⑤は④がハンドオフパスを出すタイミングでトップに移動し、❹にスクリーンをセットします。④は①へのハンドオフパス後、⑤のスクリーンを利用してペイント内を通過して左コーナーに移動します。

図4

⑤は④がスクリーンを通過した後、❶にスクリーンをセットします。①は⑤のスクリーンを利用し、リングに向かってアタックします。❺がゴールに向かってカットする④に対応している間に、⑤が❶にスクリーンをセットします。そのため❺は、①と⑤によるPnRに対応することが難しくなります。❺はPnRに十分に対応することができず、①がノーマークのジャンパーを沈めました。

GAME DATA
Paris 2024
3Q 10:00　日本44-55ブラジル

18

★★★★★

スクリーン・ザ・スクリーナーからのアウトサイドスクリーンでディフェンスを引き離す

プレーの動画はこちら

図1

図2

縦方向を横方向のスクリーンを織りまぜる

スクリーン・ザ・スクリーナーからのアウトサイドスクリーンで、ディフェンスを引き離すことを狙うセットです。

図1

ボールマンのバシリイェ・ミチッチ①、バーニャ・マリンコビッチ②、ニコラ・ミルティノフ⑤、ニコラ・ヨビッチ④、マルコ・グドゥリッチ③が図のようにポジションを取ります。⑤は❶にスクリーンをセットし、①はこれを利用して左ウィングにドリブルで移動します。この間に②は左ローポストに移動します。

図2

図3

図4

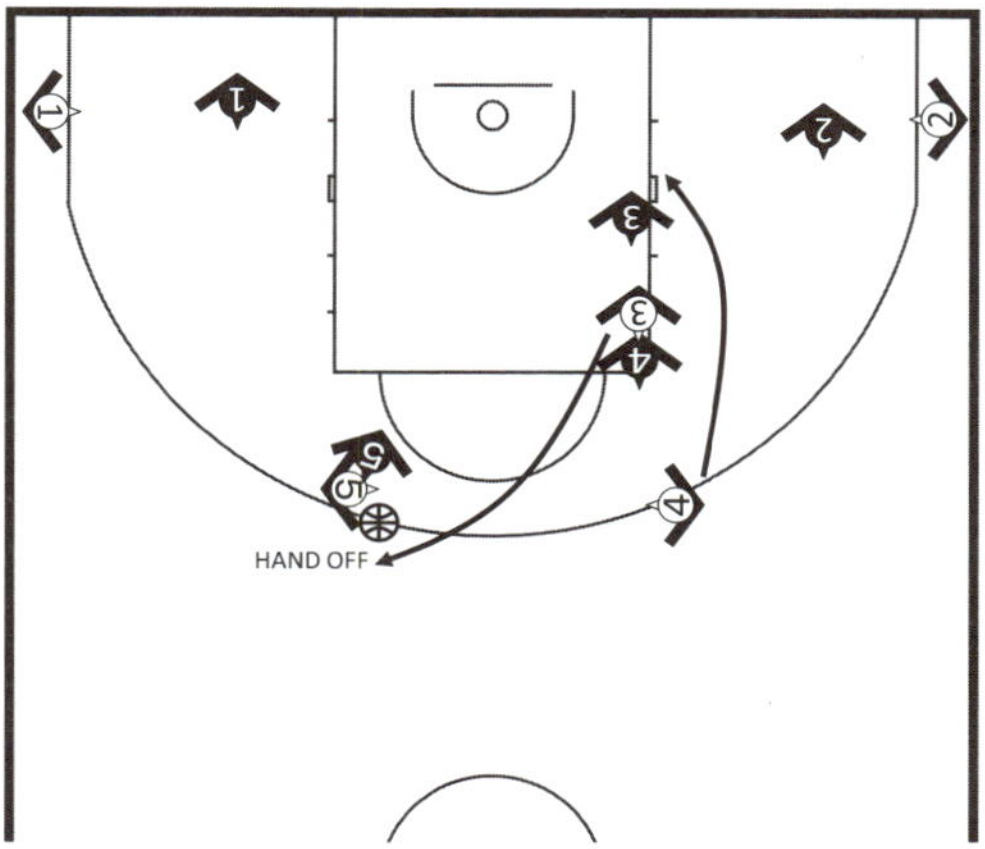

⑤は①が通過した後、左エルボーで❷に対するスクリーンをセットします。②は⑤のスクリーンを利用してトップに飛び出し、①からのパスを受けます。

図3

⑤は②がスクリーンを通過した後、左スロット付近で②からパスを受けます。②がパスを出すタイミングで④は右スロットで❷に、③は❹にスクリーンをセットします。②は④のスクリーンを利用して右コーナーに移動します。

図4

④は②がスクリーンを通過した後、③のスクリーンを利用して右ローポストに移動。③は④がスクリーンを通過した後に⑤へ向かって進み、ハンドオフパスを受けてアタックします。❸からするとスクリーン・ザ・スクリーナーに対応していたところ、③がアウトサイドスクリーンを利用するため、③についていくことが難しくなります。❸を引き離した③はノーマークで3Pショットを放ちました。

GAME DATA
Paris 2024
3Q 2:07　セルビア65-80アメリカ

19
★★★★★

スタッガードスクリーンに見せかけてインバートでディフェンスを引き離す

図1

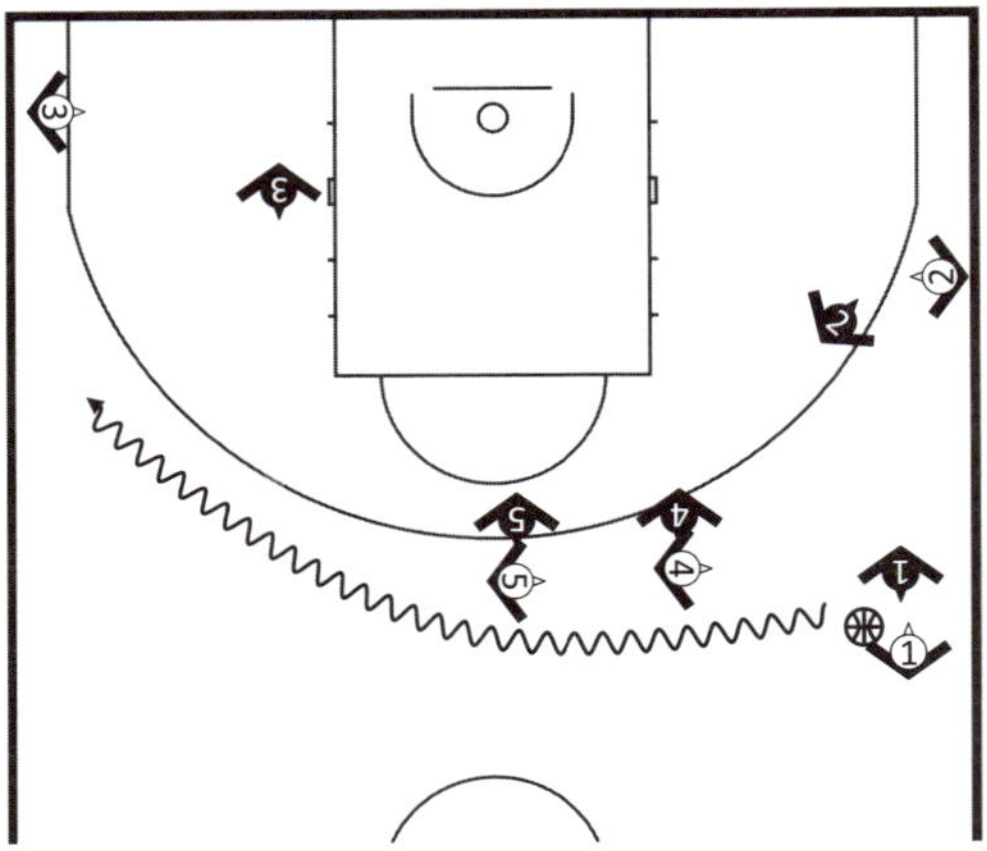

図2

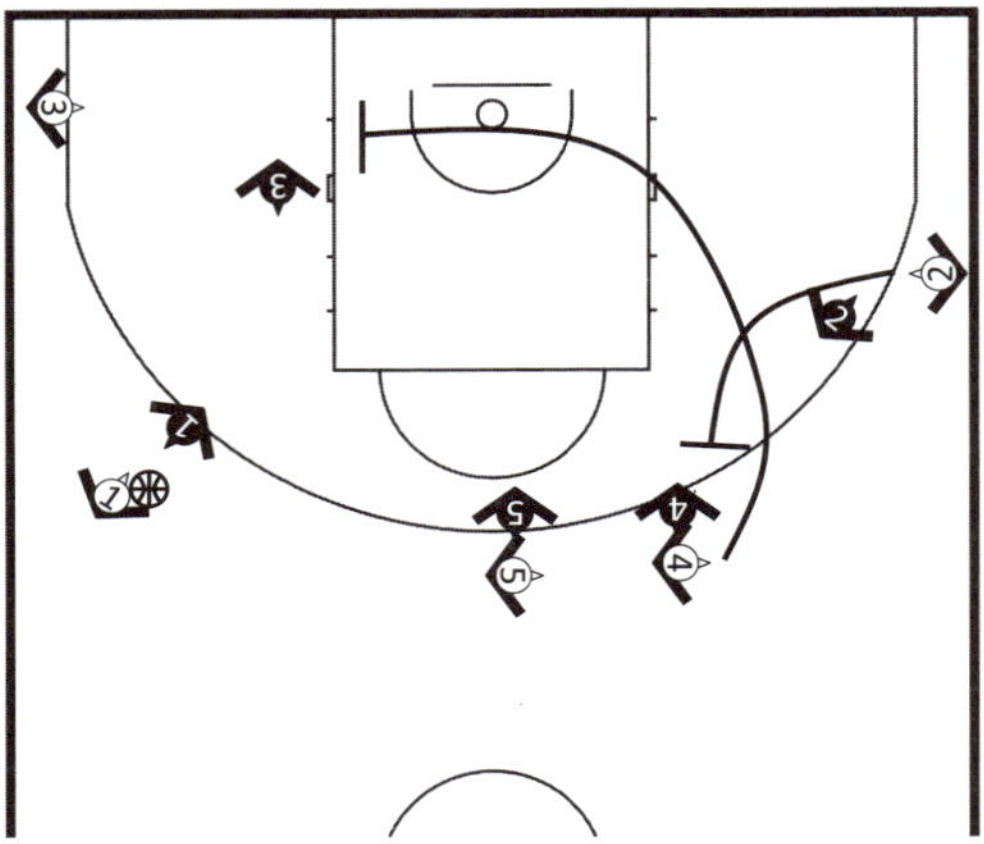

ボールを移動させDFの位置を変えさせる

スタッガードスクリーンに見せかけてユーザーがファーストスクリーナーに見せかけたプレーヤーとインバートするセットです。

図1

ボールマン①が右サイドライン付近にドリブルエントリーし、ほかのプレーヤーは図のようにポジションを取ります。④と⑤は❶に対するスクリーンをセットします。①はダブルドラッグを利用し、左ウィング付近までドリブルで移動します。

図2

同時に②は❹にスクリーンをセットし

プレーの動画はこちら

図3

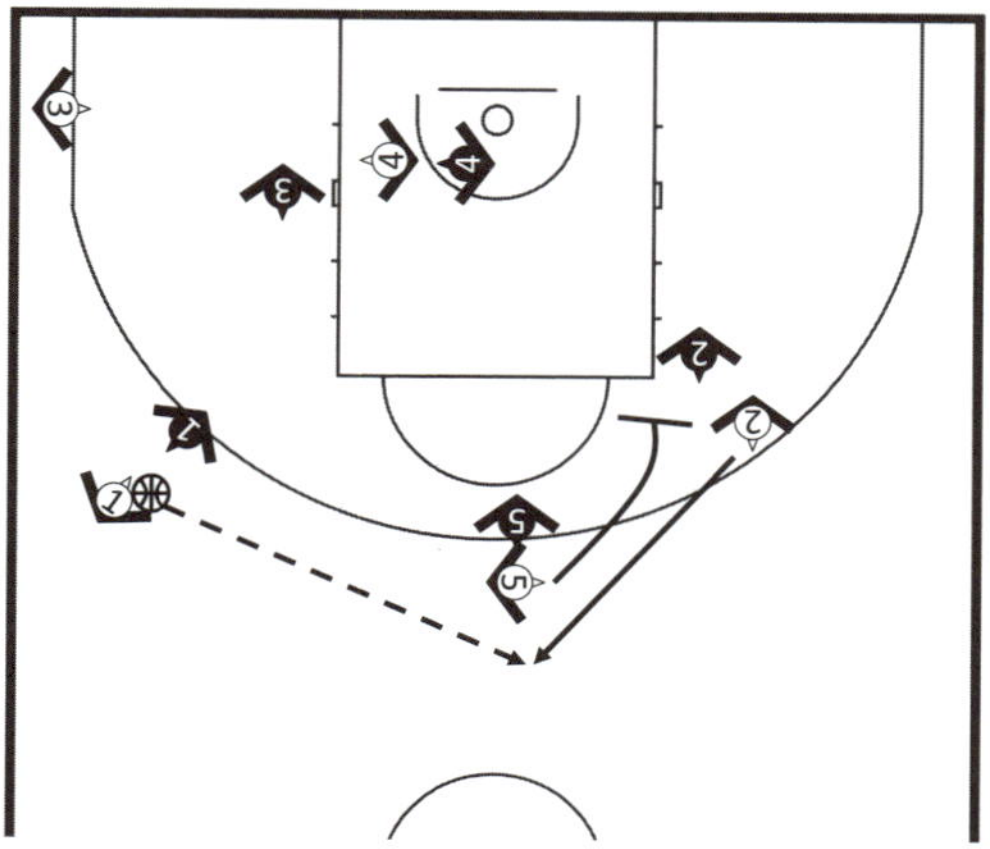

図4

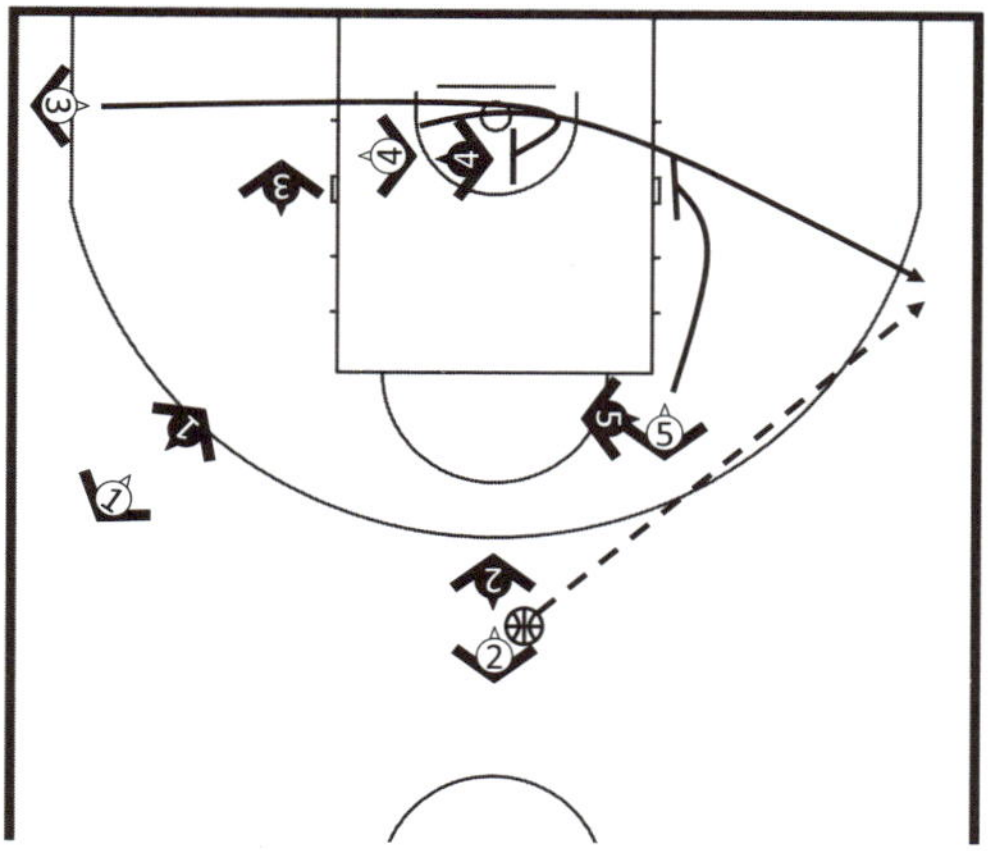

ます。④はスクリーンを利用して左ローポストに移動し、❸にスクリーンをセットします。

図3

⑤は①がスクリーンを通過した後、❷にスクリーンをセットします。②はスクリーンを利用してトップに飛び出し、①からパスを受けます。

図4

⑤は②がスクリーンを通過した後に右ローポストへ移動し、❸にスクリーンをセットします。③は④と⑤によるスタッガードスクリーンを利用するように移動しますが、④のスクリーンを通過したところで❹にスクリーンをセットします。❸と❹はインバートに対してスイッチで対応しました。④は③と⑤のスタッガードスクリーンを利用して右サイドに飛び出し、②からパスを受けて得点を狙います。この場面では、④に❹と❺の2人のディフェンスが反応したため、⑤がゴール下でボールを受けてショットを放ちました。

GAME DATA
Paris 2024
4Q 2:23　オーストラリア86-73スペイン

20
★★★★★

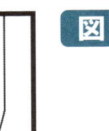

縦横のスクリーンを織り交ぜスクリーン・ザ・スクリーナーでディフェンスを崩す

プレーの動画はこちら

図1

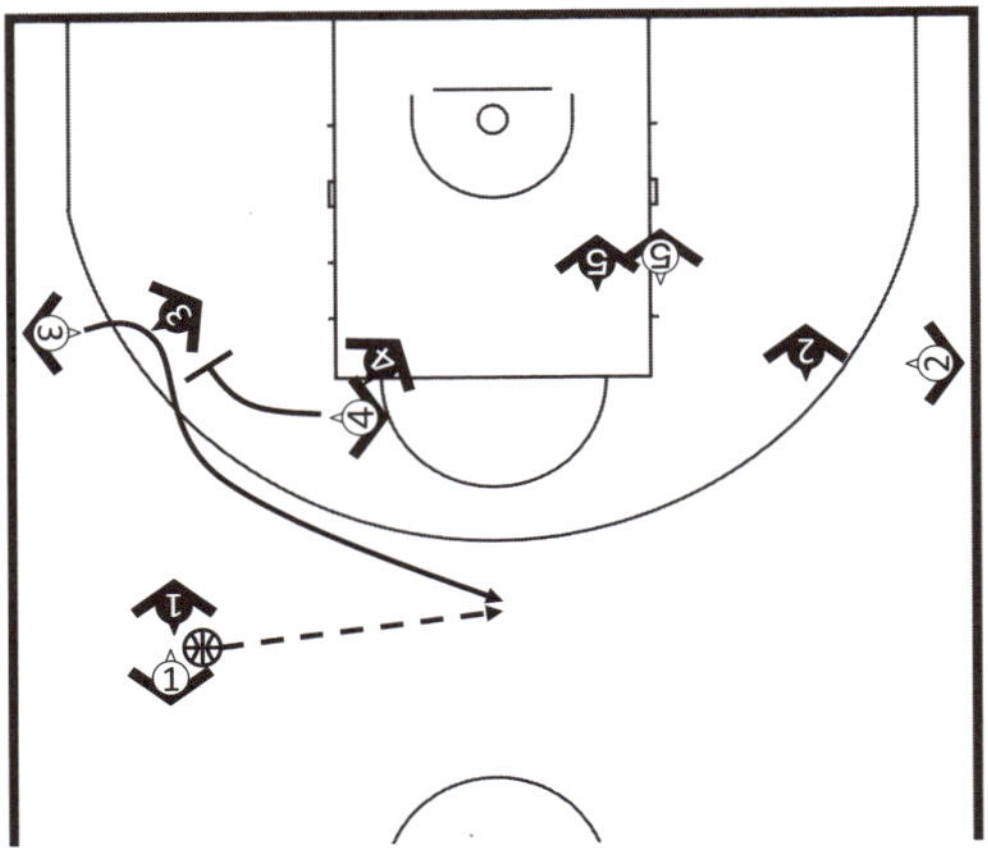

図2

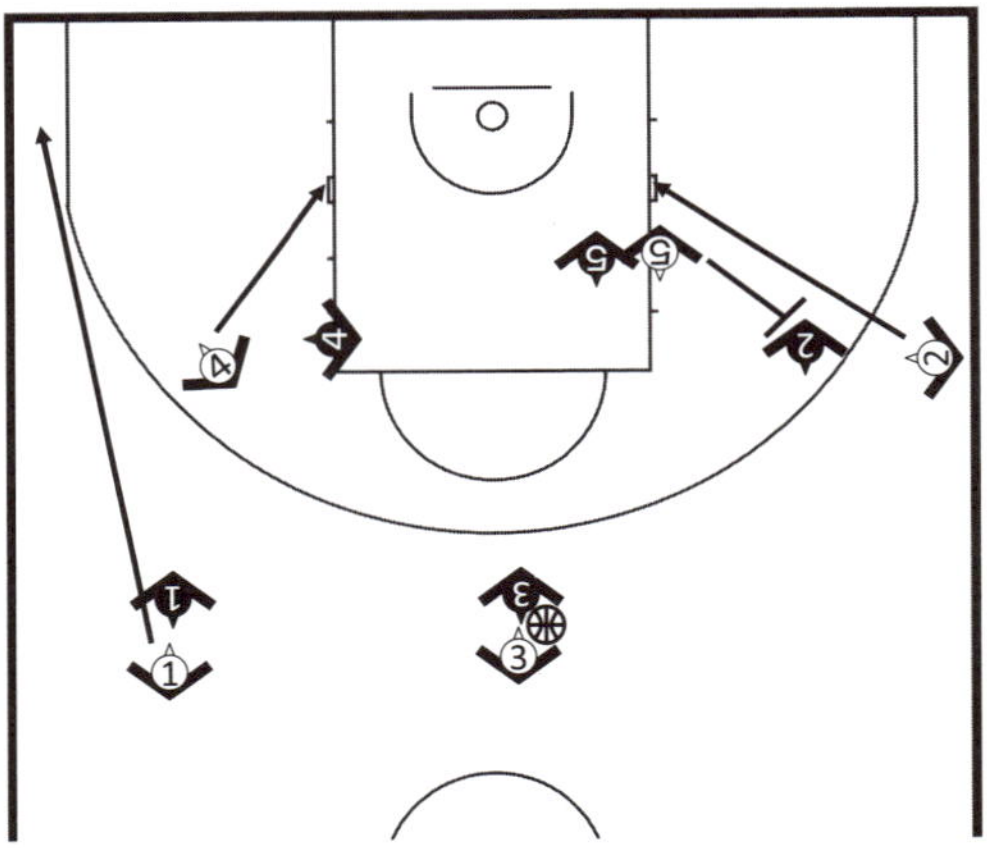

インサイドにボールを入れてDFを収縮させる

縦横のスクリーンを織り交ぜ、スクリーン・ザ・スクリーナーでディフェンスを崩すことを狙うセットです。

図1

ボールマンのマオド・ロー①が左ウィングと左エルボーの中間付近にドリブルエントリーし、ほかのプレーヤーは図のようにポジションを取ります。④は❸にスクリーンをセットし、③はこれを利用して①からパスを受けます。

図2

その後④は③がスクリーンを通過した後、左ローポストに移動します。⑤は❷に

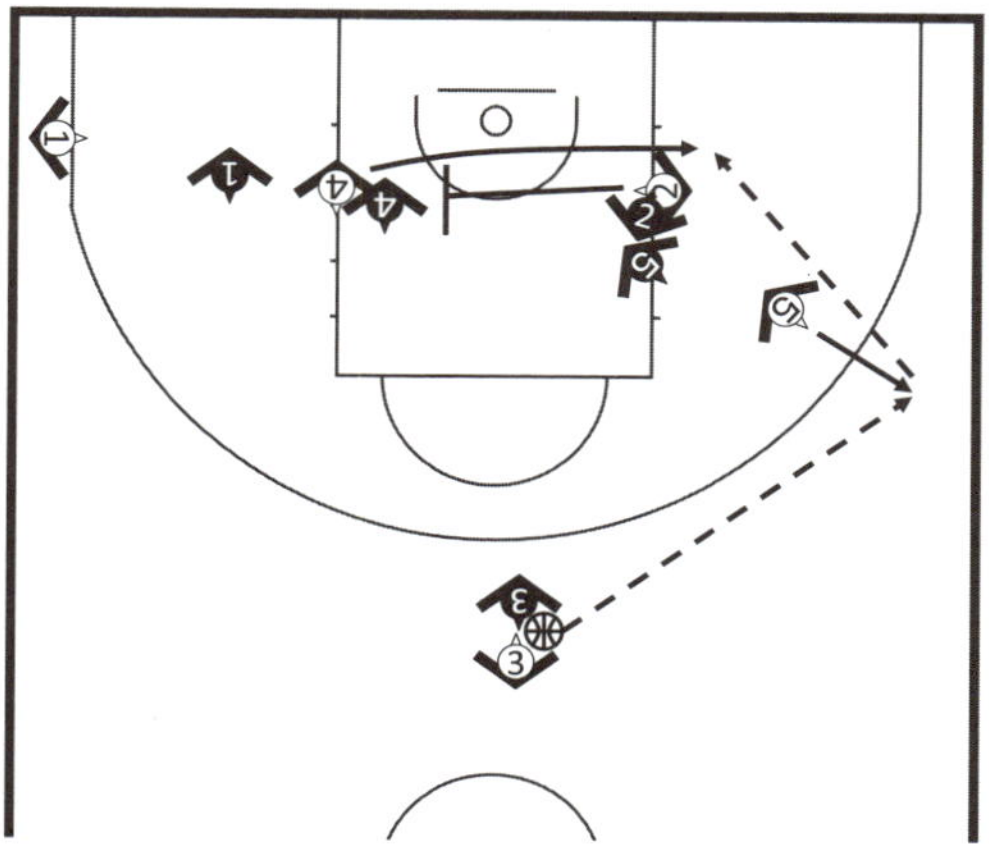

図3

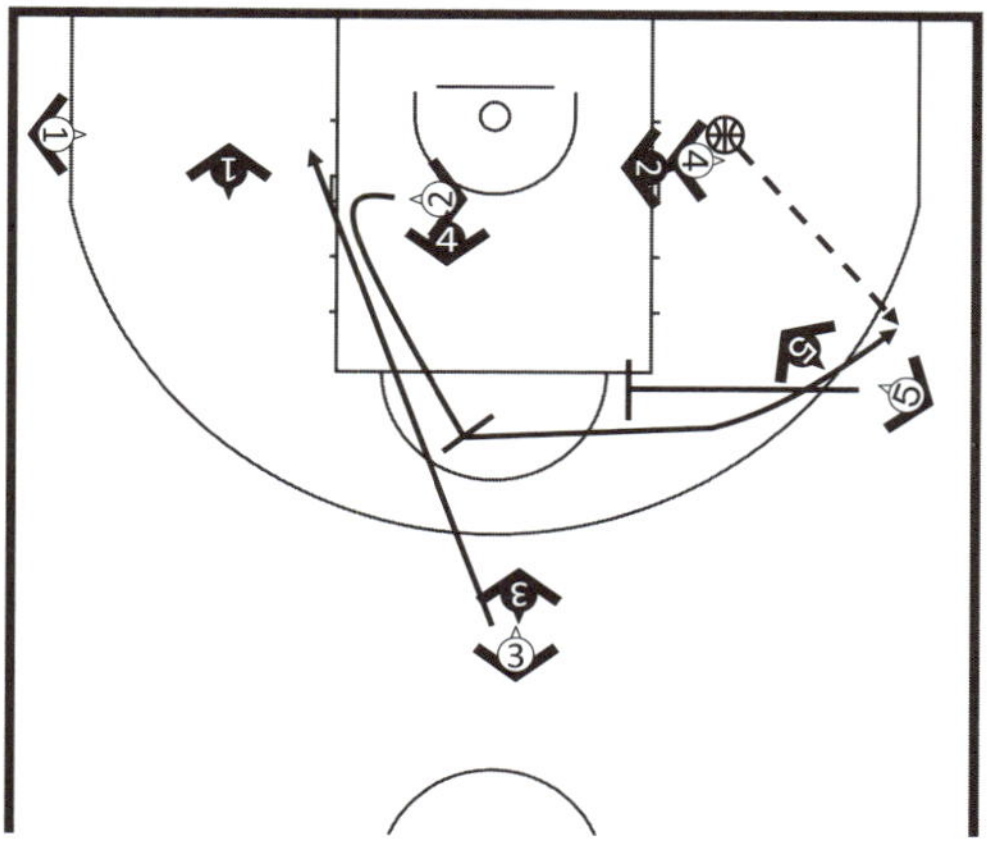

図4

スクリーンをセットし、②はこれを利用して右ローポストに移動。

図3

⑤は②がスクリーンを通過した後に③からパスを受けます。右ローポストに移動した②は、❹にクロススクリーンをセット。④は②のスクリーンを利用して⑤からパスを受けます。②と④のクロススクリーンにディフェンスはスイッチで対応しました。

図4

②は④がスクリーンを通過した後に❸へスクリーンをセットし、③はこれを利用して左ローポストに移動します。⑤は④へのパス後に右エルボー付近に移動し、②とマッチアップする❹にスクリーンをセットします。②は③がスクリーンを通過した後に⑤のスクリーンを利用し、右ウィングで④からパスを受けます。②は3Pショットを狙うことも可能ですが、この場面では④と❷の身長のミスマッチが生じていたため、④にリシールさせてから④にボールを入れました。

GAME DATA
Paris 2024
4Q 10:00　ドイツ74-61日本

21 ★★★★★

インバートからのスタッガードスクリーンでディフェンスを引き離す

プレーの動画はこちら

図1

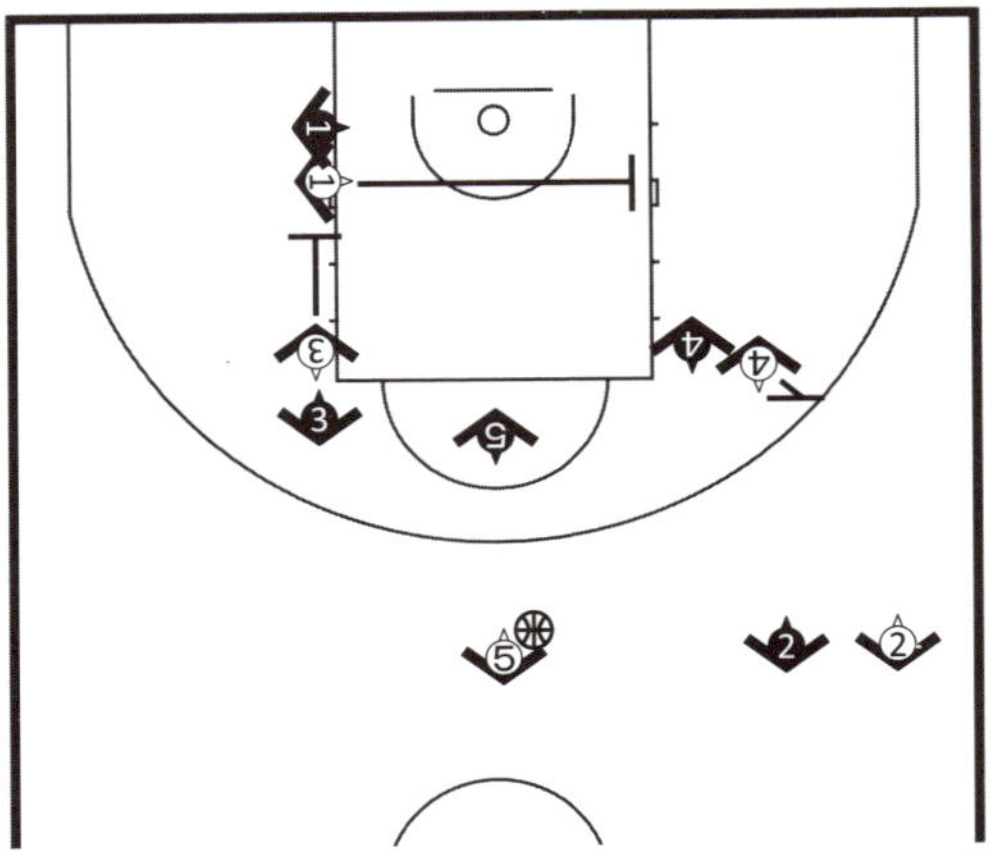

図2

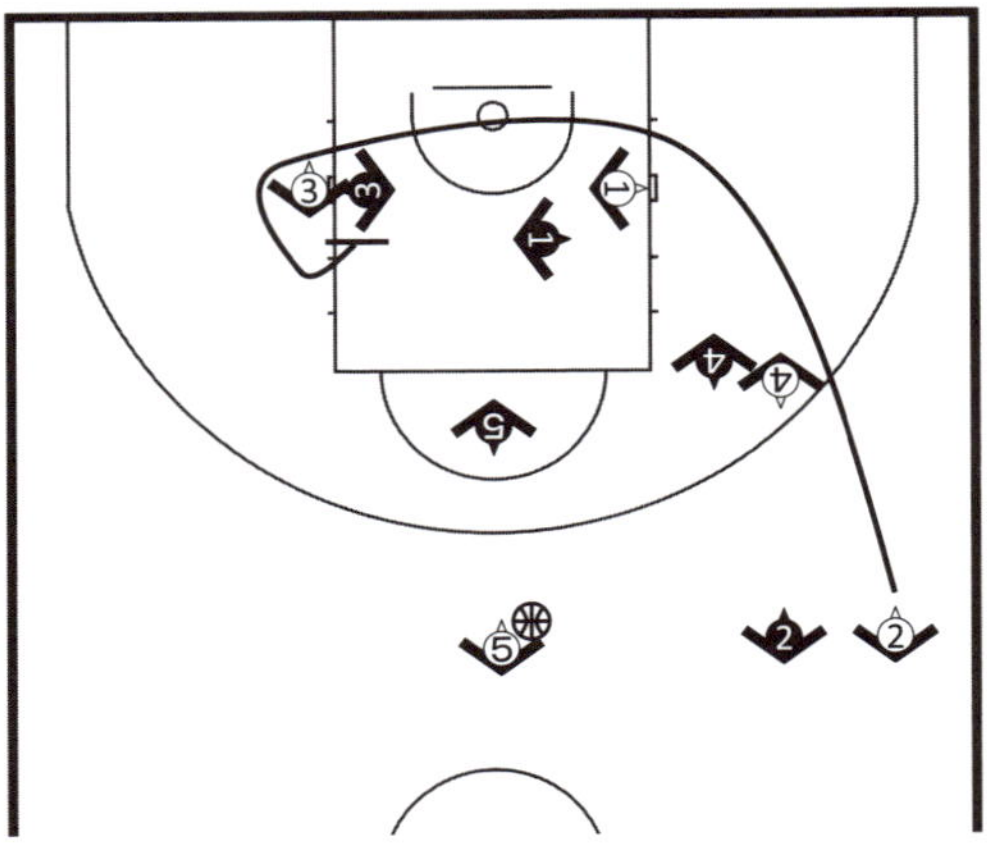

5人全員がスクリーナーになってDFを崩す

3つのオフボールスクリーンを利用したユーザーがスクリーナーになってインバートし、スクリーナーになっていたプレーヤーがユーザーとなり、スタッガードスクリーンでディフェンスを引き離すことを狙うセットです。

図1

各プレーヤーが図のようにポジションを取ります。④、①、③は❷に対するスクリーンをセットします。

図2

②は3人のスクリーナーによるスタッガードスクリーンを利用し、左サイドへと

図3

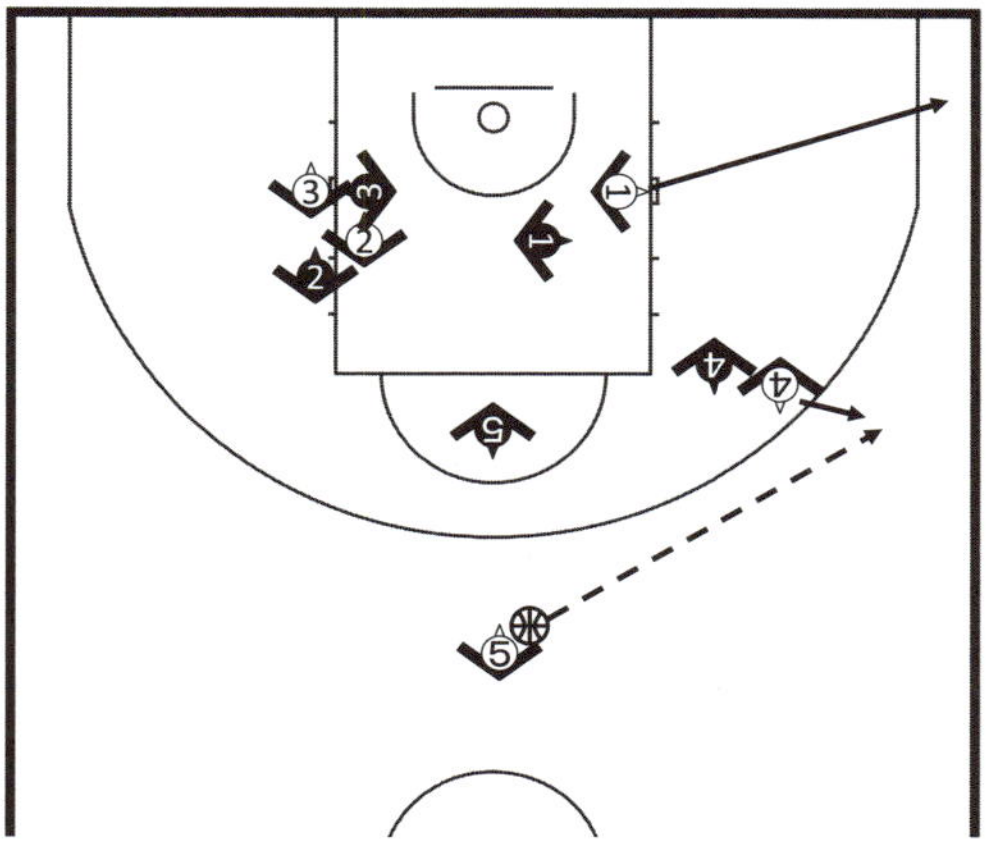

図4

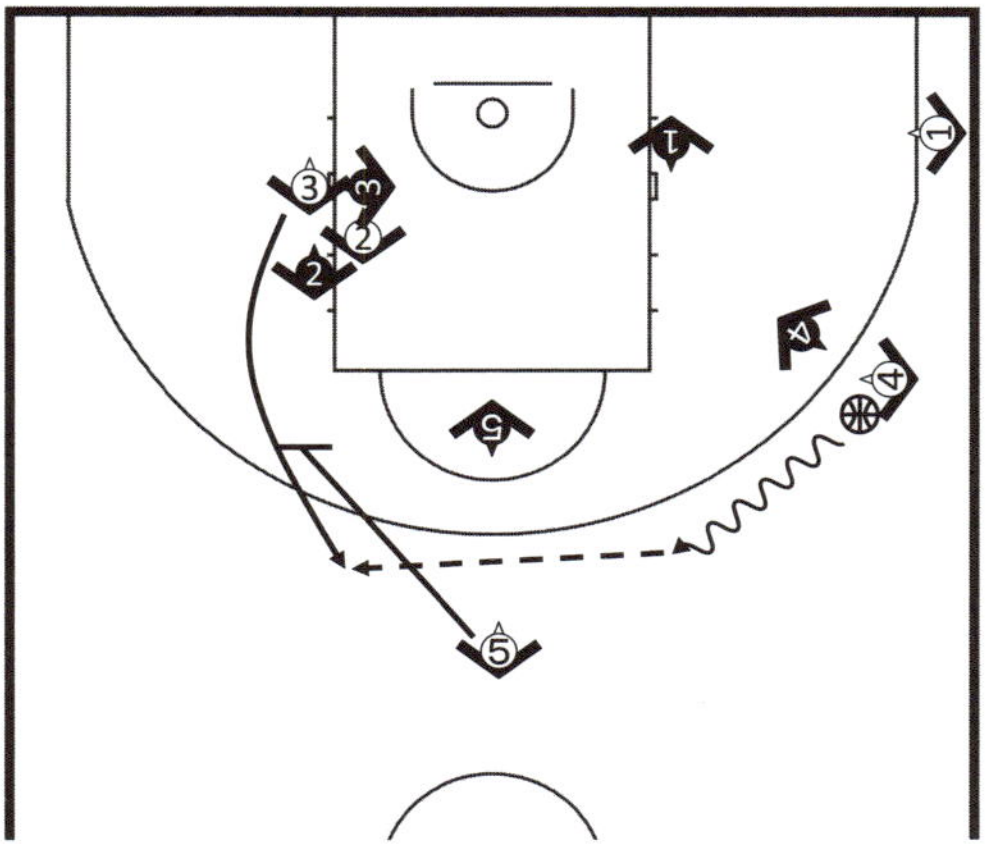

大きく移動します。パスを受けた④はドリブルで右スロットまで進みます。②は③のスクリーンを利用した後、向きを変えて❸にスクリーンをセットします。

図3 ④は②がスクリーンを通過した後に右ウィングへ飛び出して⑤からパスを受けます。

図4 ⑤は④へのパス後、❸にスクリーンをセットします。③は②と⑤によるスタッガードスクリーンを利用して左スロットに飛び出し、④からパスを受けてアタックします。❸からするとスクリーナーDFとして構えていたところに、②によってスクリーンがセットされます。さらに、②と⑤によるスタッガードスクリーンを回避しなければならないため、③についていくことが難しくなります。❸を引き離した③は、ドライブでディフェンスを崩しました。

GAME DATA
Paris 2024
4Q 4:18　セルビア76-91アメリカ

22
★★★★★

ダブルドラッグからのスクリーン・ザ・スクリーナーでディフェンスを崩す

プレーの動画はこちら

図1

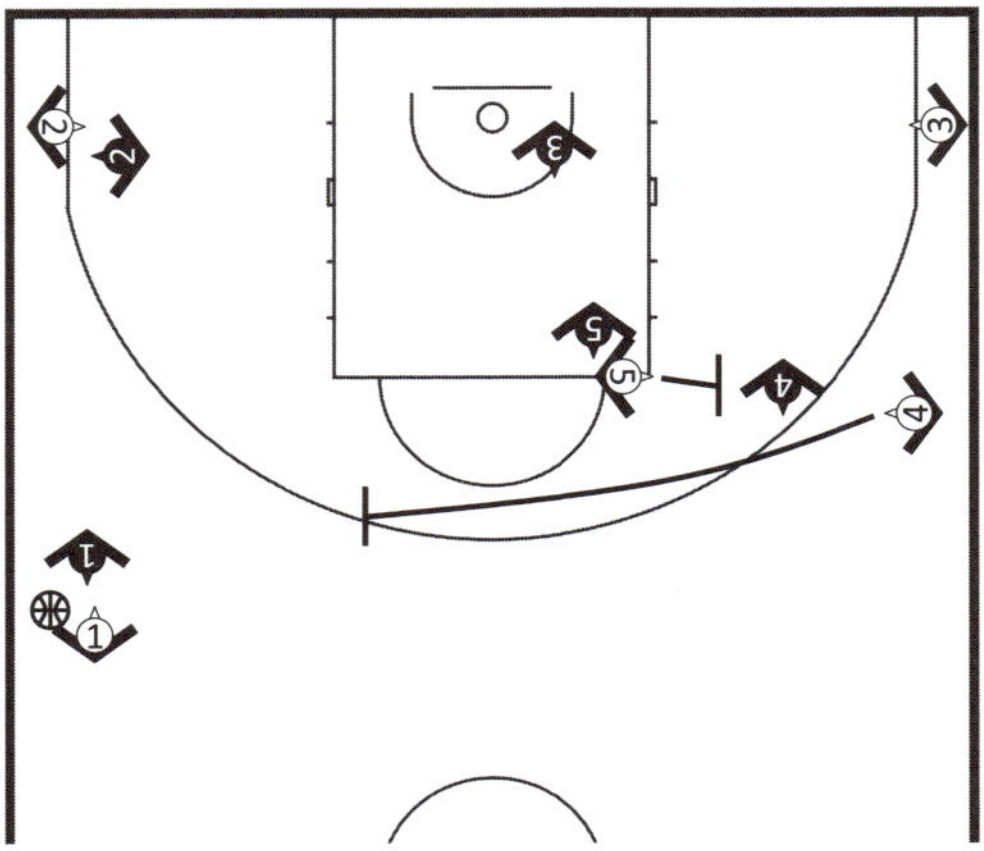

図2

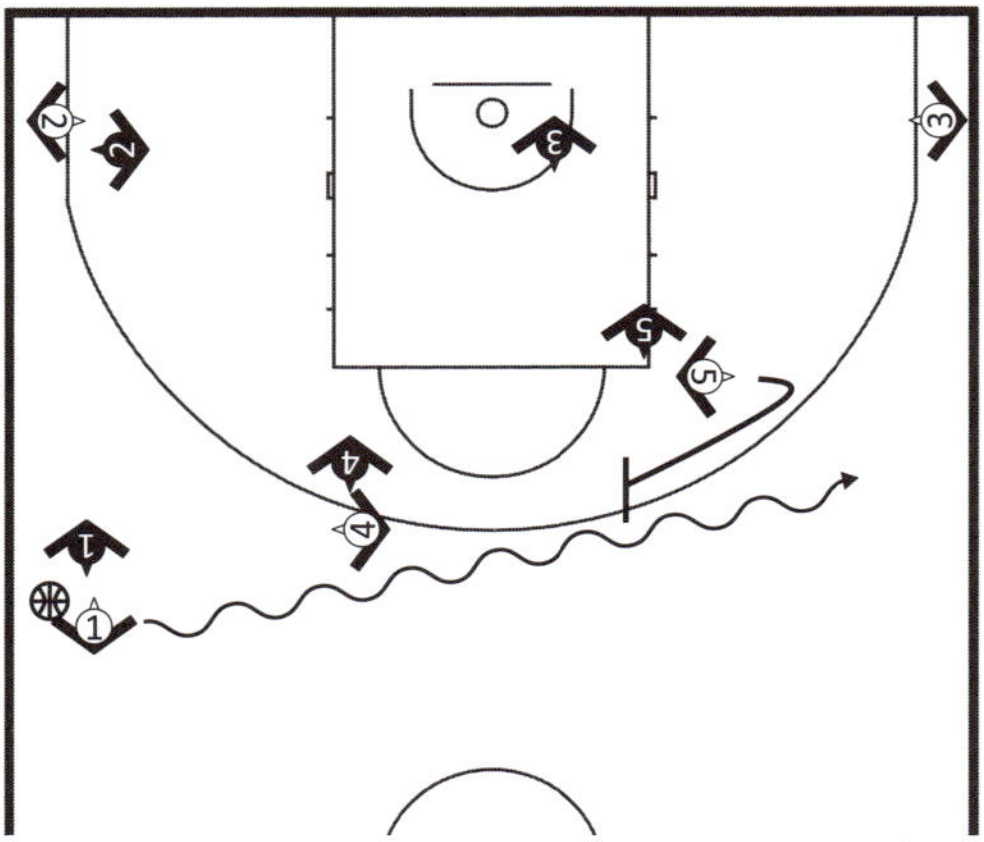

DFにダブルドラッグの対応をさせる

ダブルドラッグからのスクリーン・ザ・スクリーナーでディフェンスを崩して得点を狙うセットです。

図1 ボールマンのジョシュ・ギディー①が左サイドライン付近にドリブルエントリーし、パティ・ミルズ②、ジョック・ランデール⑤、ニック・ケイ④、ダイソン・ダニエルズ③が図のようにポジションを取ります。⑤は❹にスクリーンをセット。④は⑤のスクリーンを利用して左スロットに移動し、❶に対するスクリーンをセットします。

図2

図3

図4

⑤は④がスクリーンを通過した後に向きを変え、❶にスクリーンをセットします。①は④と⑤によるダブルドラッグを利用し、右ウィング付近までドリブル。

図3

②は①がダブルドラッグを利用するタイミングで左エルボー付近に移動し、❹にスクリーンをセットします。④は①がスクリーンを通過した後に②のスクリーンを利用し、ゴールに向かいます。

図4

⑤は①がスクリーンを通過した後に❷へスクリーンをセットします。②は④がスクリーンを通過した後、⑤のスクリーンを利用してトップに飛び出します。そして、①からパスを受けてリングにアタック。❷からするとスクリーナーDFとして対応しているところで、②が⑤のスクリーンを利用します。そのため、②についていくことが難しくなります。パスを受けた②はドライブして3人のディフェンスを引きつけ、ディフェンスを崩しました。

GAME DATA
Paris 2024
3Q 10:00　オーストラリア49-42スペイン

23

★★★★★

オフボールスクリーン、DHO、スペインPnRを連続してディフェンスを引き離す

プレーの動画はこちら

図1

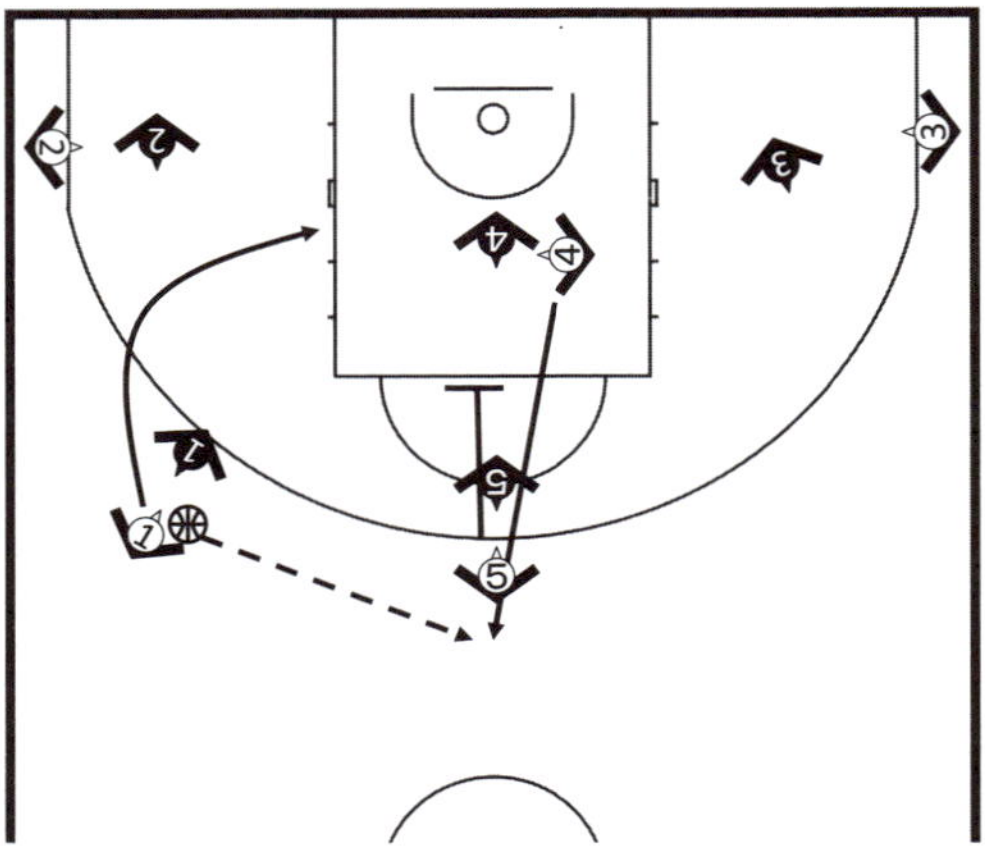

図2

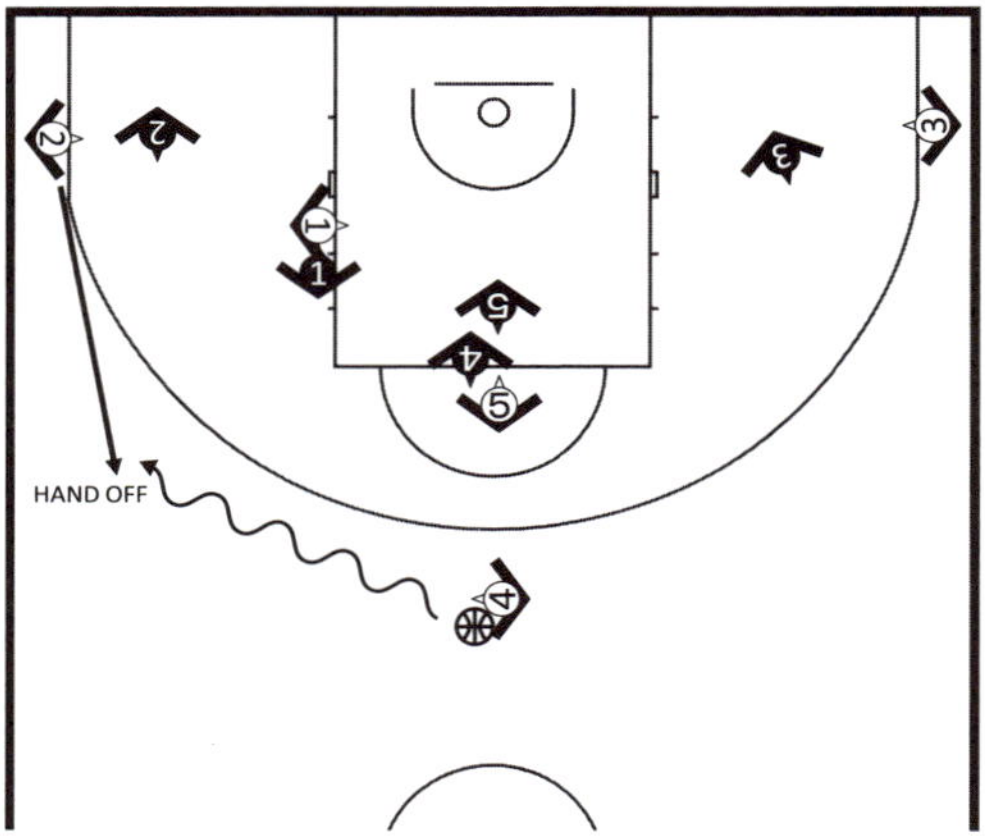

PnRの対応をしているスクリーナーにセット

オフボールスクリーン、DHO、スペインPnRを連続して行うことによりディフェンスを引き離して得点を狙うセットです。

図1

ボールマンのバシリイェ・ミチッチ①が左ウィングにドリブルエントリーし、ボグダン・ボグダノビッチ②、ニコラ・ヨキッチ⑤、フィリップ・ペトルセフ④、バーニャ・マリンコビッチ③が図のようにポジションを取ります。⑤はネイルに移動して❹にスクリーンをセット。④は⑤のスクリーンを利用してトップに飛び出し、①からのパスを受けます。パスを出した①は、❷に

図3

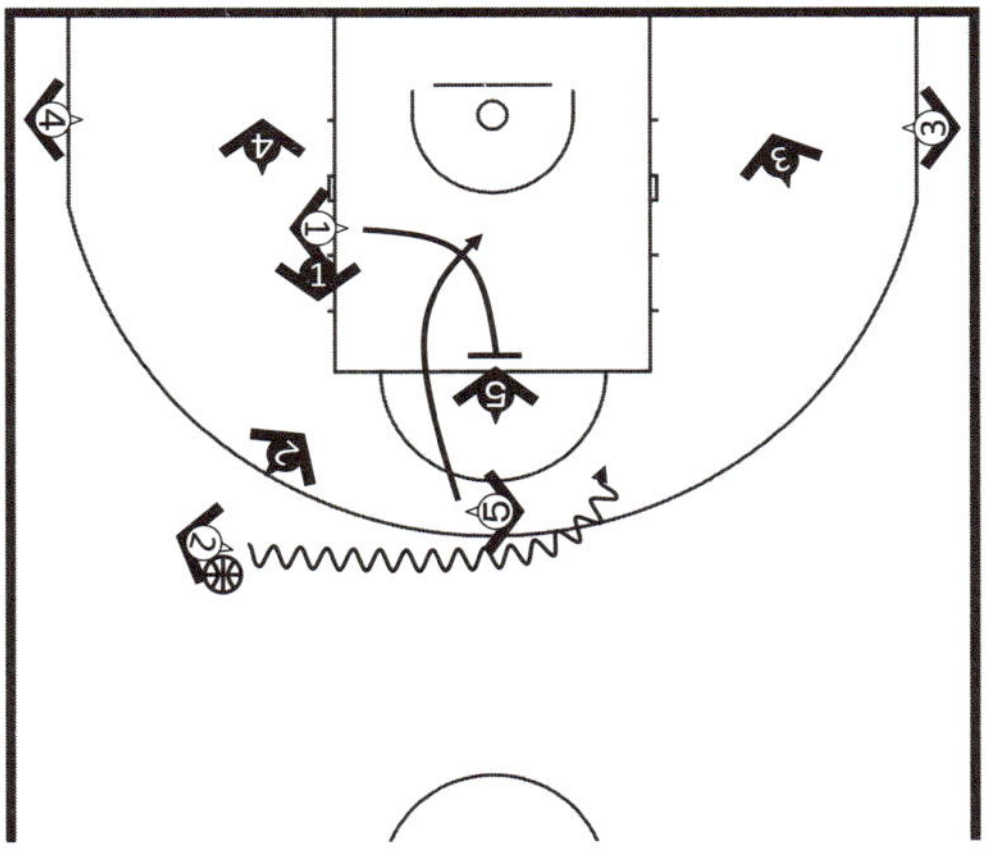

図4

スクリーンをかけるように見せかけてから左ミドルポストに移動します。

図2

②は①のスクリーンを利用するように見せかけながら左ウィングへと移動。パスを受けた④はドリブルで左ウィングに進み、向かってくる②にハンドオフパスを出します。

図3

⑤は④が通過した後にトップへ移動し、❷にスクリーンをセットします。

図4

同時に①はネイルに移動し、❺にスクリーンをセットします。④からハンドオフパスを受けた②は、⑤のスクリーンを利用してアタック。⑤は②が通過した後に、①のスクリーンを利用してゴールに向かってダイブします。②が❷を引き離したため、❶が②のドライブラインに立ちはだかりました。ところが、その間に①がポップアウトし、②からのパスを受けてノーマークの３Pショットを放ちました。

GAME DATA
Paris 2024
4Q 0:34　セルビア84-107アメリカ

24
★★★★★

シザースに見せかけたズームアクションでディフェンスを引き離す

プレーの動画はこちら

図1

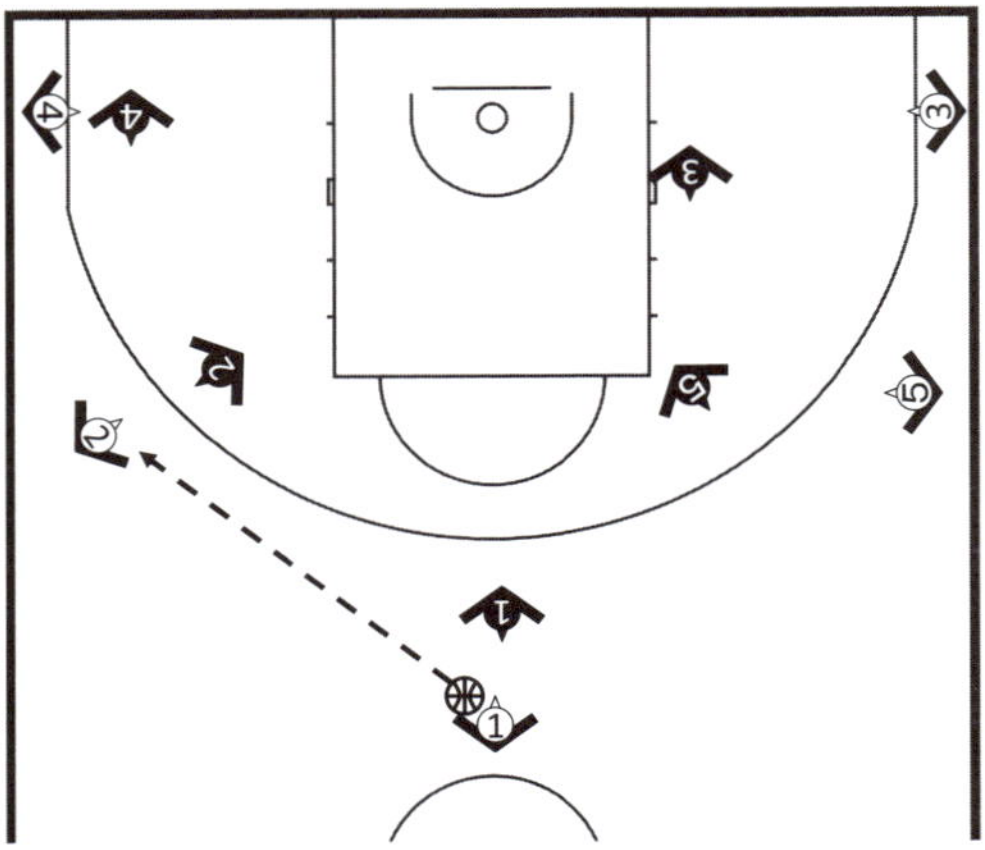

図2

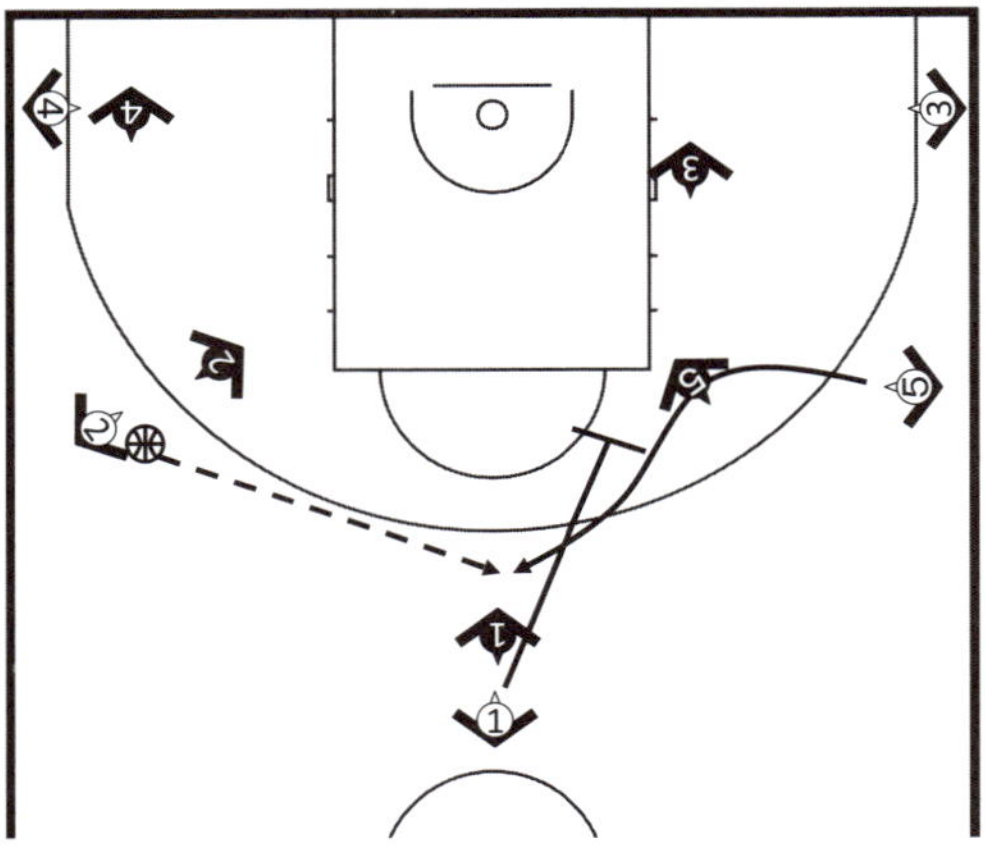

ハンドオフを受けるように見せかけてスクリーンをセット

シザースのように見せかけてズームアクションでディフェンスを引き離すことを狙うセットです。

図1
ボールマンの河村勇輝①がトップ、渡邊雄太④、馬場雄大②、ジョシュ・ホーキンソン⑤、吉井裕鷹③が図のようにポジションを取ります。①が②にパスを出します。

図2
パス後に①は❺にスクリーンをセット。⑤は①のスクリーンを利用してトップに飛び出し、②からパスを受けます。

図3

図3

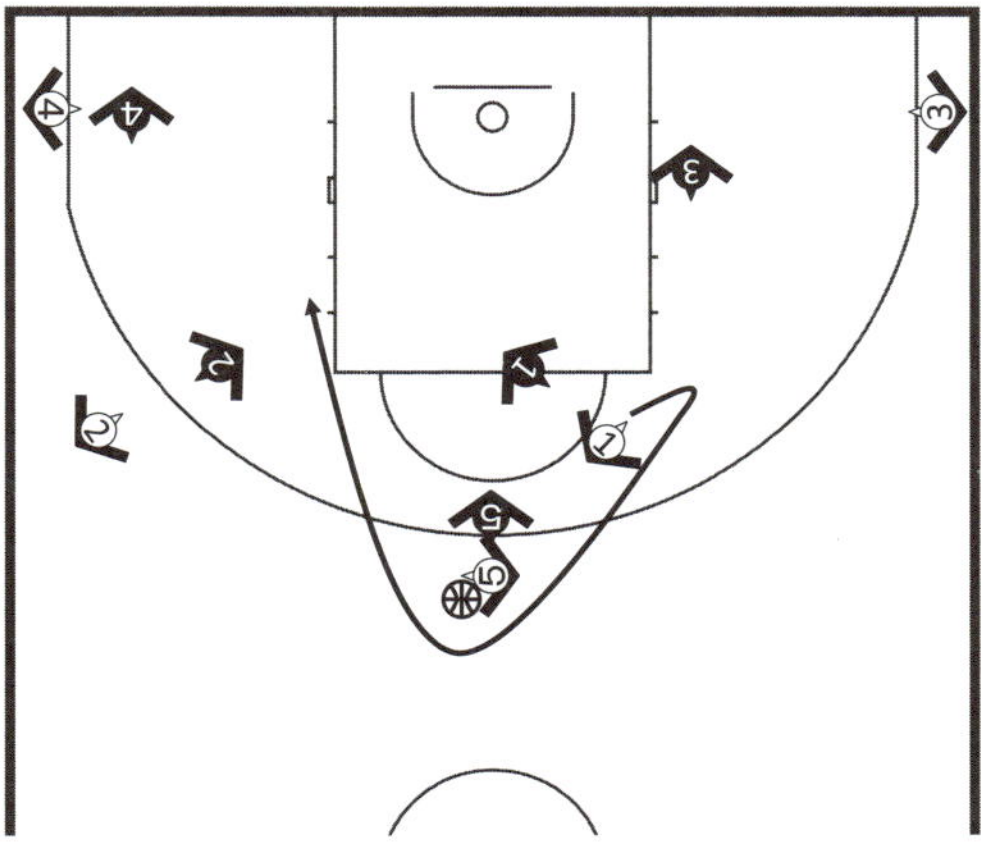

図4

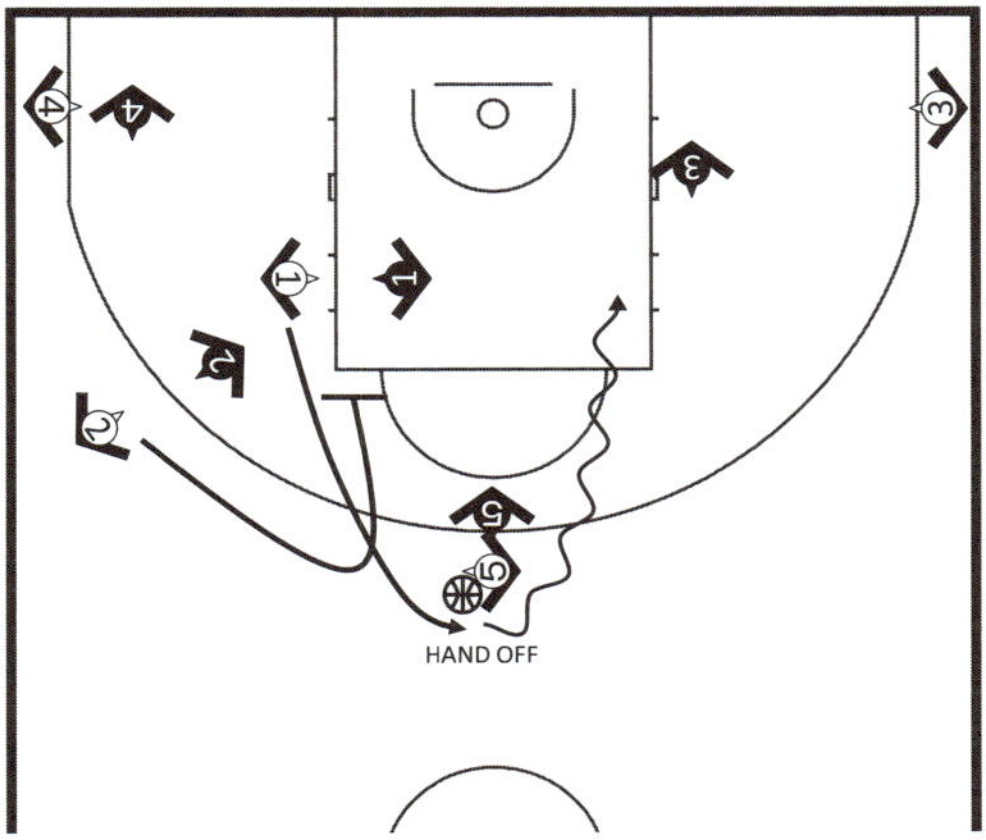

①は⑤が通過した後に向きを変え、パスを受けた⑤に向かい、⑤の周りを回って左エルボー付近に移動します。

図4

②は①が⑤の周りを通過するタイミングで⑤に向かって進みます。しかし、②は左スロットに到達したあたりで向きを変え、左エルボーに移動して❶にスクリーンをセット。①は②のスクリーンを利用して⑤に向かって移動し、⑤からハンドオフパスを受けます。⑤からハンドオフパスを受けた①はリングに向かってアタックします。❶からすると、⑤の周りを回る①に対応したところに②のスクリーンがセットされ、さらに①が逆回りで⑤の周りを回ってハンドオフパスを受けるため、①のマッチアップが難しくなります。❶を引き離した①はペイント内にドライブ、4人のディフェンスを引きつけました。①はポップした②にキックアウトし、さらに②から⑤にエクストラパス。最後は⑤が3Pショットを沈めました。

GAME DATA
Paris 2024
4Q 10:00　日本73-77ブラジル

図1

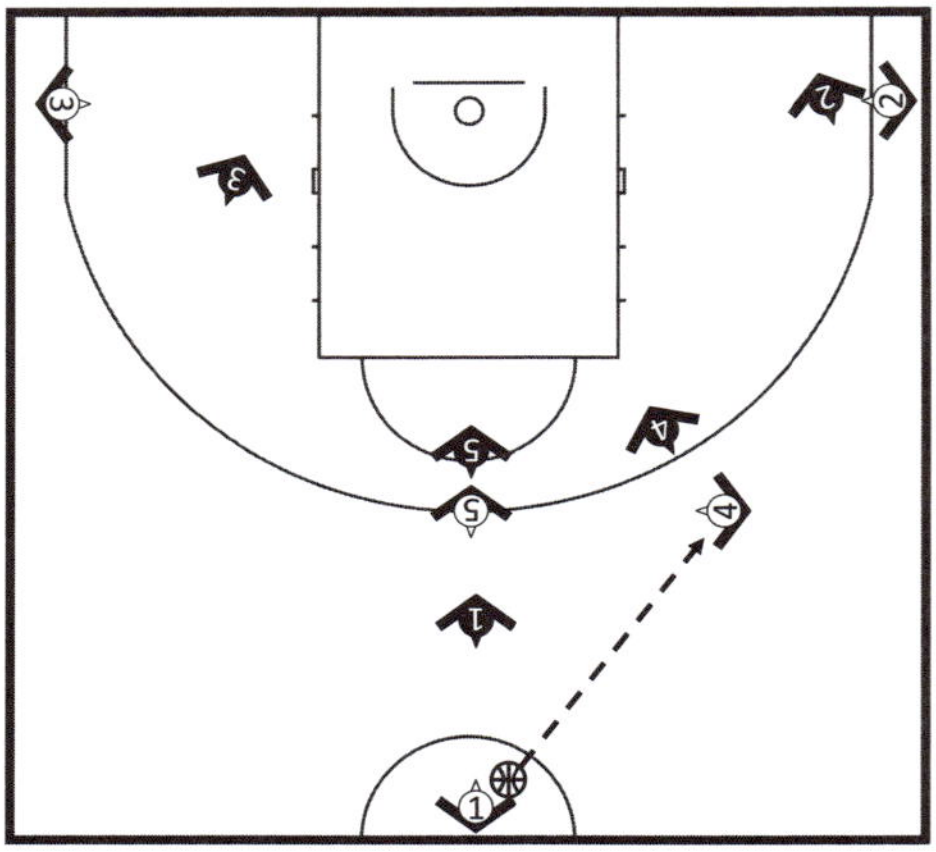

図2

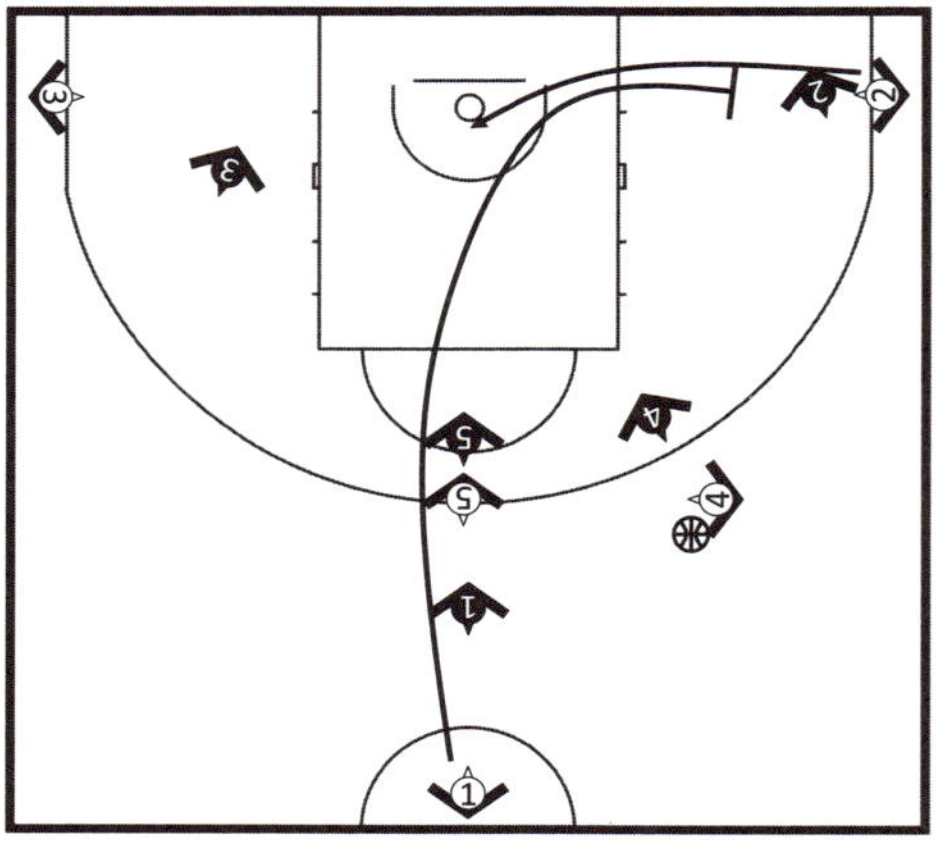

25
★★★★★

スクリーン・ザ・スクリーナーとズームアクションの組み合わせでディフェンスを引き離す

プレーの動画はこちら

DHOの対応をしたスクリーナーにセット

スクリーン・ザ・スクリーナーとズームアクションの組み合わせによってディフェンスを引き離して得点を狙うセットです。

図1

ボールマンのイザイア・コルディニエ①がミドルレーンにドリブルエントリーし、ほかのプレーヤーは図のようにポジションを取ります。①は④にパスを出します。

図2

その後、①は⑤のスクリーンを利用して右コーナーに移動し、❷にスクリーンをセット。②は①のスクリーンを利用し、ゴー

図3

図4

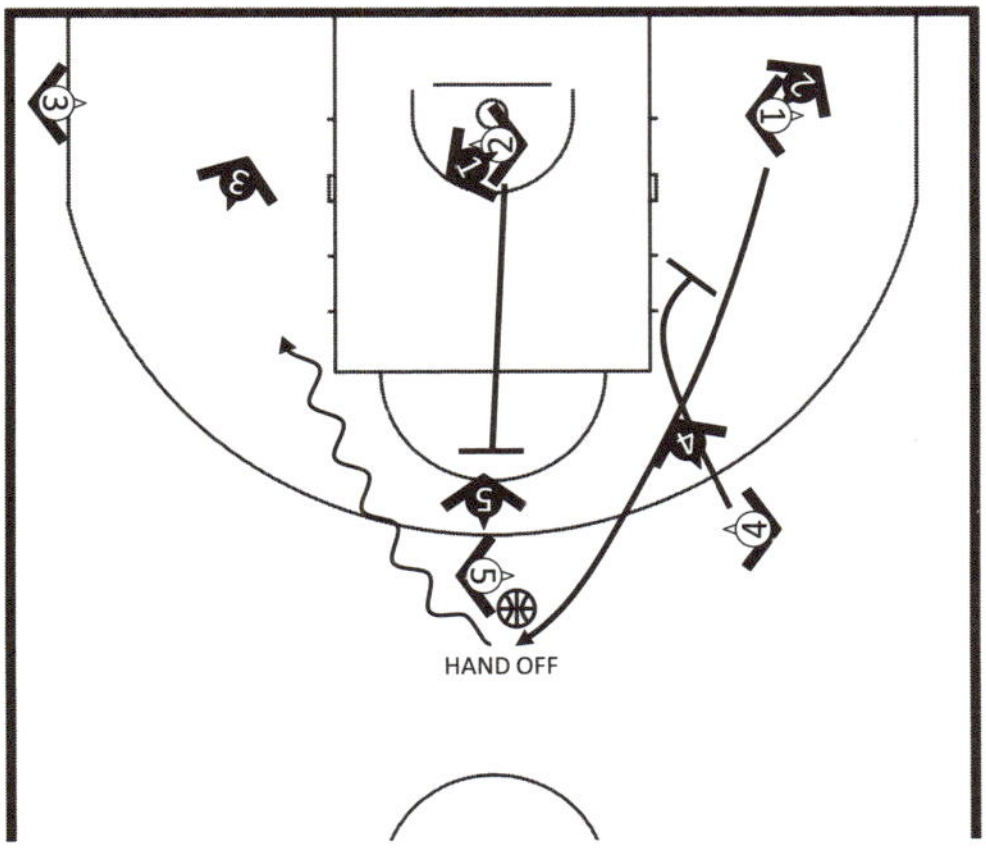

ル下に侵入します。❶と❷は①と②によるオフボールスクリーンにスイッチで対応しました。

図3

⑤は①がスクリーンを通過した後、④からパスを受けます。

図4

④は⑤へのパス後、①とマッチアップする❷にスクリーンをセット。①は④のスクリーンを利用して⑤に向かって進み、⑤からハンドオフパスを受けてリングにアタックします。①が④のスクリーンを利用するタイミングで②は❺にスクリーンをセット。❷からすると、オフボールスクリーンにスイッチで対応したところで、マッチアップした①がズームアクションを利用するため、①についていくことが難しくなります。結果❷は①にファウルをしてしまいました。ファウルがなければ、⑤は①にハンドオフパスを出した後、②のスクリーンを利用してゴールに向かいます。

GAME DATA
Paris 2024
2Q 1:30　フランス36-46アメリカ

オリンピックでの日本代表を見て

流通経済大学スポーツコミュニケーション学科RKU BASKETBALL LAB“バスラボ”
鶴見翔馬

パリオリンピックでの日本を見て感じることがいくつもありました。48年ぶりの自力出場となった日本は、同グループの強豪国との対戦において52年振りのオリンピックでの勝利を目指しました。日本の初戦のドイツ戦では、最終的に点差は離れてしまいましたが、ワールドカップに比べて、八村塁選手の合流もありチーム力が向上しているように感じられました。そのように感じた理由として、一人ひとりの覚悟や責任感などが選手の表情やプレーから伝わってきたことがあげられます。

その後のフランス戦は、OTまでもつれる大激戦となりました。私も実際にテレビで観戦していましたが、最後の4点プレーに関しては私自身も正直誤審ではないかと思いました。しかし、あのような場面でタフな3ポイントショットを決めたフランスのプレーヤーは流石だと思いました。最後のブラジル戦では、ブラジルの3ポイントショットの確率が日本を圧倒的に上回りました。

結果、オリンピックでの52年ぶりの勝利とはなりませんでしたが、世界で戦い抜いた日本のプレーヤーは私の憧れであり、目標とする方々です。スターターとして出場するプレーヤーもベンチスタートのプレーヤーもチームの全員が同じエナジーを持ち、戦い抜く姿は、私もこれから大学でチームを引っ張る立場になる人間として見習わなければならないと思いましたし、自分自身がそれをコートで一番に体現できるプレーヤーにならなければならないと思いました。

Part4

★★★★★

ワールドカップ&五輪のBOB

16

図1

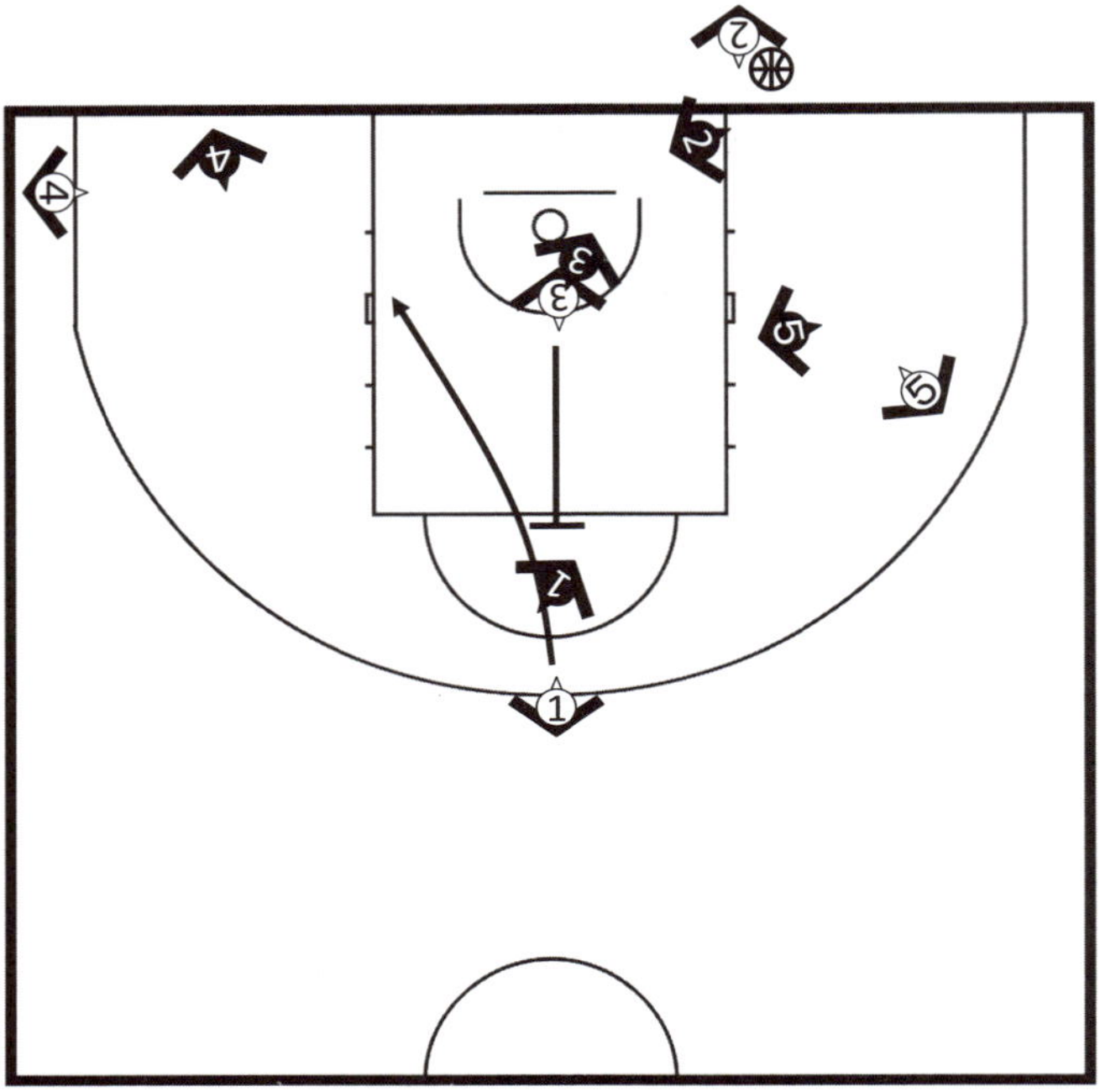

01

★★★★★

スクリーン・ザ・スクリーナーでオープンを作って3Pショットを狙う

プレーの動画はこちら

スクリーンに対応しているスクリーナーにセット

スクリーン・ザ・スクリーナーによりオープンなプレーヤーを作り出して3Pショットを狙うセットです。

図1

フリン・キャメロン②がインバウンダーになり、ノーチャージセミサークルにルーベン・テ・ランギ③、トップにアイゼア・リアファ①、右ウィングにアイザック・フォトゥ⑤、左コーナーにフィン・ディレイニー④がポジションを取ります。③が❶にスクリーンをセットし、①がペイント内へと侵入します。ゴール付近ではショット成功率が高くなるため、ディフェンスとしてはゴ

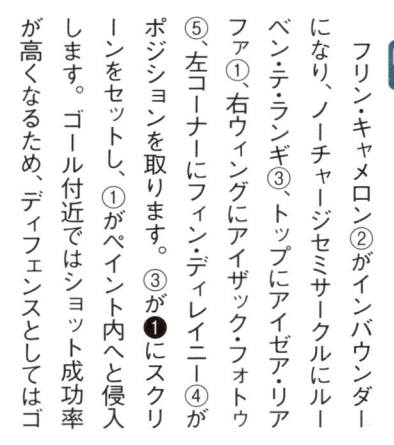

図2

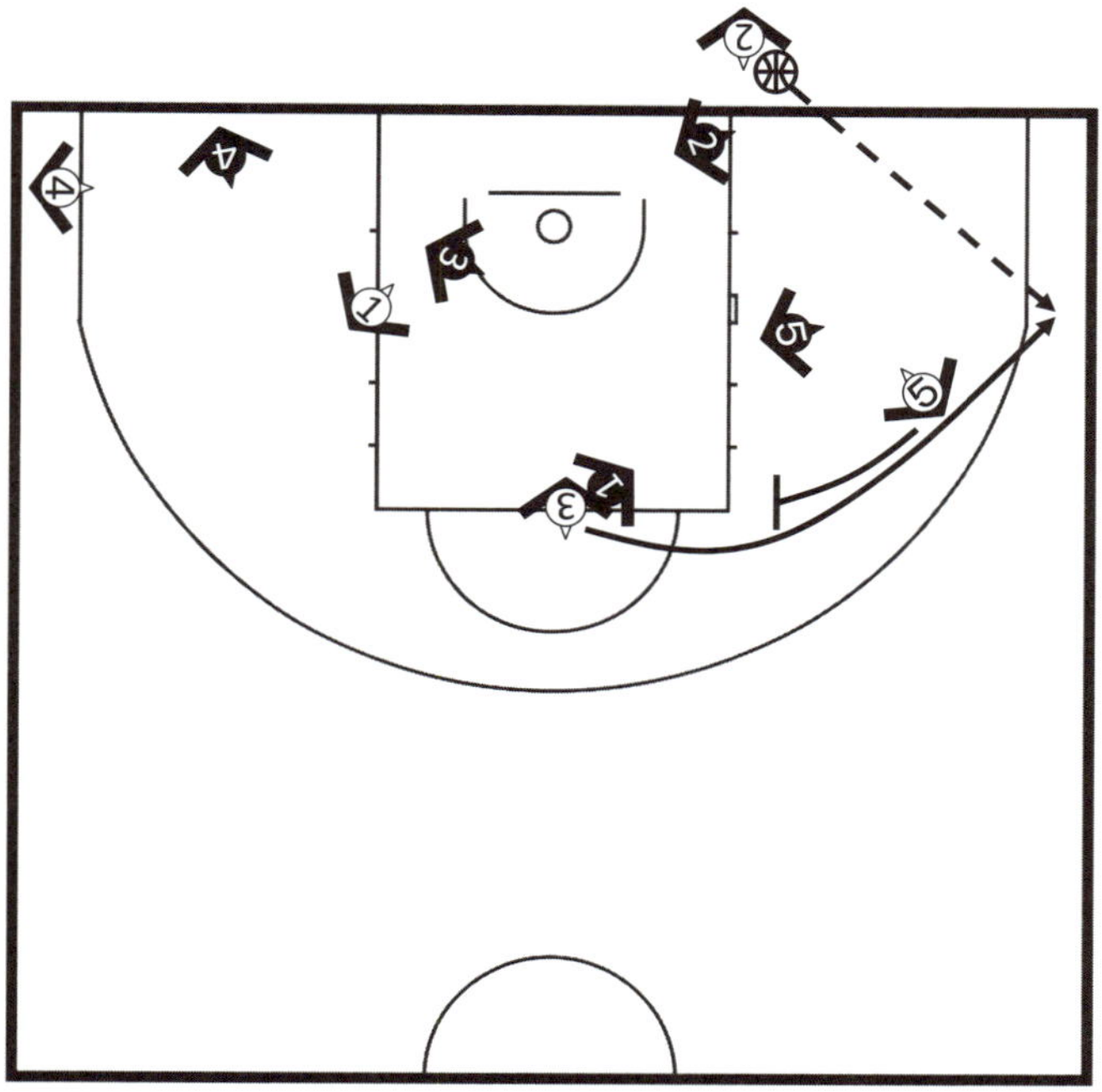

ール付近でボールを受けさせないようにしなければなりません。アメリカはスイッチをして③とマッチアップしていた❸が①をマッチアップし、①とマッチアップしていた❶が③をマッチアップしました。

図2

③と①によるオフボールスクリーンの間に、⑤は右エルボー付近で③とマッチアップする❶にスクリーンをセット。スクリーナー③が⑤のスクリーンを利用して右ウィングに飛び出して②からのパスを受けます。❶としては、最初のオフボールスクリーンに対応したところに新たなスクリーンがセットされるため、スクリーンの回避が難しくなります。③はスイッチで対応したばかりの❶を⑤のスクリーンにヒットさせることに成功し、ノーマークの状態でボールをレシーブして3Pショットを放ちました。

GAME DATA
FIBA World Cup 2023
2Q 6:07　アメリカ30-29ニュージーランド

図1

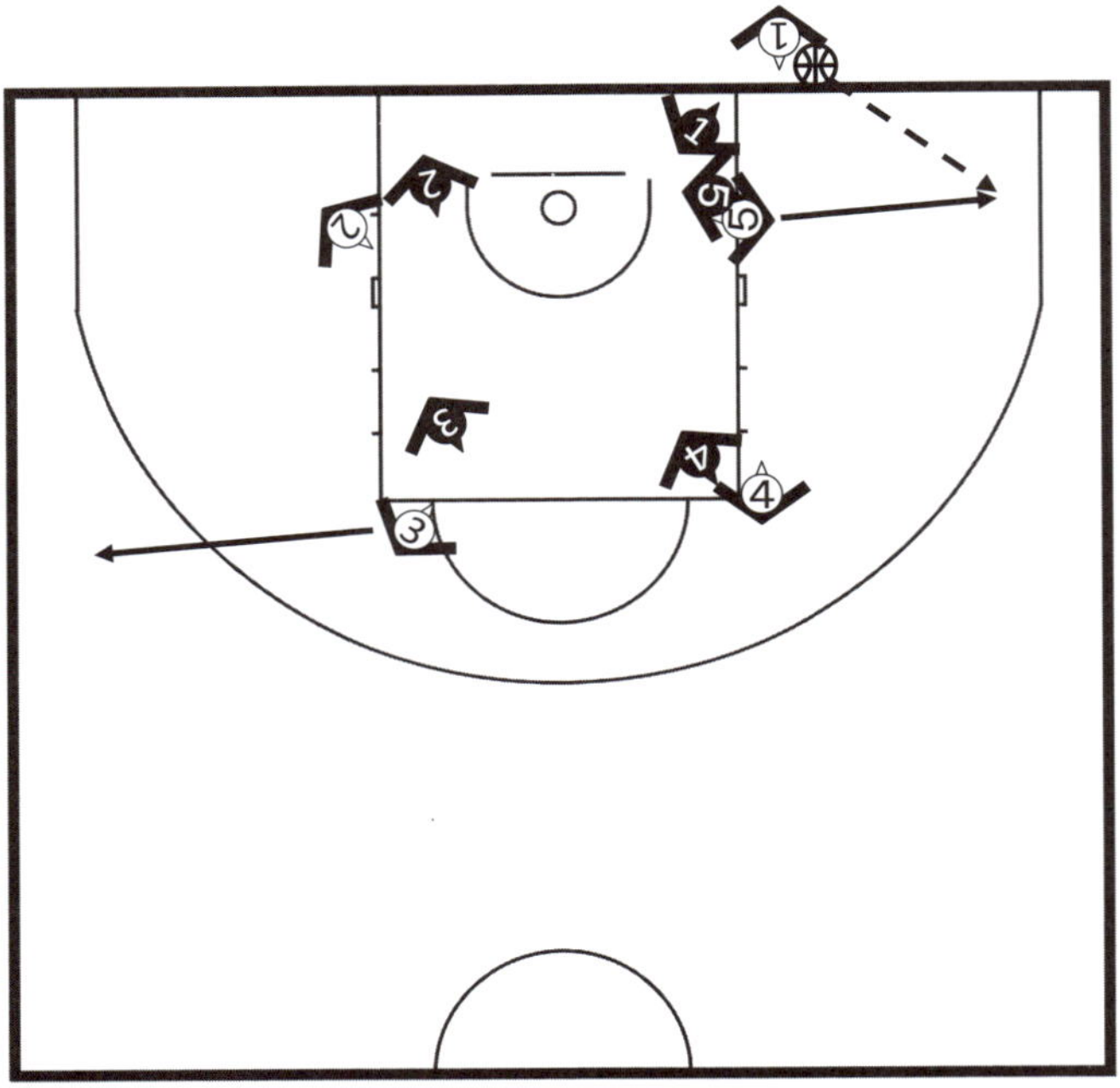

02

★★★★★

インバウンダーがスローイン後に2つのスクリーンを利用してオープンになる

プレーの動画はこちら

インバウンダーとマッチアップするDFの対応を遅らせる

インバウンダーのプレーヤーに2つのスクリーンを利用させるセットです。

図1

河村勇輝①がインバウンダーになり、右ローポストに川真田紘也⑤、右エルボーに渡邊雄太④、左ローポストに比江島慎②、左エルボーに馬場雄大③がポジションを取るボックスセットからスタートします。⑤が右コーナーに飛び出し、①からのパスを受けます。ディフェンスは②とマッチアップする❷に⑤がスクリーンをセットし、②が右サイドでボールを受けるプレーを予測しがちなため、⑤は比較的簡単

図2

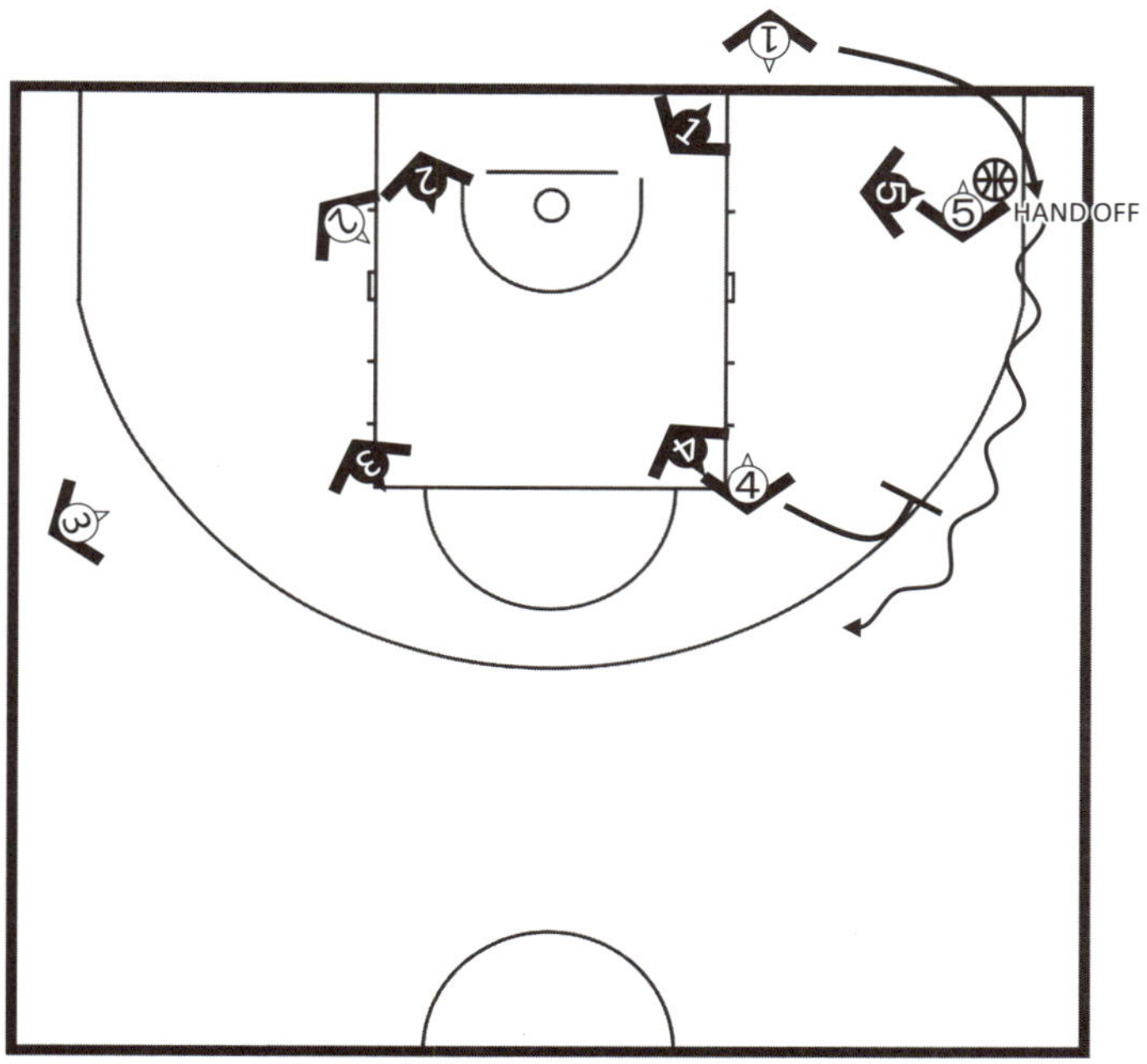

にボールを受けることができます。

図2 ①はパス後に⑤へ向かい、⑤からハンドオフパスを受けます。①とマッチアップする❶は、インバウンダーである①がショットをできないため、コート内のプレーヤーに注意を向けています。したがって、❶は①の移動に遅れてついていき、①は❶に邪魔されることなく⑤からのハンドオフパスを受け取れます。また、⑤と①のハンドオフのタイミングで、④は右ウィングあたりでスクリーンをセット。ハンドオフパスを受けた①は④のスクリーンを利用します。❶からすると、⑤によるハンドオフに対応したところに④のスクリーンがセットされるため、④のスクリーンを回避することが困難に。①は❶を大きく遅らせることに成功し、オープンな状態での3Pショットを放つことができました。

GAME DATA
FIBA World Cup 2023
4Q 6:10　日本60-68ベネズエラ

図1

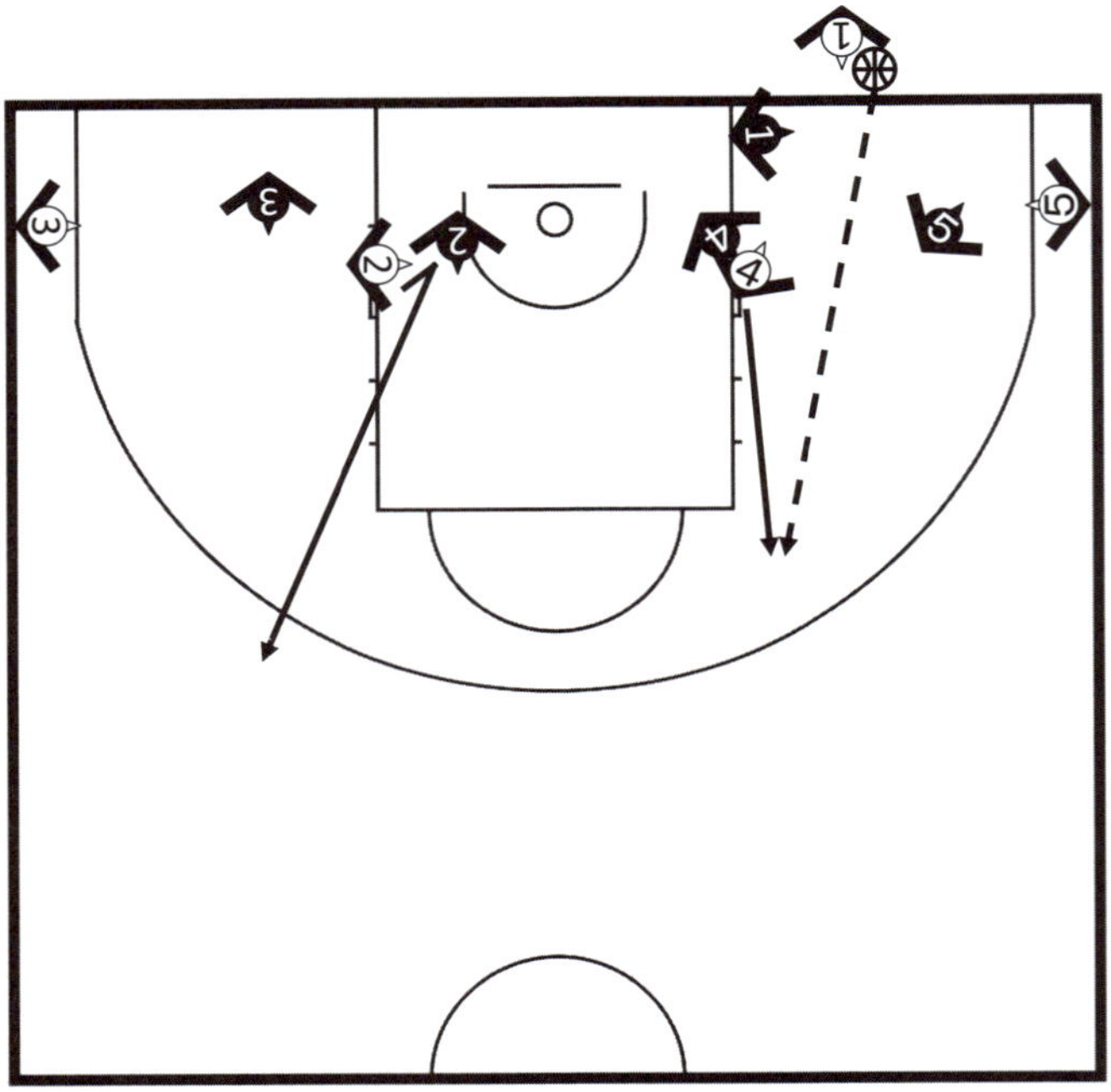

03

★★★★★

インバウンダーがスクリーナーとなってビッグマンをゴール下に侵入させる

プレーの動画はこちら

DFをカウンターで抜き去りダンク

インバウンダーがインバウンズ直後にスクリーナーとなって、オフボールスクリーンをかけるセットです。

図1

シェイ・ギルジャス・アレクサンダー①がインバウンダーとなり、ケリー・オリニク⑤が右コーナー、ドワイト・パウエル④が右ローポスト、RJ・バレット②が左ローポスト、ディロン・ブルックス③が左コーナーにポジションを取ります。④が右エルボー付近に飛び出して①からのインバウンズパスを受けます。①は④に向けてではなく、右エルボーあたりの空間に浮か

図2

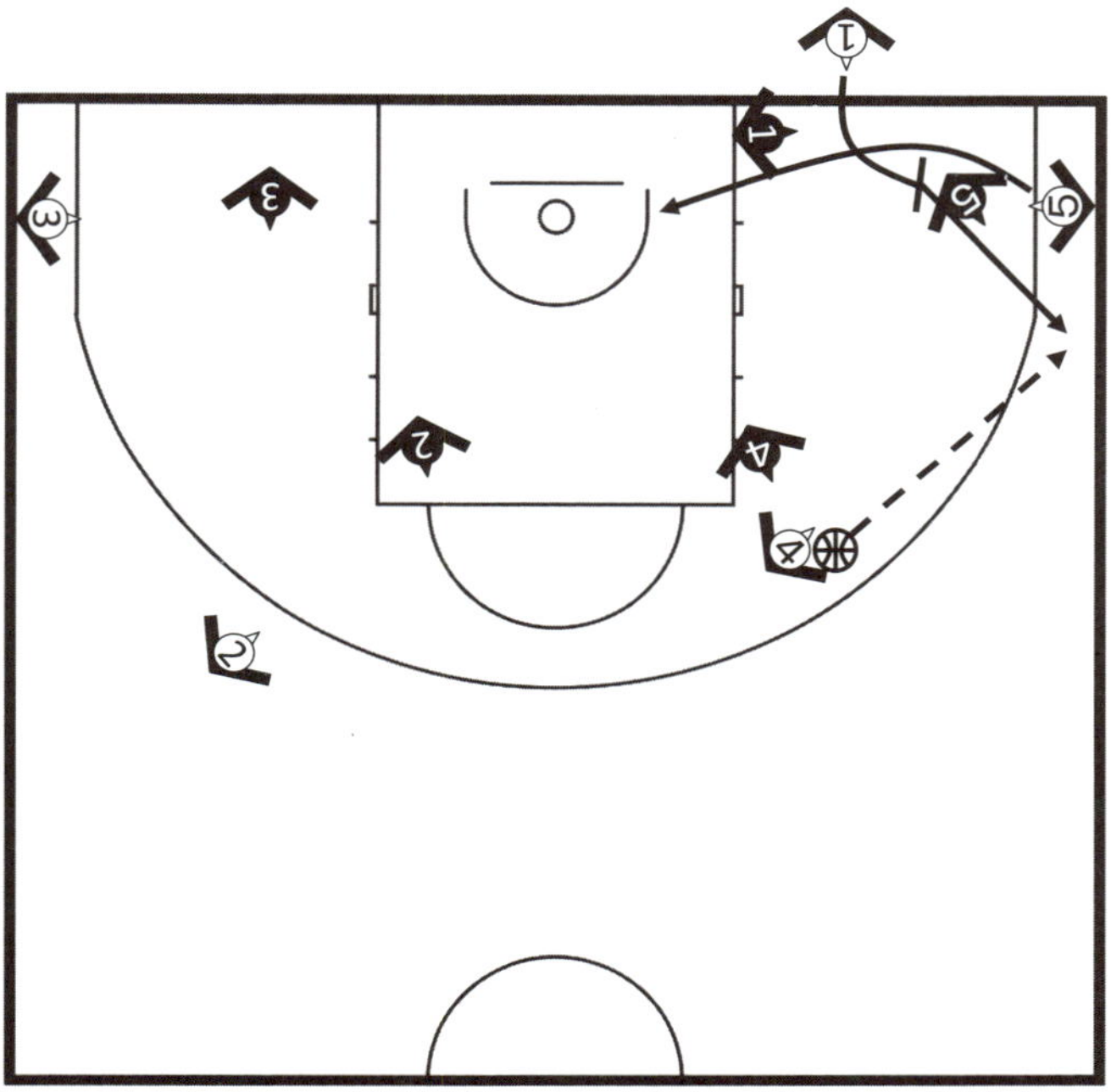

せたパスを出し、④はこのボールに飛びつきます。②は一度❷をゴール方向に押し込んでから左スロットへと飛び出します。❷をゴール方向へ押し込むことにより④によるボールレシーブを確実にし、その後左スロットへと広がることによりゴール付近のスペースを作り出します。

図2

①はインバウンズパス後、⑤とマッチアップする❺にスクリーンをセット。⑤は①のスクリーンを利用してゴール付近へと侵入します。❶と❺は体格差があるため、スイッチの選択はできません。そのため、ゴール付近に侵入する⑤に対して、❶と❺の2人が対応することになります。その間に①は右コーナーへと飛び出し、④からのパスを受けます。①がパスを受けた時にはロングクローズアウトの状態であり、①は慌てて飛び出してきた❶をカウンターで抜き去りダンクを叩き込みました。

GAME DATA
FIBA World Cup 2023
3Q 6:02　レバノン33-79カナダ

図1

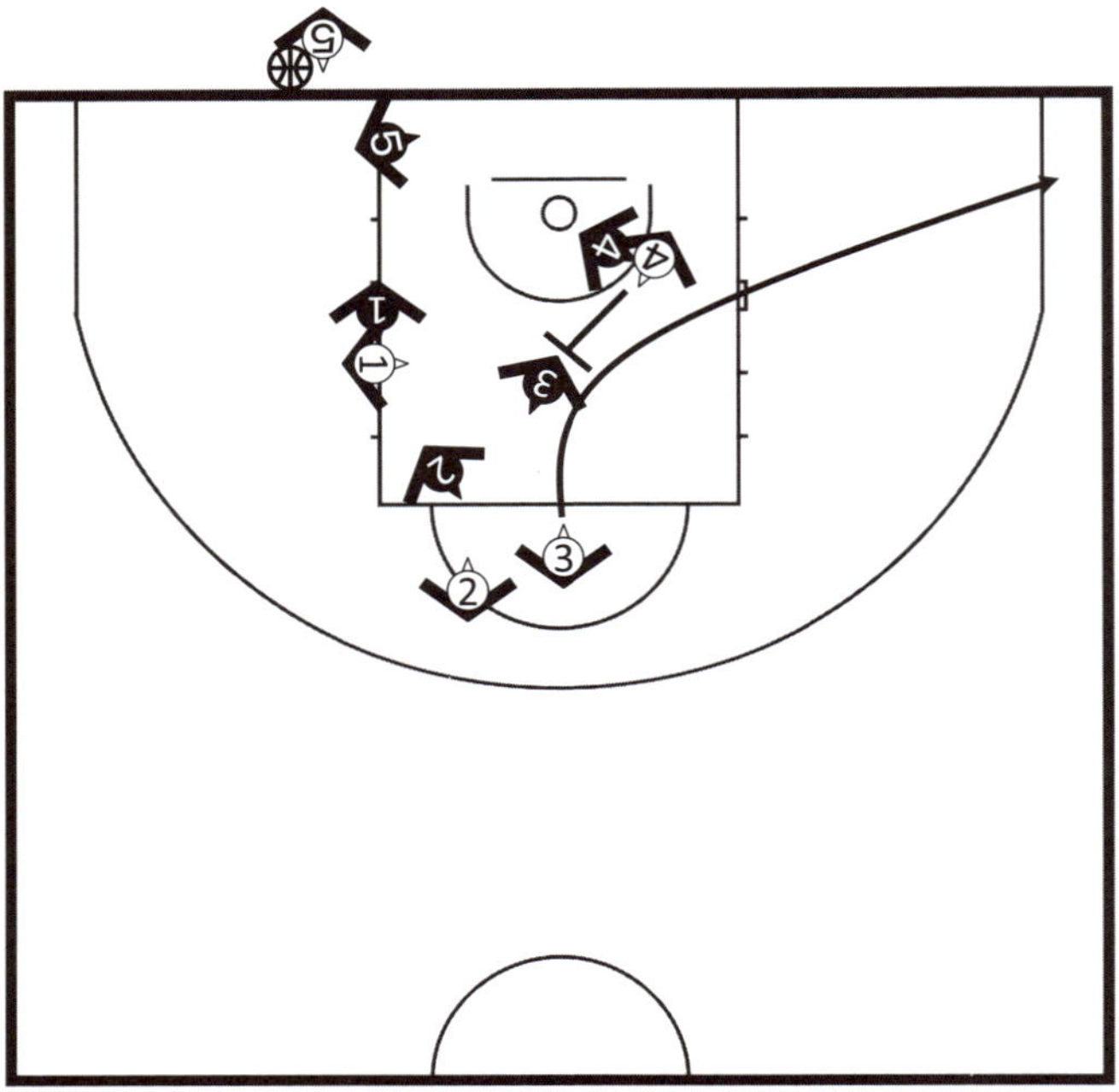

04

★★★★★

ゴール付近に飛び込むプレーヤーにDFの注意を向けさせて次のアクションを展開

プレーの動画はこちら

スクリーン・ザ・スクリーナーのインバウンスプレー

オフボールスクリーンでゴール付近にプレーヤーを飛び込ませることによりディフェンスの注意を集め、その間にスクリーナーが新たなスクリーンを利用してノーマークになることを狙うセットです。

図1

ニコラ・ミルチノフ⑤がインバウンダーになり、ニコラ・ヨビッチ④がノーチャージセミサークルの右側、ボグダン・ボグダノビッチ②とオンジェン・ドブリック③がネイルよりもややトップ側に並び、ステファン・ジェロバック①が左ミドルポストにポジションを取ります。④が❸にスクリー

図2

ンをセットし、③は④のスクリーンを利用してゴール付近に侵入。ゴール付近のショットは成功率が高いため、ディフェンスは③の侵入を防ぐ必要があります。❸と❹はスイッチをし、③に❹、④に❸がマッチアップすることにより、③のゴール付近への侵入に対応しました。

図2

③と④によるオフボールスクリーンの間に、①はペイント内に侵入してスクリーンをセット。ここでは、ディフェンスがスイッチをしたため、①は④とマッチアップする❸にスクリーンをセットしました。④は①のスクリーンを利用して⑤からのインバウンズパスを受けます。❸からすると、オフボールスクリーンに対応したところに、新たなスクリーンがセットされるため、新たなスクリーンへの対応が難しくなります。④は❸を引き離してインバウンズパスを受け、リングに向かってアタックしました。

GAME DATA
FIBA World Cup 2023
1Q 5:32　カナダ35-31セルビア

図1

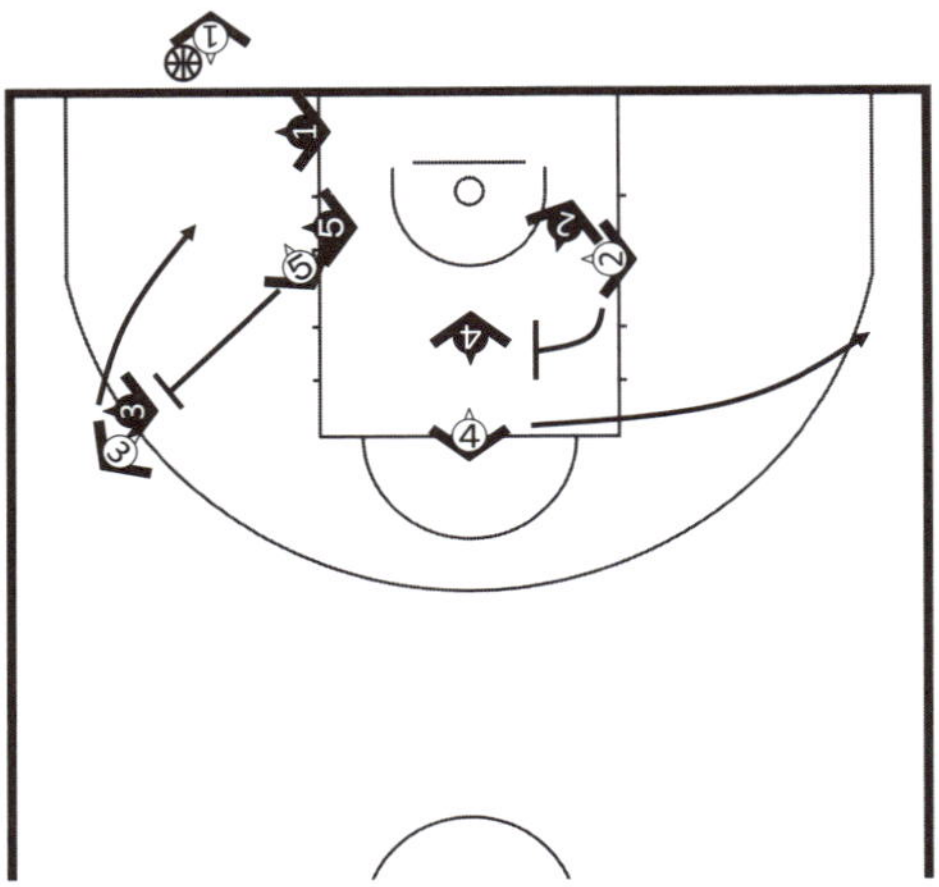

図2

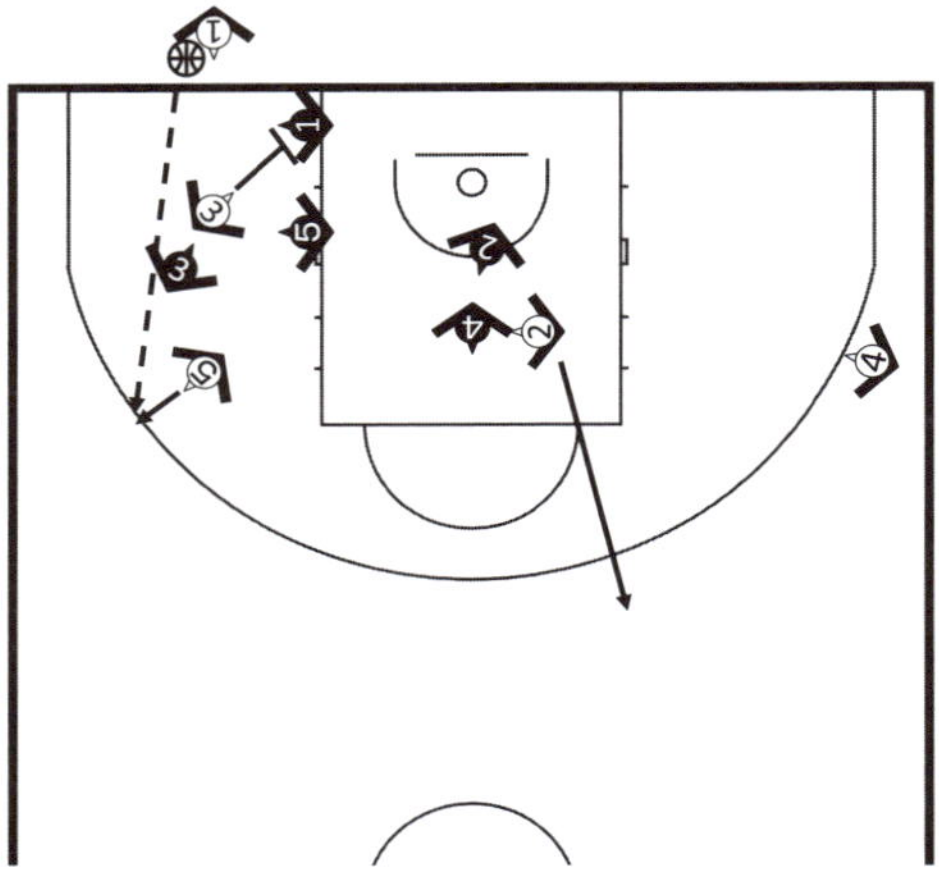

05 ★★★★★ スクリーンを利用したプレーヤーがインバウンダーDFにスクリーンをセットする

プレーの動画はこちら

ハンドオフからズレを作り有利にオフェンスを展開

スクリーンを利用したプレーヤーがインバウンダーとマッチアップするディフェンスにスクリーンをセットし、さらにインバウンダーがハンドオフでボールを受けることによりディフェンスを引き離すセットです。

図1

シェイン・ダホサ①がインバウンダーになり、ほかのプレーヤーは図のようにポジションを取ります。⑤が❸にバックスクリーンをセットし、③はスクリーンを利用してゴール方向へ。同時に②は❹にスクリーンをセットし、④はスクリーンを利用

図3

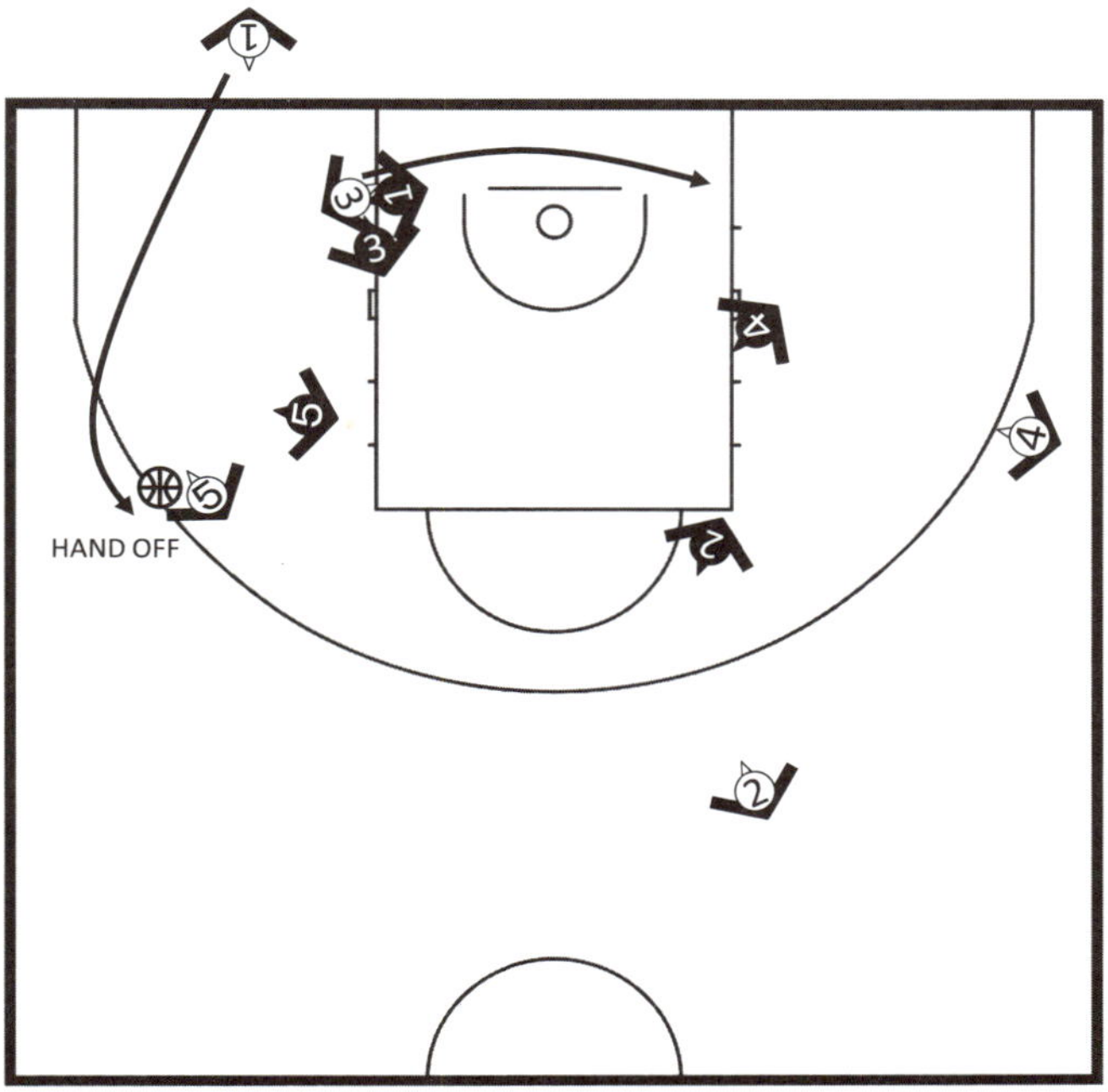

して右ウィングに飛び出します。

図2

②は④がスクリーンを通過した後に右スロットへと移動し、ゴール付近のスペースを空けます。⑤は③がスクリーンを通過した後、左ウィングあたりに飛び出してインバウンズパスを受けます。⑤とマッチアップしている❺は③によるゴール付近への侵入を阻止しようとするため、⑤は簡単にパスをレシーブすることができます。ゴール方向に進んだ③は❶にスクリーンをセットします。

図3

①はインバウンズパスを出した後、③のスクリーンを利用して⑤へと向い、⑤からハンドオフパスを受けます。③によるオフボールスクリーンと⑤とのハンドオフによるアウトサイドスクリーンを利用した①は❶とのズレを作り出すことに成功し、その後のオフェンスを有利に展開させることができました。

GAME DATA
Paris 2024
2Q 7:28　日本26-21カーボベルデ

06

★★★★★

縦のオフボールスクリーンに続き横のスタッガードスクリーンでDFを引き離す

プレーの動画はこちら

スクリーンプレーで さまざまなズレを作っていく

縦のオフボールスクリーンの直後に横のスタッガードスクリーンでズレを作り出すセットです。

図1

アレクセイ・ニコリッチ②がインバウンダーとなり、ほかのプレーヤーは図のようにポジションを取ります。④が❸にスクリーンをセットし、③がゴール付近に侵入します。

図2

④は❶にスクリーンをセット。⑤も④の背後でスクリーンをセットします。①は④と⑤のスクリーンを利用して左ウィ

図1

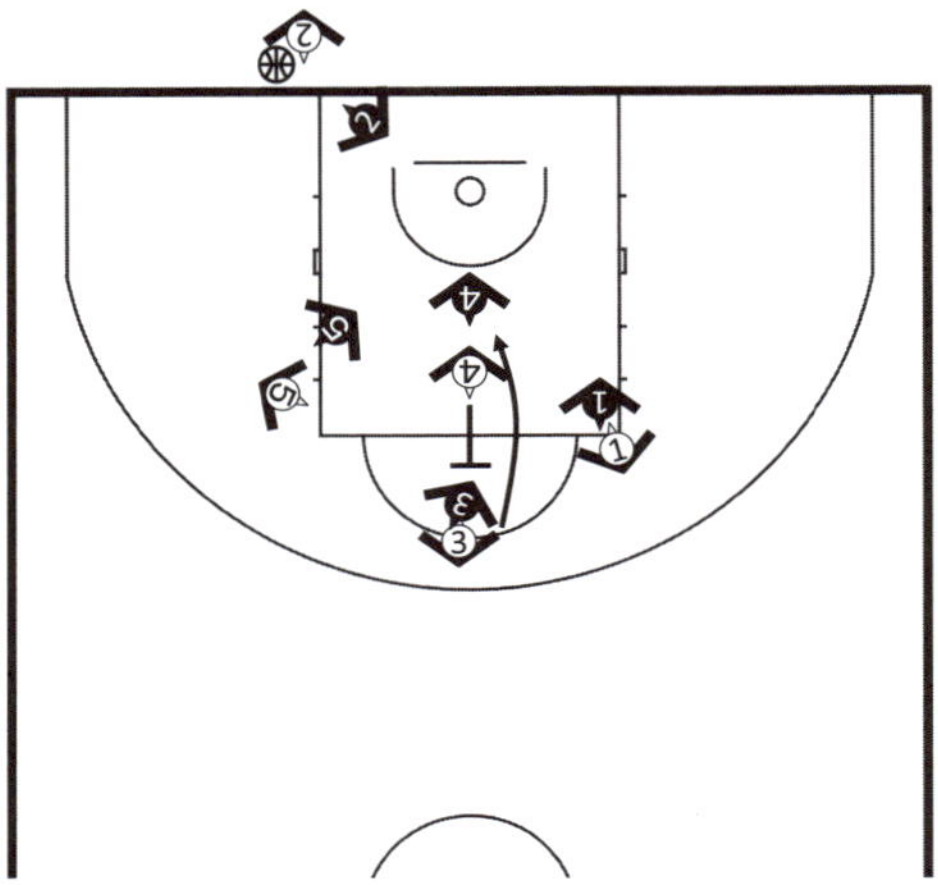

図2

図3

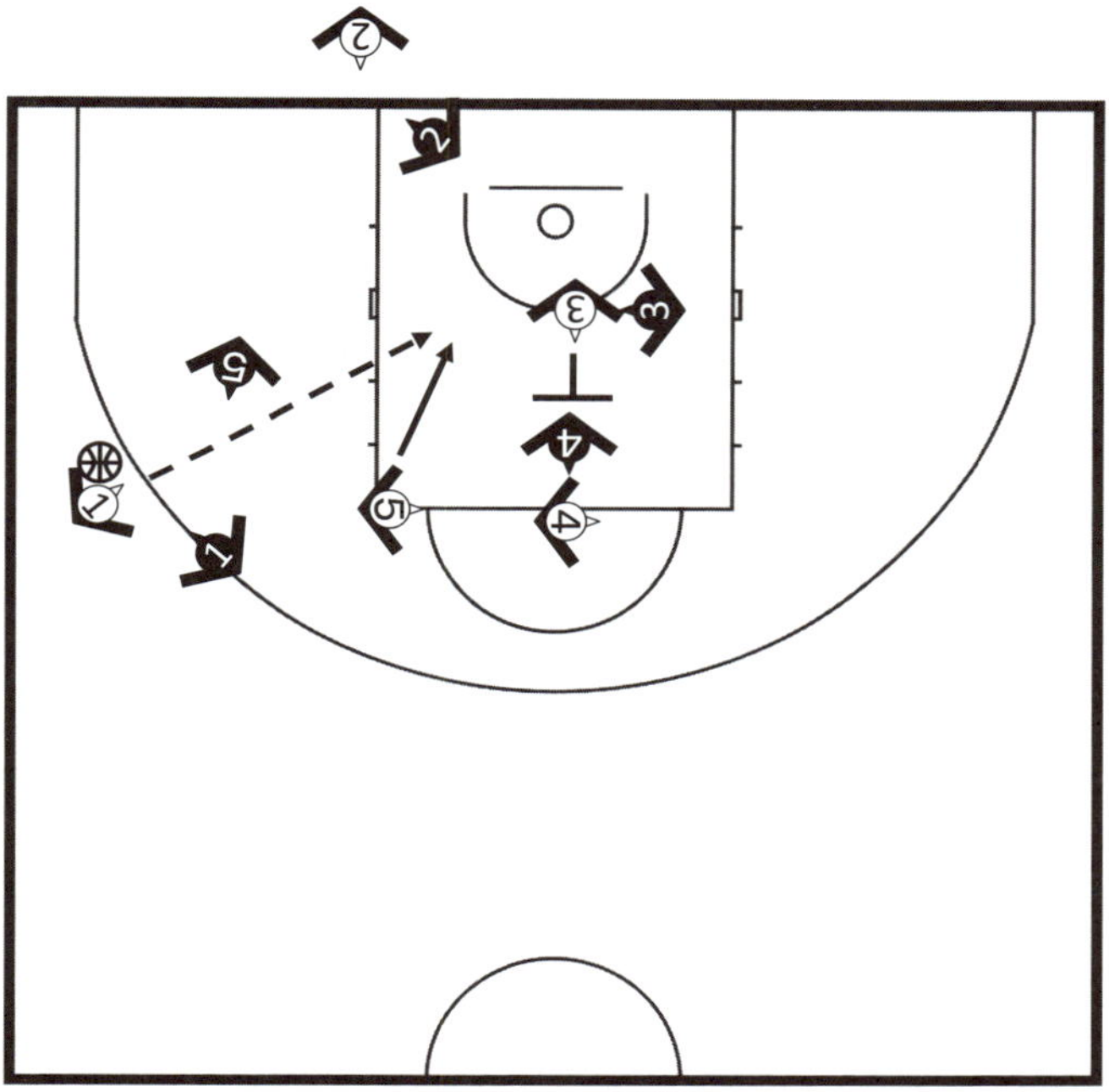

ングへと飛び出し、インバウンズパスを受けます。

図3

❶は③のゴール付近への侵入に少し反応したため、その後のスタッガードスクリーンにより①から離されました。①に対して❺が反応せざるを得ない状況です(⑤とマッチアップするプレーヤーがいない状態)。❺が①に対応している時間帯は、❹が⑤と④の両方をケアする必要があります。しかし、最初のアップスクリーンで③のゴール付近への侵入に対応した後、④とマッチアップするポジションを回復したばかりの❹は、⑤に注意を向けることができません。さらに、③が❹にバックスクリーンをセットするアクションが見られるため、❸や❹はより⑤のダイブへの対応が難しくなります。①からダイブする⑤にパスが渡り、⑤がボールをリングに沈めました。

GAME DATA
FIBA World Cup 2023
2Q 3:50　スロベニア35-31カーボベルデ

図1

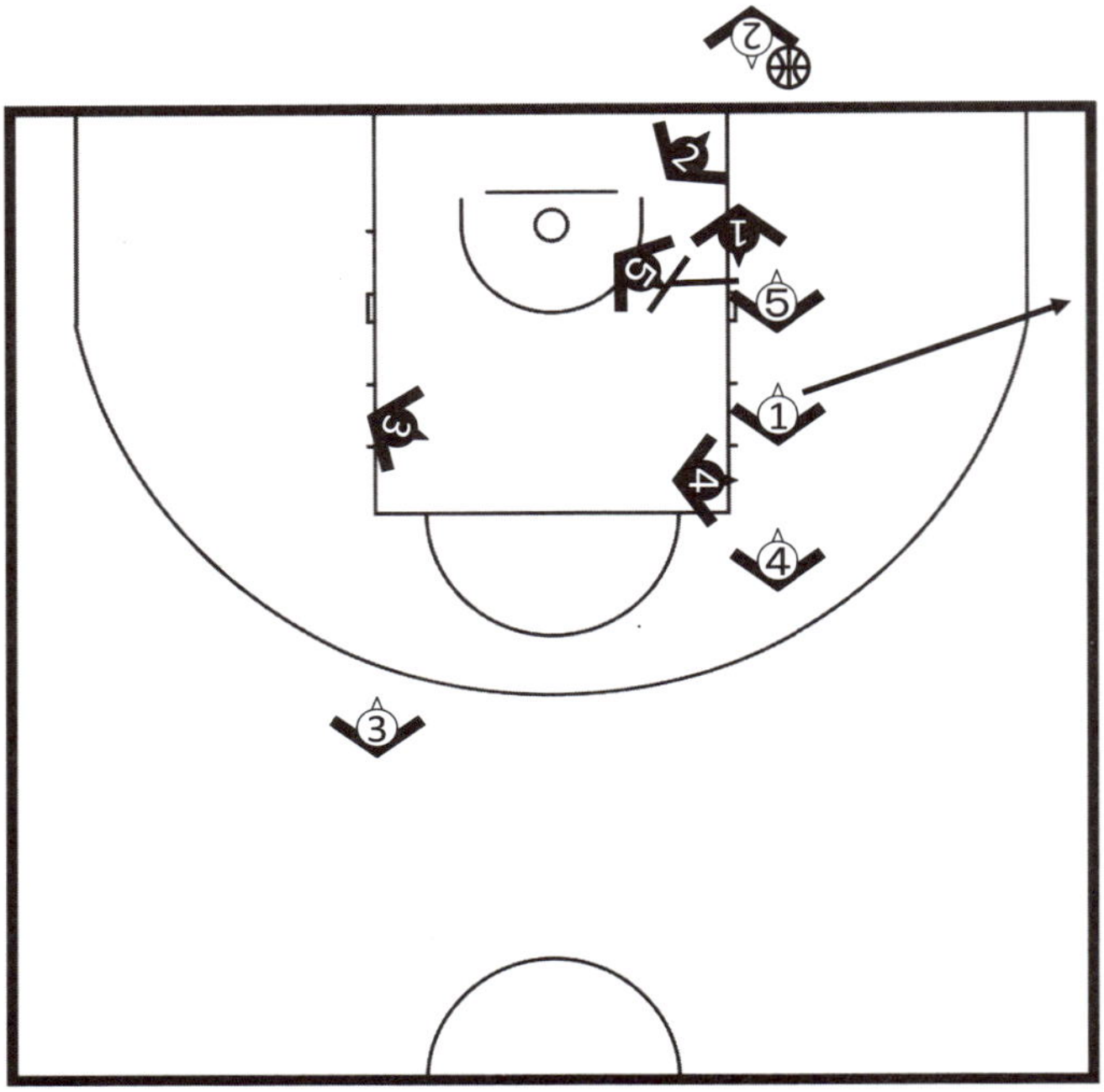

07

★★★★★

ラインセットから散って空いたスロットラインをビッグマンが駆け下りる

プレーの動画はこちら

シンプルなオフェンスでインバウンズパスからショット

スロットラインに一列並ぶラインセットから一斉に散らばることにより、ディフェンスを引きつけて、空いたスロットラインをビッグマンが駆け下りて得点を狙うセットです。

図1
パティ・ミルズ②がインバウンダーになり、ジョック・ランデール⑤が右ローポスト、ジョシュ・ギディー①が右ミドルポスト、ジャック・マクベイ④が右エルボー付近、ジョシュ・グリーン③が左スロットにポジションを取ります。⑤はゴールに向かって移動し、マッチアップする❺をゴール

図2

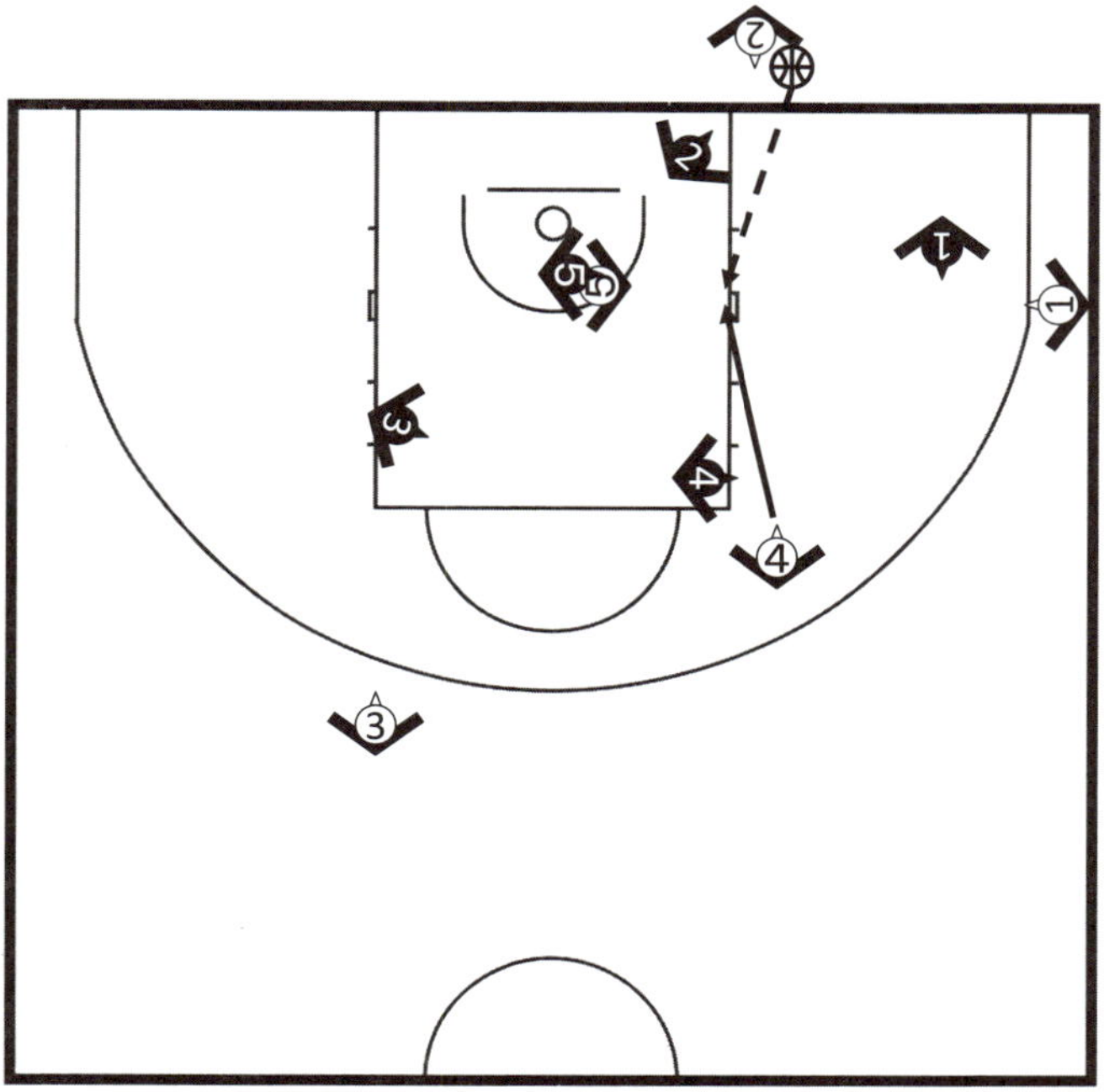

方向に押し込み、右スロットラインにスペースを作ります。①は右コーナー付近に②からインバウンズパスを受けるように飛び出し、❶を右サイドライン側に引きつけ、右スロットラインにスペースを作ります。

図2

①が❶を引きつけ、右スロットラインがクリアになったタイミングで、④がスロットラインを駆け下り、②からのインバウンズパスを受けます。❺は④の飛び込みに対応したいのですが、⑤に押さえ込まれているため出られません。1回のポゼッションで様々なスクリーンが複数回用いられることが一般的ですが、このセットではいわゆるスクリーンプレーは含まれていません。ディフェンス側としてはスクリーンを想定するため、シンプルなオフェンスに不意をつかれ、インバウンズパスを受けた④にゴール下のショットを決められました。

GAME DATA
Paris 2024
4Q 5:35　オーストラリア73-68スペイン

図1

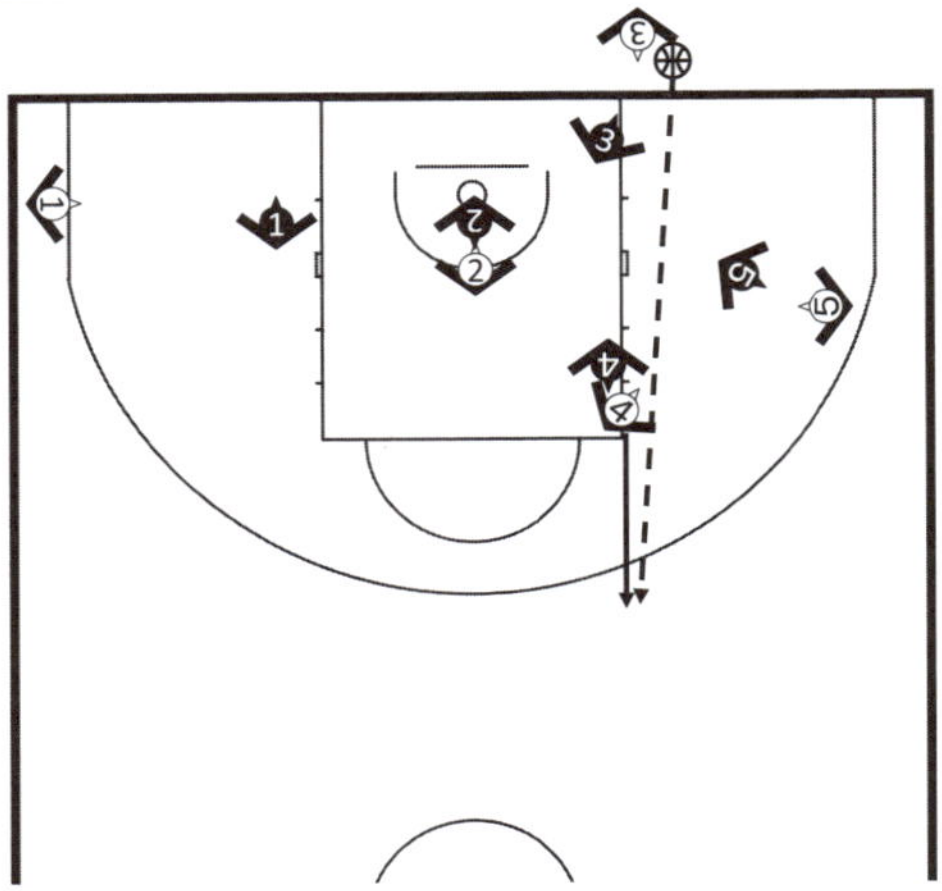

図2

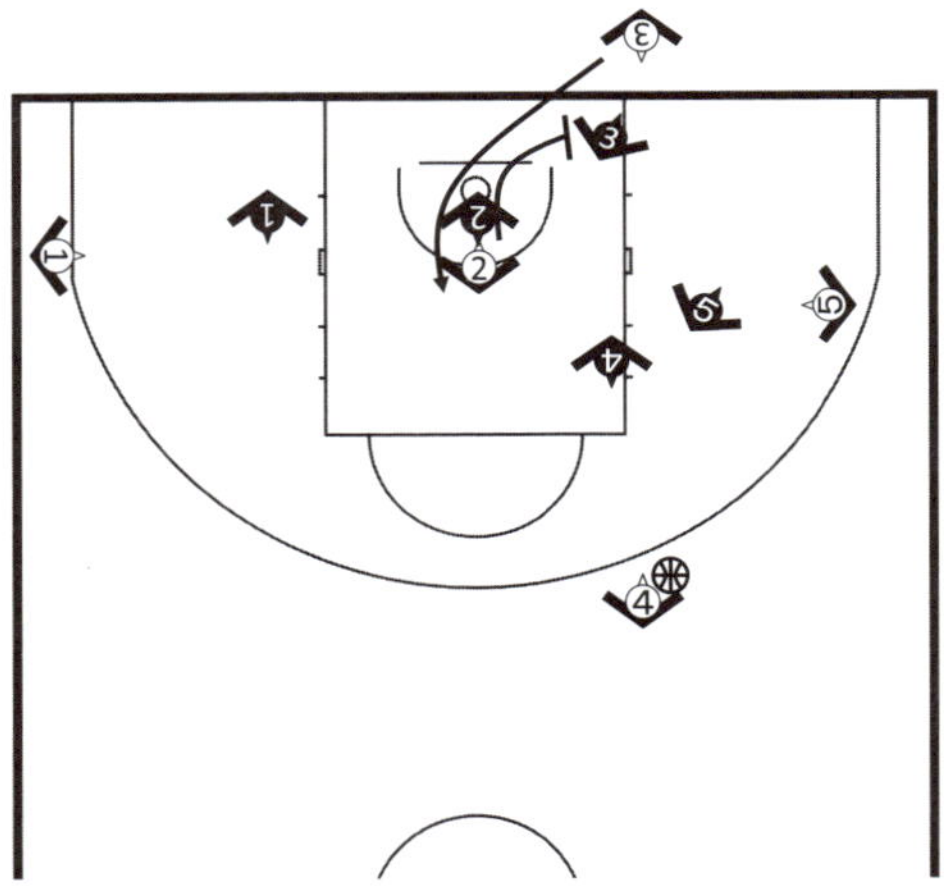

08

★★★★★

スクリーン・ザ・スクリーナーでスクリーンをかけたシューターがショットを放つ

プレーの動画はこちら

スクリーナーDFにユーザーへの対応をさせる

インバウンダーのディフェンスにスクリーンをかけたシューターが、オフボールスクリーンを利用して3Pショットを放つセットです。

図1

デビン・ブッカー③がインバウンダーになり、ドリュー・ホリデー①が左コーナー、ステフィン・カリー②がノーチャージセミサークルのトップ、レブロン・ジェームズ④が右エルボー、ジョエル・エンビード⑤が右ウィングから少しゴール側にポジションを取ります。④はマッチアップする❹にコンタクトしている状態から右スロット

図3

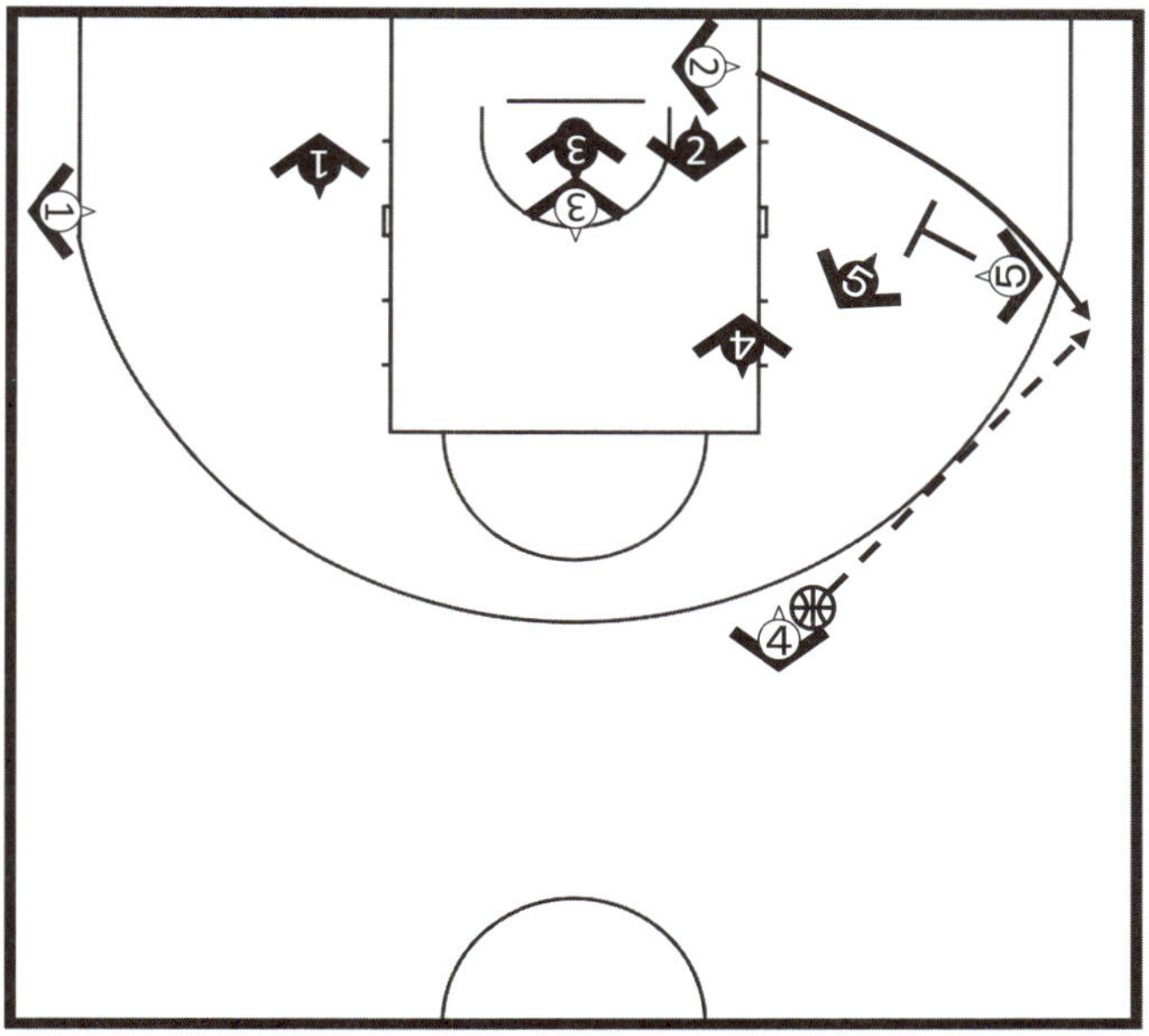

に飛び出し、③からインバウンズパスを受けます。

図2

②は③がパスを出すタイミングで❸にスクリーンをセット。③は②のスクリーンを利用して、ノーチャージセミサークルのトップへと移動します。

図3

③が②のスクリーンを利用するタイミングで、⑤は❷にスクリーンをセット。②は③がスクリーンを通過した後に⑤のスクリーンを利用して右ウィングに飛び出し、④からのパスを受けて3Pショットを放ちます。スクリーナーにスクリーンをセットするスクリーン・ザ・スクリーナーの形になります。❷からすると、スクリーナーDFとして③に対応しているところに⑤のスクリーンがセットされるため、スクリーンを回避して②についていくことが難しくなります。②は❷を引き離し、3Pショットをリングに沈めました。

GAME DATA
Paris 2024
2Q 3:13　セルビア36-43-73アメリカ

09
★★★★★

ボックスセットからのスタッガードスクリーンによりシューターをアウトサイドに出す

プレーの動画はこちら

セカンドスクリーナーがユーザーの軌道を見極める

図1

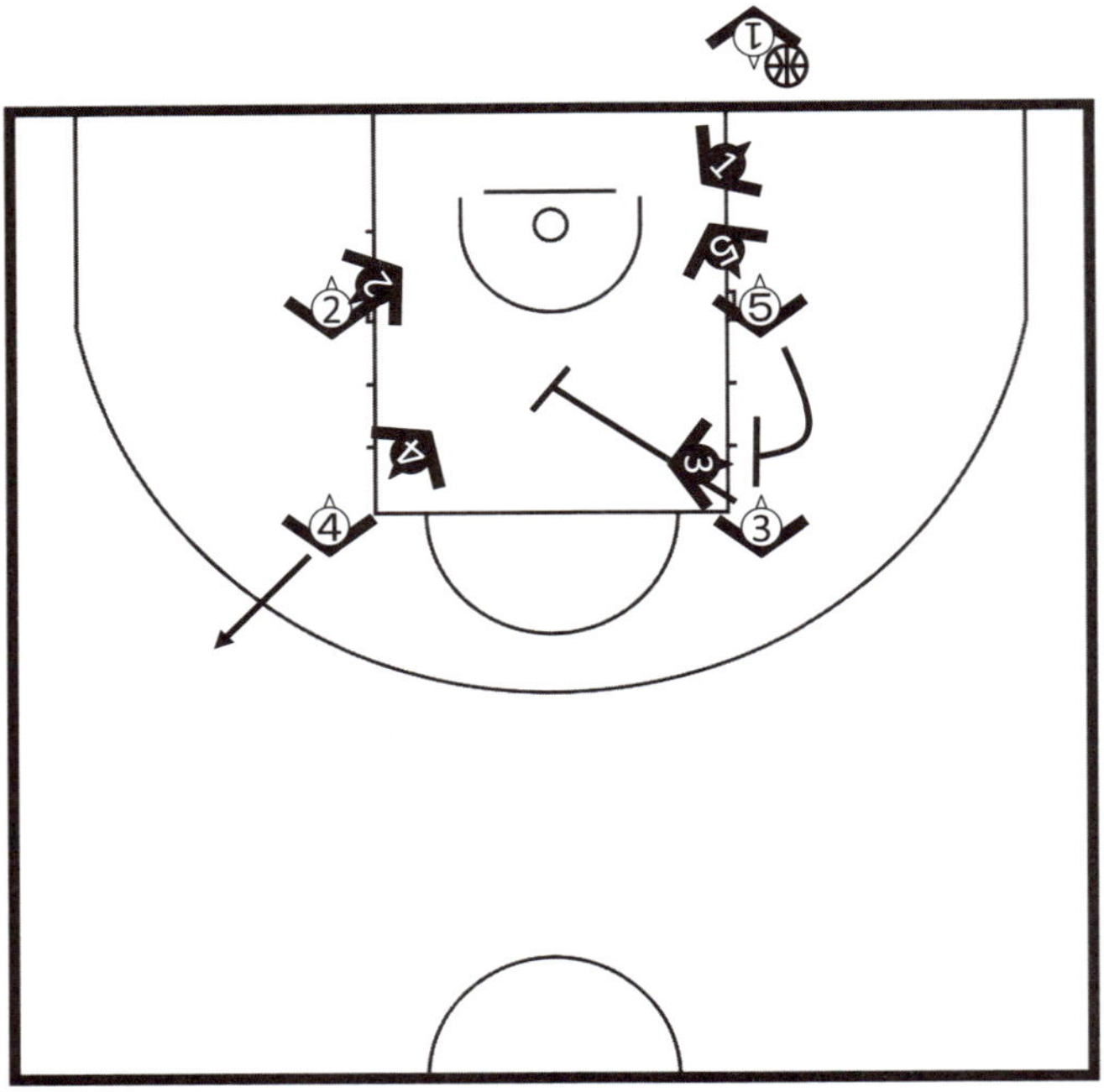

ボックスセットからスクリーナーが位置を変えてスクリーンをセットし、スタッガードスクリーンを作ってシューターをアウトサイドに出すセットです。

図1

トレイモント・ウォーターズ①がインバウンダーになり、ジャン・クラベル②が左ローポスト、クリストファー・オルティス④が左エルボー、ゲオルジュ・コンディット⑤が右ローポスト、アイザイア・ピネイロ③が右エルボーにポジションを取ります。③がペイント中央まで移動し、❷に対するスクリーンをセットします。③の移動と

図2

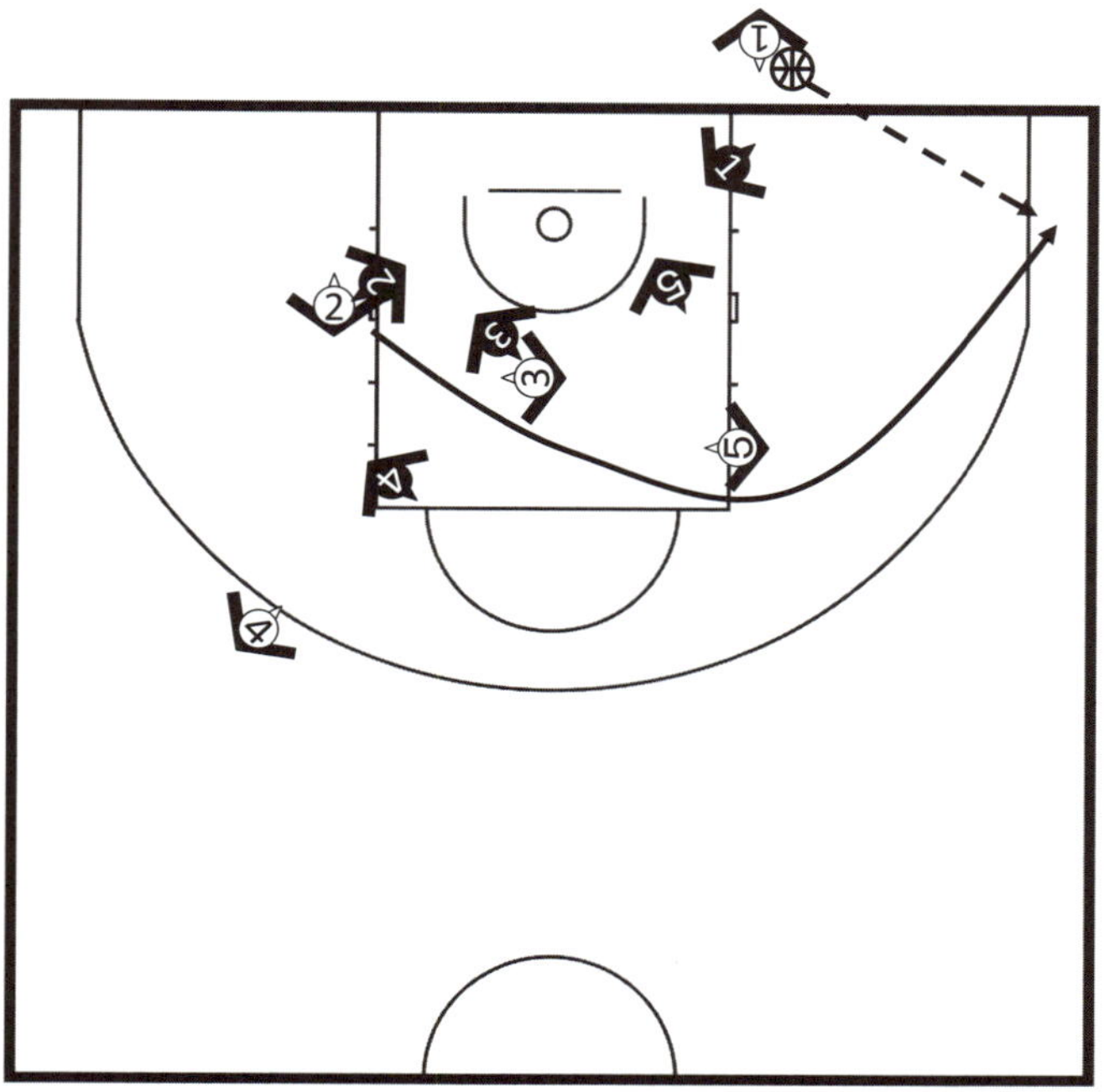

同時に、⑤も右エルボーに移動し、③の背後で❷に対するスクリーンをセットします。❷に対して③と⑤によるスタッガードスクリーンがセットされたことになります。

図2
④は②と⑤がスクリーンをセットするタイミングで左ウィングへ移動して❹を引きつけ、❹がスタッガードスクリーンに対応しないようにします。②は③と⑤によるスタッガードスクリーンを利用して右コーナーへ移動し、①からのインバウンズパスを受けます。❷は③のファーストスクリーンを回避したところに、⑤のセカンドスクリーンが迫るため、②についていくことが難しくなります。この場面において⑤は❷の移動する軌道を見極めて、スクリーンの位置の微調整を行いました。❷を後追いにさせることに成功した②はコーナーで3Pショットを放ちました。

GAME DATA
Paris 2024
3Q 8:31　南スーダン50-54プエルトリコ

10

★★★★★

スクリーンをセットする方向を逆にしてスクリーナーDFに対応させない

プレーの動画はこちら

図1

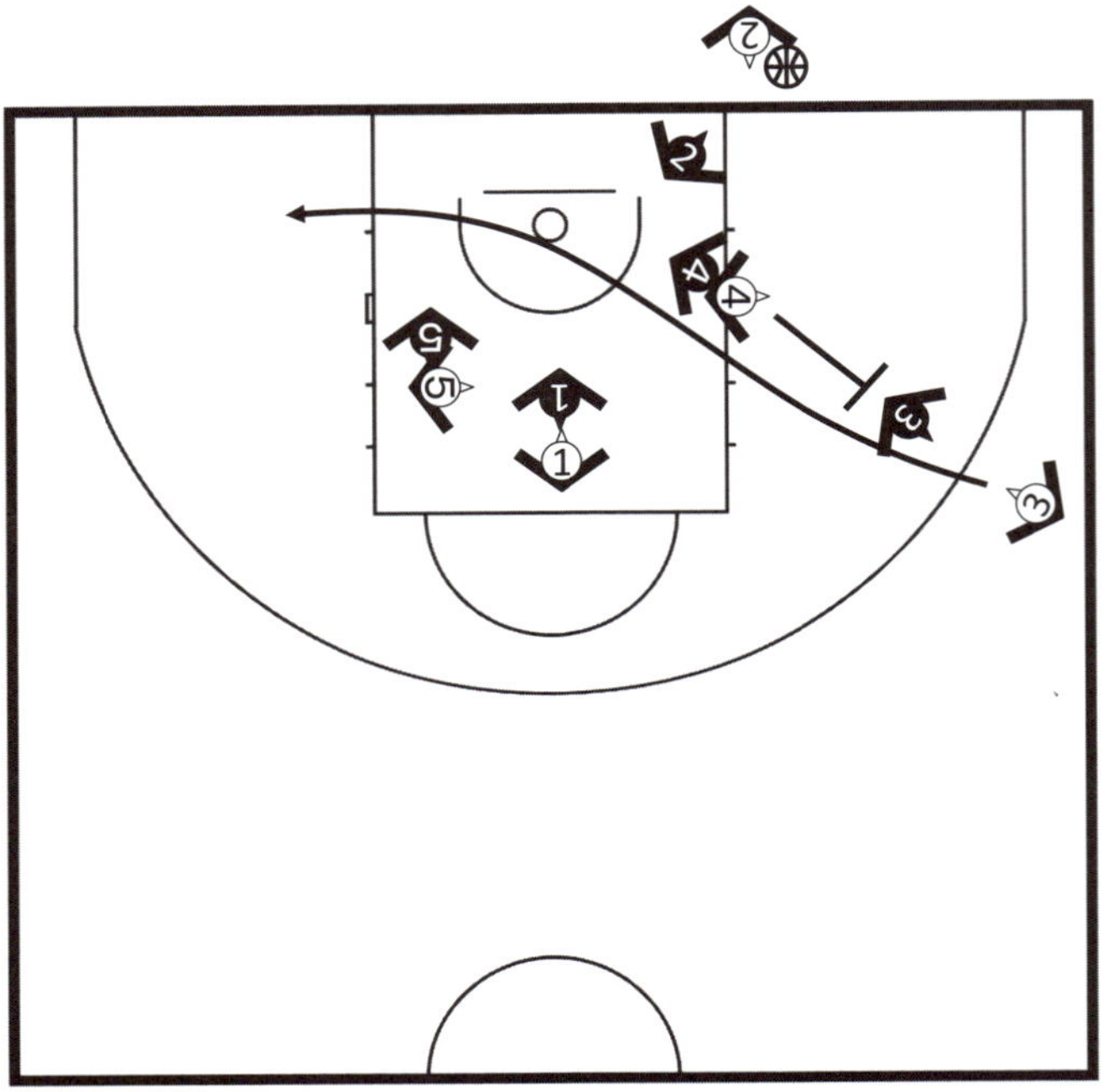

スクリーンのアングルを変えてDFを困難にする

2度目のスクリーンを1度目と反対からセットすることで、スクリーナーDFの対応を困難にすることを狙うセットです。

図1

ダリオ・ブリスエラ②がインバウンダーになり、サンティ・アルダマ⑤が左ミドルポストからミドルライン側に入った位置、ロレンツォ・ブラウン①がネイルからゴール側に入った位置、ウィリー・エルナンゴメス④が右ローポスト、シャビエル・ロペス＝アロステギ③が右ウィングにポジションを取ります。④は❸に背後からスクリーンをセット。③は④のスクリーンを利用

図2

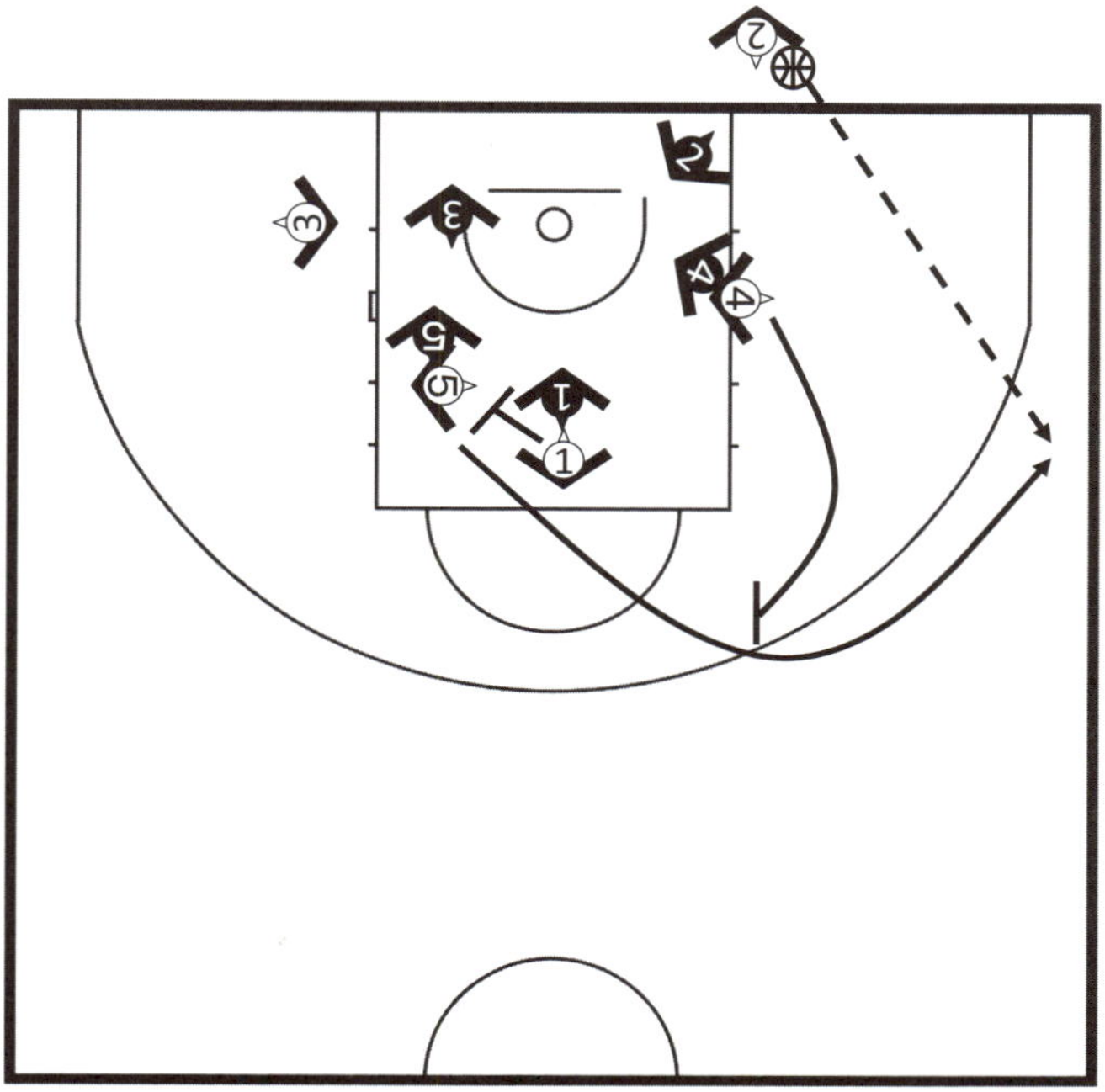

し、左コーナーに向かって移動します。

図2

①は③が④のスクリーンを利用するタイミングで❺にスクリーンをセット。④は③がスクリーンを通過した後、身体の向きを変えて右エルボー付近で❺に対するスクリーンをセットします。⑤は①と④によるスタッガードスクリーンを利用して右ウィングへと移動し、②からインバウンズパスを受けて3Pショットを放ちます。❹からすると最初のオフボールスクリーンでゴールに向かって移動する③に対応したため、次に続くスタッガードスクリーンで逆方向から右ウィングに向かう⑤への対応が難しくなります。❺を引き離した⑤に❹も対応できず、⑤はノーマークでインバウンズパスを受け、3Pショットを沈めました。

GAME DATA
Paris 2024
2Q 3:00　オーストラリア41-33スペイン

11

★★★★★

ゴール下に飛び込ませたビッグマンにDFを対応させてシューターがアウトサイドに飛び出す

プレーの動画はこちら

スクリーン・ザ・スクリーナーでノーマークを作り出す

オフボールスクリーンでインバウンダーのビッグマンをゴール下に飛び込ませ、ディフェンスに対応させている間にスクリーナーのシューターが新たなオフボールスクリーンでアウトサイドに飛び出すセットです。

図1

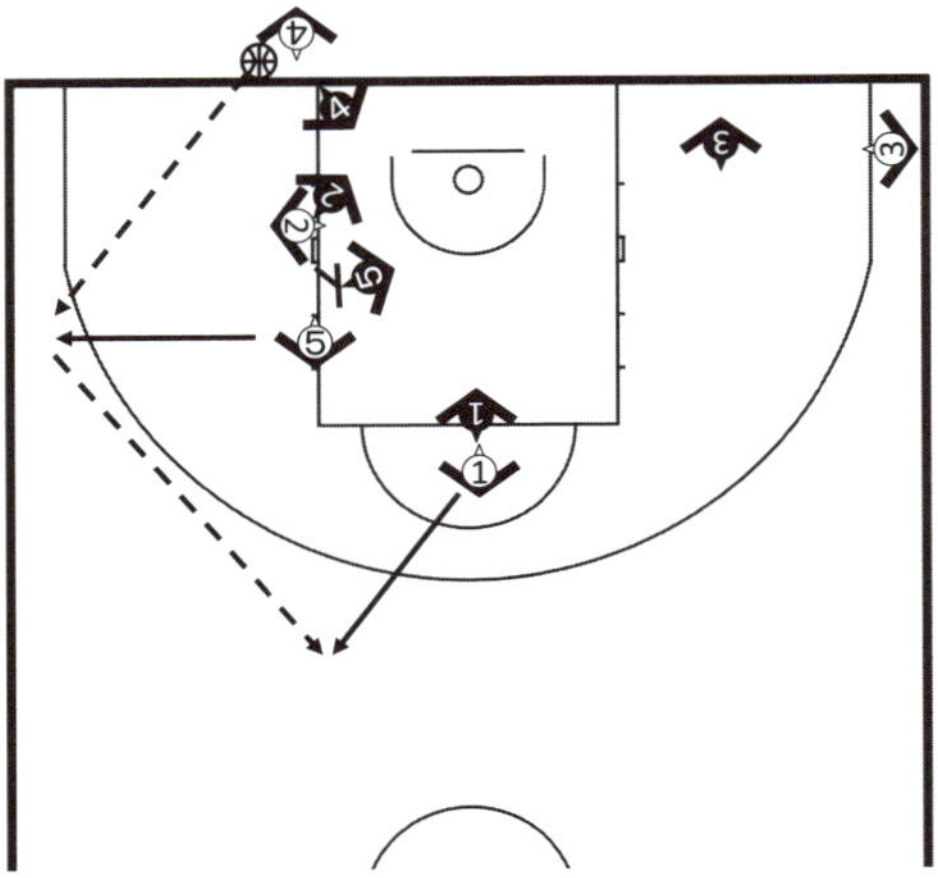

図2

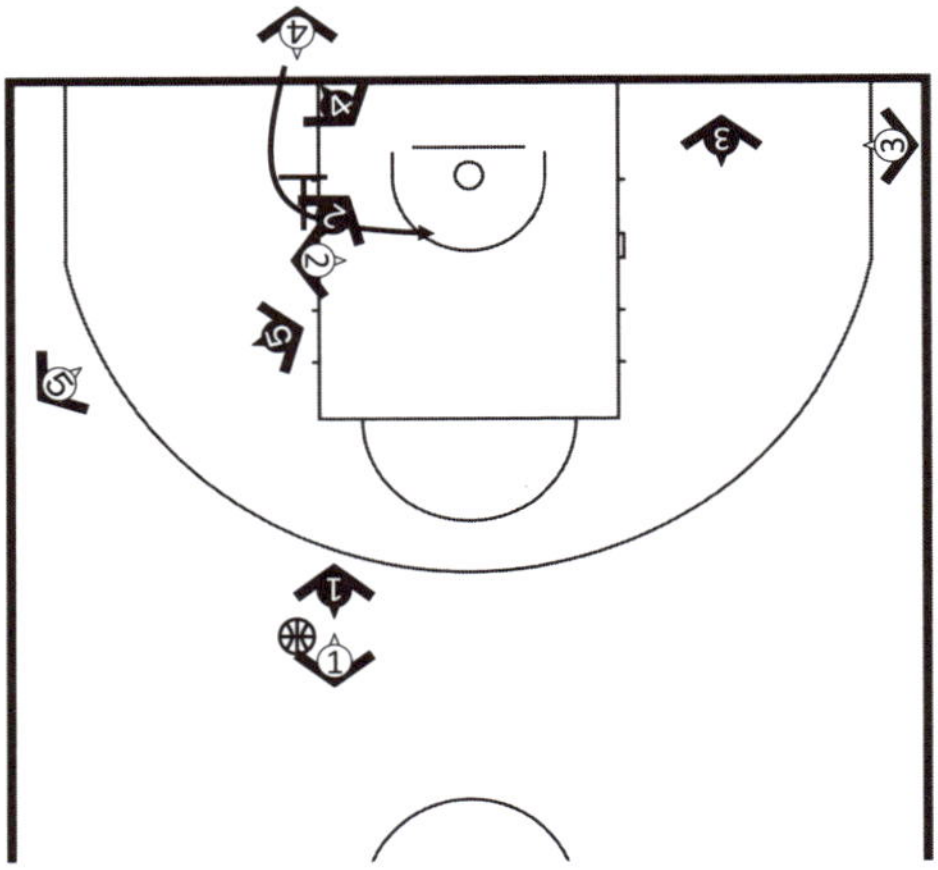

図1

ビクター・ウェンバンヤマ④がインバウンダーになり、エバン・フォーニエ②が左ローポスト、ルディ・ゴベア⑤が左ハイポスト付近、イザイア・コルディニエ①がネイル付近、ビラル・クリバリー③が右コーナーにポジションを取ります。②が❺にスク

図3

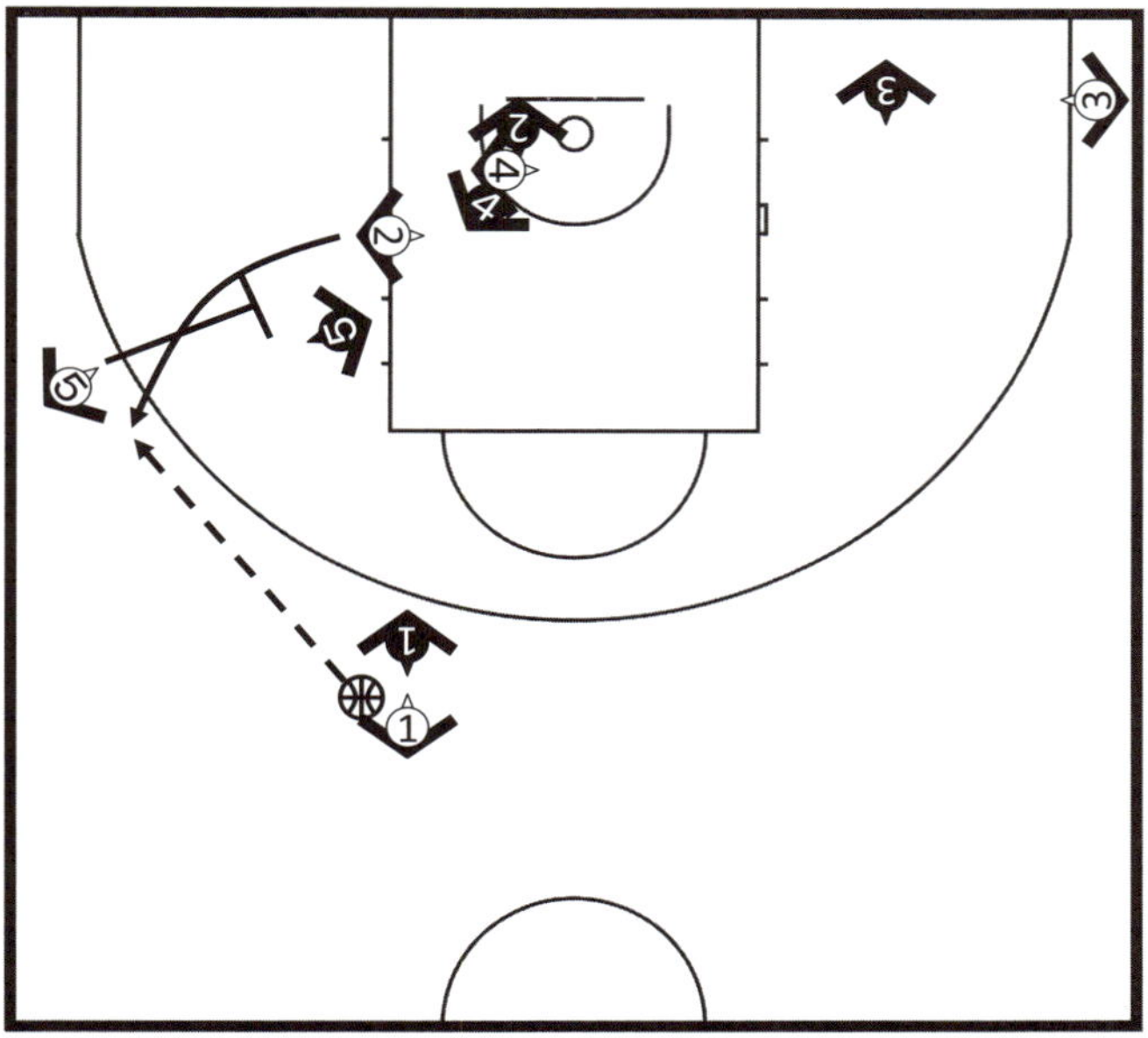

リーンをセットし、⑤は②のスクリーンを利用して左ウィングに飛び出し、④からのインバウンズパスを受けます。①は⑤がパスを受けるタイミングで飛び出し、⑤からのパスを受けます。

図2

②は⑤がスクリーンを通過した後、❹にスクリーンをセット。④は②のスクリーンを利用してゴール下に侵入します。

図3

⑤は①へのパス後、❷にスクリーンをセットします。②は④がスクリーンを通過した後、⑤のスクリーンを利用して左ウィングに飛び出し、①からのパスを受けます。❷からすると、スクリーンを利用してアウトサイドに移動する⑤に対応する必要性は低いものの、超長身のウェンバンヤマ④のゴール下への侵入は阻止したいものです。したがって、左ウィングに移動する②についていくことが難しくなります。ノーマークになった②は3Pショットを沈めました。

GAME DATA
Paris 2024
1Q 0:48　フランス15-17アメリカ

12

★★★★★

インバウンダーのビッグマンがペイント内でボールを持ってアタック

プレーの動画はこちら

ウィングからペイント内にパスを入れてアタック

インバウンズパスを出した直後のビッグマンがスクリーンを利用して、ゴール下でポジションを取り、ボールを受けるセットです。前項と同様のセットで、ビッグマンにペイント内でボールを持たせます。

図1

各プレーヤーが図のようにポジションを取ります。②が❹にスクリーンをセットし、④がこれを利用して右ウィング付近でインバウンズパスを受けます。①は右スロットに飛び出し、④からのパスを受けます。

図1

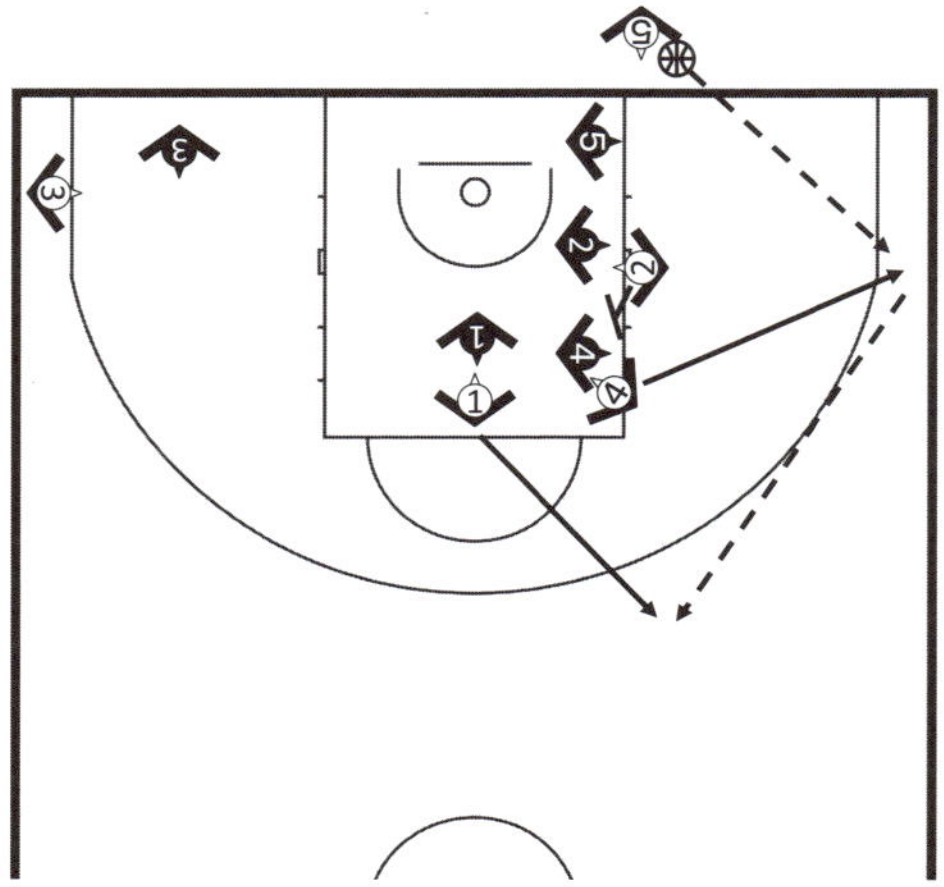

図2

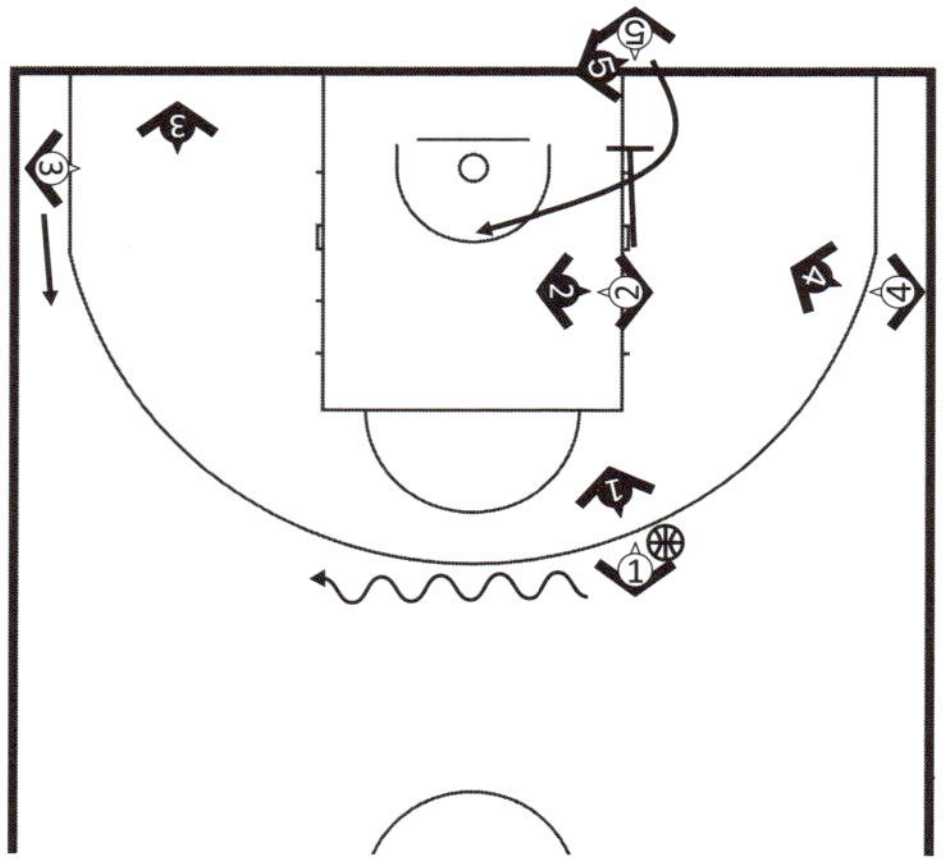

図3

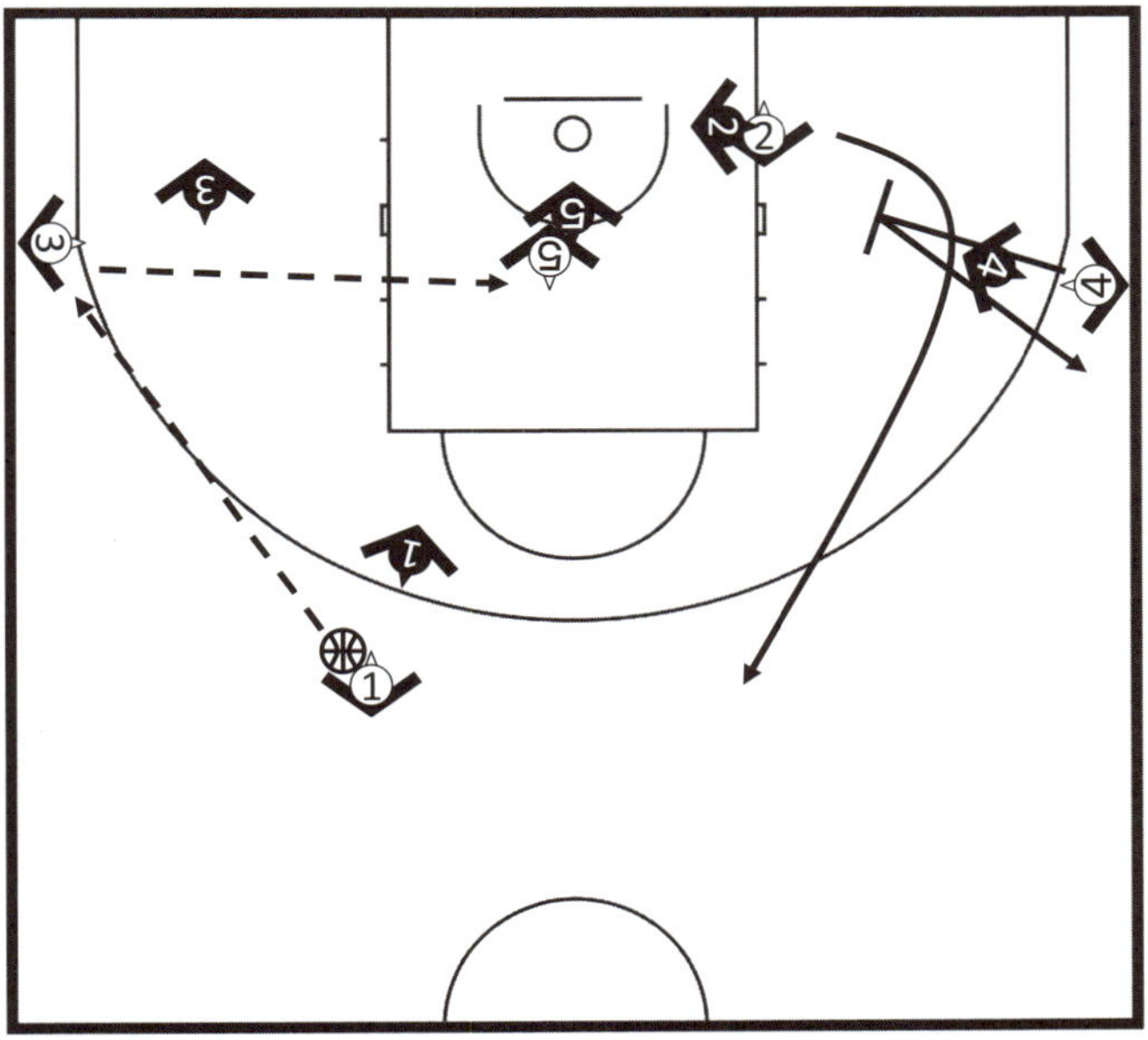

図2
①はパスを受けた後に左スロットへ移動。②は❺にスクリーンをセットします。⑤はこれを利用してペイント内でポジションを取ります。

図3
④は❷にスクリーンをセットし、②はこれを利用して右スロットに移動。④は②がスクリーンを通過した後、再び右ウィングに開きます。この場面では①から③にボールが展開され、③から長身の⑤にボールが入りましたが、直接①から⑤にパスを出すことも可能です。⑤はインバウンダーとなり、ベースラインよりも低い位置でボールを保持することでマッチアップするDFをベースライン際に引きつけられます。すると、ゴール下までのスペースをスクリーンとともに、有効に活用することができます。

GAME DATA
Paris 2024
4Q 3:48　日本78-77フランス

図1

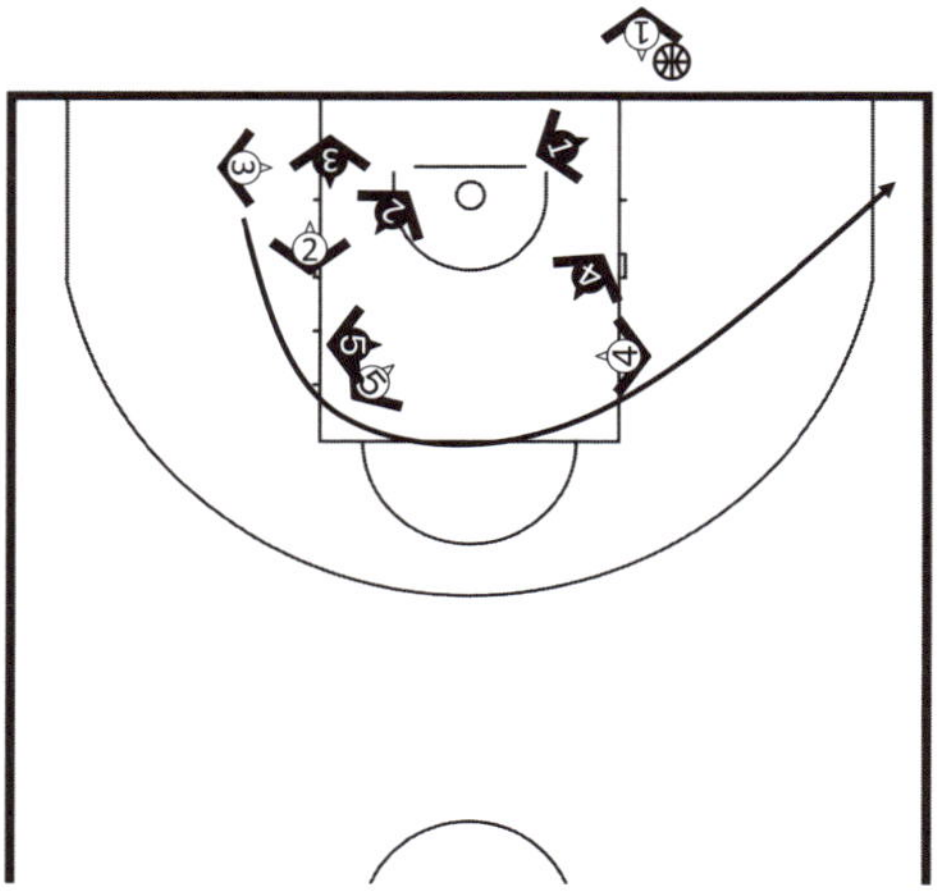

図2

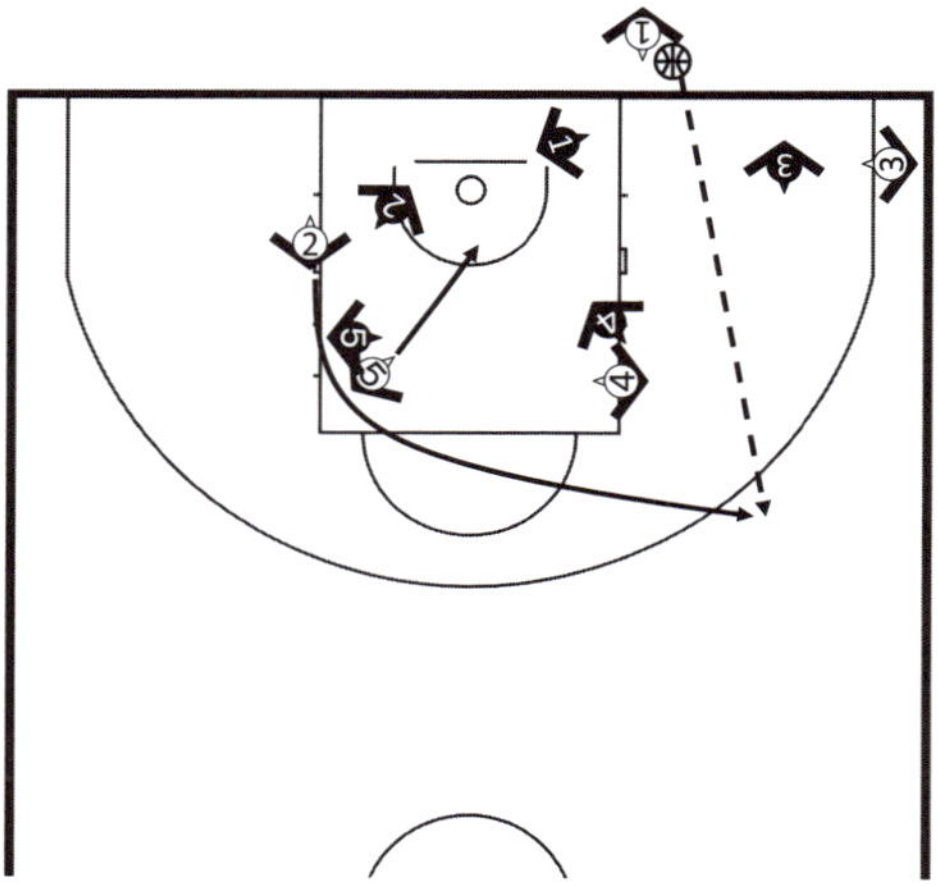

13

★★★★★

3人と2人のスタッガードスクリーンを連続して得点を狙う

プレーの動画はこちら

スクリーナーDFに3回連続で対応させる

3人がスクリーナーになるスタッガードスクリーンと2人がスクリーナーになるスタッガードスクリーンを連続で行うことにより得点を狙うセットです。

図1

ロレンツォ・ブラウン①がインバウンダーになり、シャビエル・ロペス＝アロステギ③が左ショートコーナー、アレックス・アブリネス②が左ローポスト、サンティ・アルダマ⑤が左エルボー、ウィリー・エルナンゴメス④が右エルボーにポジションを取ります。③が②、⑤、④によるスタッガードスクリーンを利用し、右コーナーに移動し

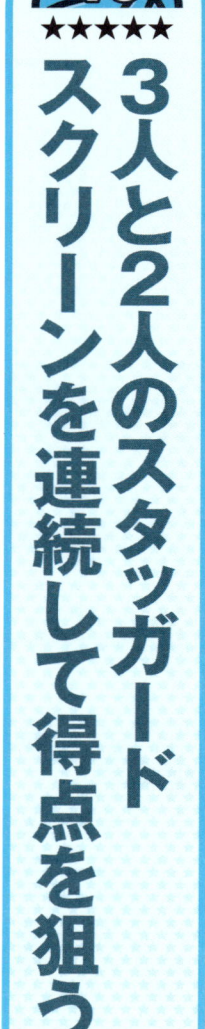

図3

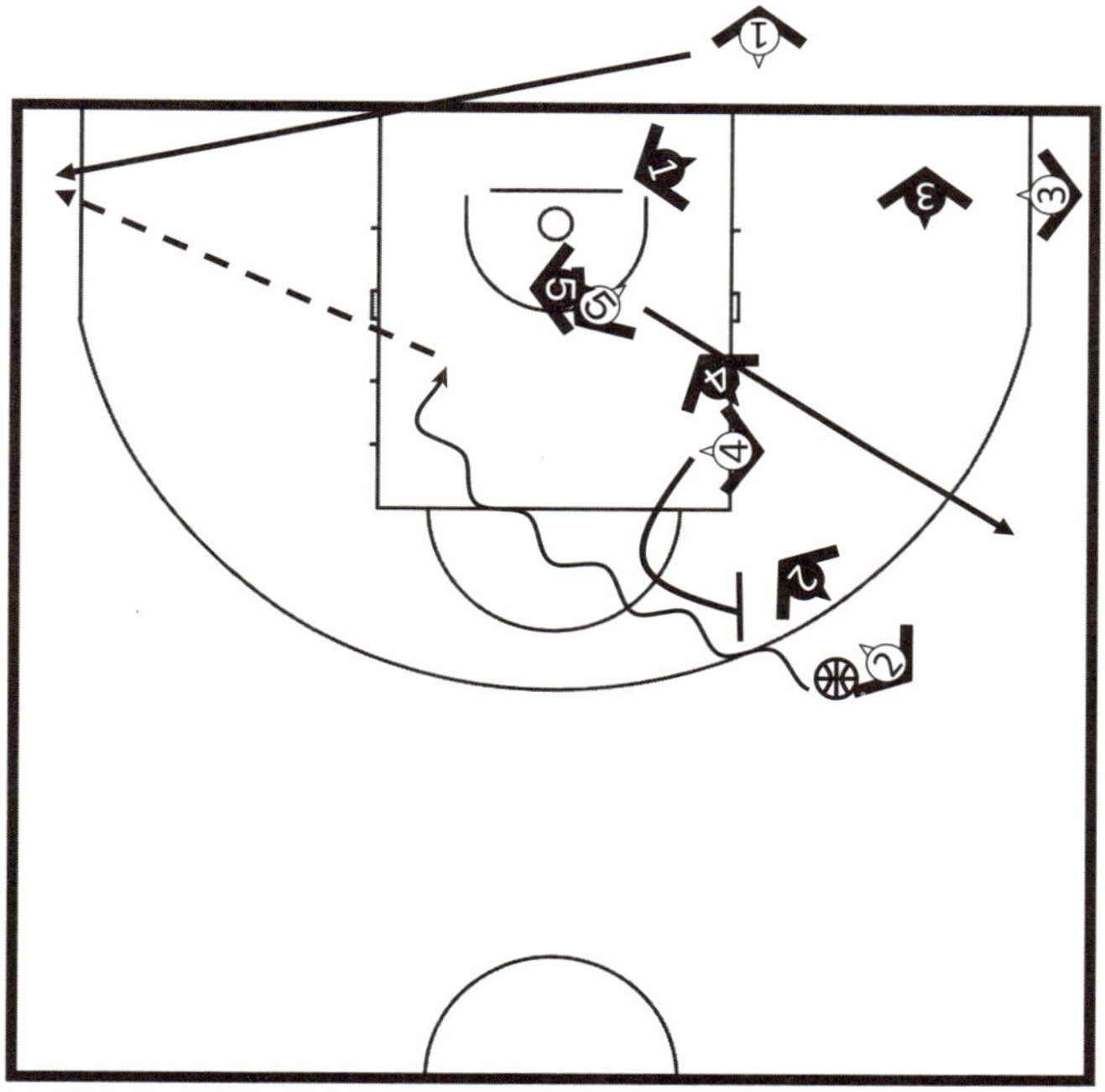

ます。この場面で①は③にインバウンズパスを出しませんでしたが、③がノーマークの場合は、③にパスを出して3Pショットも狙えます。

図2

②は③がスクリーンを通過した後、⑤と④のスタッガードスクリーンを利用して右ウィングに飛び出し、①からインバウンズパスを受けます。

図3

①はパス後に左コーナーに開きます。④は②がスクリーンを通過した後、向きを変えて❷にスクリーンをセット。②は④のスクリーンを利用し、ペイント内に侵入します。❹としては、2度のスタッガードスクリーンへの対応後にPnRが続くため、スクリーナーDFとしてユーザー②に対応することが難しくなります。この場面では❶が②によるペイント内への侵入に反応したため、②は①にキックアウトし、①が3Pショットを放ちました。

GAME DATA
Paris 2024
3Q 8:06　オーストラリア54-47スペイン

14

★★★★★

スタッガードスクリーンに見せかけて インバートでショット力のあるビッグマンを出す

プレーの動画はこちら

図1

図2

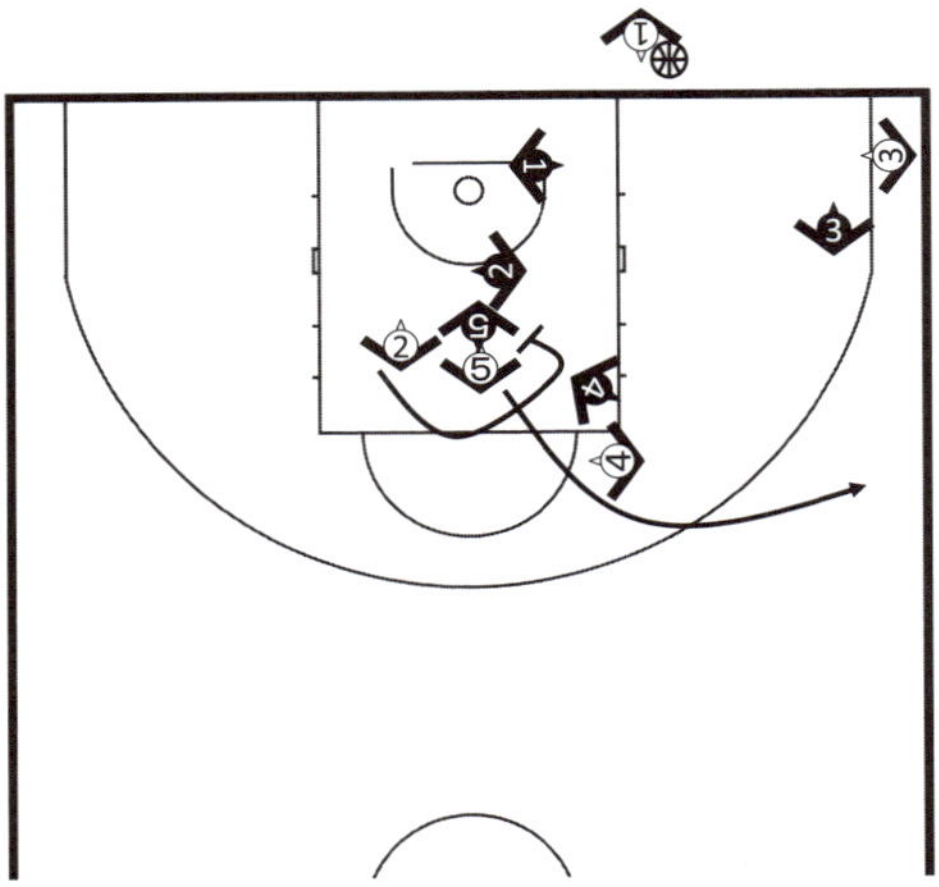

ユーザーとスクリーナーの役割が変わる

連続するスタッガードスクリーンに見せかけて、インバートでショット力のあるビッグマンをアウトサイドに出すセットです。

図1

ロレンツォ・ブラウン①がインバウンダーになり、シャビエル・ロペス・アロステギ③が左のミドルポスト、アレックス・アブリネス②がペイント中央よりやや左側、サンティ・アルダマ⑤がネイルよりゴール側、ウィリー・エルナンゴメス④が右ネイルにポジションを取ります。③が②、⑤、④をスクリーンとして利用し、右コーナー

図3

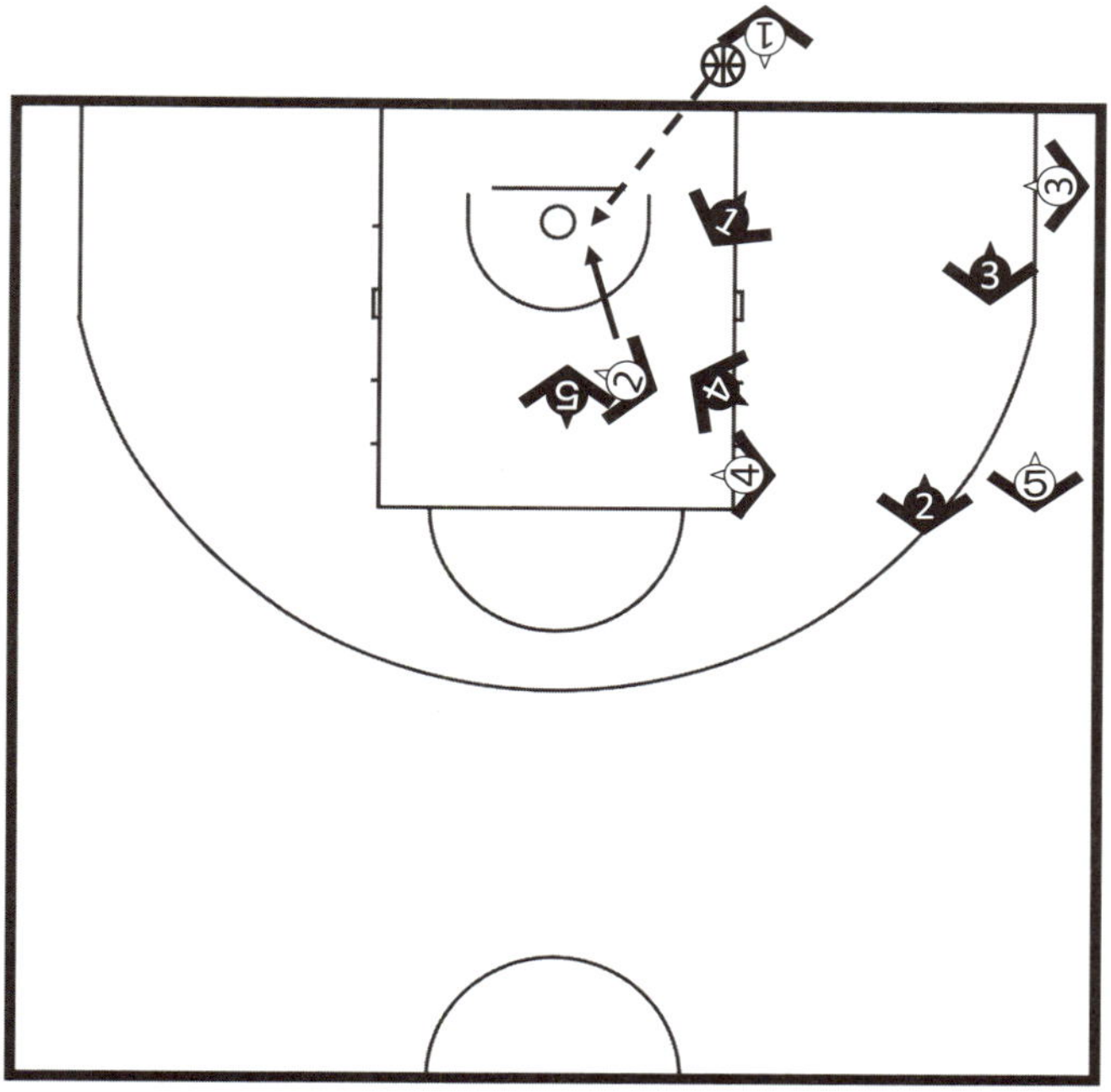

に移動します。

図2

②は③がスクリーンを通過した後、③の背中を追うように移動して⑤と④のスタッガードスクリーンを利用するように見せかけます。しかし、②は⑤のスクリーンを通過直後に向きを変え、❺にスクリーンをセットします。⑤は②と④によるスタッガードスクリーンを利用し、右ウィングに移動します。スペインの狙いは⑤の3Pショットだったでしょう。❺からすると、連続するスタッガードスクリーンのスクリーナーDFの準備中に②のスクリーンがセットされるため、⑤についていくことが難しくなります。ディフェンスとしては⑤をノーマークにしたくないため、⑤についていけずに❷がついていきました。

図3

❺は②に対する準備ができなかったため、②にゴール下でボールをもたれてしまい、ショットを決められました。

GAME DATA
Paris 2024
3Q 7:41 スペイン51-39ギリシャ

15 ★★★★★ スタッガードスクリーンからインバウンダーを含めたスペインPnRで得点を狙う

プレーの動画はこちら

サイドでのスペインPnRでローテーションを困難にする

インバウンダーがインバウンズパスを出した直後にスクリーナーになってサイドでスペインPnRを行うセットです。

図1

馬場雄大②がインバウンダーになり、ほかのプレーヤーは図のようにポジションを取ります。④と⑤は❶に身体の正面を向けてスクリーンをセットします。①は④と⑤によるスタッガードスクリーンを利用して右ウィングに飛び出し、②からインバウンズパスを受けます。

図2

④は①がスクリーンを通過した後、左

図1

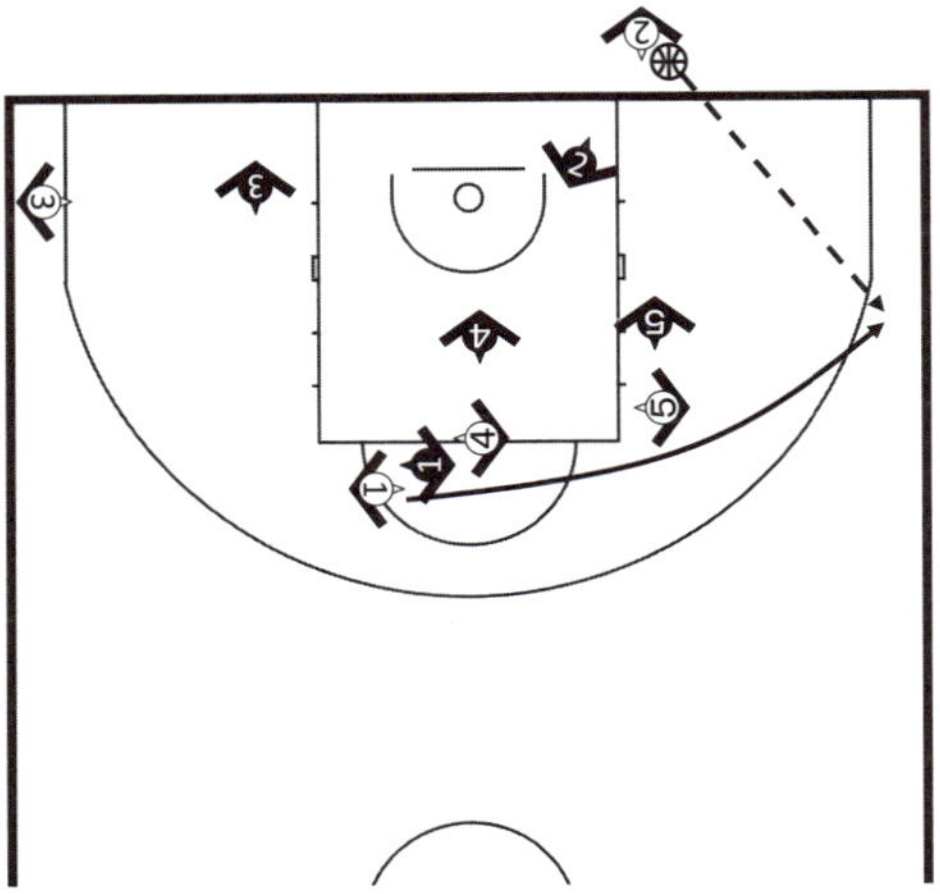

図2

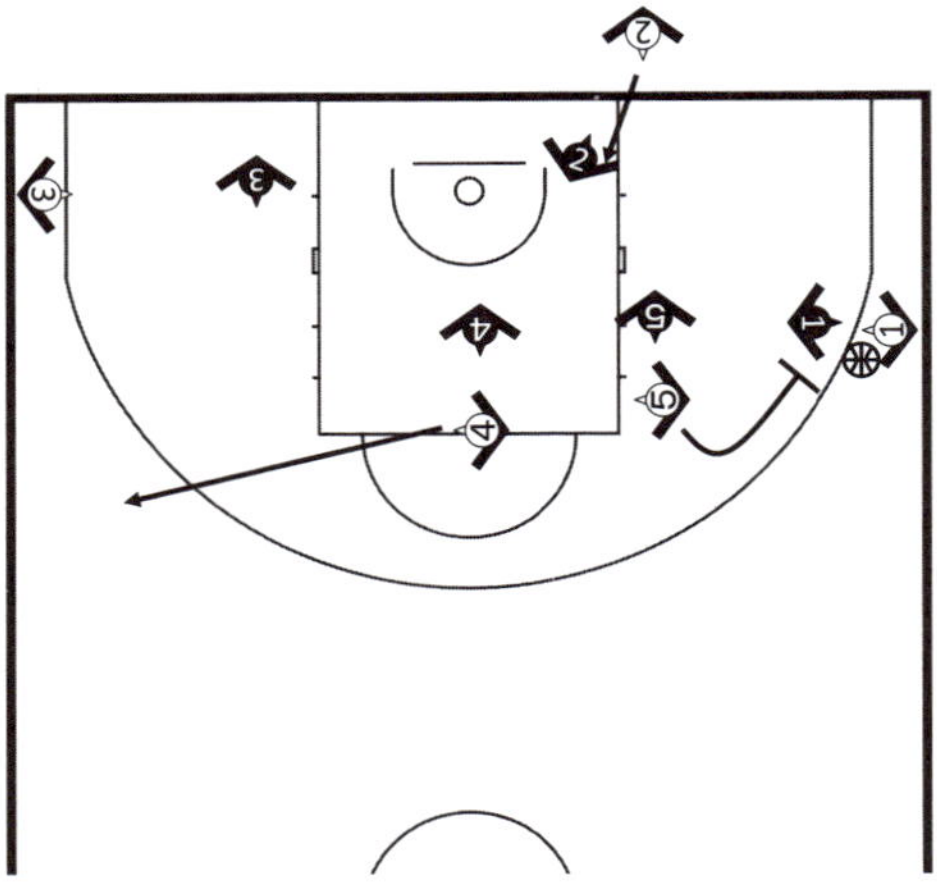

図3

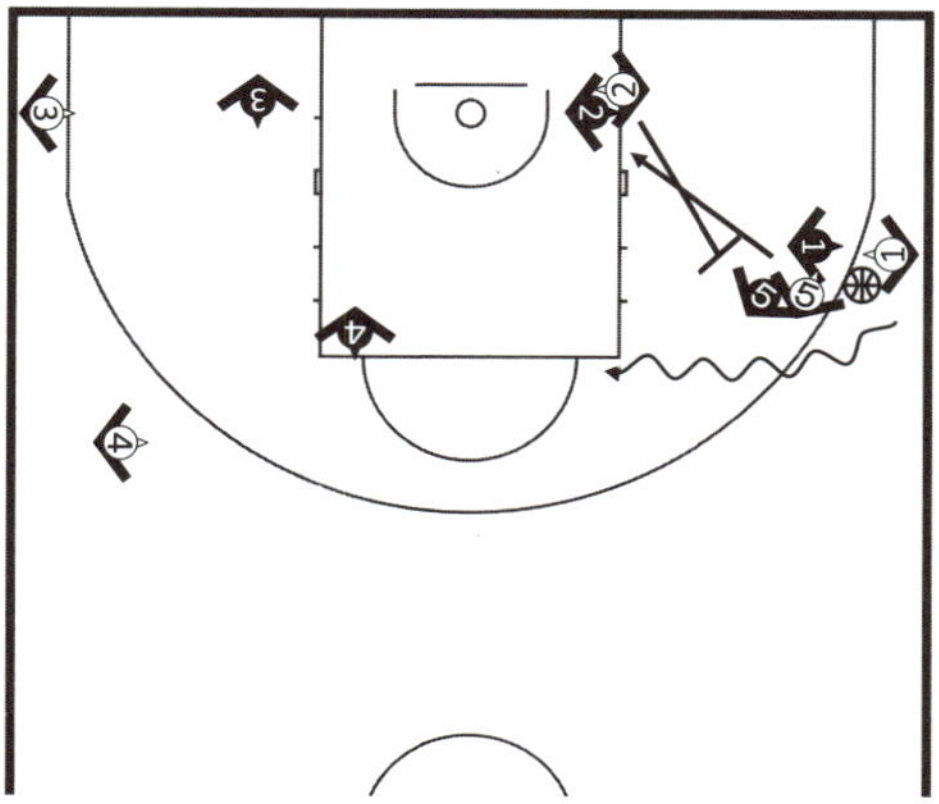

図4

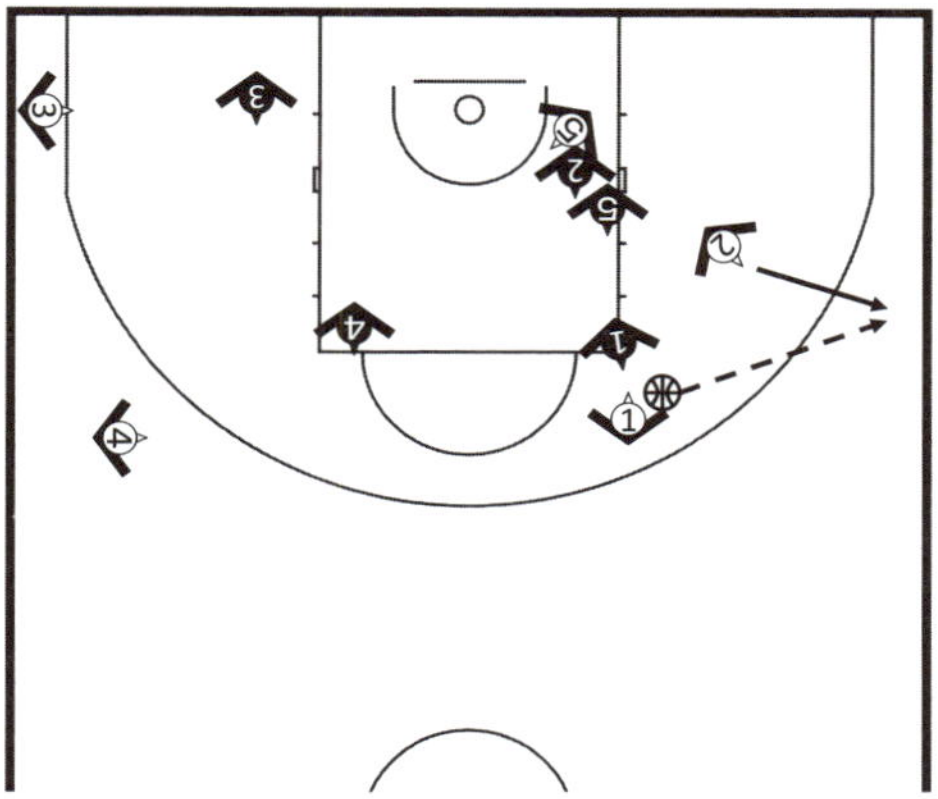

ウィング付近に開き、⑤は右ウィングに移動して❶にスクリーンをセットします。

図3

①は⑤のスクリーンを利用してリングに向かってアタック。②は①がPnRを開始するタイミングで❺にスクリーンをセットします。⑤は①がスクリーンを通過した後、②のスクリーンを利用してゴール下に移動します。つまり、①、②、⑤によるスペインPnRになります。❺はスタッガードスクリーンとPnRに対応したところに②のスクリーンがセットされるため、⑤についていくことが難しくなります。ここでは、ダイブする⑤に❺がついていくことができず、❷が対応しました。

図4

❷は②のマッチアップから一時的に離れますが、②よりもダイブする⑤のほうが危険なプレーヤーになるため、⑤に対応せざるを得ません。この間に②が右ウィングにポップして①からのパスを受けて3Pショットを沈めました。

GAME DATA
Paris 2024
4Q 7:36　日本77-82ブラジル

16
★★★★★

スクリーン・ザ・スクリーナー後のスタッガードスクリーンでインバウンダーをアウトサイドへ

プレーの動画はこちら

図1

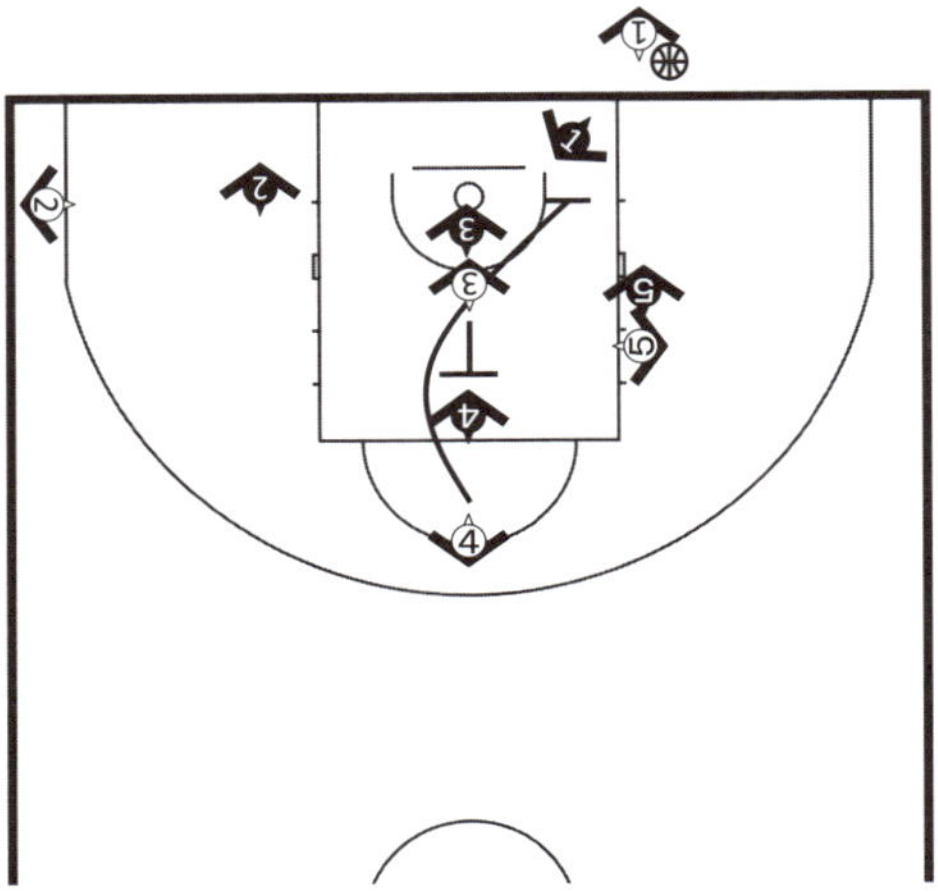

図2

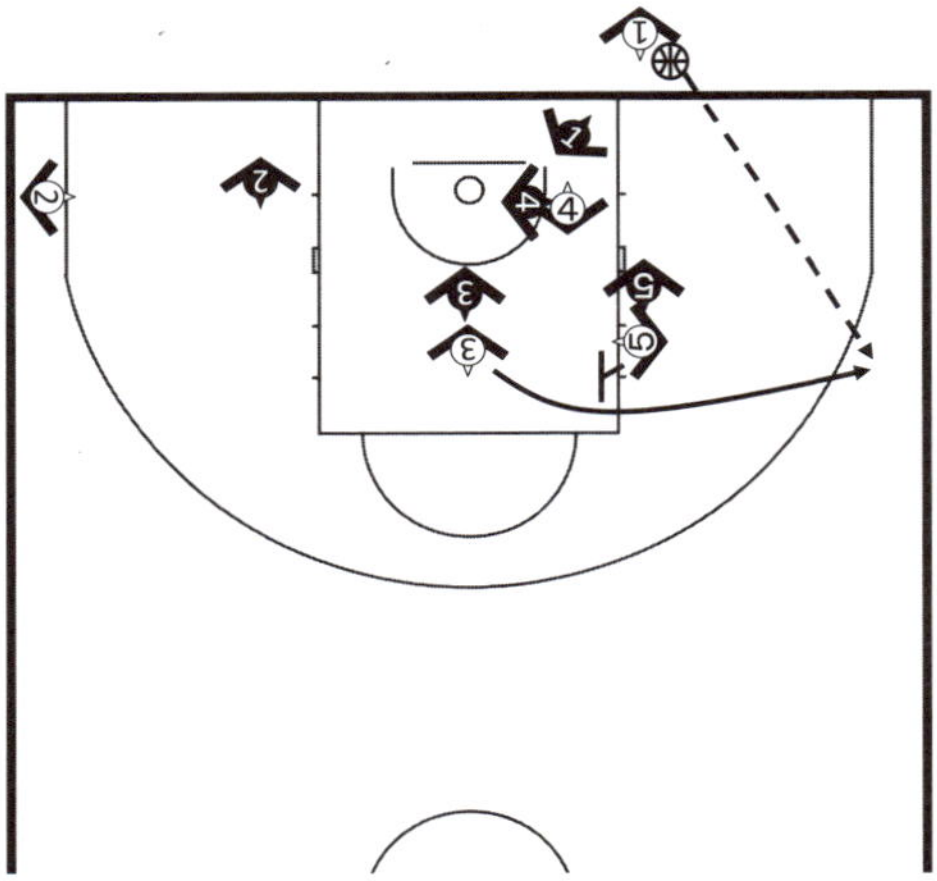

STSに対応させてスタガの対応を困難に

スクリーン・ザ・スクリーナーの後のスタッガードスクリーンでインバウンダーをアウトサイドに飛び出させるセットです。

図1

パティ・ミルズ①がインバウンダーになり、ジョシュ・グリーン②が左コーナー、ダイソン・ダニエルズ③がノーチャージセミサークルのトップ付近、ジャック・ランデール④がトップ付近、ジョック・マクベイ⑤が右エルボー付近にポジションを取ります。③は❹に背後からスクリーンをセット。④は③のスクリーンを利用してゴー

図3

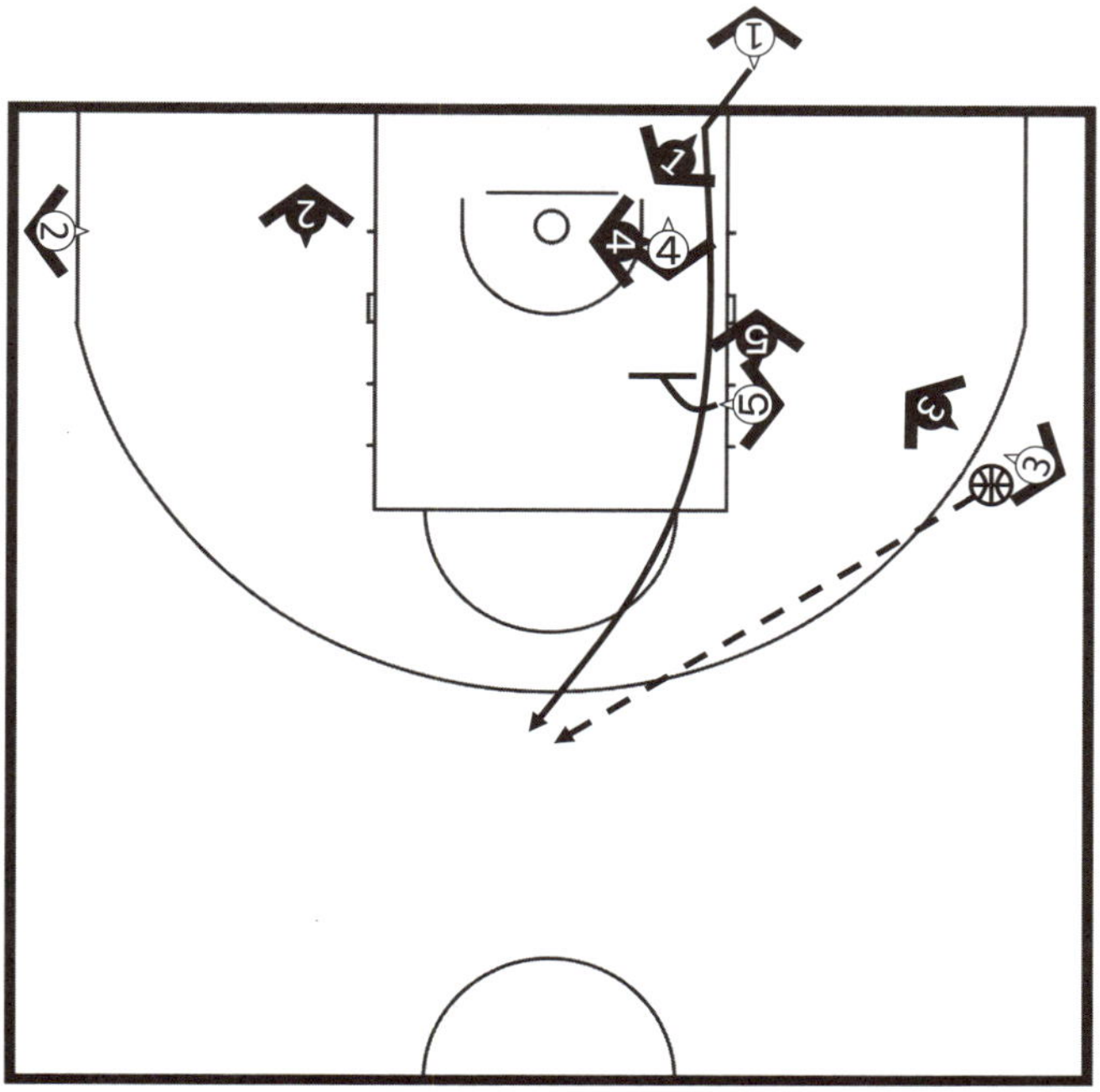

ル下に飛び込んだ後、右ローポスト付近に移動して❶にスクリーンをセットします。

図2

③は④がスクリーンを通過した後に⑤のスクリーンを利用して右ウィングに飛び出し、①からのパスを受けます。

図3

⑤は③がスクリーンを通過した後に、④の背後で❶にスクリーンをセットします（④と⑤によるスタッガードスクリーン）。①は③へのパス後、④と⑤によるスタッガードスクリーンを利用してトップへと移動し、③からのパスを受けます。ディフェンスからするとスクリーン・ザ・スクリーナーのアクションに対応したところにスタッガードスクリーンがセットされるため、対応が難しくなります。この場面では、セカンドスクリーナーの⑤が❶の移動に合わせて、スクリーンの位置を微調整することで、❶を大回りさせることに成功しました。❶を引き離した①は、3Pショットを沈めました。

GAME DATA
Paris 2024
3Q 5:46　オーストラリア54-47スペイン

COLUMN

パリオリンピックでのアメリカ代表を見て

流通経済大学スポーツコミュニケーション学科RKU BASKETBALL LAB“バスラボ”
渡邉幸史

パリオリンピック開催前にアメリカ代表選出選手の情報をSNSで初めて見た時、大きな衝撃を受けました。なぜなら、メンバーには、現在のNBAの象徴であるキングことレブロン・ジェームズや世界最高峰シューターのステフィン・カリー、今期優勝したセルティックスの絶対的エースであるジェイソン・テイタム、NBA屈指のオールラウンダーの一人であるケビン・デュラントなどNBAのオールスタープレーヤーばかり揃ったチームは、「最強」であり、どこの国も当たりたくないであろう「最恐」なチームであると感じたからです。そして、今回のアメリカは昨年のワールドカップとは異なり、世界一を本気で狙っているように思えたからです。

私が一番注目したアメリカ代表のゲームは、フランス戦です。このゲームは序盤からどちらも引かない白熱したゲーム展開だったと思います。それでも、アメリカの方が一枚上手だったと感じました。1Qの残り３０秒、ボールマンであったアンソニー・エドワーズがスッテプバックスリーを沈めて点差を広げた場面や、２Qの残り３分２６秒の場面でのレブロンによるドライブからのダブルクラッチレイアップショット、４Qの残り３３秒の場面でのカリーの3ポイントショットなどはフランスを上回ったシーンだったと思います。

こうした説明が困難なアメリカ代表の強さの背景には、スキルやメンタルなどのほか、環境や文化などがあるのではないかと感じました。

Part5

★★★★★

ワールドカップ&五輪のSOB

14

図1

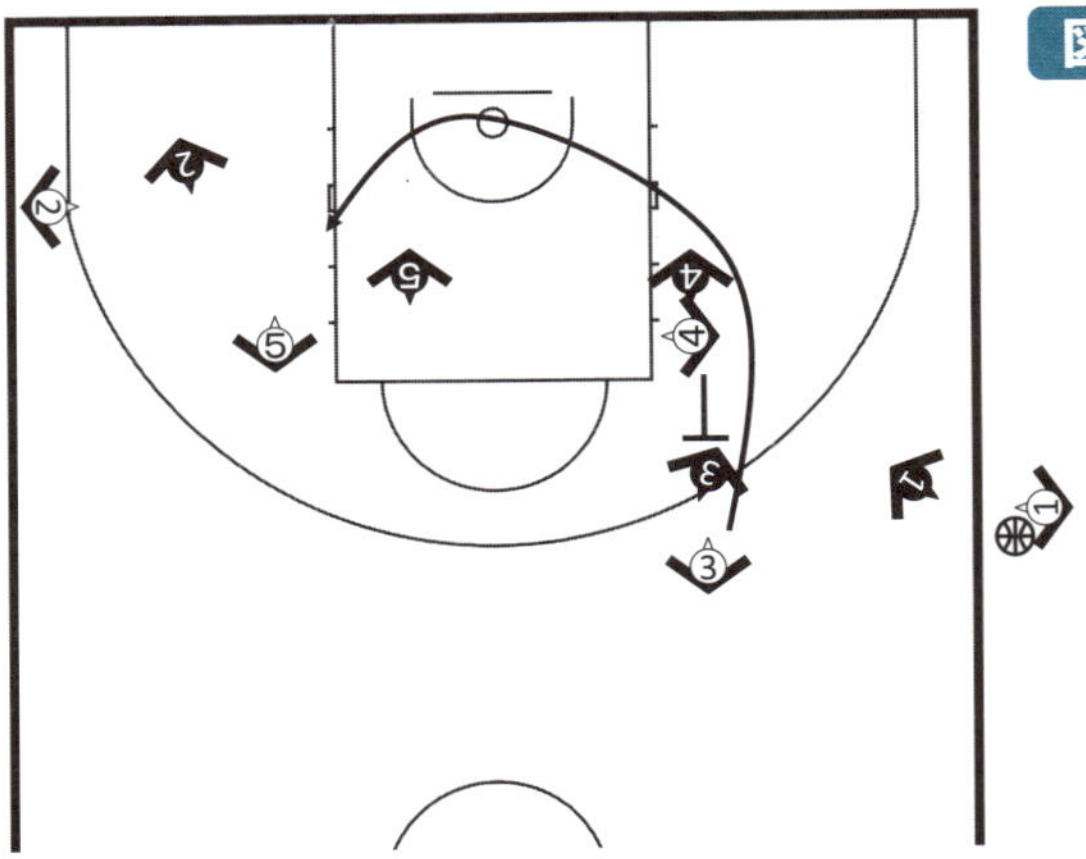

図2

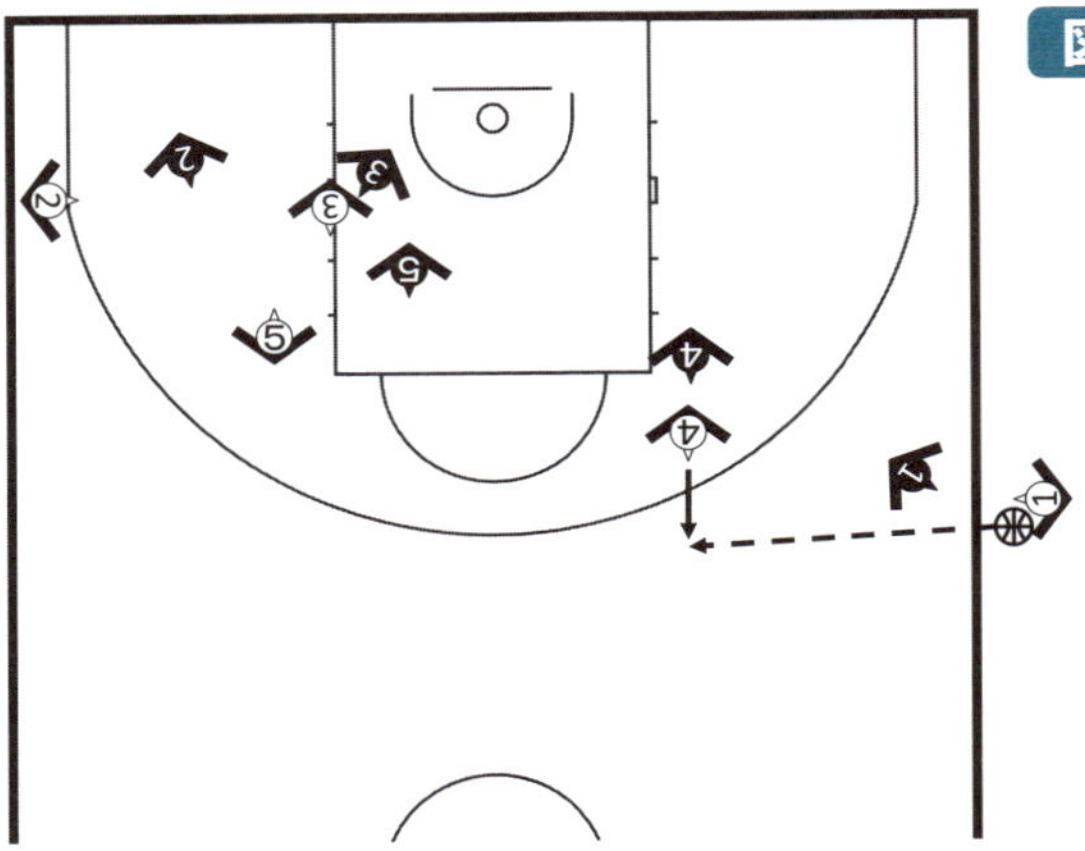

01

★★★★★

スクリーンを組み合わせながらボールを展開することでオープンを作り出す

プレーの動画はこちら

ボールを展開して DFの位置を変えさせる

オフボールスクリーンとDHO、PnRを組み合わせ、ボールを展開することによりディフェンスの対応を難しくさせるセットです。

図1

①がインバウンダー、ほかのプレーヤーは図のようにポジションを取ります。④が❸にバックスクリーンをセット。③は④のスクリーンを利用して左ローポスト付近へと移動します。

図2

④は③がスクリーンを通過した後に右スロットに飛び出し、①からパスを受けま

図3

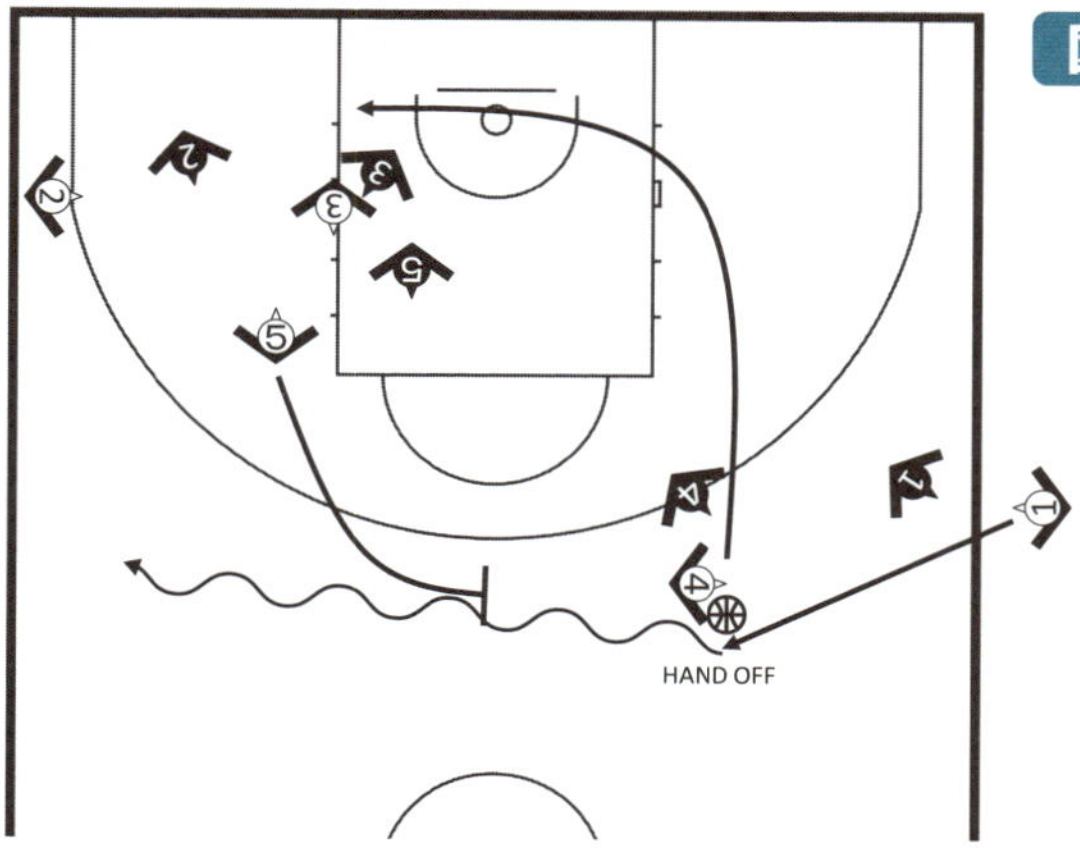

図4

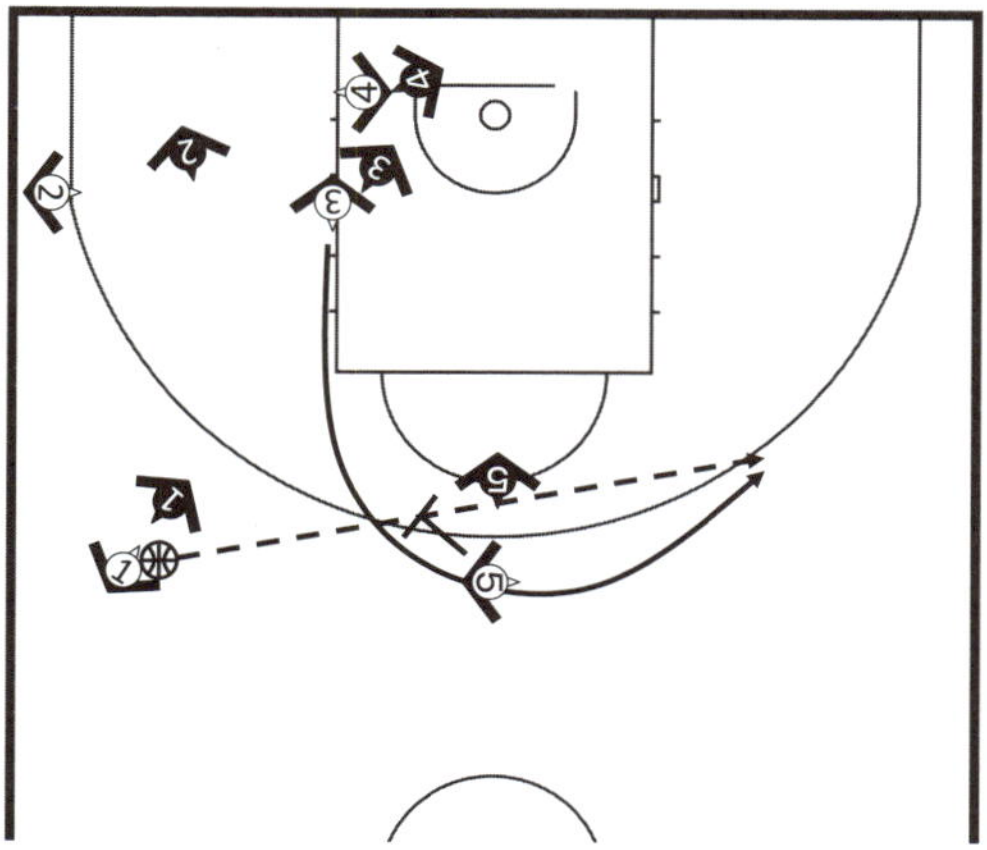

す。

図3

①は④に向かって移動し、④からハンドオフパスを受けます。⑤は①がパスを受けるタイミングでトップへ移動し、❶にスクリーンをセットします。①はハンドオフパスを受けた後、⑤のスクリーンを利用して左ウィング付近に移動します。④はハンドオフパス後に左ローポストへと移動します。

図4

⑤は①がスクリーンを通過した後、向きを変えて❸にスクリーンをセットします。③は⑤のスクリーンを利用して右スロットへと移動し、①からのパスを受けます。ディフェンスからすると、様々なスクリーンプレーとボール展開への対応を迫られ、適切なDFポジションの維持が難しくなります。③は❸を引き離してノーマークの3Pショットを放ちました。

GAME DATA
FIBA World Cup 2023
4Q 8:36　日本66-73フィンランド

図1

図2

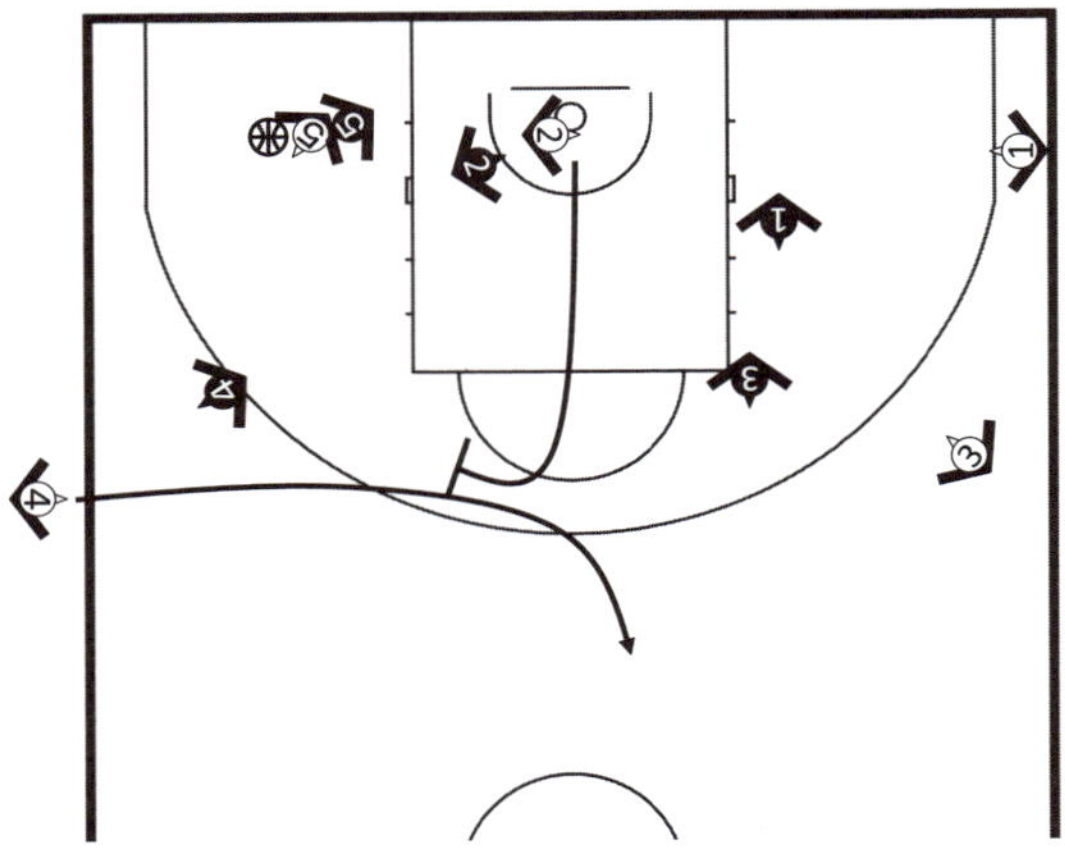

02 ★★★★★ 2度のスクリーナーとなったシューターがDHOでオープンショットを放つ

プレーの動画はこちら

ゴーストスクリーンでDFの対応をかく乱する

シューターのディフェンスにスクリーナーDFの対応をさせておいてDHOでオープンショットを放たせるセットです。

図1

渡邊雄太④がインバウンダーとなり、富永啓生②が左ローポスト、ジョシュ・ホーキンソン⑤が右ローポスト、富樫勇樹①が右コーナー、吉井裕鷹③が右ウィングにポジションを取ります。②が❺にクロススクリーンをセット。⑤は②のスクリーンを利用して左ローポスト付近に飛び出し、④からのインバウンズパスを受けます。

図3

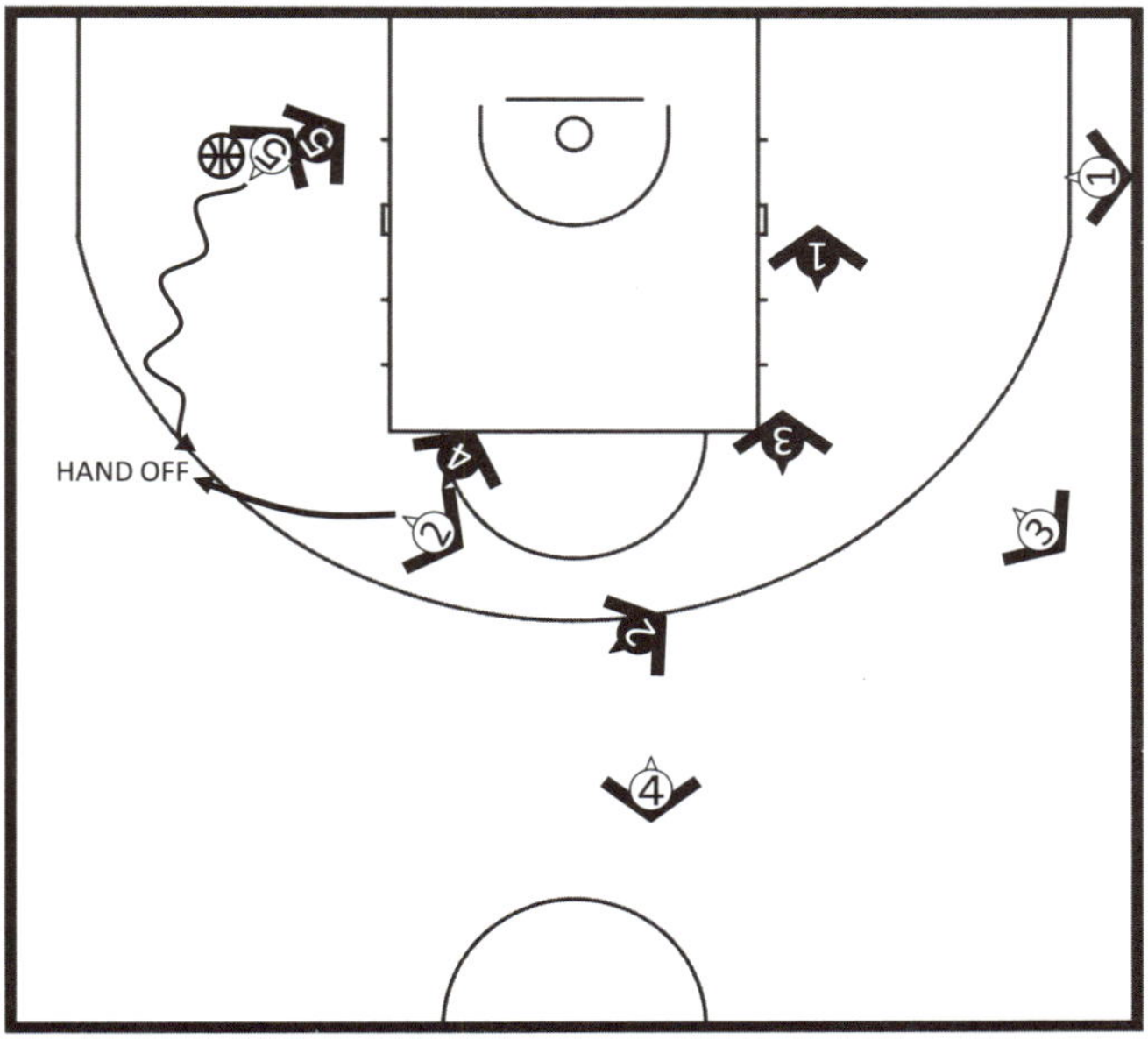

図2

②は⑤がスクリーンを通過した後にトップ方向へ移動し、❹にスクリーンをセットします。④は②のスクリーンを利用してトップへと移動します。❷と❹は④と②によるオフボールスクリーンにスイッチで対応しました。

図3

同時に⑤はドリブルで左ウィング付近へと移動。②は④がスクリーンを通過するタイミングで左ウィングへと移動し、⑤からハンドオフパスを受けます。ディフェンスからすると、2度のオフボールスクリーンに対応した直後にDHOへの対応が求められるため、適切なDFポジションの維持が難しくなります。マッチアップする❹を引き離した②はオープンになり3Pショットを沈めました。②による④とマッチアップする❹へのスクリーンはゴーストスクリーンで、②は④がスクリーンに達する前に⑤に向かって移動することにより、ディフェンスを惑わせました。

GAME DATA
FIBA World Cup 2023
1Q 0:32　日本14-19カーボベルデ

03

★★★★★

ボール展開からスタッガードスクリーンを連続してセットしノーマークを作る

プレーの動画はこちら

図1

図2

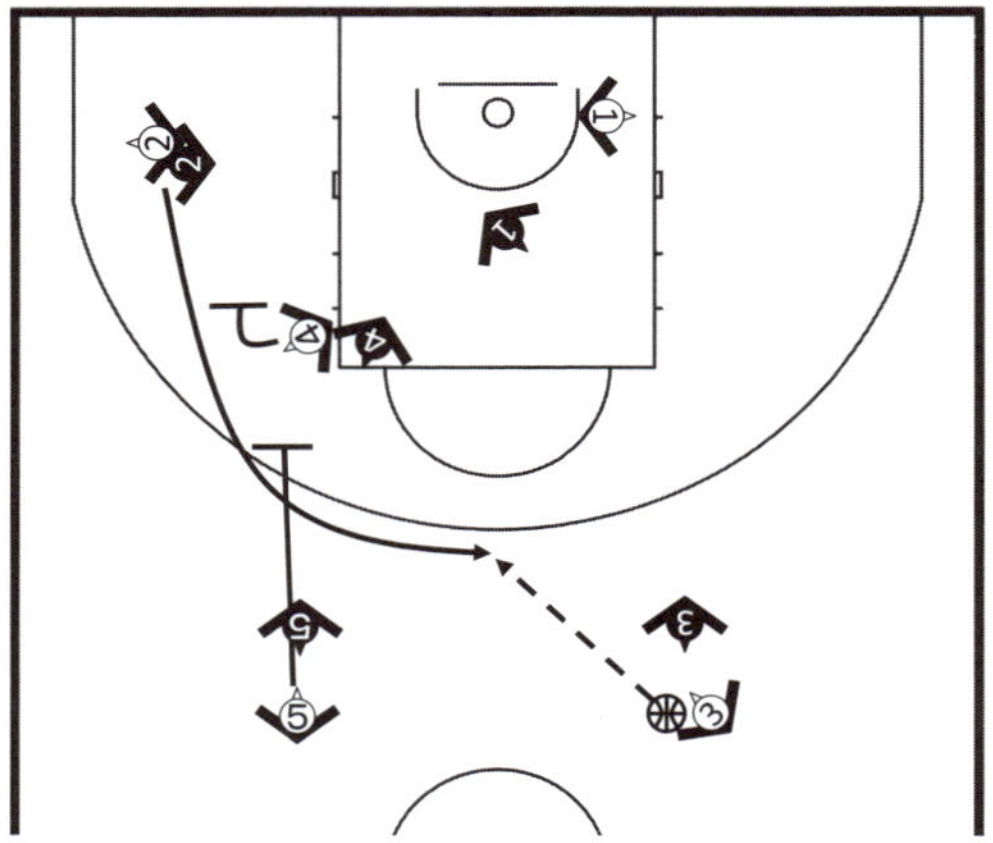

複雑なスクリーンの逆サイドにスペース

インバウンズ後にボールを展開し、連続してスタッガードスクリーンをセットすることにより、ユーザーDFをユーザーから引き離すことを狙います。

図1

アリ・マンスール①がインバウンダーになり、アミール・サウド②が左のコーナーとローポストの中間、オマリ・スペルマン⑤が左エルボー付近、ハイク・ギョッチョーン④がネイル、カリム・ザイノン③が右ローポストにポジションを取ります。⑤が左スロットに飛び出し、①からのインバウンズパスを受けます。③は⑤がパスを受け

図3

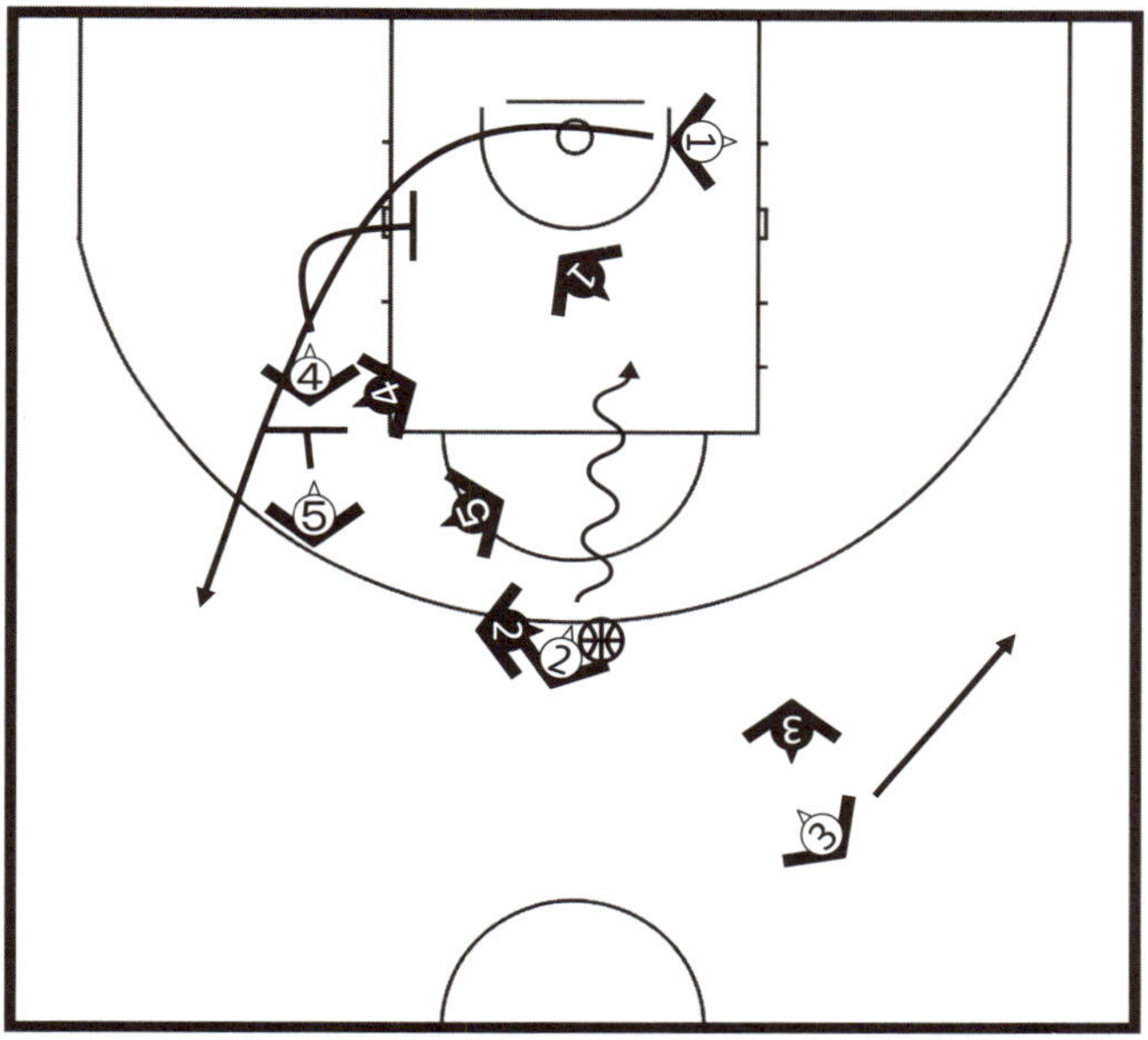

るタイミングで右スロットに飛び出し、⑤からのパスを受けます。④は①がパスを出すタイミングで❶にスクリーンをセットします。①は④のスクリーンを利用して右ローポスト付近に移動します。

図2

④は①がスクリーンを通過した後、❷にスクリーンをセットします。⑤は③へパス後、④のスクリーンの背後で❷に対するスクリーンをセットします。つまり、❷に対して④と⑤によるスタッガードスクリーンが形成されます。②は④と⑤によるスタッガードスクリーンを利用し、トップで③からのパスを受けます。

図3

ここでは②が❷を引き離したため、そのままドライブでゴール付近に侵入することができました。②がノーマークにならなくても、②がスタッガードスクリーンを利用した後に④と⑤は❶に対するスタッガードスクリーンをセットしているため、①がノーマークになる可能性があります。

GAME DATA
FIBA World Cup 2023
1Q 0:19　レバノン11-29カナダ

図1

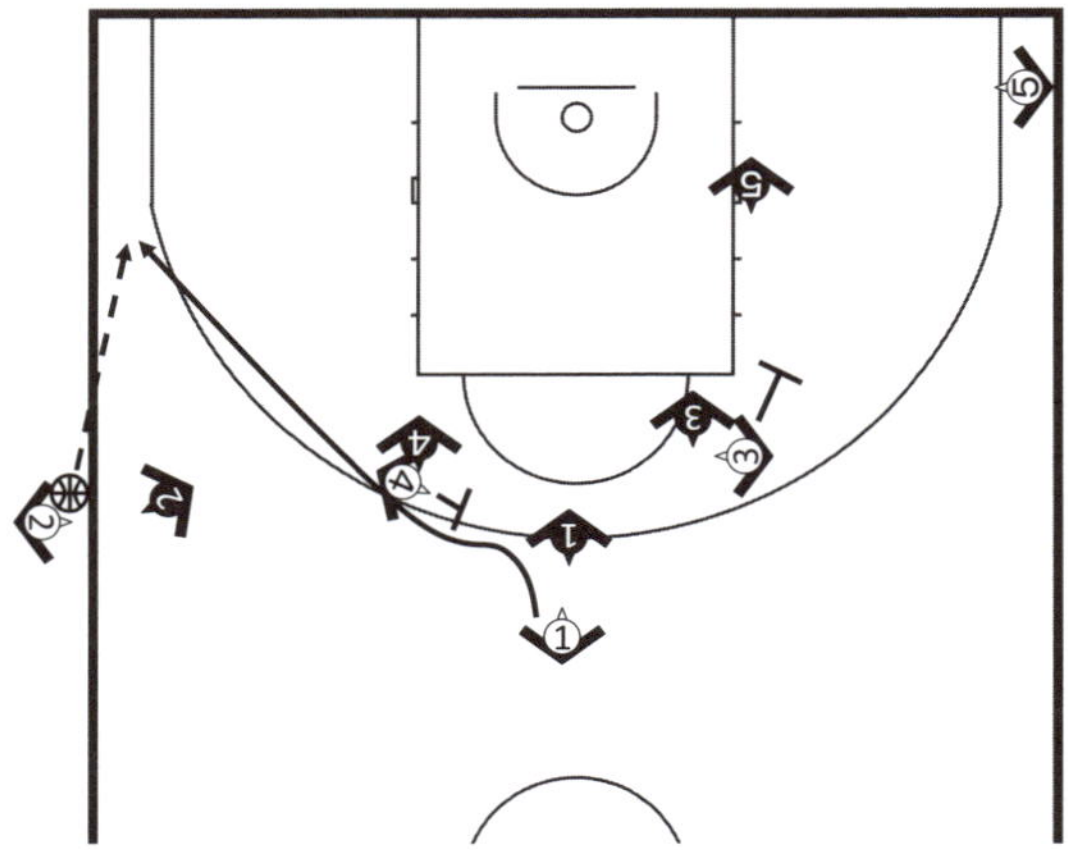

図2

04 ★★★★★ ユーザーとスクリーナーが入れ替わるインバートでDFを混乱させてノーマークを作る

プレーの動画はこちら

通常どおりのスクリーンプレーに見せかける

インバートから、さらにオフボールスクリーンを加えることにより、ディフェンスを惑わせてノーマークを作り出すセットになります。

図1

ガブリエル・プロチダ②がインバウンダーになり、ジャンパオロ・リッチ④が左エルボー付近、アレッサンドロ・パジョラ①がトップ、ルイージ・ダトメ③が右エルボー付近、ルカ・セヴェリーニ⑤が右コーナーにポジションを取ります。④が①とマッチアップする❶にスクリーンをセットし、①は④のスクリーンを利用して左ウィングへ

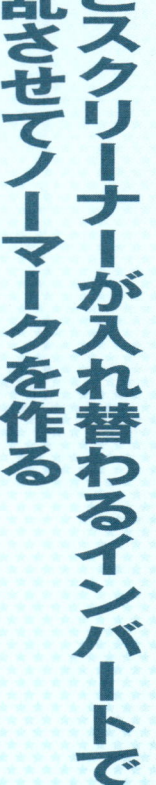

図3

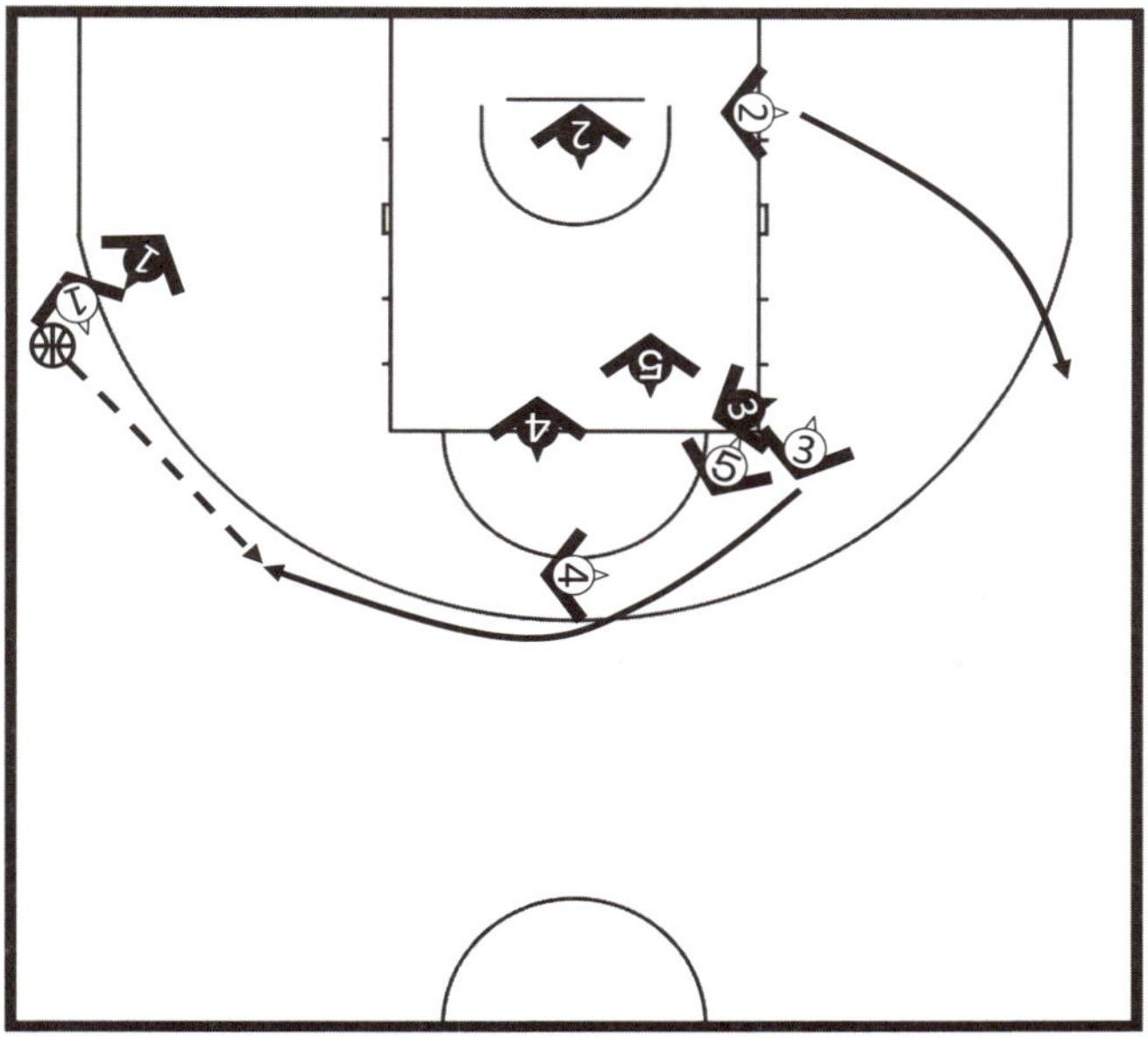

と移動。②からのインバウンズパスを受けます。同時に③は⑤とマッチアップする❺にスクリーンをセットします。

図2

②はインバウンズパス後にゴール方向へカットし、右サイドへ移動。⑤は③のスクリーンを利用するように見せかけて③とマッチアップする❸にスクリーンをセットします。④は①がスクリーンを通過した後にトップへ移動して❸にスクリーンをセットします。

図3

③は⑤と④のスタッガードスクリーンを利用して、左スロットへと移動して①からパスを受けます。まずはスクリーナーとユーザーが入れ替わるインバートによりディフェンスの混乱を図ります。ディフェンスからするとインバートに対応ができたとしても、さらにオフボールスクリーンがセットされているため、対応が難しくなります。③はマッチアップしていた❸を大きく引き離し、3Pショットを放ちました。

GAME DATA
FIBA World Cup 2023
3Q 3:09　イタリア37-73アメリカ

05
★★★★★

オフボールスクリーンとDHOを組み合わせたズームアクションでユーザーのDFを引き離す

プレーの動画はこちら

図1

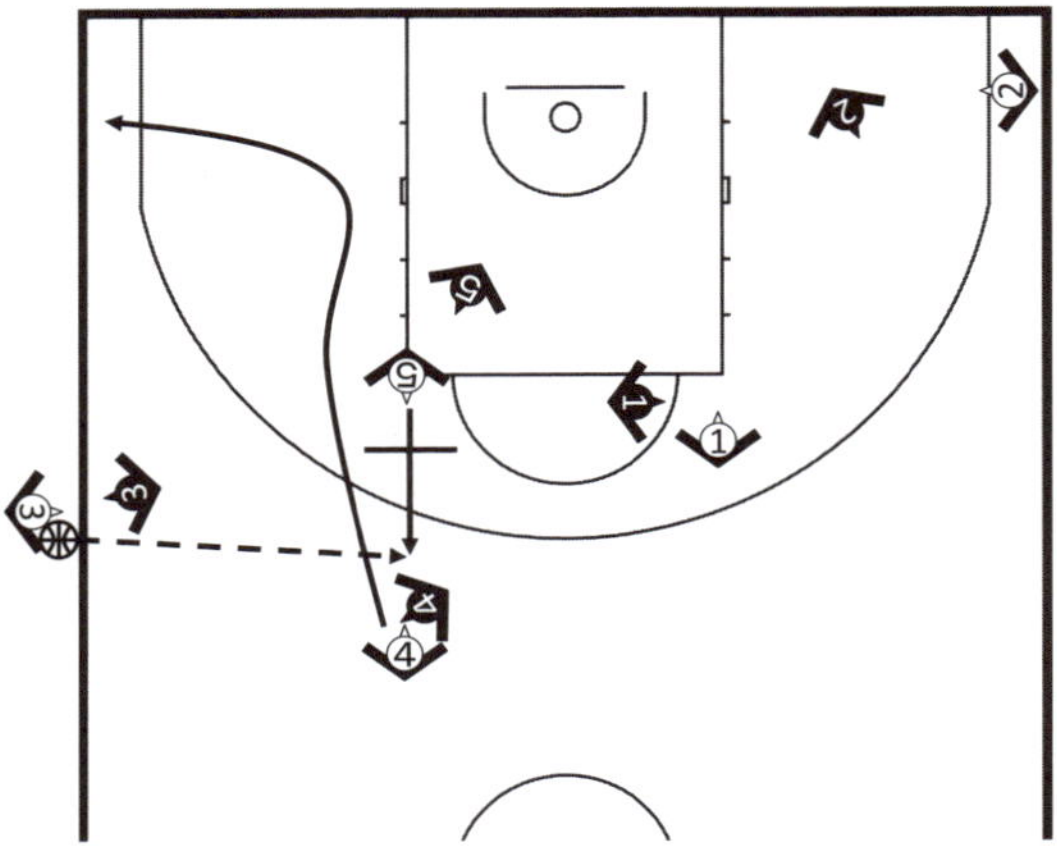

図2

DFに異なる種類のスクリーンに対応させる

インバウンズの逆サイドでズームアクションを行い、ユーザーのディフェンスを引き離すことを図るセットです。

図1

ニキール・アレクサンダー・ウォーカー③がインバウンダーになり、ザック・イーディー⑤が左エルボー、メルビン・エジアム④が左スロット、トレイ・ベル・ヘインズ①が右エルボー付近、フィル・スクラブ②が右コーナーにポジションを取ります。⑤が④とマッチアップする❹にスクリーンをセット。④は⑤のスクリーンを利用して左コーナーへと移動します。⑤は❺が

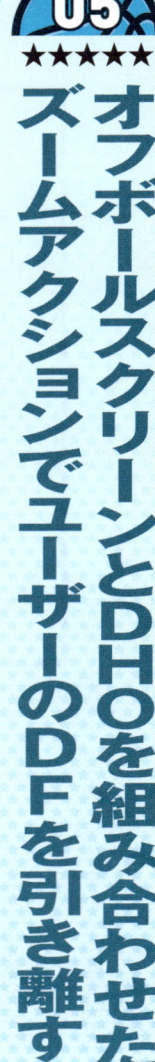

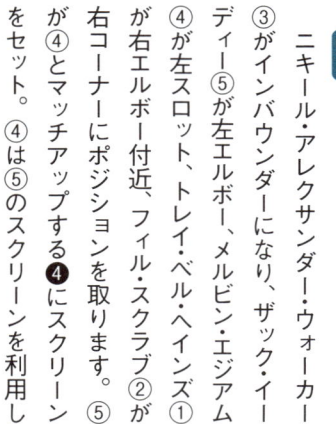

図3

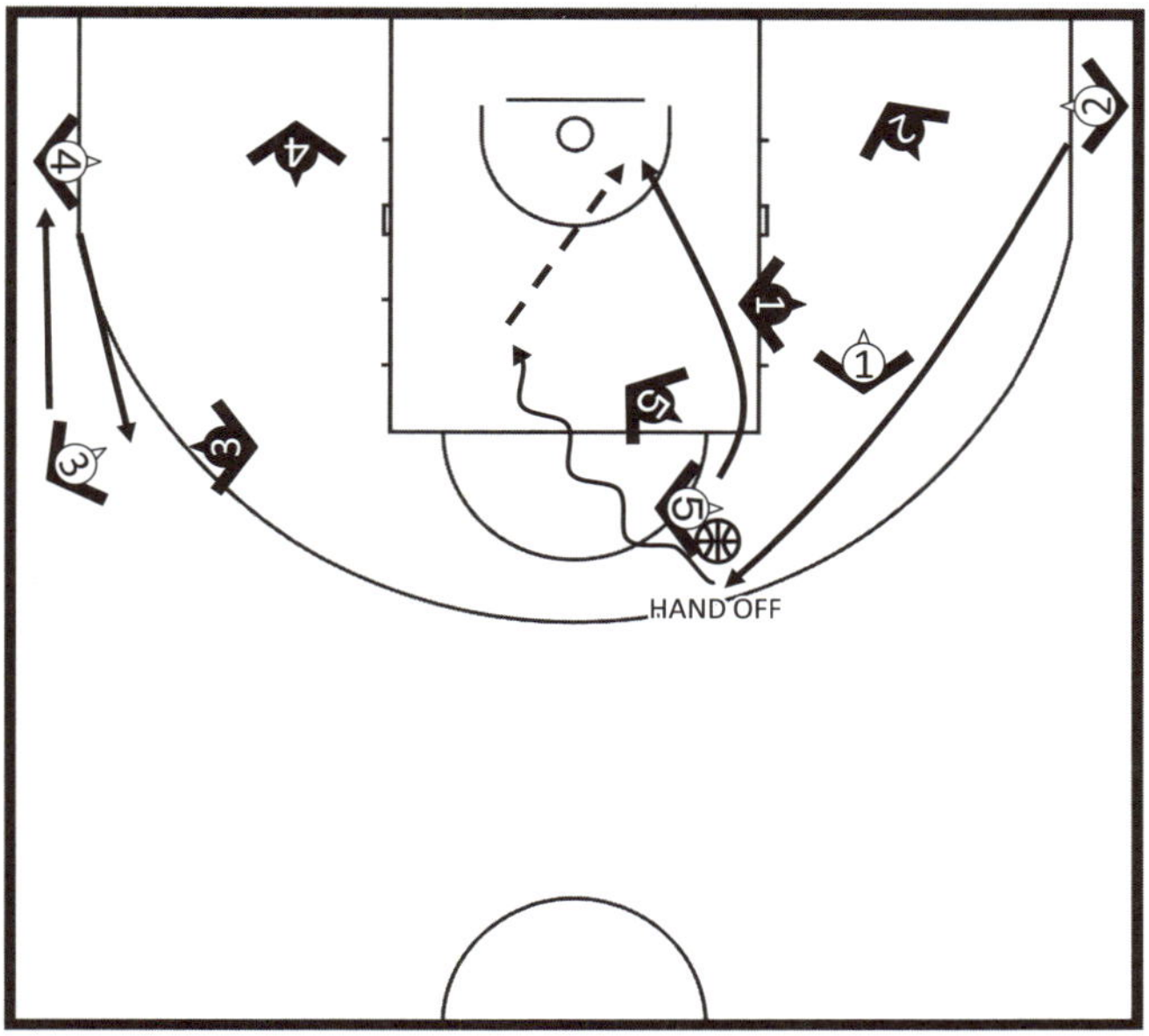

オフボールスクリーンの対応をしている間に左スロットに飛び出し、③からのインバウンズパスを受けます。

図2

①は⑤がインバウンズパスを受けるタイミングで、右エルボーで❷にスクリーンをセット。⑤はインバウンズパスを受けた後、ドリブルで右エルボー付近に移動します。

図3

②は①のオフボールスクリーンを利用し、①の背後の⑤からハンドオフパスを受けます。つまり、①によるオフボールスクリーンと、⑤によるDHOでズームアクションになります。❷からすると、オフボールスクリーンに対応した後に、DHOへの対応が迫られるため、DHOによるアウトサイドスクリーンの回避が難しくなります。②が❷を引き離したため、❺が②に対応せざるを得なくなりました。そのため、⑤がダイブしてゴール下でパスを受け、リングにボールを沈めました。

GAME DATA
FIBA World Cup 2023
2Q 6:06　レバノン19-46カナダ

06
★★★★★

インバウンダーがAIカットからPnRでディフェンスを崩して得点を狙う

プレーの動画はこちら

図1

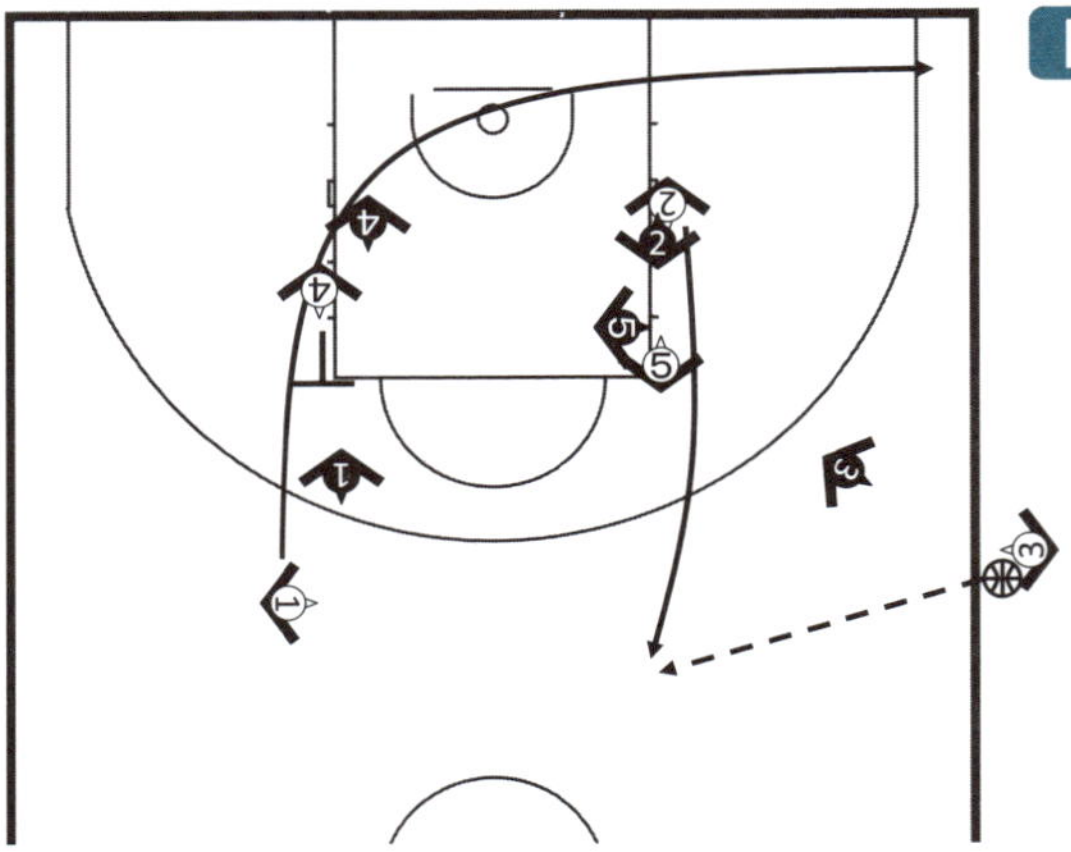

図2

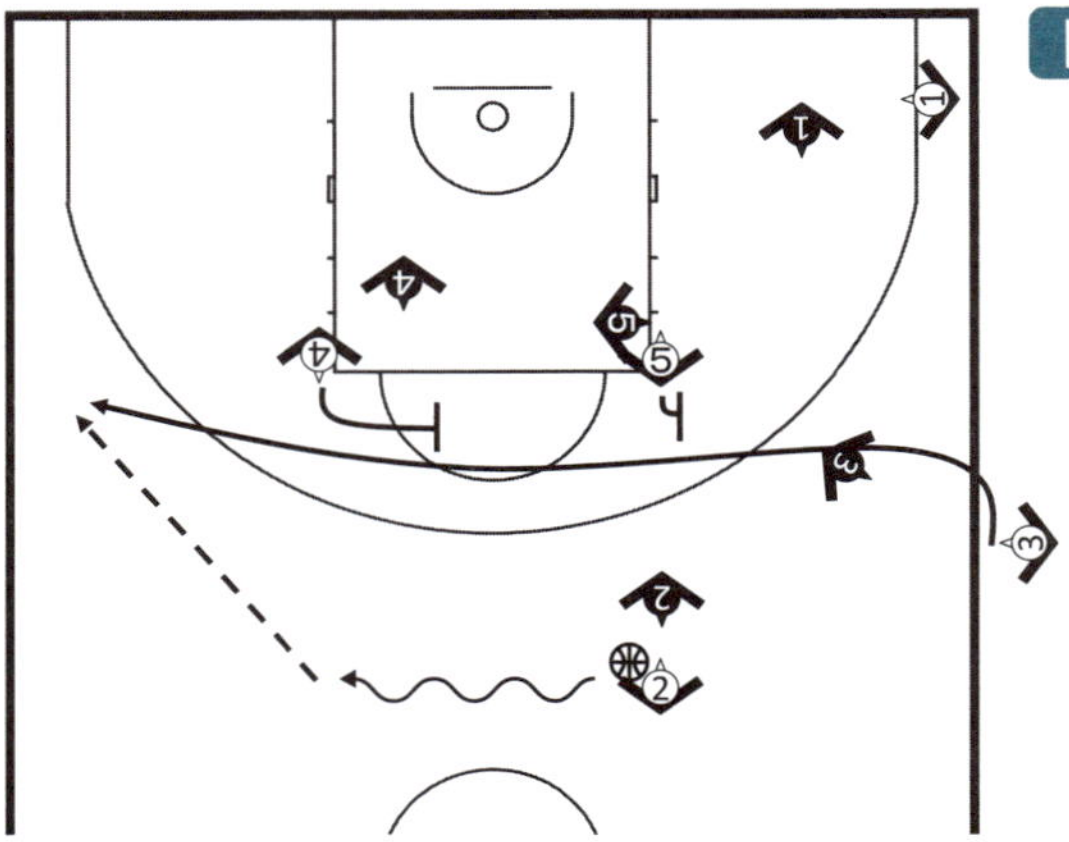

AIカットによってPnRをよりよい状態ではじめる

インバウンダーがAIカットをし、ラムスクリーンを加えたPnRでディフェンスを崩すことを狙うセットです。

図1

ジョシュ・ギディ③がインバウンダーになり、マシュー・デラベドバ①が左スロット、ニック・ケイ④が左ミドルポスト、パティ・ミルズ②が右ローポスト、ジョック・ランデール⑤が右エルボーにポジションを取ります。④が❶にスクリーンをセット。①はこれを利用して右コーナーに移動します。同時に②は⑤のスクリーンを利用して右スロットに飛び出し、③からのパスを受けます。

図3

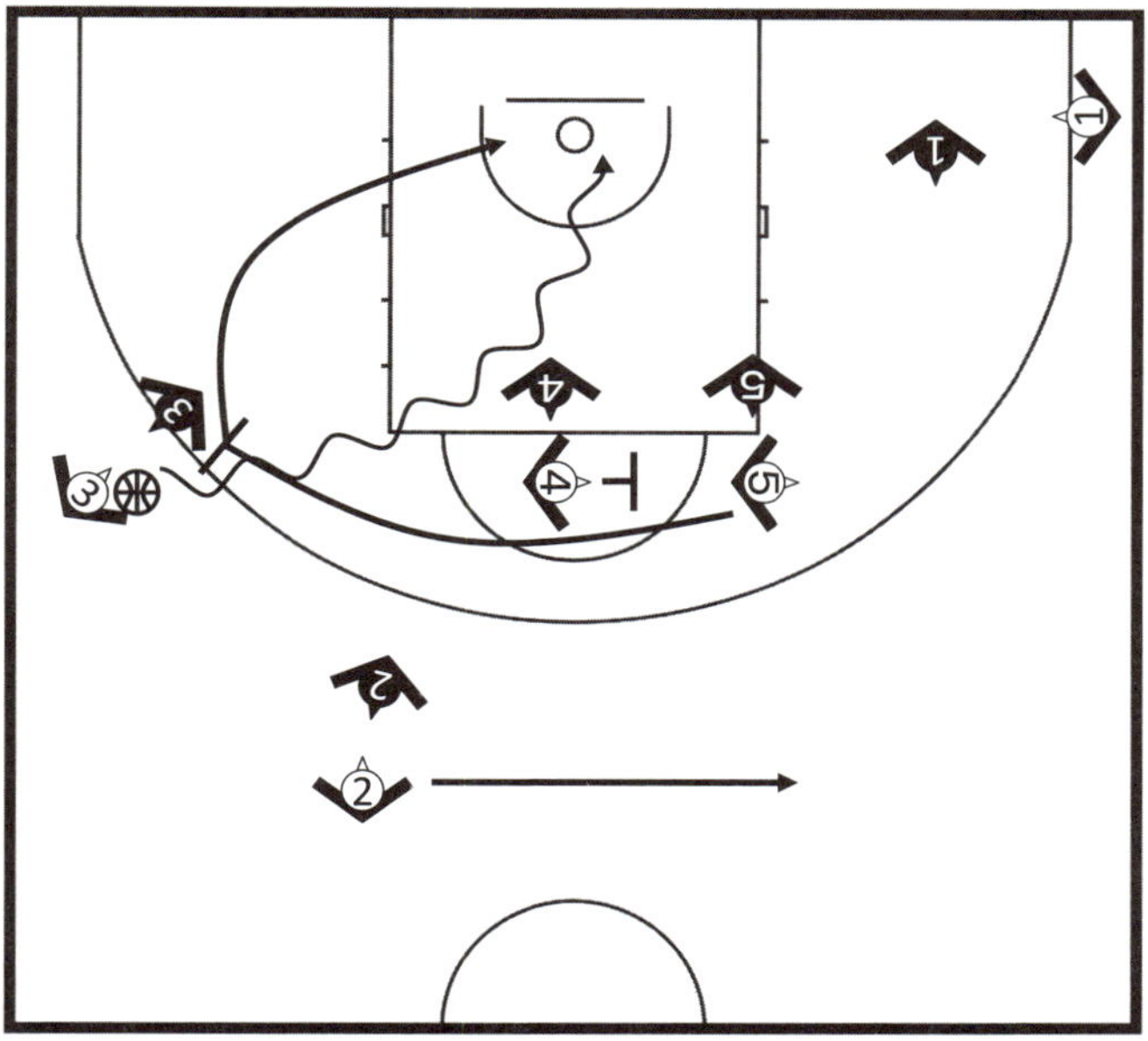

図2

④と⑤は①が②のスクリーンを通過した後、身体の正面を右サイドラインに向け、❸に対するスクリーンをセットします。③は②へのパス後、⑤と④のスクリーンを利用して左ウィングに移動します。②は③の移動に合わせて左スロットへと移動し、③にパスを出します。

図3

②は③へのパス後、右スロットに移動します。④は③がスクリーンを通過した後に❺へスクリーンをセットします。⑤は④のスクリーンを利用して左ウィングに移動し、❸にスクリーンをセットします。③は⑤のスクリーンを利用し、リングに向かってアタックします。❸からすると、Aーカットした③に対するディフェンスポジションを回復したところにＰｎＲのスクリーンがセットされるため、③についていくことが難しくなります。ペイント深くまで侵入した③は、ダイブする⑤にパスを出し、⑤の得点をお膳立てしました。

GAME DATA
Paris2024
4Q 3:51　オーストラリア65-71ギリシャ

07

★★★★★

残り2秒からオフボールスクリーンを駆使し1本のパスでゴール下での得点を狙う

プレーの動画はこちら

図1

図2

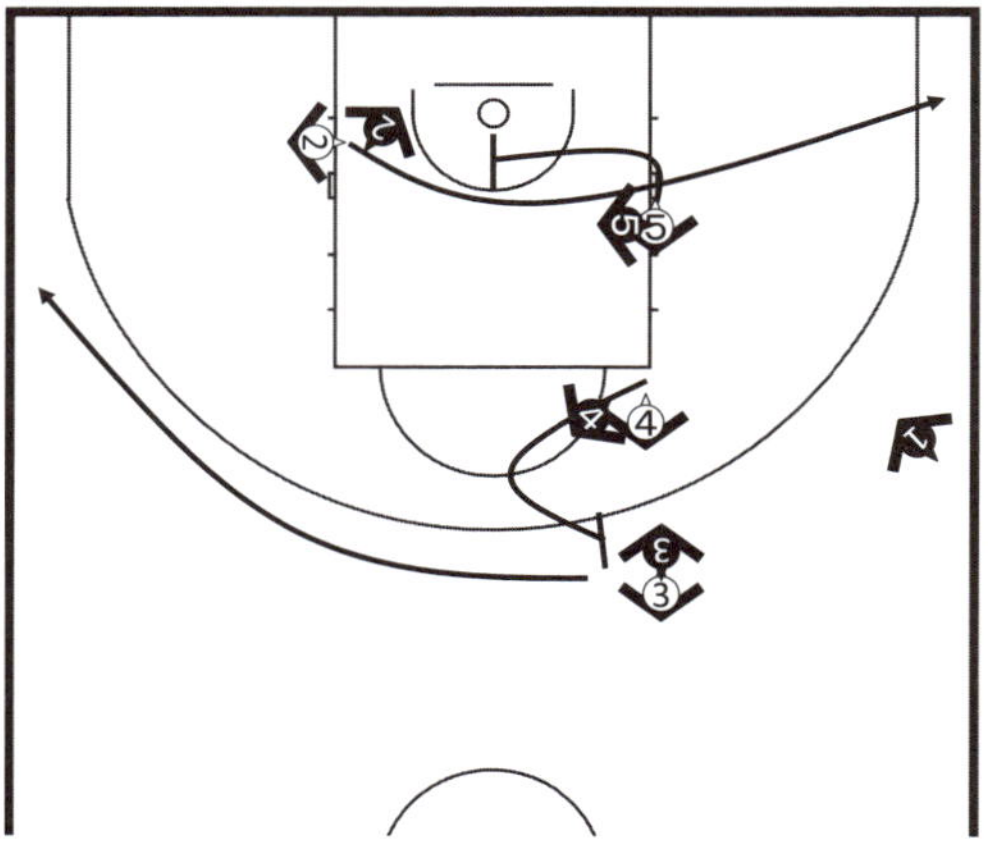

インバウンダーのパススキルが要になる

2Q残り2秒の場面でスペインが用いたSOBで、スタッガードスクリーンからオフボールスクリーンを用いてワンパスでショットを狙うセットです。

図1

ロレンツォ・ブラウン①がインバウンダーになり、ダリオ・ブリスエラ②が左ローポスト、アレックス・アブリネス③が右ローポスト、サンティ・アルダマ⑤が右ミドルポスト、ハイメ・プラディヤ④がトップからゴール側に入った位置にポジションを取ります。⑤が❸にスクリーンをセットし、④も身体の正面をベースラインに向

図3

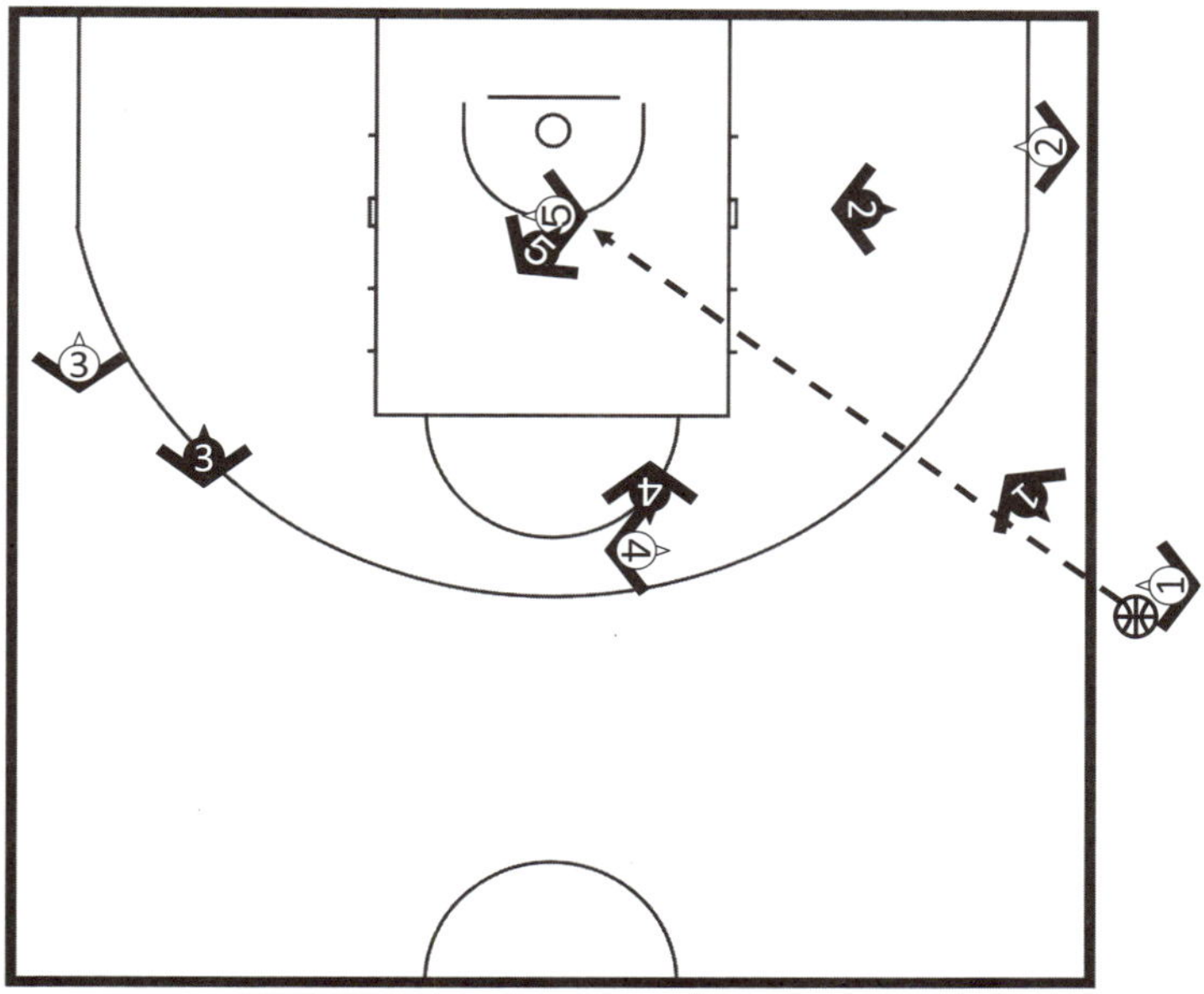

けて❸にスクリーンをセット。③は④と⑤によるスタッガードスクリーンを利用して右スロットへと移動します。

図2

⑤は③がスクリーンを通過した後、❷にスクリーンをセットします。②は⑤のスクリーンを利用して右コーナーに移動。④は③がスクリーンを通過した後に身体の向きを変え、再び❸にスクリーンをセットします。③は④のスクリーンを利用して左ウィングに移動。

図3

最初のスタッガードスクリーンで③がノーマークになっていれば、①は③にパスを出してショットを放たせます。次の狙い目は、その後の②と③によるオフボールスクリーンの利用です。オフボールスクリーンを利用した②か③がノーマークであれば、①はパスを出してショットを放たせます。この場面では②がスクリーンを通過した後、⑤がポジションを取り、①からパスを受けてショットを放ちました。

GAME DATA
Paris2024
2Q 0:02　スペイン49-35ギリシャ

図1

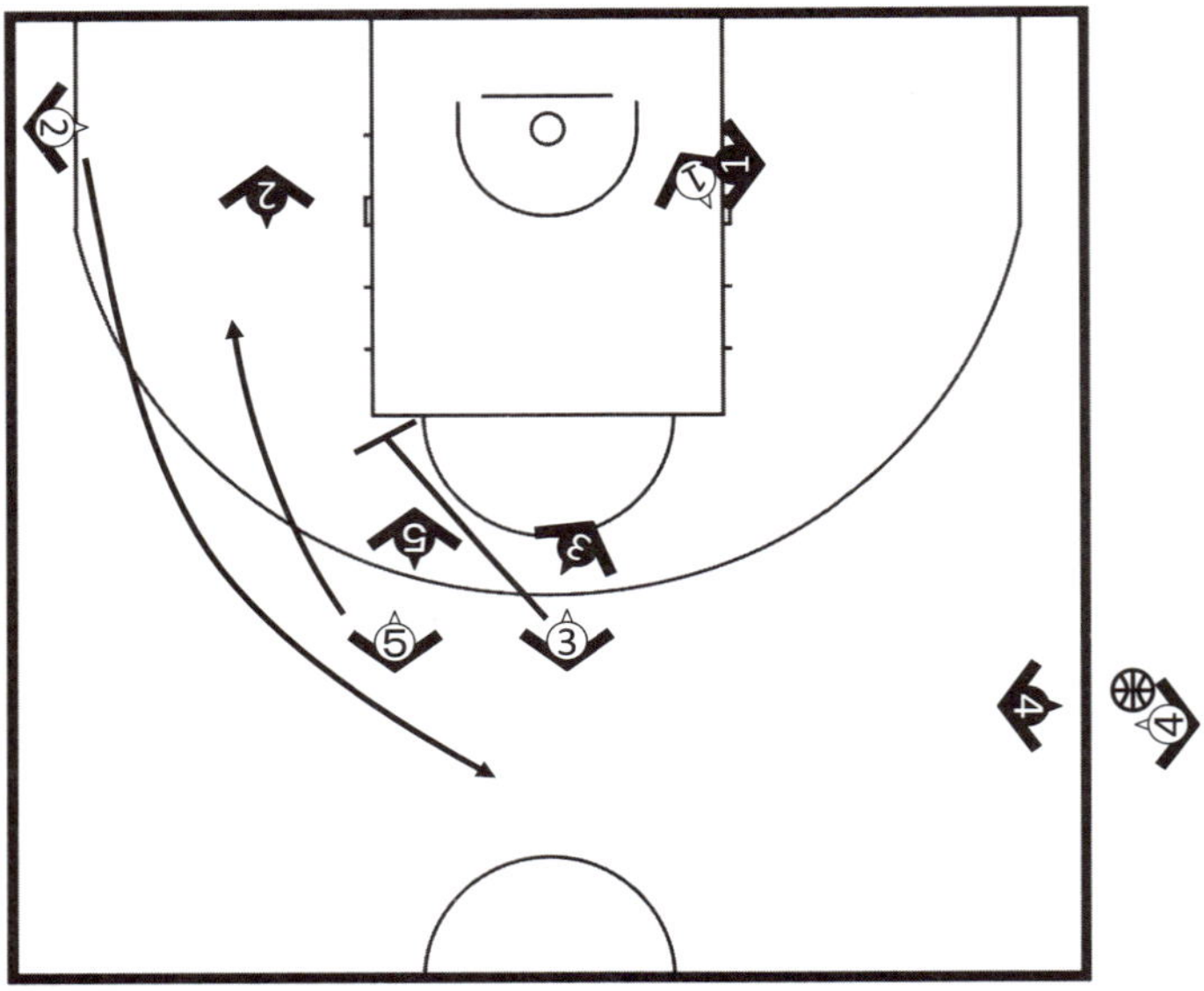

08

★★★★★

スタッガードスクリーンに見せかけて残り3秒からワンパスで得点を狙う

プレーの動画はこちら

スタッガードスクリーンの対応準備中にスクリーンをセット

残り3秒の場面でアメリカが用いたSOBで、インバウンダー以外の4人が同時に動き出し、スタッガードスクリーンに見せかけ、ワンパスで得点を狙うセットです。

図1

レブロン・ジェームズ④がインバウンダーになり、アンソニー・エドワーズ②が左コーナー、ケビン・デュラント⑤が左スロット、デビン・ブッカー③がトップ、ステフィン・カリー①が右ローポストにポジションを取ります。⑤と③が❷に対してスタッガードスクリーンをセットするように、

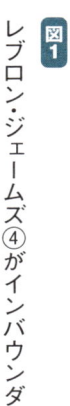

図2

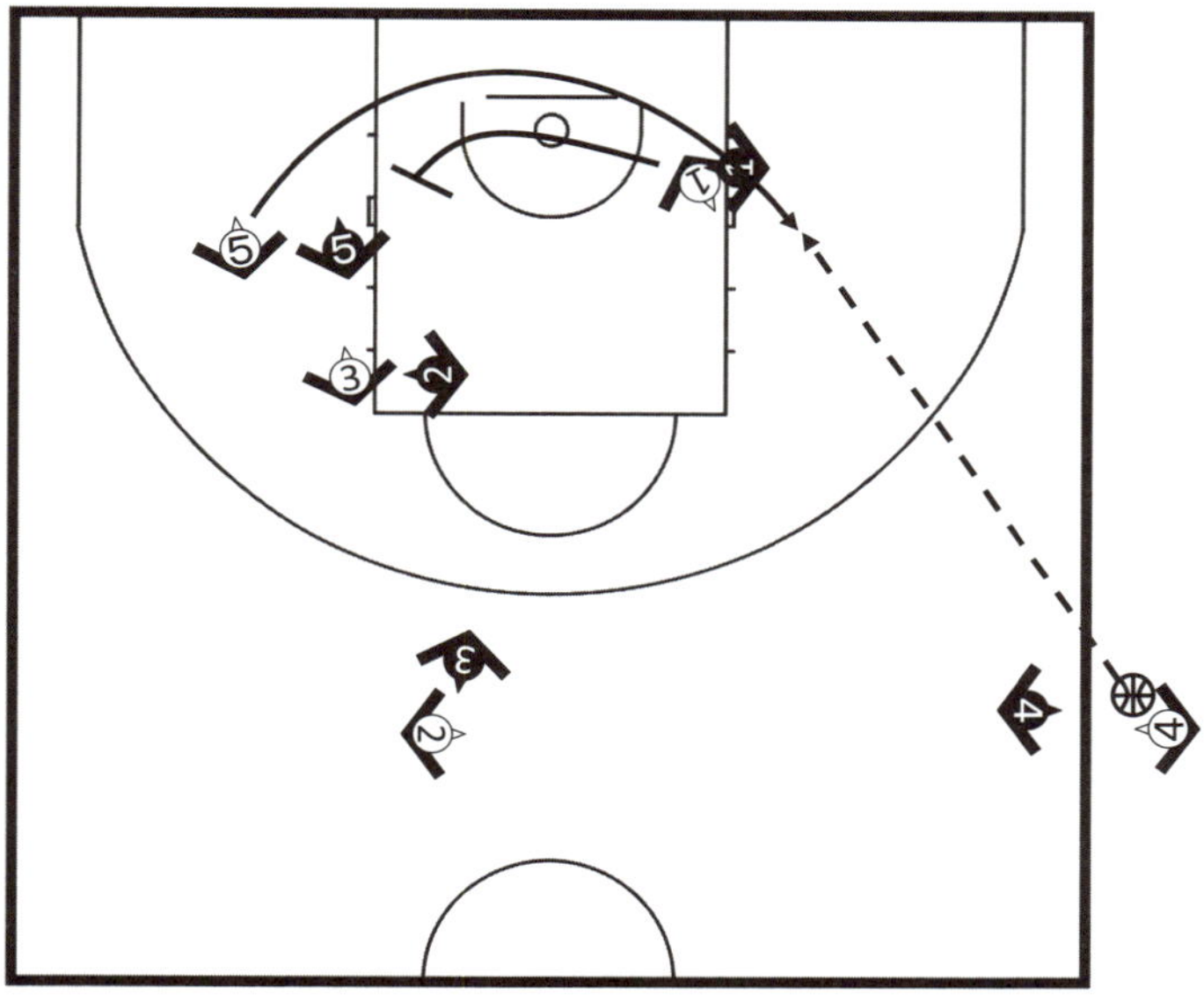

左コーナーに向かって移動を開始します。同時に②も⑤と③によるスタッガードスクリーンを利用するように、トップへと移動を開始します。しかし、⑤はスクリーンをセットせずに②と交差します。したがって、②は③のオフボールスクリーンを利用してトップに移動します。

図2

①も⑤や③の動き出しと同時に左ローポストに移動し、❺に対するスクリーンをセットします。⑤は②と交差するタイミングで進行方向を変え、①のスクリーンを利用して右ローポストへと移動。④からのインバウンズパスを受けてショットを放ちます。❺からするとスタッガードスクリーンへの対応の準備中に①のスクリーンがセットされるため、⑤についていくことが難しくなります。❶が⑤にマッチアップすることも可能ですが、比較的長身のデュラント⑤に比較的身長の低い❶がマッチアップしても、身長のミスマッチが生じてしまいます。

GAME DATA
Paris2024
2Q 0:03　セルビア49-56アメリカ

09
★★★★★
プレーヤーの移動で片サイドのスペースを大きく開けてビッグマンをダイブさせる

プレーの動画はこちら

図1

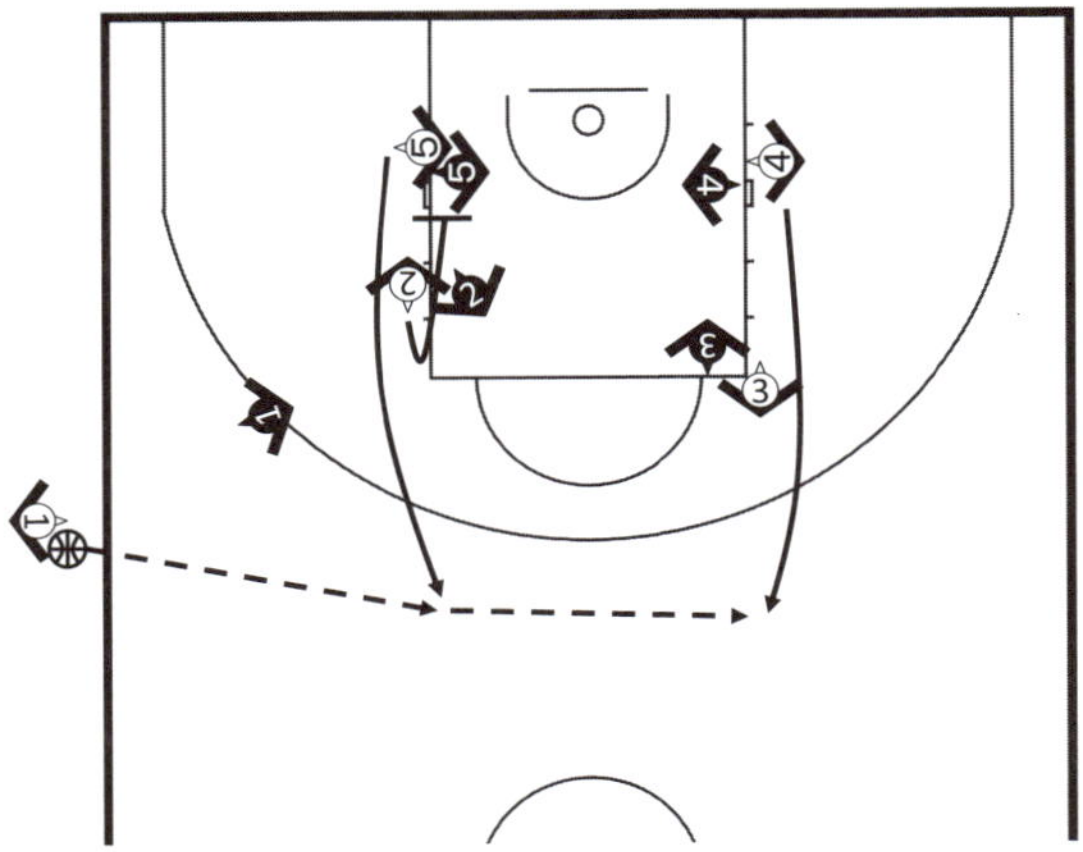

図2

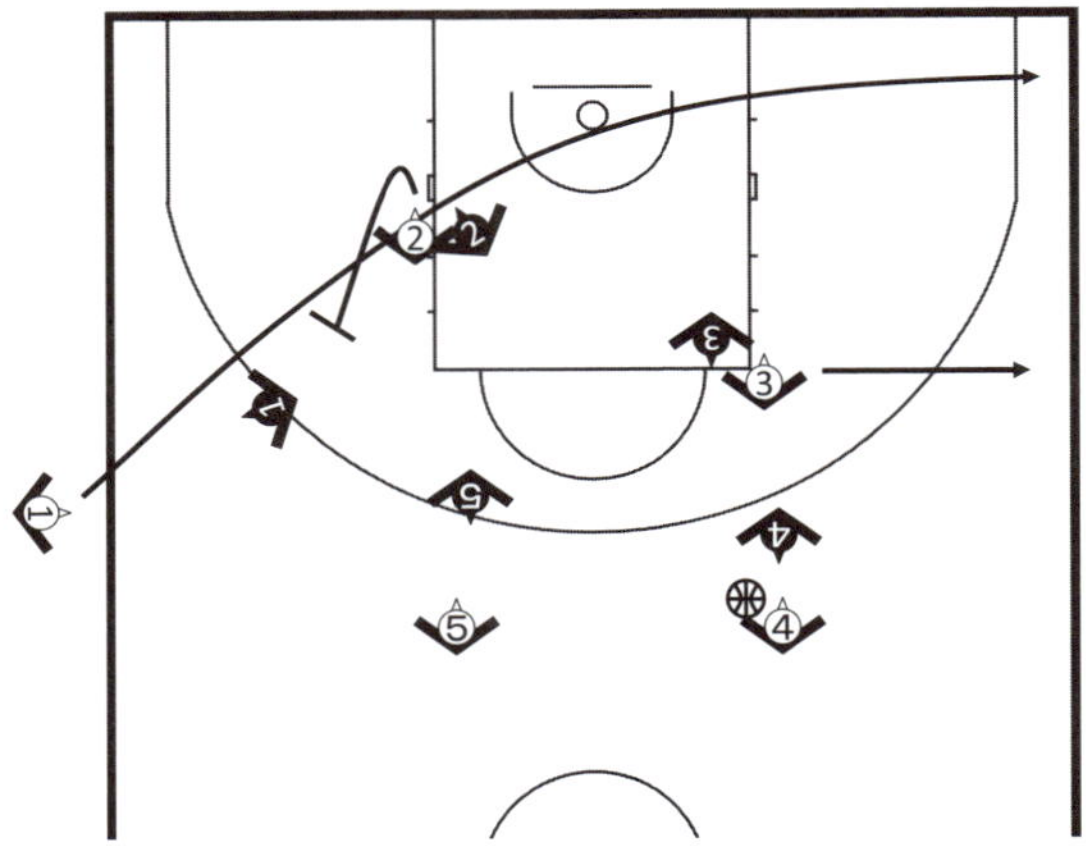

ボールとプレーヤーの移動がDFをマッチアップに引きつける

ボールの展開とプレーヤーの移動により片サイドのスペースを大きく開けて、ビッグマンをダイブさせるセットです。

図1
ジョーダン・ハワード①がインバウンダーになり、ホセ・アルバラート②、ゲオルジュ・コンディット⑤、ジャン・クラベル③、アイザイア・ピネイロ④が図のようにポジションを取ります。②は❺にスクリーンをセット。⑤はこれを利用して左スロットに飛び出し、①からパスを受けます。④は⑤がパスを受けるタイミングで③のスクリーンを利用して右スロットに飛び出し、

図3

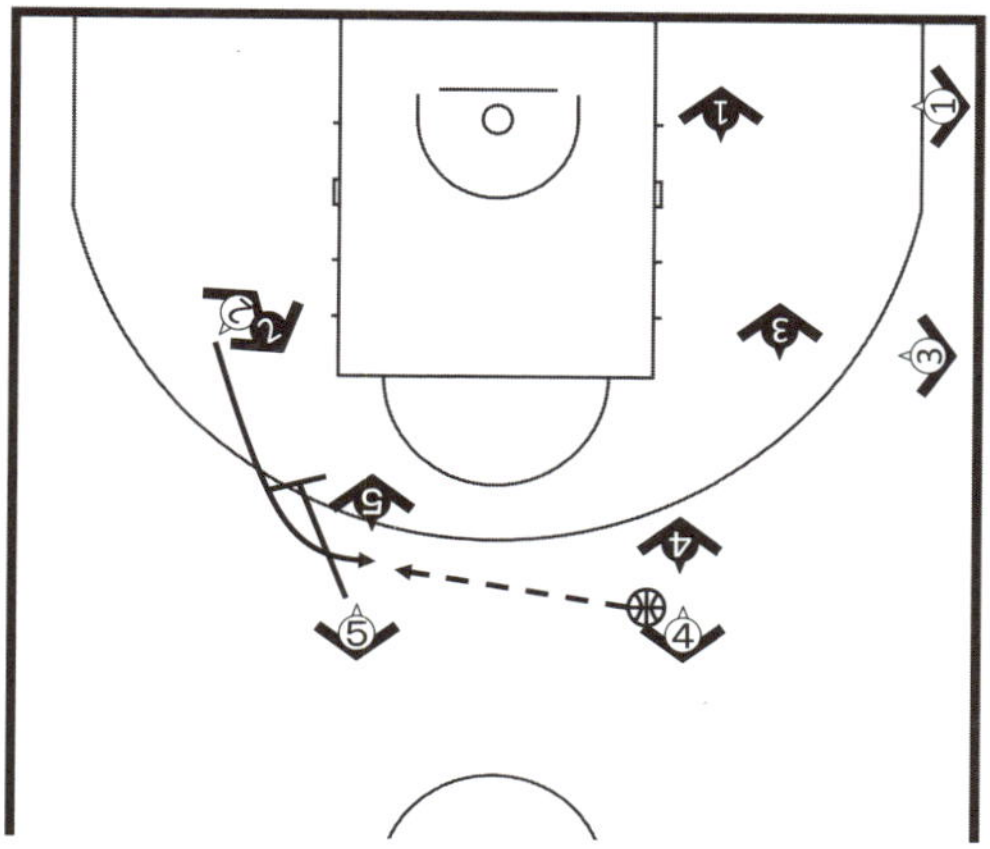

図4

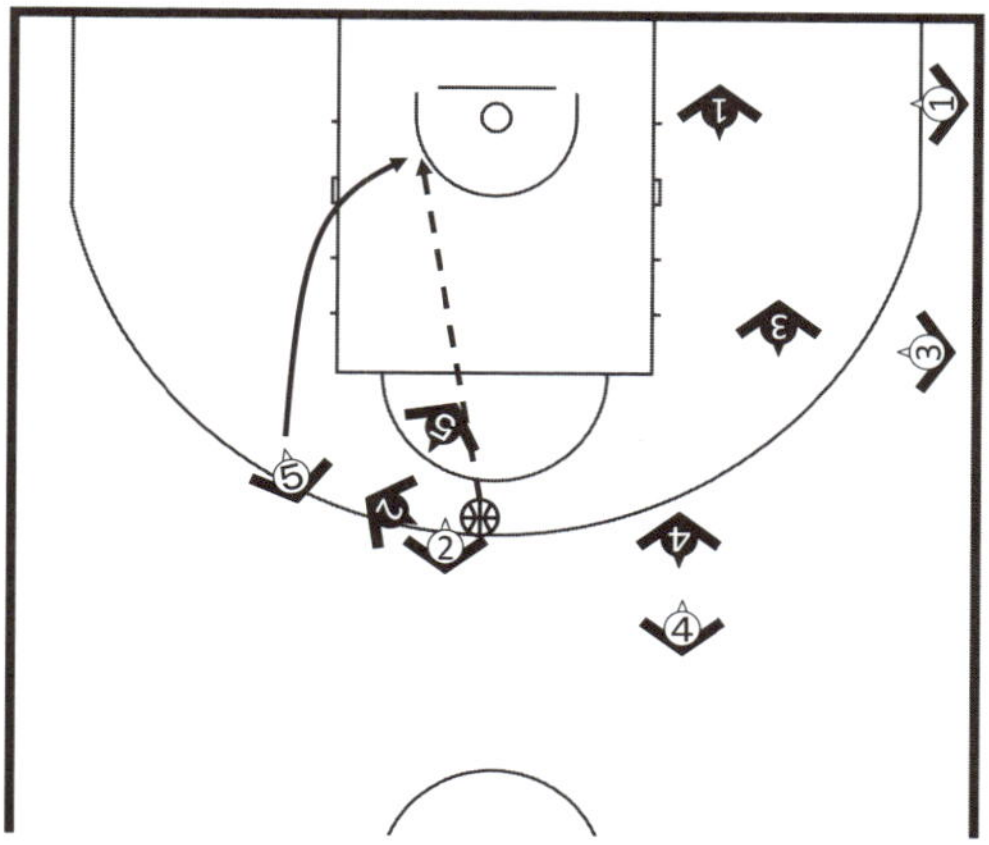

⑤からパスを受けます。

図2

②は⑤がスクリーンを通過した後、❶にスクリーンをセットします。①は②のスクリーンを利用し、右コーナーに移動します。③は④のスクリーン通過後、右ウィングに開きます。

図3

⑤は④へのパス後、❷にスクリーンをセット。②はこれを利用して左スロットに飛び出し、④からパスを受けます。

図4

⑤は②がスクリーンを通過した後にリングに向かってダイブ。②はパスを受けた際に❷を引き離し、❺が反応しなければ3Pショットやドライブを選択できます。この場面では❺が②に反応したため、⑤のダイブにパスを出しました。ディフェンスからすると右サイドに寄せられているため、ダイブする⑤への対応が難しくなります。

GAME DATA
Paris2024
2Q 6:34　南スーダン31-37プエルトリコ

10
★★★★★

DHOとスペインPnRを組み合わせることでディフェンスの対応を困難にさせる

プレーの動画はこちら

図1

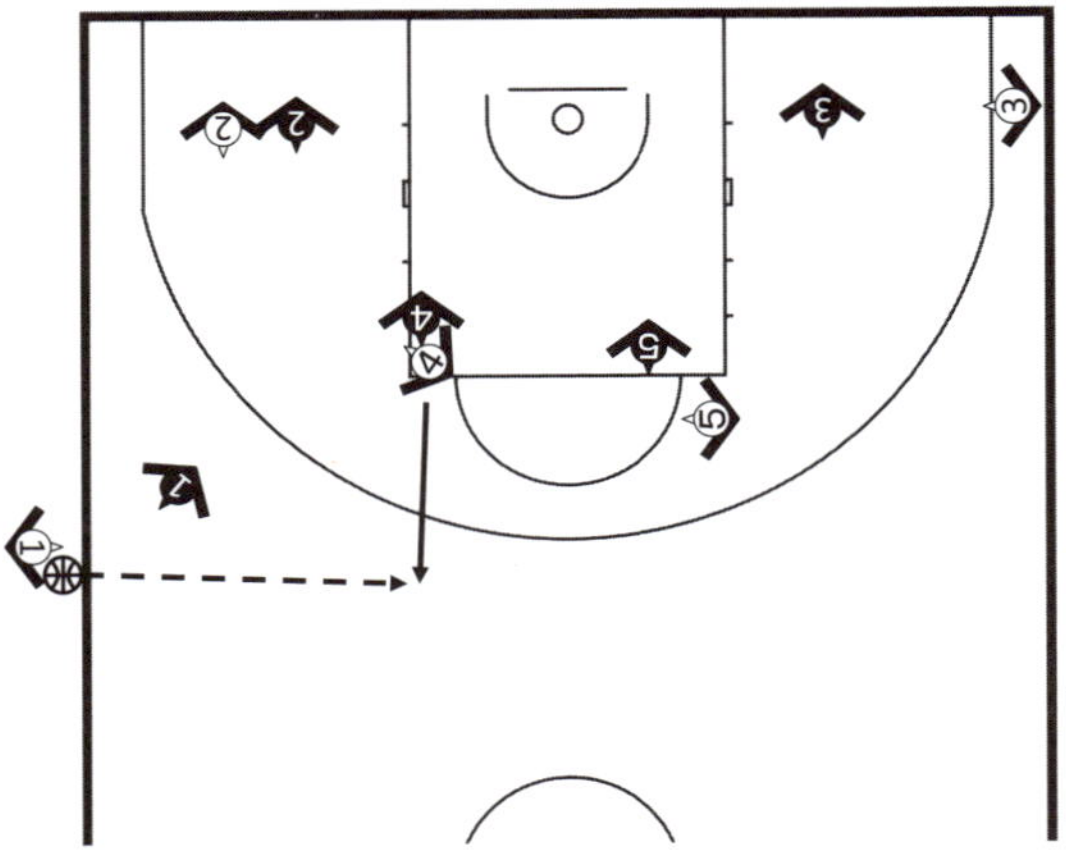

図2

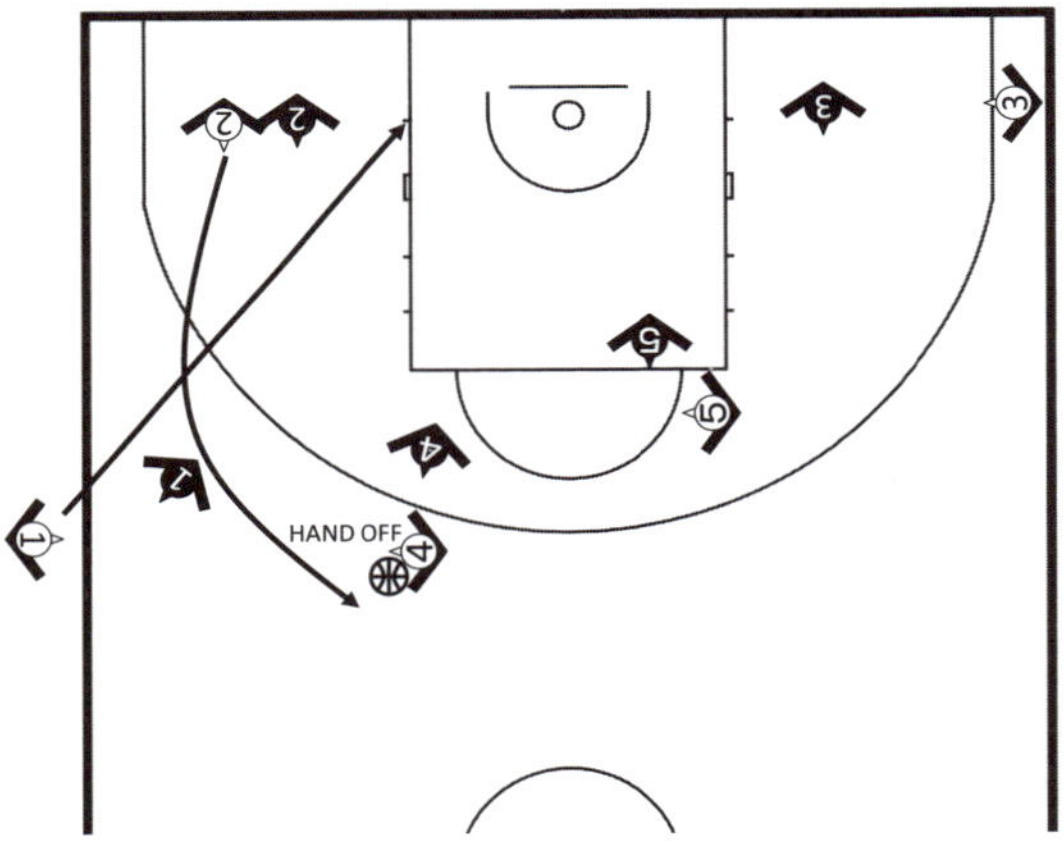

連続アクションでDFを引き離すことを狙う

DHOとスペインPnRを組み合わせることにより、ディフェンスの対応を困難にさせて得点を狙うセットです。

図1

マシュー・ストラゼル①がインバウンダーになり、ほかのプレーヤーは図のようにポジションを取ります。④が左スロットに飛び出し、①からインバウンズパスを受けます。

図2

②は①がパスを出すタイミングで、❶にスクリーンをセットするように動き出します。しかし、②のアクションはゴースト

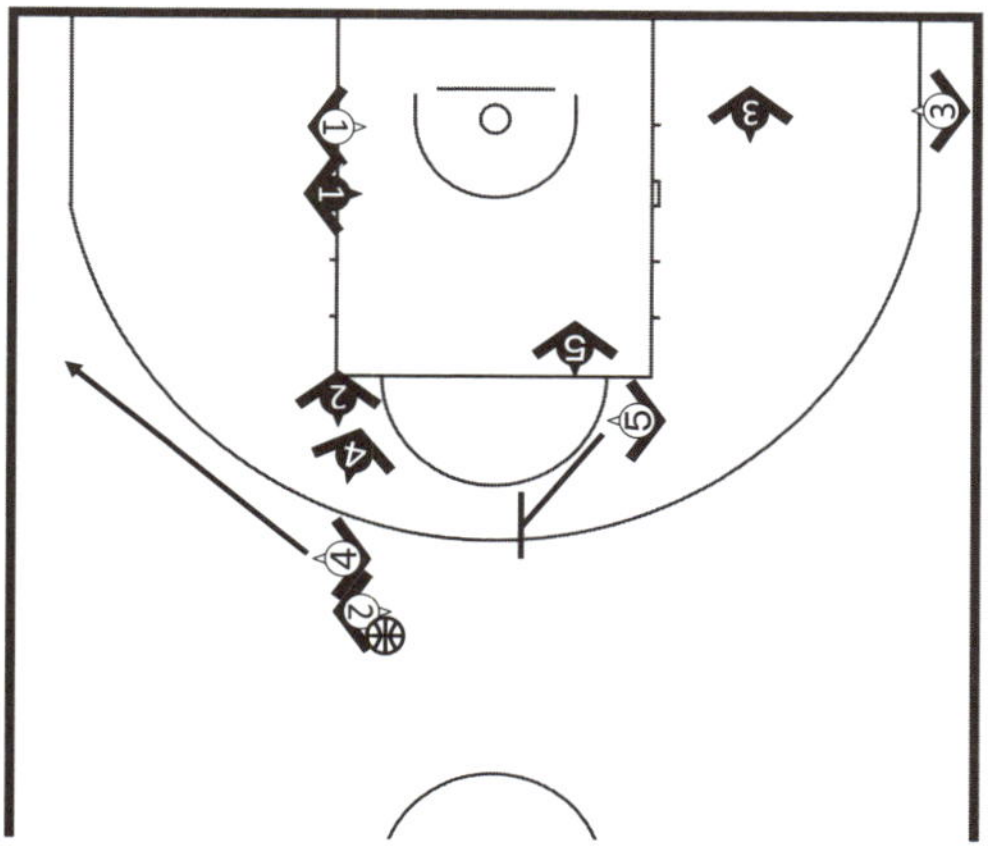

図3

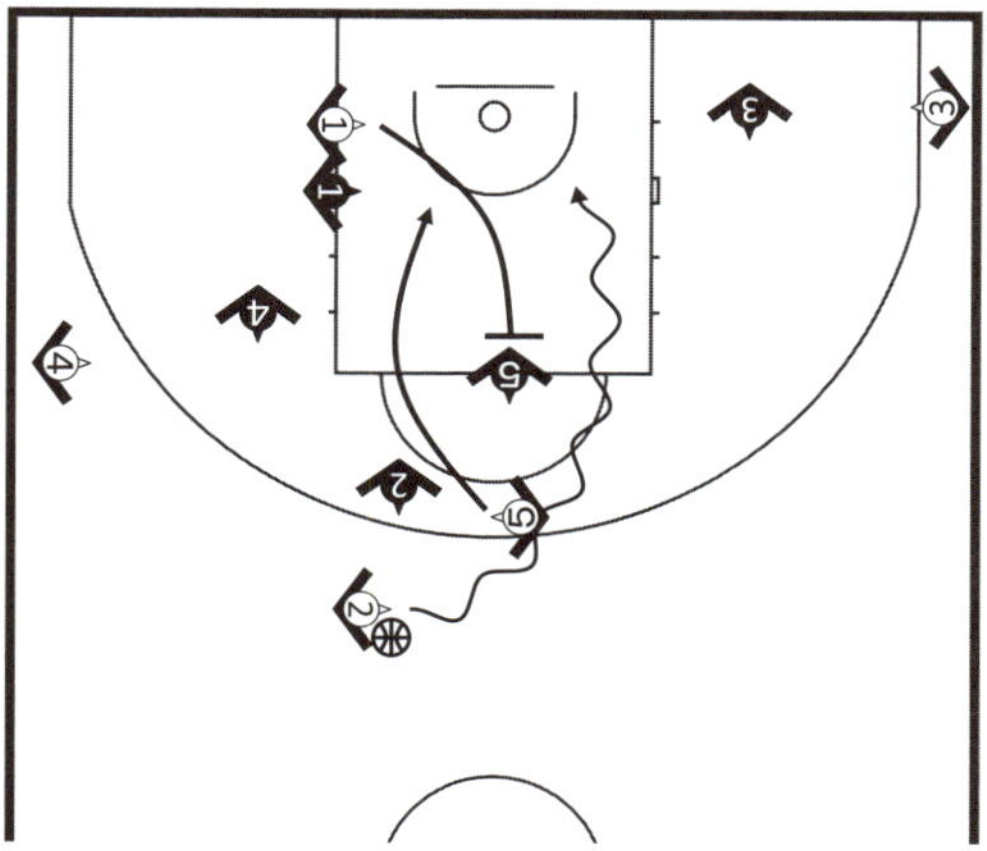

図4

スクリーンであり、スクリーンをセットせずに④へと向いハンドオフパスを受けます。①は②と交差するように左ローポストに移動します。

図3

⑤は②が④からハンドオフパスを受けるタイミングでトップへと移動し、❷にスクリーンをセットします。

図4

①は⑤が❷にスクリーンをセットするタイミングでネイルへと移動し、❺に対してスクリーンをセットします。つまり、①、②、⑤によるスペインPnRになります。②は⑤のスクリーンを利用してリングに向かってアタックします。⑤は②がスクリーンを通過した後、①のスクリーンを利用してダイブします。❷からするとゴーストスクリーン、DHO、PnRと連続するアクションへの対応が求められるため、②についていくことが困難です。②は❷を引き離し、ペイント内への侵入を成功させました。

GAME DATA
Paris2024
2Q 5:44　日本31-36フランス

11
★★★★★

同じ組み合わせのスクリーナーとユーザーとで連続してオフボールスクリーン行う

プレーの動画はこちら

図1

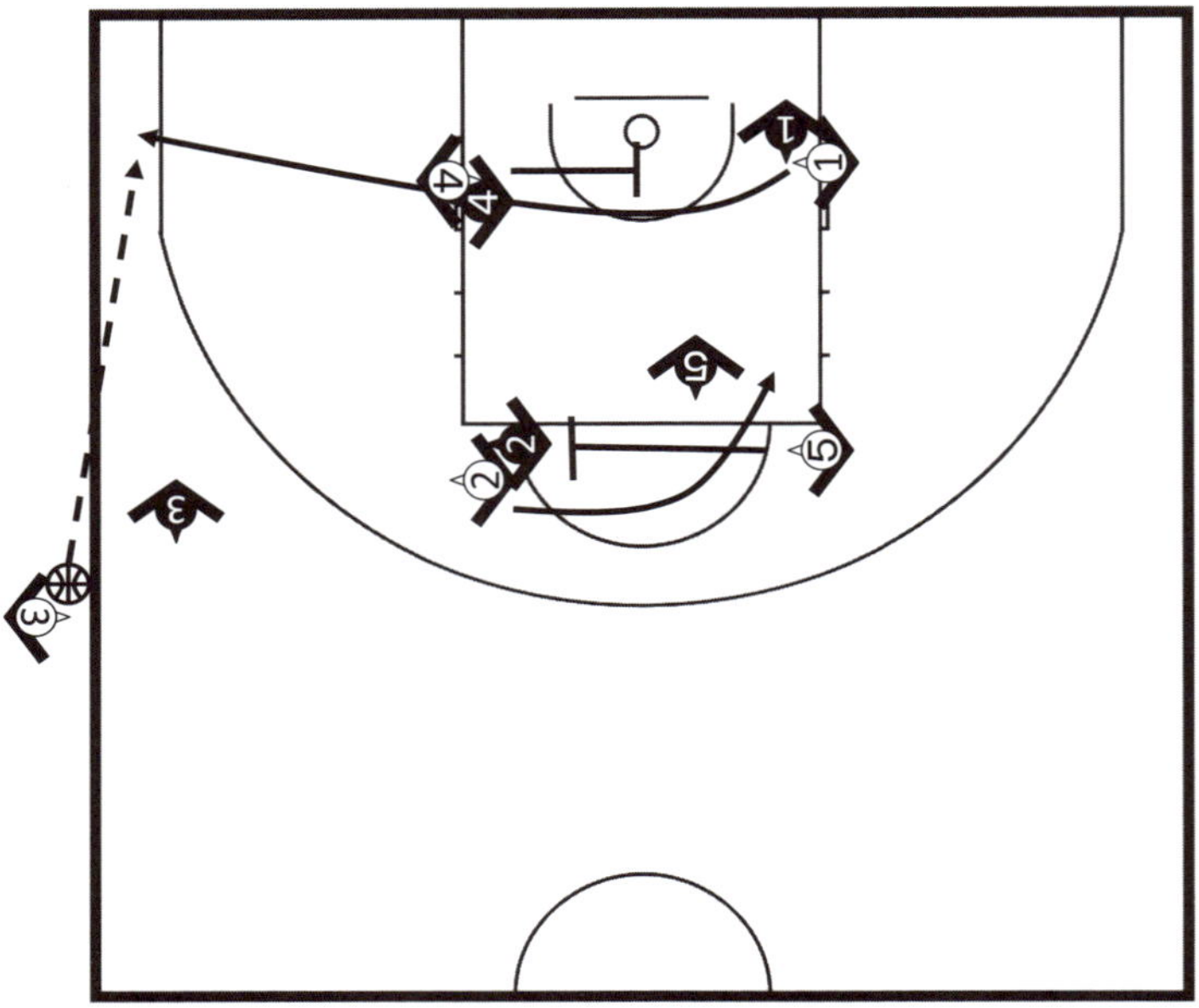

DFを引きつけて広がりインサイドにスペースを作る

ボックスセットから同じ組み合わせのスクリーナーとユーザーとで連続してオフボールスクリーンを行うことにより、ノーマークを作ることを狙うセットです。

図1

オグニェン・ドブリッチ③がインバウンダーになり、フィリップ・ペトルセフ④が左ローポスト、ボグダン・ボグダノビッチ②が左エルボー、アレクサ・アブラモビッチ①が右ローポスト、ニコラ・ヨキッチ⑤が右エルボーにポジションを取ります。④はゴール下に移動して❶にスクリーンをセット。①は④のスクリーンを利用し、左

図2

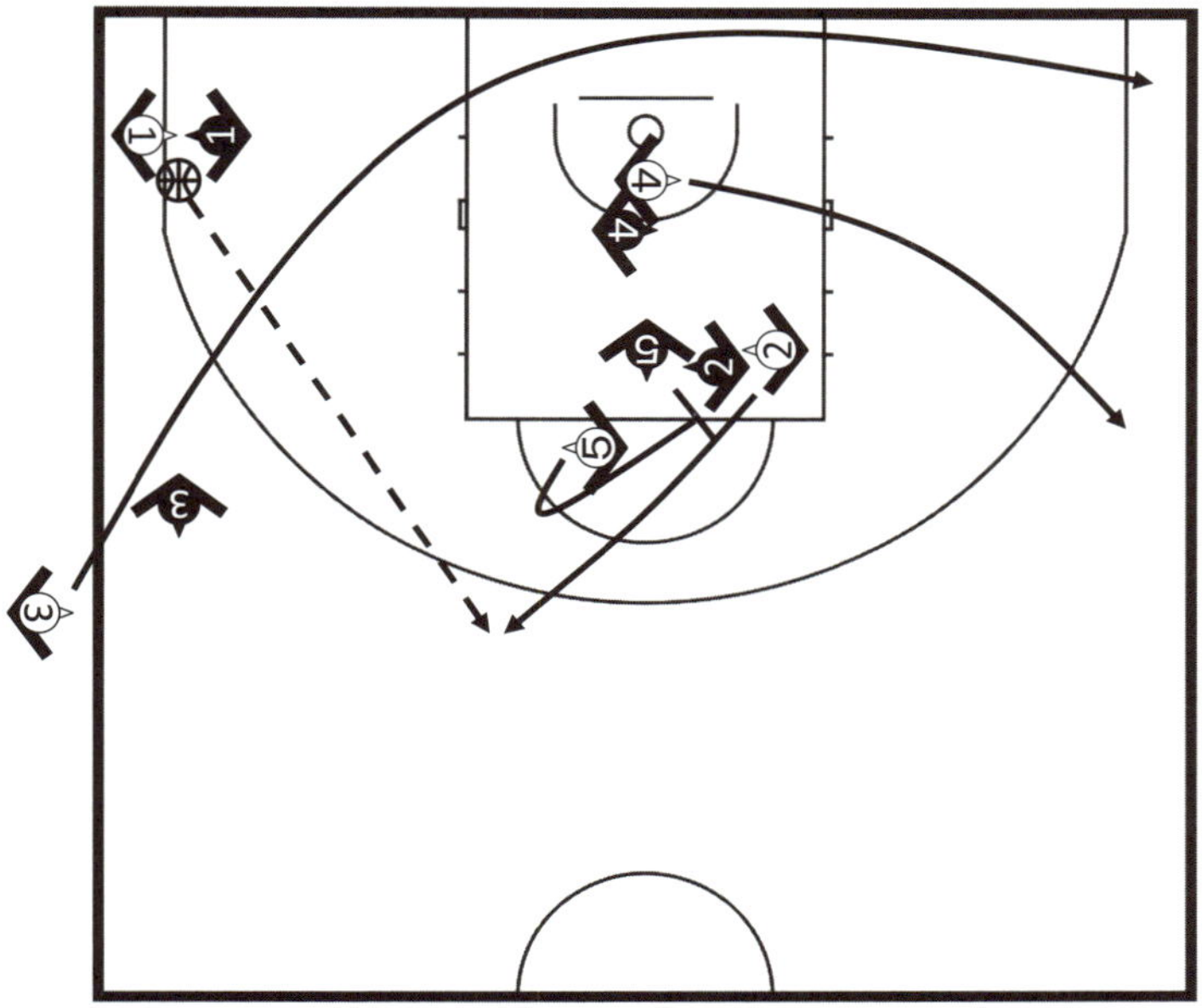

コーナーに移動して③からのパスを受けます。同時に⑤は❷にスクリーンをセット。②は⑤のスクリーンを利用して右エルボー付近に移動します。

図2

④は①がスクリーンを通過した後、右ウィングに移動します。③は①へのパス後、ボールサイドをカットして右コーナーまで移動します。⑤は②がスクリーンを通過した後、身体の向きを変えて再び❷にスクリーンをセットします。②は⑤のスクリーンを利用して左スロットへと移動し、①からのパスを受けます。❷からすると最初のオフボールスクリーンに対応し、②へのDFポジション回復直後に再びスクリーンがセットされるため、②についていくことが困難になります。②や⑤以外のオフェンスにも動きがあるため、それぞれのDFはマッチアップするオフェンスに引きつけられています。❷を引き離した②はペイントへとドライブし、ディフェンスを崩しました。

GAME DATA
Paris2024
3Q 8:25　セルビア53-63アメリカ

12
★★★★★

オフボールスクリーナーが続くDHOとPnRでユーザーとなってアタックする

プレーの動画はこちら

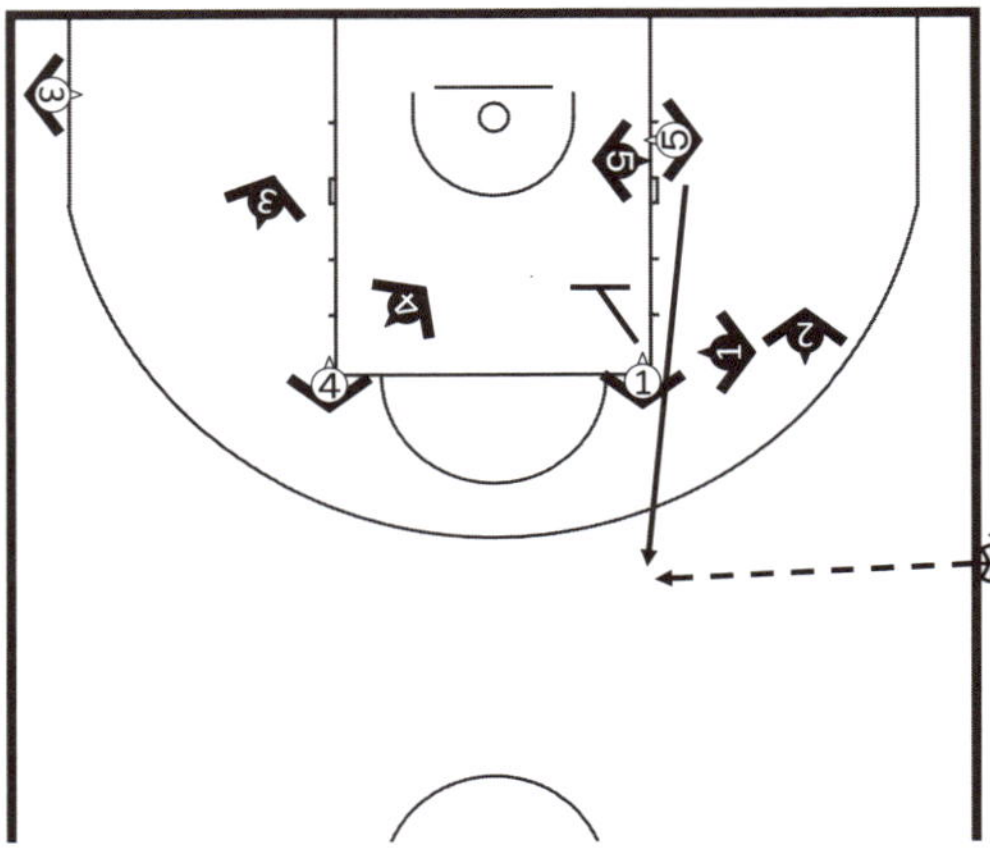

図1

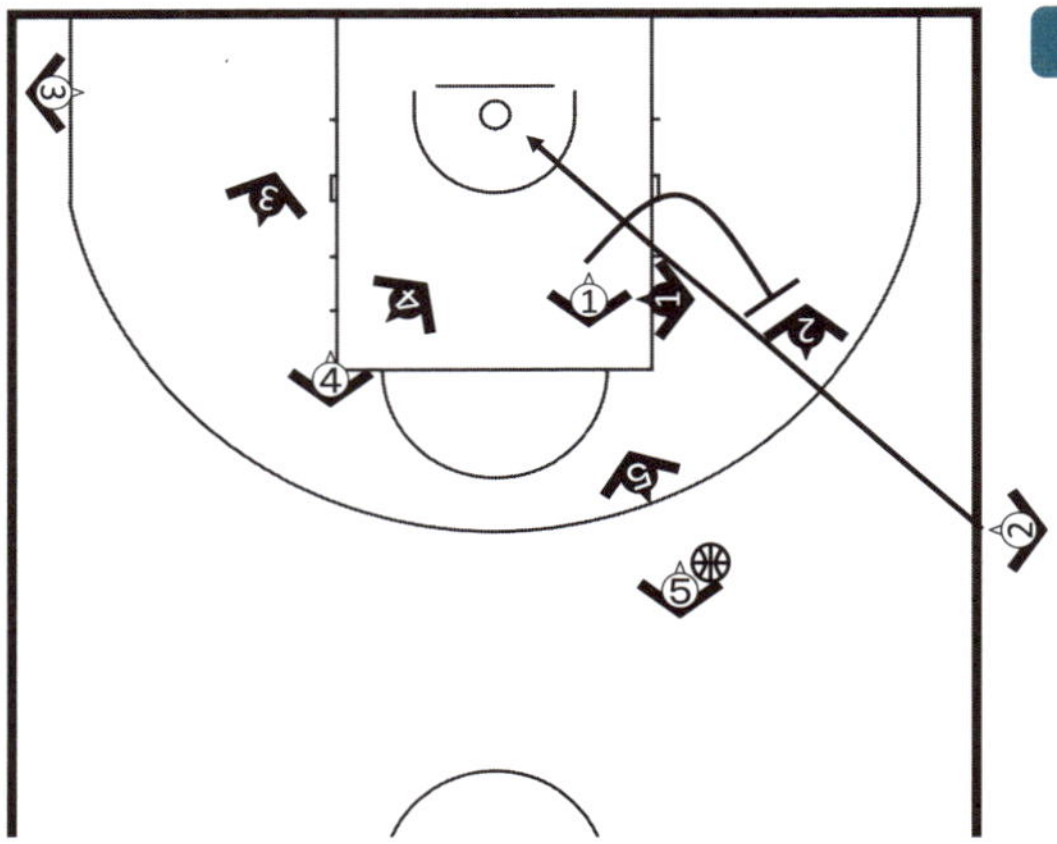

図2

逆サイドのオフボールスクリーンでスペースを作る

オフボールスクリーンのスクリーナーが、次に続くDHOとPnRではユーザーとなってディフェンスを崩すことを狙ったセットです。

図1
アレックス・アブリネス②がインバウンダーになり、ほかのプレーヤーは図のようにポジションを取ります。①が❺にスクリーンをセット。⑤はこれを利用して右スロットに飛び出し、②からのパスを受けます。

図2
①は⑤がスクリーンを通過した後、❷に

図3

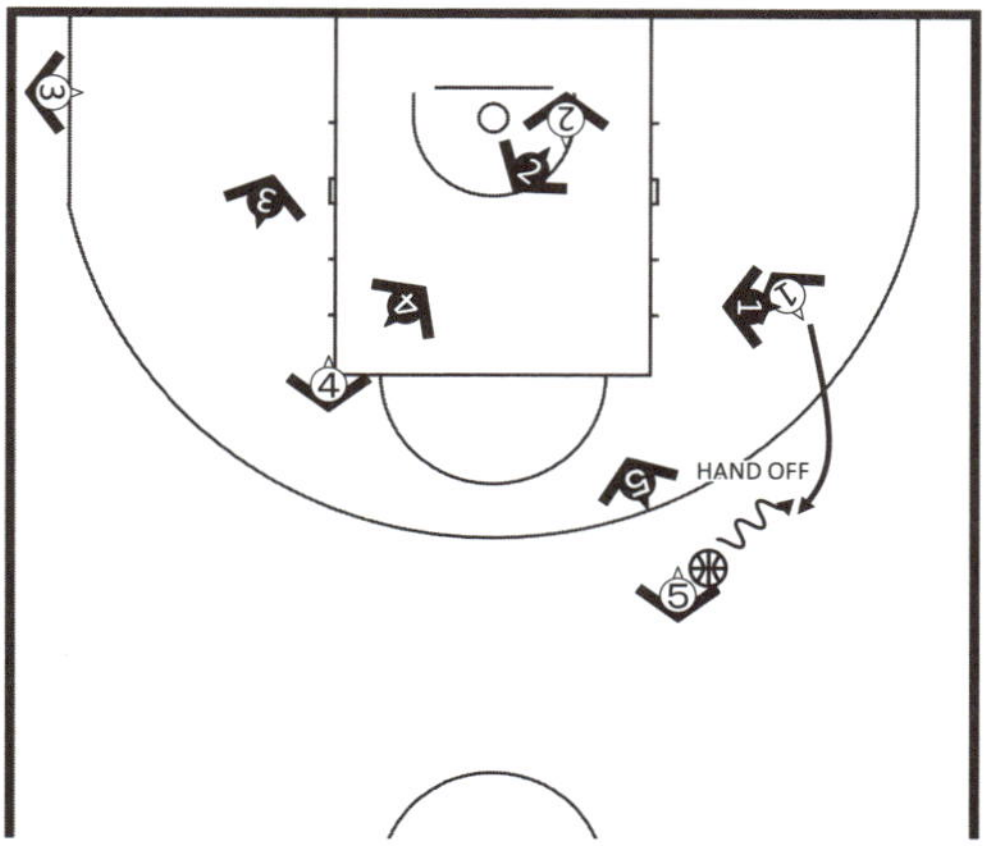

図4

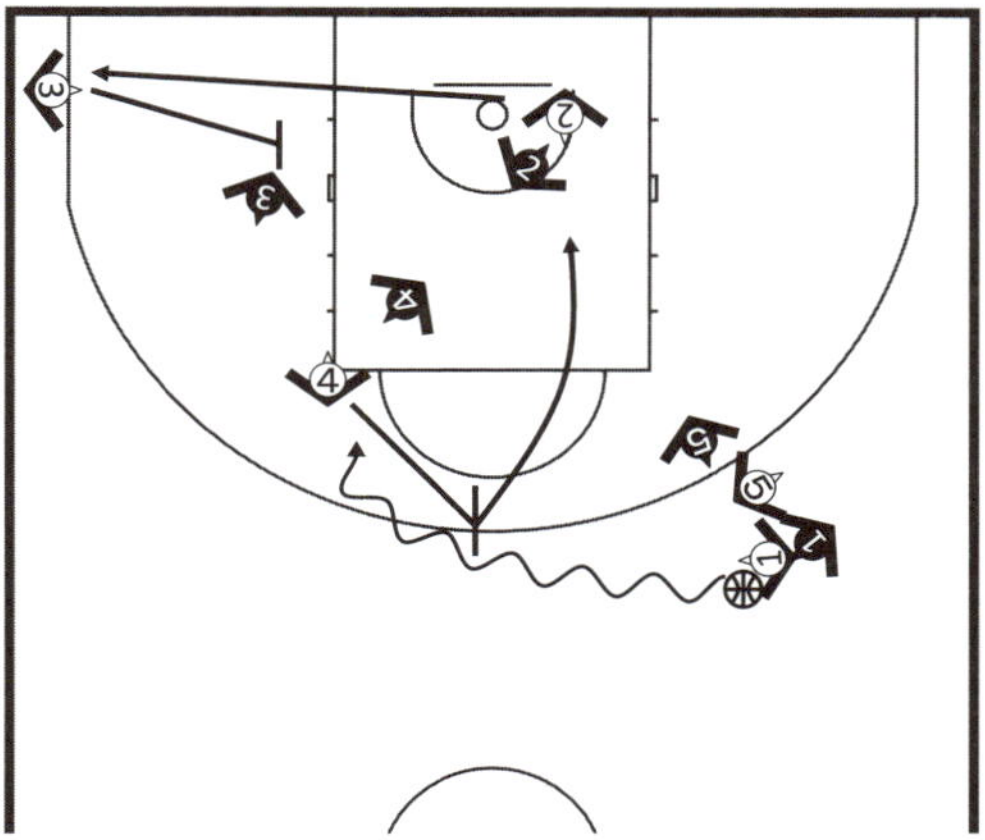

スクリーンをセット。②はこれを利用してゴール下まで移動します。

図3

⑤は②がスクリーンを利用するタイミングで右ウィング方向へドリブル。①は②がスクリーンを通過した後⑤に向かって進み、⑤からハンドオフパスを受けます。

図4

④は⑤がドリブルを開始するタイミングでトップに移動し、❶にスクリーンをセットします。⑤からハンドオフパスを受けた①はドリブルで進み、④のスクリーンを利用してリングに向かいます。①と④によるPnRと同じタイミングで、③は左ローポスト付近に移動。❷にスクリーンをセットし、②がこれを利用して左コーナーに飛び出します。この場面では、④がPnRのアフタースクリーンのアクションでダイブしたのに❺が対応しました。❺がペイント内まで下がったため①から⑤へとパスが渡り、⑤が3Pショットを沈めました。

GAME DATA
Paris2024
1Q 9:00　スペイン0-3ギリシャ

図1

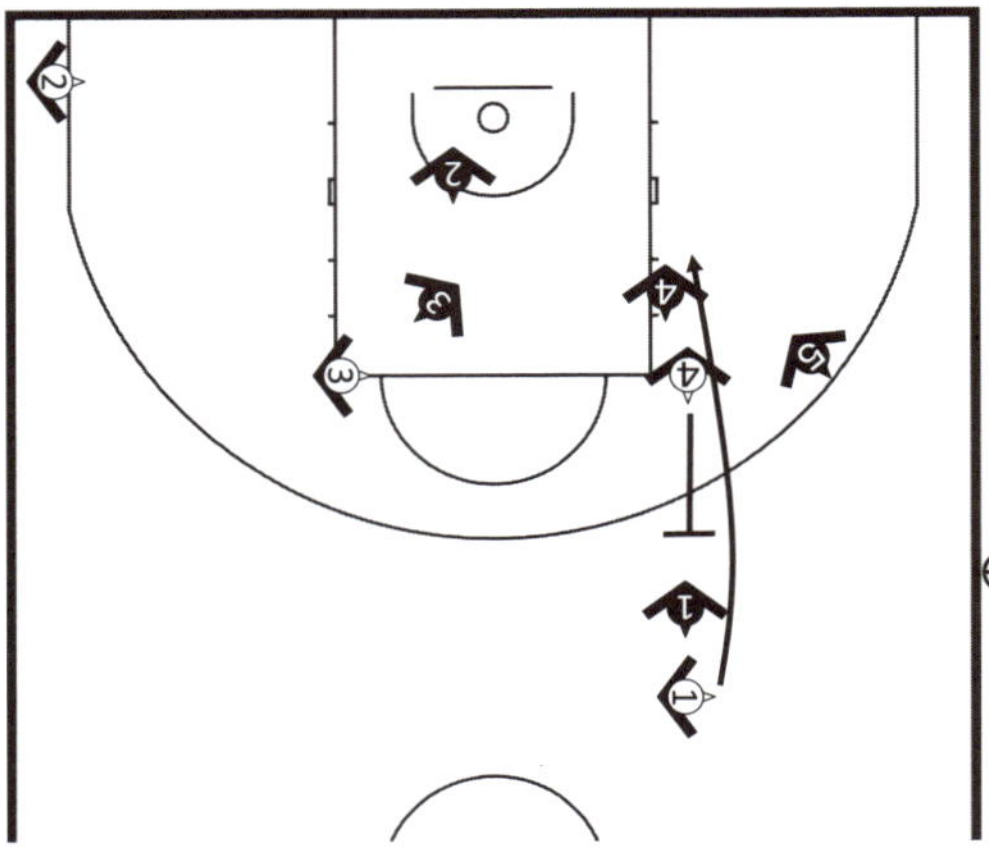

図2

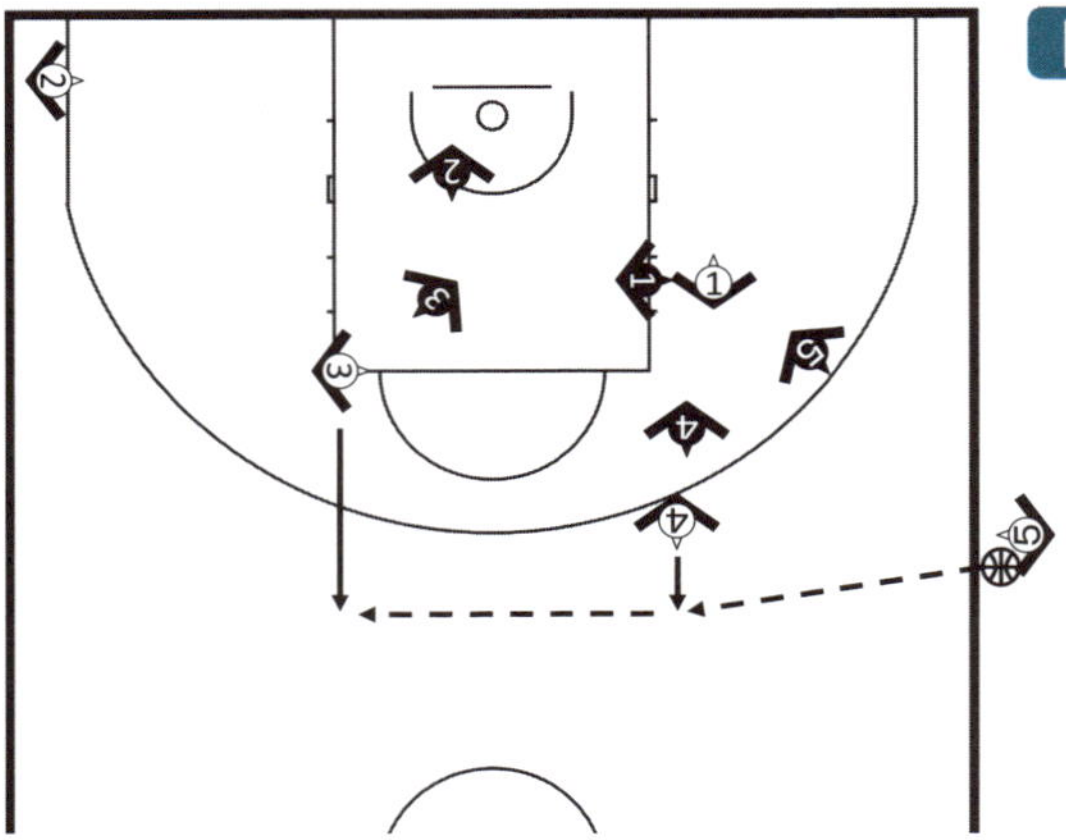

13

★★★★★

長身のディフェンスをアウトサイドに引き出し ビッグマンをゴール下に侵入させる

プレーの動画はこちら

長身のディフェンスを外に出してゴール下へ

UCLAカットでインサイドに侵入したプレーヤーがバックスクリーンをセットし、ビッグマンをゴール下に侵入させるセットです。

図1

ヌニ・オモット⑤がインバウンダーになり、ほかのプレーヤーは図のようにポジションを取ります。④は❶にスクリーンをセット。①はこのスクリーンを利用し、ベースライン側に移動します。

図2

④は①がスクリーンを通過した後、右スロットに出て⑤からインバウンズパスを

図3

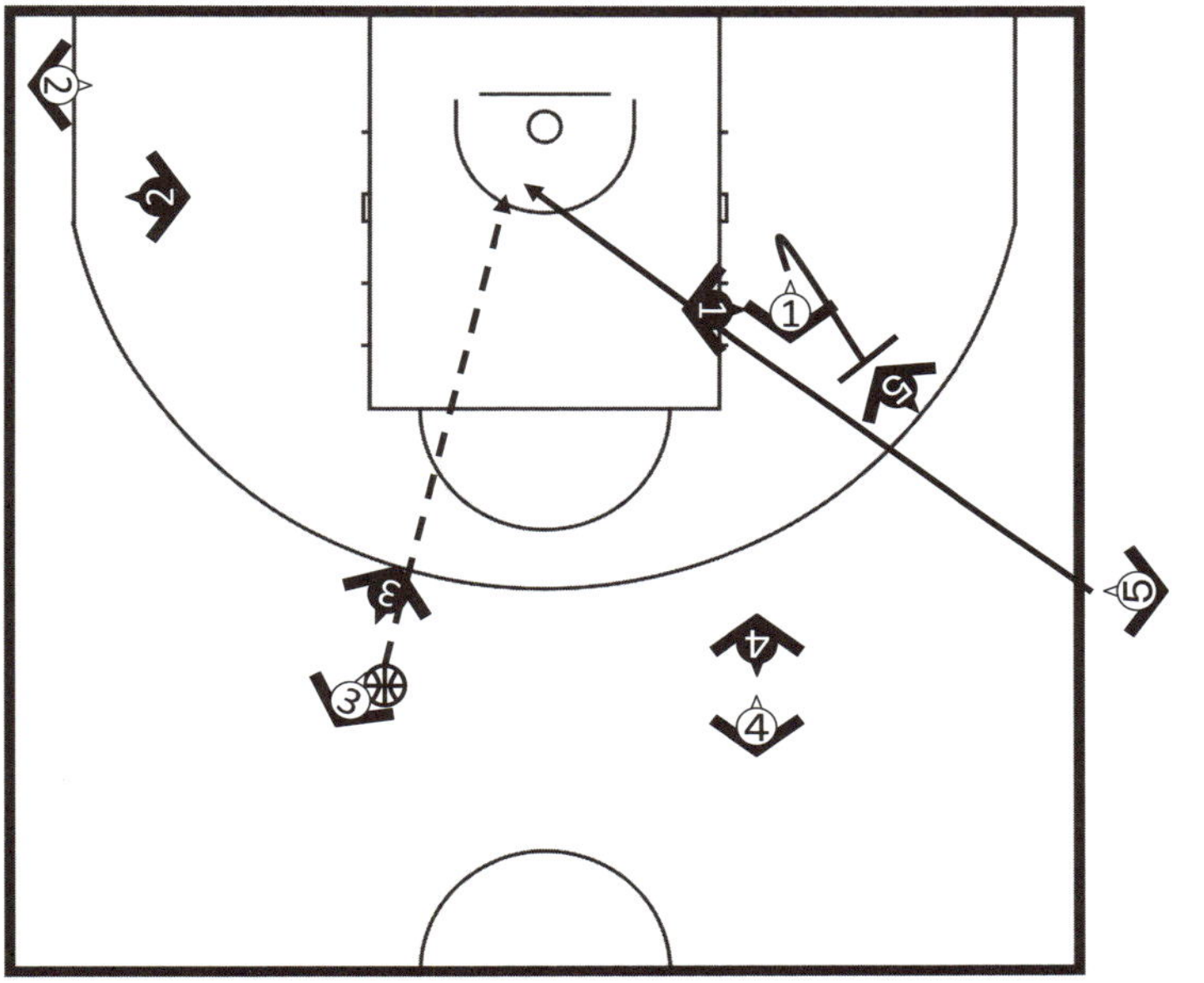

受けます。③は④がインバウンズパスを受けるタイミングで左スロットに飛び出し、④からパスを受けます。

図3

①は④のスクリーンを利用した後、向きを変えて❺にスクリーンをセットします。⑤は④にインバウンズパスを出した後、①のスクリーンを利用してゴール下に侵入し、③からのパスを受けてゴール下でショットを放ちます。❺からすると、ボールの展開に合わせてポジションを変更しているところに背後からスクリーンがセットされます。そのため、スクリーンの回避が難しくなります。また、④、③と比較的長身のプレーヤーがアウトサイドに出てボールを展開するため、マッチアップする比較的長身のディフェンス❸、❹もアウトサイドに引き出され、ゴール付近には長身のディフェンスがいない状態になります。⑤はゴール真下で遅れてきた❺からファウルを獲得しました。

GAME DATA
Paris2024
1Q 8:24　南スーダン0-8プエルトリコ

14

★★★★★

オンボールスクリーンの連続からスクリーン・ザ・スクリーナーでノーマークを作る

プレーの動画はこちら

マイアミアクションを STSでサンドイッチ

2つのオンボールスクリーンの後にスクリーン・ザ・スクリーナーを行うことにより、ディフェンスを崩すことを狙うセットです。

図1

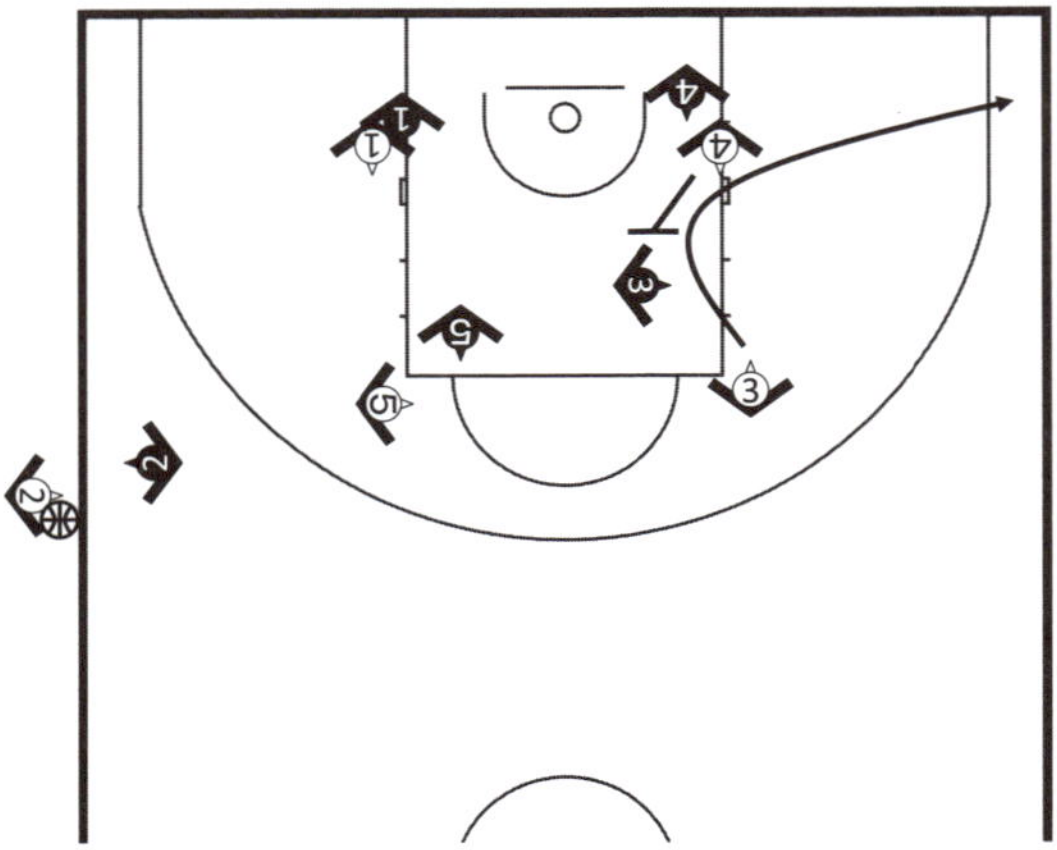

ダンテ・エクサム②がインバウンダーになり、ほかのプレーヤーは図のようにポジションを取ります。④は❸にスクリーンをセットし、③はこれを利用して右コーナーに開きます。

図2

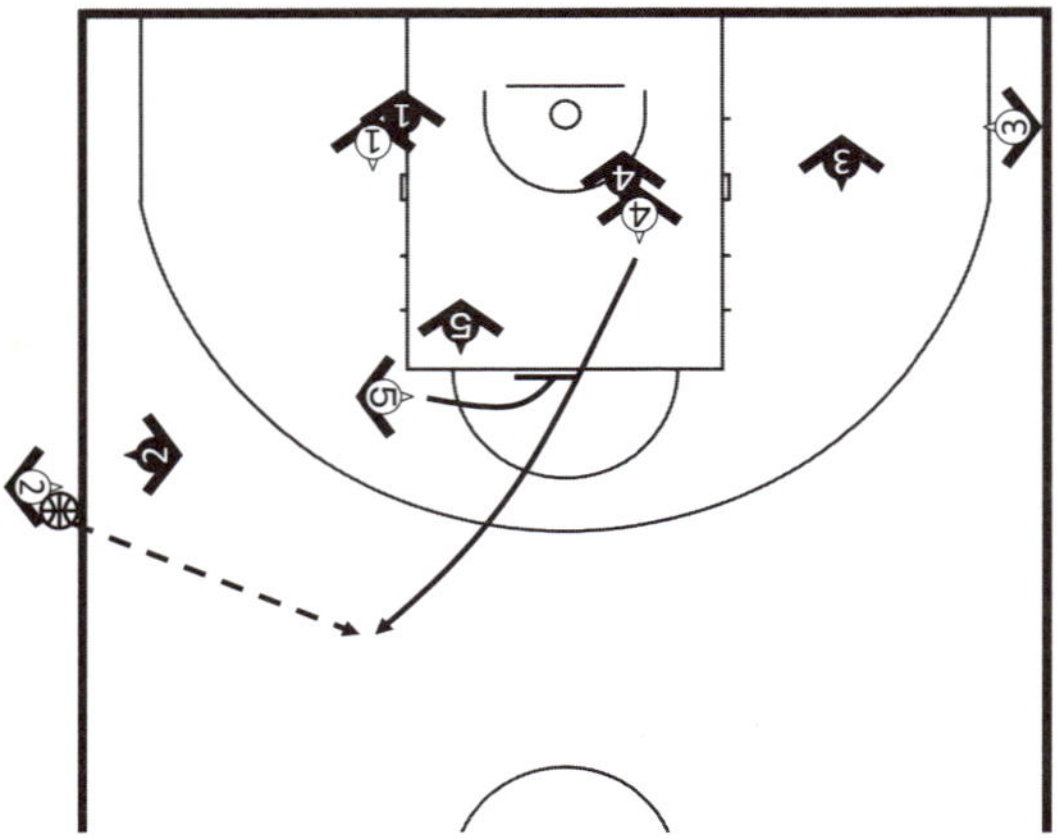

⑤は③がスクリーンを利用するタイミングで❹にスクリーンをセット。④は③

図3

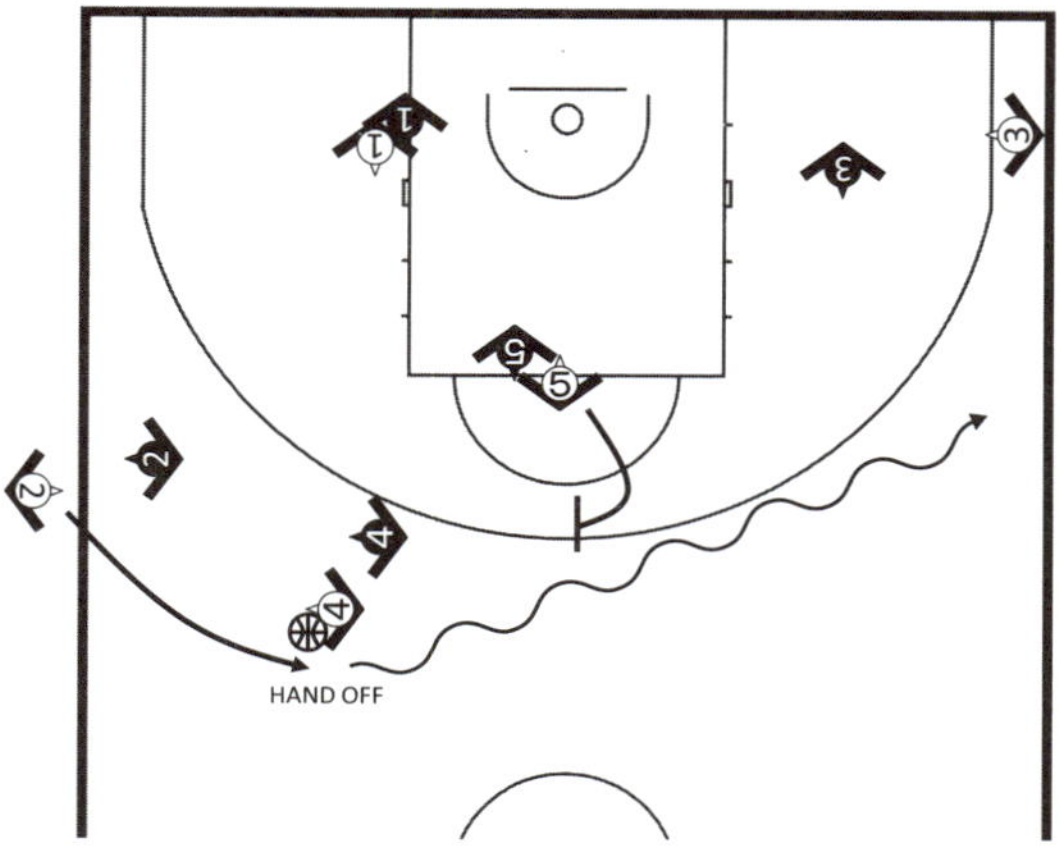

図4

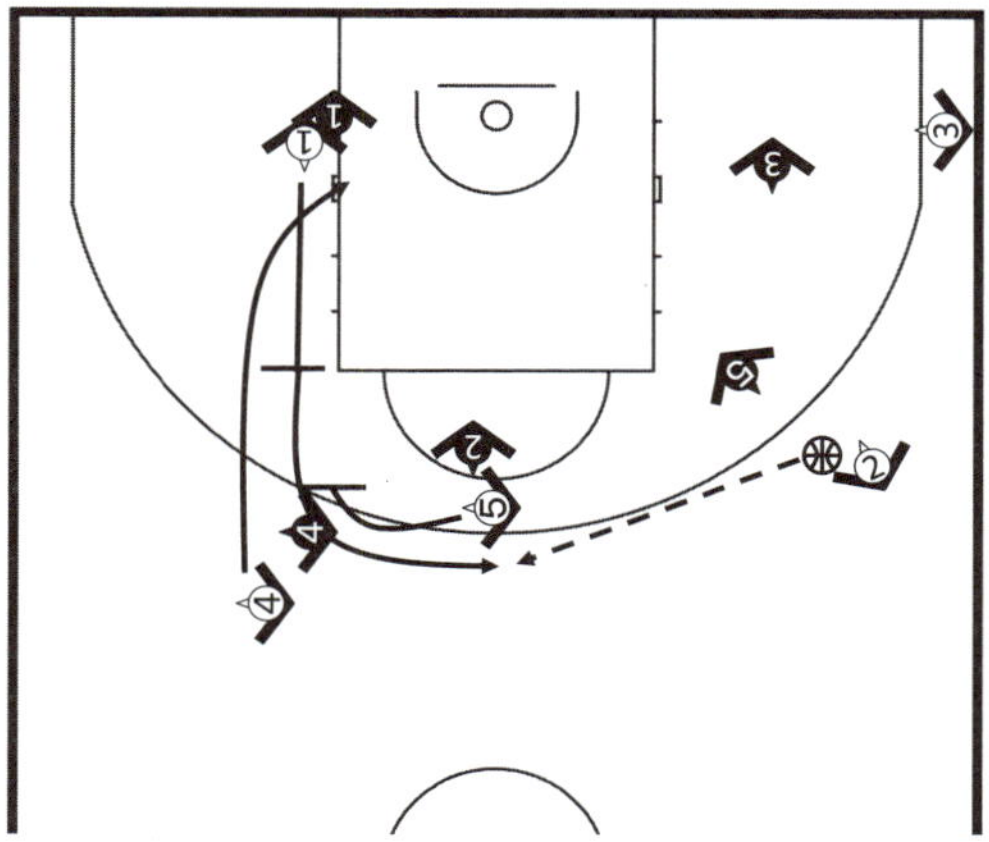

がスクリーンを通過した後に⑤のスクリーンを利用して左スロットに飛び出し、②からパスを受けます。

図3

⑤は④がスクリーンを通過した後に❷へのスクリーンをセット。②は④へのパス後④に向かって進み、ハンドオフパスを受けます。②はパスを受けた後、⑤のスクリーンを利用して右ウィングに進みます。ここでは②と⑤によるPnRに❷と❺はスイッチで対応しました。

図4

①は②が④からハンドオフパスを受けるタイミングで、❹にスクリーンをセット。④はハンドオフパスを出した後、①のスクリーンを利用してゴール下に侵入します。⑤は②がスクリーンを通過した後に左スロットへ移動し、❶にスクリーンをセットします。①は④がスクリーンを通過した後に⑤スクリーンを利用してトップに飛び出し、②からパスを受けて3Pショットを放ちました。

GAME DATA
Paris 2024
1Q 4:52　オーストラリア11-15ギリシャ

おわりに

本書で紹介した戦術はFIBAワールドカップ2023とパリオリンピックにおいて各国が実際に採用したパターンオフェンスの一部になります。

バスケットボールに精通している人であれば、ゲームを見る過程において本書で紹介した戦術を把握していることでしょう。一方、そうでない人にとっては、ゲームを見ていても、なかなか戦術を把握することができません。本書を読むことにより、観戦中に戦術がうっすらと浮かび上がって見えてくることでしょう。さらには、しだいにゲーム中の戦術が本書で示されている図のように浮かび上がってきます。

さて、ワールドカップからオリンピックまでわずか1年であり、各国の代表チームはその期間だけ招集される選抜チームであるため、オリンピックではワールドカップと同様のパターンオフェンスも用いられました。これを日本をはじめとする各国のスタッフは、徹底的に対戦チームのスカウティングをしているため、ゲームはパターンオフェンスの潰し合いの様相を呈していました。したがって、パターンオフェンスがデフォルトの形でコ

ート上に現れることは稀です。このことが、ゲームから戦術を把握することをより困難にしています。

それでも、ゲームから戦術を把握し、現場で応用する取り組みの積み重ねにより、読者の皆さんのバスケIQが高まり、ひいてはコーチング力やパフォーマンスの向上に繋がります。さらには、皆さんのコーチング力やパフォーマンスの向上は、今後の日本代表の強化に貢献することでしょう。

近年の日本代表の成長は目覚ましいものがあります。日本代表の活躍の背景には、日本各地における様々なカテゴリーのプレーヤーやコーチによる奮闘があります。しかし、日本代表が世界の舞台でさらに輝くには、読者の皆さんのさらなるコーチング力やパフォーマンスの向上が必要となるでしょう。

日本一丸となりバスケで日本を元気にしていきましょう。

BT・テーブス
小谷 究

著者プロフィール

BT・テーブス

1966年カナダ・ウィニペグ出身。ガードとしてプレーをし、指導者としては2011年より兵庫ストークスの指揮を執り、2012-13シーズンには優勝。コーチ・オブ・ザ・イヤーを受賞した。現在はW LEAGUEに所属する富士通レッドウェーブのヘッドコーチを務める。2023-24シーズンに優勝を飾り、自身2度目となるコーチ・オブ・ザ・イヤーを受賞する。長男のテーブス海はアルバルク東京に所属するプロ選手であり、日本代表としても活躍している。また次男であるテーブス流河はアメリカでプレーを続け、今後はNCAA(全米大学体育協会)ディビジョン1に所属するボストン・カレッジでプレーをする予定。

小谷 究(こたに・きわむ)

1980年石川県生まれ。流通経済大学スポーツ健康科学部スポーツコミュニケーション学科准教授。日本バスケットボール学会理事。日本バスケットボール殿堂『Japan Basketball Hall of Fame』事務局。日本体育大学大学院博士後期課程を経て博士(体育科学)となる。主な著書に『バスケットボール勝つための最新セットプレー88』(エクシア出版)、『「次はどう動く?」バスケットボール脳を鍛えるプレー問題集』(辰巳出版)、『最新科学が教える　バスケットボールのオフェンスメソッド』(日東書院)、『バスケットボール解析図鑑』(イースト・プレス)などがある。

●企画・構成・編集
佐藤紀隆(株式会社Ski-est)
稲見紫織(株式会社Ski-est)

●編集協力
畠山　大(国際武道大学)
竹山　快(日本体育大学)

●デザイン
前田利博(Super Big BOMBER INC.)

●写真
Getty images

●制作協力・写真提供
アルバルク東京

ワールドカップ2023 & パリ2024
バスケットボール
戦術を極める!
世界基準のセットプレー88

2025年2月2日　初版第1刷発行

編著者　BT・テーブス、小谷 究©

発行者　畑中敦子
発行所　株式会社 エクシア出版
〒101-0054　東京都千代田区神田錦町2-1-5-204
印刷・製本　サンケイ総合印刷株式会社

ISBN 978-4-910884-20-2　C0075

エクシア出版　ホームページ https://exia-pub.co.jp/　Eメールアドレス info@exia-pub.co.jp